Das Gold der Bandas:
Die Geschichte der Muskatnuss

Der verhängnisvolle Schatz der vergessenen Inseln, die einst Weltgeschichte schrieben

von
Horst H. Geerken

A BukitCinta Book

Bibliografische Information der Deutschen Bibliothek:
Die Deutsche Bibliothek verzeichnet diese Publikation in der
Deutschen Nationalbibliografie; detaillierte bibliografische
Daten sind im Internet über http://dnb.dbd.de abrufbar.

Alle Fotos, wenn nicht anders genannt © Horst H. Geerken
Lektorat: Michaela Mattern und Barbara Bode
Umschlaggestaltung, Layout & Design: Barbara Bode, unter Verwendung eines
    Fotos von Abba Rizal Bahalwan
Gesetzt in Adobe Garamond Pro
Verlag: BoD · Books on Demand GmbH, Überseering 33, 22297 Hamburg,
bod@bod.de
Druck: Libri Plureos GmbH, Friedensallee 273, 22763 Hamburg
Printed in Germany

ISBN 978-3-7693-5670-0

DAS GOLD DER BANDAS:
DIE GESCHICHTE DER MUSKATNUSS

Der verhängnisvolle Schatz
der vergessenen Inseln,
die einst Weltgeschichte schrieben

von

Horst H. Geerken

A BukitCinta Book

Inhaltsverzeichnis

Dank 7

1. Prolog 9
2. Wie die Gewürze nach Europa kamen 21
3. Die Banda Inseln 34
4. Die ersten Entdecker auf der Suche nach den Gewürzinseln ... 46
5. Die Engländer wollten handeln, die Holländer erobern
   und besitzen 67
6. Der holländische Generalgouverneur General Jan Pieterszoon
   Coen und das Banda-Massaker 93
7. Perkeniere 106
8. Deutsche im Dienst der VOC auf den Bandas 123
9. Der Tausch der Insel Run gegen Manhattan 134
10. Die Muskatnuss und Pierre Poivre 144
11. Fort Belgica und die Engländer 159
12. Die Abrolhos Inseln und die *Batavia* 171
13. Die Banda Inseln in den Wirren des 20. Jahrhunderts
    und der Bandanese Des Alwi 198
14. Gunung Api 217
15. Meine Reise zu den Banda Inseln 234
16. Das Cilu Bintang Estate 241
17. Die Banda Inseln heute 258
18. Die Insel Banda Besar 298
19. Fahrt nach Pulau Ai und Pulau Run 306
20. Die Insel Ambon und das Massaker von Amboyna 324
21. Georg Eberhard Rumpf, genannt Rumphius 359
22. Rezepte 385
23. Zurück nach Bali 391
24. Epilog 392

25. Anlagen 395

    I: Artikel in der Stuttgarter Zeitung vom 31. Januar 2019
       von Gunter Haug 395

    II: A Description of the Banda Islands,
       by Albert S. Bickmore, M.A. 398

    III: Vortrag von Pastor Cornelis J. Böhm über Rumphius
       in Bahasa Indonesia (Seite 1) 409

    IV: Eintrag in Encyclopaedia Britannica von 1875
       und Pierers Konversationslexikon von 1888 410

26. Verwendete Literatur 412

27. Besuchte Archive 415

28. Namensregister 416

29. Sachregister 421

Dank

Mein Dank geht zunächst an Abba Rizal Bahalwan, dem Eigentümer des Cilu Bintang Estates und Leiter der ‚Banda Neira Foundation‘, einer Organisation, die sich um den Erhalt der Geschichte der Banda Inseln[1] bemüht. Er ist eine unerschöpfliche Quelle bezüglich Informationen über den kleinen Archipel in der Bandasee und dessen schmerzhafter Geschichte. Schon als Junge arbeitete er als Fremdenführer. Ich wurde drei Wochen lang im Cilu Bintang Estate verwöhnt, und Abba stand mir immerzu mit Rat und Tat zur Seite. Er war stets bemüht, meine Wünsche zu erfüllen. Abba hat mir Bildmaterial und andere Unterlagen zur Auswertung überlassen.

Dank an unzählige Menschen, deren Namen ich nicht alle nennen kann - von einfachen Fischern, Beamten, Marktfrauen, Lehrern und Kindern auf allen Inseln der Bandas bis zu der Pastorin der Kirche in Banda Neira. Mit vielen habe ich ausführliche Gespräche führen können. Jeder hatte Geschichten aus seiner Familie zu erzählen, deren Puzzleteile sich letztendlich zu einem Ganzen zusammenfügten.

Meinen besonderen Dank auch an Pastor Cornelis J. Böhm MSC aus Ambon, einen Kenner der Geschichte von Rumphius. Er ist der letzte noch lebende holländische Pastor auf den Molukken. Er hat mir Unterlagen über Georg Eberhard Rumpf, genannt Rumphius, überlassen, die in dieses Buch eingeflossen sind.

Meinen beiden Lektorinnen Michaela Mattern und Barbara Bode gebührt mein besonderer Dank. Es sind nicht nur Grammatik- und Schreibfehler, die sie zutage fördern, durch sie habe ich auch viele Anregungen erhalten. Barbara Bode verdanke ich auch die Gestaltung von Landkarten und des Buchumschlages, sowie die Erstellung des Buchblocks.

Dann danke ich noch meinem Bruder Hartmut, der aus seiner Sammlung von antiquarischen Lexika immer wieder etwas Neues zu dem Thema des Buches beisteuern konnte.

Auch Dank an Margareta Krapf-Mlosch, die mir einen entscheidenden Hinweis zur Titelfindung gab.

Ich danke Herrn Prof. Dr. Meinolf Schumacher von der Universität Bielefeld, der für mich ein mittelhochdeutsches Gedicht frei übersetzt hat, und Cornelia Biegler-König und Marieke Weiß für die Vermittlung.

---

1   Indonesisch: Kepulauan Banda

Und nicht zuletzt bin ich meinem Freund Torsten sehr dankbar, dass er mir bei Problemen mit meinem Computer immer mit Rat und Tat zur Seite stand.

Mein Dank gilt auch den Mitarbeiterinnen und Mitarbeitern der in Kapitel 26 genannten Archive. Überall wurde mir bereitwillig Zugang zu alten Dokumenten gewährt.

August 2019
Horst H. Geerken

1. Prolog

Stefan Zweig beginnt seine Biographie über den frühen Entdecker Ferdinand Magellan[2] mit den Worten: ‚Am Anfang war das Gewürz‘. Wie er explizit erwähnt, trifft dieser Satz nicht nur auf Ferdinand Magellan zu, sondern auf alle frühen Entdecker wie Christopher Columbus, Bartolomeu Dias[3] oder Vasco da Gama, die alle wie in einem Rausch den wertvollen Gewürzen in bisher unbekannte Gewässer nachjagten. Die Gewürze versprachen damals einen größeren Profit als Gold und Silber.

Dies rief auch Fälscher auf den Plan. Sie stellten Muskatnüsse aus Mehl, Ton, Farbstoffen und Muskatpulver her. Das dafür verwendete Muskatpulver wurde aus wurmstichigen billigen Muskatnüssen gewonnen. Es gelang den Fälschern immer wieder, ahnungslose Kunden zu betrügen. Selbst Experten sind auf Betrügereien hereingefallen. 1860 gelangte eine ganze Schiffsladung von gefälschten Muskatnüssen aus Kanton in China nach England. Die ganze Ladung bestand aus hölzernen Nüssen.[4] Oft wurden die durch Insekten und Würmer verursachten Löcher in Ausschussware mit Fett, Mehl und Kalk zugestopft und dann als erstklassige Handelsware verkauft.

Bei Muskatpulver wird bis heute gemanscht. Es werden nicht nur wurmstichige Ausschussware und minderwertige Nüsse mit wenig Aroma gemahlen, das Pulver wird auch oft noch mit billigem Kurkuma gestreckt.

Heute ist der zweite Weihnachtsfeiertag 2018. Ich sitze auf der Terrasse vor meinem Zimmer im Cilu Bintang Estate auf der Insel Banda Neira[5], einer der Banda Inseln, die im südlichen Teil der Molukken im heutigen Indonesien liegen. Dies war eine der damals von den Europäern wie besessen gesuchten Gewürzinseln. Es ist die am weitesten abgelegene und gleichzeitig die faszinierendste Inselgruppe im Indonesischen Archipel. Vor mir liegt die Ruine des alten holländischen Forts Nassau und dahinter, nur durch eine schmale Wasserstraße getrennt, erhebt sich der mächtige Vulkan Gunung Api[6], der Feuerberg, der sich kegelförmig wie eine Pyramide aus dem tiefen azurblauen Meer der Bandasee erhebt. Dieser Feuerberg hat schon viel Unheil über die Bandas gebracht. Wende ich meine Augen vom Vulkan Gu-

---

2   Stefan Zweig, *Magellan: Der Mann und seine Tat*
3   Auch Diaz
4   Elsner, *Die Praxis des Chemikers,* 1895, S. 496
5   Auch Bandanaira
6   Auch: Banda Api

nung Api nach rechts, erhebt sich dort auf einem Hügel das mächtige zweite Fort der Insel, das restaurierte Fort Belgica[7].

Heute ist das Meer ausnahmsweise nicht azurblau, denn es regnet schon den ganzen Tag. Es ist Regenzeit, der Westmonsun. Die Angestellten des Gästehauses – alles Moslems und Muslimas – geben sich alle Mühe, aus einer einheimischen Zeder und Sternen aus Papier einen Weihnachtsbaum zu zaubern. Da kommt durch die trübe Wetterlage trotz Äquatornähe doch ein wenig Weihnachtsstimmung auf. Außer mir ist nur noch ein nettes Ehepaar aus Stuttgart da, Gunter und Karin. Wir verstanden uns prächtig. Drei Schwaben gleichzeitig auf den vergessenen Inseln, das musste natürlich begossen werden! Gunter Haug ist Bestseller-Autor[8] und Journalist und hat in der Stuttgarter Zeitung einen Artikel über mich und die Bandas geschrieben.[9]

In den letzten Tagen habe ich schon viele Informationen über die Banda Inseln sammeln können und ein Regentag wie heute ist eine gute Gelegenheit, ein neues Buch – das hier vorliegende über die Banda Inseln und die Muskatnuss – zu beginnen. Eine Bootsfahrt zu einer anderen Insel wäre heute wegen des hohem Seegangs ohnehin nicht möglich gewesen. Schon seit gut zwei Wochen bin ich in meiner Basis im Cilu Bintang Estate. Von hier, von Banda Neira aus machte ich bei vorwiegend traumhaftem Wetter Tagesausflüge zu den anderen paradiesisch einsamen Inseln. Ich sammelte Informationen und führte bereits unzählige Interviews. Nun will ich meine Notizen zu Papier bringen. In meinem geräumigen Zimmer hat mir Abba, der Eigentümer meiner Bleibe, eine Schreibecke mit heller Leuchte eingerichtet und mich mit Büchern aus seiner Bibliothek versorgt.

Wer kennt heute noch die Banda Inseln, elf winzige Inseln, über 2500 Kilometer und zwei Zeitzonen von der Hauptstadt Jakarta entfernt im Osten des Archipels, so winzig, dass sie auf fast keiner Landkarte zu finden sind? Nur sechs davon sind von insgesamt etwa 14 000 Menschen bewohnt. Ich habe bis heute noch keinen Indonesier getroffen, der die vergessenen Inseln kennt und weiß, wo sie liegen, obwohl Banda Neira mit Fort Belgica und dem Vulkan Gunung Api auf einer indonesischen 1000 Rupiah Banknote abgebildet sind.

---

7   Der Name Belgica ist zurückzuführen auf das Gebiet der ‚17 Provinzen der Burgundischen Niederlande‘, das damals neben den heutigen Niederlanden auch noch Belgien und Luxemburg umfasste.
8   www.gunter-haug.de
9   Siehe Kapitel 25, Anlage I

Abb. 1-1: Mein Zimmer im Cilu Bintang Estate

Abb. 1-2: Die Schreibecke in meinem Zimmer

Abb. 1-3:
Blick von der Terrasse
im Cilu Bintang Estate
zum Vulkan Gunung Api

Abb. 1-4:
Da kam sogar ein wenig
Weihnachtsstimmung auf

Abb. 1-5: 1000 Rupiah Banknote[10] mit dem Fort Belgica und dem Vulkan Gunung Api

Selbst das Postamt in Ubud auf Bali war total überfordert, als ich dort ein Päckchen mit einigen meiner Bücher für Abba in Banda Neira aufgeben wollte, obwohl es in Banda Neira ein Postamt mit einer Postleitzahl gibt. Noch weniger bekannt ist die kleine Gruppe der Banda Inseln im Ausland. Selbst für indonesische Verhältnisse sind die Banda Inseln am Ende der Welt. Dabei haben sie vor 350 Jahren Weltgeschichte geschrieben. Damals waren sie – wie wir noch sehen werden – in aller Munde! Eine kleine Nuss, die Muskatnuss, hat einst die Welt verändert.

Heute kann man in jedem Supermarkt alle Gewürze für ein paar Euro kaufen. Aber wer weiß schon, dass vor mehreren hundert Jahren einige europäische Staaten ein Wettrennen veranstalteten, um die Gewürzinseln zu finden? Die Gewürze waren der Anlass für Kriege, für Eroberungen und für gnadenloses Morden. Wer weiß heute noch, dass die Banda Inseln lange Zeit der einzige Platz dieser Erde waren, auf dem die Muskatnuss[11] gedieh, dass damals die Muskatnuss teurer war als Gold, dass aus reiner Geldgier die Holländer hier den ersten Genozid der neueren Geschichte verübten, dass auf den Banda Inseln nur noch die Nachkommen der von den Holländern auf die Inseln verschleppten Sklaven und arabischer Händler leben, dass eine der Inseln, Pulau Run, einst gegen Manhattan in Amerika getauscht wurde oder dass die Banda Inseln zu einer Zeit die teuerste Immobilie der Welt waren? Es gibt noch viele weitere Geschichten über diese kleinen Ei-

10   Auf der Rückseite der Banknote ist die indonesische Freiheitskämpferin Tjut Meutia (auch Cut Nyak Meutia/Meuthia) abgebildet. Sie wurde von den Holländern festgenommen und 1906 hingerichtet. Sie wird heute als Nationalheldin verehrt.
11   Muskatnuss wird auf Bahasa Indonesia ‚Pala' und auf Balinesisch ‚Jebug Garum' genannt, lateinisch *Myristica fragrans*.

lande, alles weltbewegende Ereignisse! Wie gesagt, eine kleine Nuss veränderte die Welt, und es gibt Spannendes zu erzählen!

Auf den Banda Inseln ging es wegen des wertvollen Gewürzes Muskatnuss selten gewaltlos zu. Der Boden der Banda Inseln ist getränkt mit Blut! Und das Blut klebt an den Händen der grauenvoll agierenden niederländischen Kolonialmacht. Jedes Mittel war den Niederländern recht, um ihre Macht mit Kanonendonner durchzusetzen und zu erhalten. Die Bevölkerung wurde misshandelt und versklavt. Aber hierüber ist nur wenig berichtet worden, da die Niederländer es bis heute hervorragend verstanden haben, ihre Gräueltaten der Vergangenheit unter den Teppich zu kehren. Hier, auf den Banda Inseln, wurden dagegen die Schandtaten bis heute nicht vergessen. Jedes Kind wird bereits in der Schule über die Massaker der Niederländer aufgeklärt. Bei allen Gesprächen, die ich hier führte, wurde ich zunächst nach meiner Nationalität gefragt. Als ich sagte. ich wäre Deutscher, hellten sich ihre Mienen auf. Niederländer werden immer noch mit einer gewissen Skepsis betrachtet.

Selbst in neuerer Zeit, in der 1930er Jahren, spielten die Banda Inseln eine gewisse Rolle. Hierher, auf die abgelegenen vergessenen Inseln, wurden von den Niederländern einflussreiche indonesische Nationalisten, die für eine Unabhängigkeit Indonesiens eintraten, verbannt.

Der Blick von meiner Terrasse im Cilu Bintang Estate auf den Vulkan ist überwältigend. Schon seit meiner frühesten Kindheit träume ich von diesem Anblick, aber erst jetzt bin ich mir ganz sicher, dass es dieses Panorama war, das mich schon als Kind faszinierte. Meine Mutter war in ihrer Jugend mehrfach längere Zeit bei unserer Verwandtschaft in Amsterdam, die in der Keizergracht wohnte. Dort erlernte sie auch die holländische Sprache. Sie muss von Niederländisch-Indien fasziniert gewesen sein, denn von dort brachte sie – wie sie mir später erzählte – jedes Mal Bücher über die niederländische Kolonie mit. Diese Bücher nahmen einen großen Teil des Bücherschrankes bei uns zu Hause in Stuttgart ein. Ein Teil dieser Bücher lag bis zu der Zerstörung unserer Wohnung während des Zweiten Weltkriegs auf einem kleinen Tisch im sogenannten Herrenzimmer. Als Junge – ich ging noch nicht zur Schule und konnte noch nicht lesen – stöberte ich in diesen Büchern und bestaunte die vielen exotischen Bilder. Besonders beeindruckend fand ich alte Zeichnungen von einem Feuer speienden, steil aus dem Meer aufragenden Vulkan an einer schmalen Meerenge mit einer Insel daneben. Fast täglich blätterte ich in diesen Büchern und schaute immer wieder diese Abbildung an, weshalb sich auch diese Landschaft bis heute tief in mein Gedächtnis eingeprägt hat.

Abb. 1-6: Der Vulkan Gunung Api, der nur durch eine schmale Wasserstraße von der Insel Banda Neira (mit Fort Belgica) getrennt ist[12]

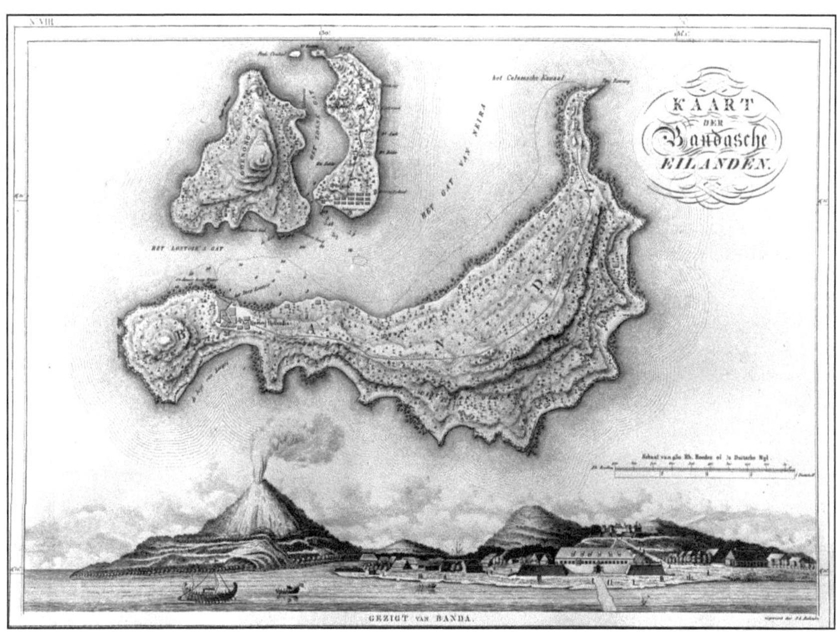

Abb. 1-7: Landkarte von 1820, Banda Neira, Gunung Api und Banda Besar

---

12   Gravur von 1655

Abb. 1-8: Die schmale Wasserstraße zwischen dem Vulkan Gunung Api (links) und der Hauptinsel Banda Neira[13]

Abb. 1-9: Ein Stich von 1724 von Banda Neira mit Fort Belgica auf der Anhöhe, sowie dem Vulkan Gunung Api

---

13   Lithographie nach einem Gemälde von Josias Cornelis Rappard, 1883-1889, Wikimedia Commons

Abb. 1-10: Segelschiffe auf Reede in der schmalen Wasserstraße zwischen dem Vulkan Gunung Api und der Insel Banda Neira[14]

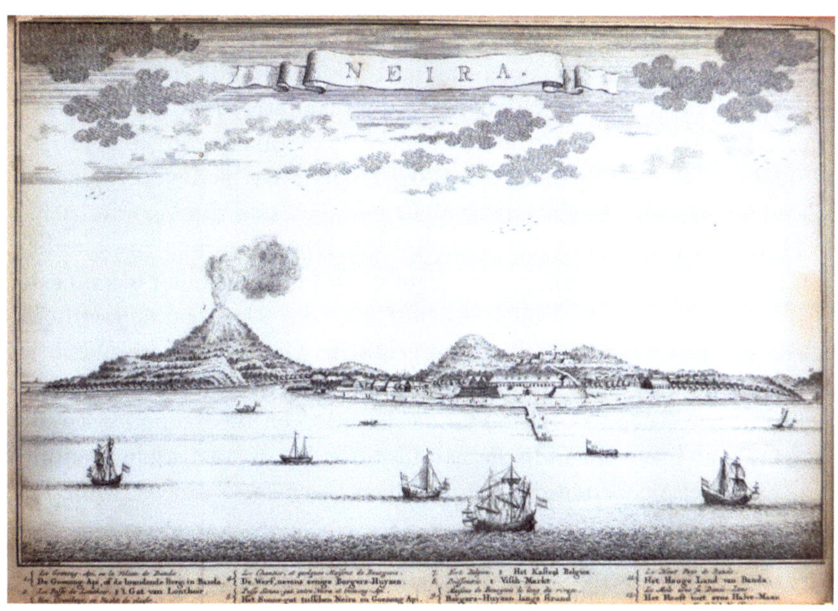

Abb. 1-11: Banda Neira mit dem Vulkan Gunung Api

---

14   Atlas pittoresque, Pl. 114, Stich von 1699

Als dann auch noch mein Geographielehrer in den ersten Jahren im Gymnasium in Schwäbisch Gmünd den Schwerpunkt seines Unterrichts auf die Inseln im Malaiischen Archipel legte, hat mich die dortige Inselwelt und die Muskatnuss in ihren Bann gezogen. Ich erfuhr immer mehr Interessantes, so dass mein Wunsch, die Banda Inseln zu besuchen und die Geschichte der unscheinbaren Muskatnuss aufzuschreiben, immer intensiver wurde.

Interessant ist, dass auf allen alten Abbildungen der Niederländer der Vulkan Gunung Api aktiv ist und Feuer und Asche spuckt. Nach alten Überlieferungen gab es jedes Mal, wenn die Flotte der Holländer in Banda eintraf, eine größere Eruption. Wollte der Vulkan dadurch zeigen, dass er böse war, und das Handeln und die Herrschaft der Holländer auf diesen Gewürzinseln missbilligte? Den Niederländern war nämlich jedes Mittel recht, um ihre Macht zu erhalten und ein Monopol durchzusetzen.

Nun sitze ich hier, schaue mir die wunderschöne Natur an und ich bin mir ganz sicher, dass es sich bei den Abbildungen in dem Buch, die ich als Kind betrachtete, um die Banda Inseln gehandelt haben muss. Die Natur und die Bilder in meiner Erinnerung passen haargenau zusammen. War meine holländische Verwandtschaft mit den Banda Inseln irgendwie verbunden? War jemand aus der Familie hier tätig? Hat deshalb meine Mutter über dieses Gebiet immer Bücher aus Holland mitgebracht? Zog es mich aus diesem Grunde schon seit langer Zeit hierher? Leider kann ich meine Mutter hierüber nicht mehr befragen und die Verwandtschaft in Holland ist schon vor vielen Jahren ohne Nachkommen ausgestorben. Selbst der Name der holländischen Familie ist mir nicht mehr bekannt. Ich weiß nur noch, dass die Tante meiner Mutter, die mit ihrem holländischen Ehemann in Amsterdam lebte, eine geborene Mannhardt war. Wenn ich mehr wüsste, hätte ich hier auf den Inseln weitere Nachforschungen anstellen können, denn es gab bis zu der japanischen Besetzung im Zweiten Weltkrieg mehrere holländische Familien, die die Banda Inseln dominierten. Zum Beispiel waren dies die Familien Decmaars, Van den Broecke[15], Kok oder Baadilla.

Bekannt ist mir allerdings, dass einer meiner Vorfahren mütterlicherseits, Johann Wilhelm Mannhardt[16], die Tochter eines niederländischen Kaufmannes heiratete, der mit Niederländisch-Indien seine Geschäfte machte

---

15 Pieter Van den Broecke (1585-1640), Eigentümer von Muskatnuss-Plantagen auf Pulau Ai und Banda Besar.
16 1760-1831

und deren Name Anna van der Smissen[17] war. Van der Smissen, Annas Vater, geboren um 1730, wurde als Mennonit in Holland verfolgt. Er flüchtete nach Deutschland und baute in Hamburg sein lukratives Handelshaus auf. Da er vorwiegend mit Gewürzen handelte, vermute ich schon, dass es zwischen Van der Smissen und den Banda Inseln eine Verbindung gab. Aber auf den Banda Inseln ist mir der Name Van der Smissen, auch auf Grabsteinen, bisher nicht begegnet. Ich wünsche, ich könnte noch meine Mutter befragen. Warum beginnt man erst im Alter, nach seinen Wurzeln zu suchen?

Wie ein kürzlich von mir gemachter DNA-Test ergab, kommt zu meiner großen Überraschung ein Prozent meiner DNA aus dem Malaiischen Archipel, dem heutigen Indonesien. Kein Wunder, dass ich einen kleinen Ansatz zu Schlitzaugen habe, weshalb ich in der Schule von meinen Mitschülern und später auch beim Studium von meinen Freunden Dschingis Khan gerufen wurde. Wer hat wohl diesen Prozentpunkt aus Südostasien nach Europa mitgebracht? Da ich gedanklich seit meiner Kindheit sehr eng mit den Banda Inseln verbunden bin, bin ich mir nun fast sicher, dass dieser Prozentpunkt aus den Banda Inseln kommt. Ob ich das in meinem Leben wohl noch bestätigen kann?

Vor 20 Jahren scheiterte mein erster Versuch, auf die Banda Inseln zu kommen, an den fehlenden Transportverbindungen, die damals noch unzuverlässiger waren als heute. Ich wartete mit meiner langjährigen Lebensgefährtin Annette über zwei Wochen in Ambon auf eine Möglichkeit, um auf die Bandas zu kommen. Aber leider mussten wir unverrichteter Dinge wieder zurück nach Deutschland.

Da die Geschichte der Banda Inseln so interessant und vielfältig, aber gleichzeitig auch schrecklich ist, werde ich in diesem Buch den Schwerpunkt auf diese Gruppe mit elf winzigen Inseln legen. Darüber gibt es schon genug zu berichten! Die anderen Gewürzinseln, wie Tidore oder Ternate, auf denen die Gewürznelke gedieh, haben genauso interessante Geschichten. Aber auch noch deren Geschichten zu erzählen würden den Umfang dieses Buches sprengen.

Dies hier ist die Geschichte der Muskatnuss! Denn der Muskatnuss fiel in den vergangenen Jahrhunderten eine besondere Bedeutung zu, nicht nur beim Konservieren und Verfeinern von Gerichten, sondern besonders in der Medizin und als Aphrodisiakum. Und die Muskatnuss wuchs weltweit nur hier, auf den winzigen Banda Inseln.

---

17   1771-1843

Das Königreich der Niederlande hat 12 Provinzen, zwei davon sind Noord- und Zuid Holland. Von 1588 bis 1795 wurde das Gebiet die ‚Republik der sieben Vereinigten Niederlande‘ genannt. Nach der Eroberung durch französische Truppen im Jahre 1795 war das Gebiet der heutigen Niederlande die ‚Batavische Republik‘. Da das Gebiet Holland mit Abstand den größten Beitrag bei der Kolonisierung von Niederländisch-Indien und für die holländische Wirtschaft geleistet hat, sowie den größten Einfluss ausübte, verwende ich hier der Einfachheit halber durchgehend den Begriff Holland, wenn eigentlich das gesamte Königreich der Niederlande gemeint ist.

Mit Großbritannien verhält es sich ähnlich. England, Wales, Schottland und Nordirland sind eigenständige Länder. England ist nur der südliche Teil der Insel. 1707 wurde aus England, Wales und Schottland das ‚Königreich Großbritannien‘ gegründet. Im Jahre 1800 kam noch das eigenständige Irland hinzu. Nach diesem Zusammenschluss nannte man nun das Land ‚Vereinigtes Königreich‘. Durch den irischen Unabhängigkeitskampf im Jahre 1921 wurde die Insel Irland in die Republik Irland und Nordirland aufgeteilt. Nun[18] bildet das ‚Vereinigte Königreich‘ bis heute mit England, Wales, Schottland und Nordirland die politische Einheit Großbritannien.

Da die Expeditionen nach Südostasien vorwiegend von England ausgingen und die ausschlaggebenden Personen fast ausschließlich aus diesem Landesteil kamen, werde ich in dem Buch anstelle von Großbritannien oder dem Vereinigten Königreich der Einfachheit halber durchgehend von England sprechen.

---

18   Stand 2019, noch vor einem möglichen Brexit

2. Wie die Gewürze nach Europa kamen

Gewürzen wohnte schon immer ein gewisser Zauber inne. Schon auf babylonischen Keilschrifttafeln werden mehr als 30 Kochrezepte genannt, die Gewürze wie Koriander oder Kümmel enthalten. Man wollte schon damals schmackhaft und edel speisen. Auch Hildegard von Bingen[19] erwähnt in ihren Rezepturen oft Muskatnuss, Gewürznelke und Zimt.

Im Mittelalter ging von dem wohlriechenden Samen der Muskatnuss und der Macis[20] – wie von allen Gewürzen aus den Molukken – eine eigene Magie aus. Wer denkt bei dem Duft von Muskatnuss, Gewürznelken und Zimt nicht an die morgenländischen Märchen aus Tausendundeiner Nacht mit ‚Sindbad dem Seefahrer‘?

In Frankreich heißt ein Lebensmittelgeschäft bis heute ‚épicerie‘, ‚Gewürzladen‘. In meiner Jugend war ein deutscher Lebensmittelladen ein ‚Kolonialwarenladen‘, in dem es immer herrlich nach orientalischen Gewürzen duftete. Warum hießen diese Geschäfte bis in die 1960er Jahre immer noch Kolonialwarenladen? Deutschland hatte doch schon längst keine Kolonien mehr. Auf dem Päckchen mit Sago stand als Ursprungsland aber immer noch ‚Bismarck-Archipel‘, mit einem bunten Bild von zwei dunkelhäutigen Eingeborenen, die einen Baumstamm aushöhlten. Ich war als Kind beeindruckt! Dort konnte man sogar Baumstämme essen! Heute ist die Insel Ceram in den Molukken ein Hauptanbaugebiet der Sagopalme.

Die Muskatnuss und der Macis wurden nicht nur als Gewürz in der eintönigen Küche jener Zeit verwendet, sondern auch zur Konservierung von Speisen und als Heilmittel gegen Verdauungsstörungen, Husten und andere Krankheiten eingesetzt. Ein ganzes Füllhorn von Krankheiten wurde damals mit der Muskatnuss kuriert.

Im alten Rom war Zimtparfüm der Renner, und bis ins 18. Jahrhundert trugen wohlhabende Frauen in Deutschland eine Muskatnuss und Gewürznelken in einer porösen Silberkugel um den Hals, wenn sie sich ein Kind wünschten, aber auch um gegen schlechte Gerüche und ansteckende Krankheiten geschützt zu sein. Wer sich den seltenen Luxus dieses Gewürzes leisten konnte, nahm sogar die Muskatnuss als Aphrodisiakum ein. Die

---

19 1098-1179
20 Macis (englisch Mace), eingedeutscht auch Mazis. Es ist der rot-schwarze Samenmantel der Muskatnuss. Dieser Samenmantel wird fälschlicherweise oft Muskatblüte genannt. Macis hat einen aromatischen Geschmack wie die Muskatnuss, ist aber milder.

sexuelle Lust sollte dadurch gesteigert werden. Jung Verheirateten wurde ein Getränk mit Sahne, Wein, Eigelb, Muskatnuss, Zimt und Zucker gereicht, um die Hochzeitsnacht möglichst erfolgreich zu gestalten.

Von allen Gewürzen war die runde Muskatnuss das seltenste. Als Ärzte aus London die Muskatnuss neben den vielen anderen Anwendungsmöglichkeiten auch noch als einziges Heilmittel gegen die damals grassierende Pest empfahlen, stieg der Bedarf ins Unermessliche. Der Pest, die über die Seidenstraße von Zentralasien nach Europa kam, fielen von 1346 bis 1353 über 30 Prozent der europäischen Bevölkerung zum Opfer! Da die Muskatnuss eine nachgewiesene antibakterielle Wirkung hat, kann durch sie eine gewisse Besserung diverser Leidens nicht ausgeschlossen werden, aber bei der Pest war die Wirkung natürlich gleich Null.

Durch die langen und schwierigen Lieferwege war ein schneller Nachschub nicht möglich. Daher wurde die Muskatnuss in Europa immer rarer und teurer. Auf dem Höhepunkt überstieg der Gewichtswert einer Muskatnuss sogar den von Gold! Für nur zwei Nüsse bekam man damals auf den Märkten in Deutschland eine ausgewachsene Kuh!

Die Gewürzhändler aus Arabien, China und Ostasien konnten das Geheimnis der geographischen Lage der Gewürzinseln Hunderte Jahre lang hüten und ein Monopol aufrechterhalten. Niemand in Europa hatte die geheimnisvollen Inseln je gesehen. Niemand wusste, wo sie zu finden sind. Der Indische Ozean war noch nicht entdeckt. Man wusste nur, dass die Muskatnuss von sehr weit her im Osten kam und lange unterwegs war, bis sie endlich Europa erreichte.

Es wurden abenteuerliche Horrorgeschichten um die Gewürzinseln erfunden, und es wurde gelogen, was das Zeug hält, um unliebsame Konkurrenz abzuschrecken. Dort, wo die Muskatnuss wachsen würde, wären schreckliche Meeresungeheuer, große Seemonster, die jedes Schiff versinken ließen, Menschenfresser und Kopfjäger, die die Köpfe ihrer Opfer sammelten und gefährliche Riffe, die kaum ein Schiff überwinden könne. Kein arabischer oder malaiischer Kapitän, der die Route zu den Gewürzinseln befuhr, wollte die Herkunft seiner wertvollen Fracht preisgeben.

Es kursierte die Geschichte des Pausengi-Baums[21]. Der würde direkt aus der Tiefe des Ozeans emporwachsen und in seinen Ästen würde der Garuda leben. Es wäre ein Wesen, halb Mensch, halb Vogel. Um den Baum herum würde ein schneller Strudel jedes Schiff in die Tiefe reißen. Nur eine Handvoll Seeleute hätten den Strudel überlebt, indem sie sich an den Federn des Garudas festgehalten hätten.

---

21 Auch Rumphius (Kapitel 21) befasste sich mit dem mysteriösen Baum.

Es waren grausige Gerüchte, die besonders die Araber bewusst in die Welt setzten, um westliche Forscher von einer Reise dorthin abzuschrecken. Daher blieb der Herkunftsort der Gewürze lange ein Mysterium.

Aber wie kamen die Gewürze nach Europa? Es gab mehrere Routen, über die die Gewürze und andere Güter aus Asien Europa erreichten. Schon seit der frühen Antike übten Gewürze eine große Anziehungskraft aus, da sie auch immer mit Erotik in Verbindung gebracht wurden. Hunderte Jahre lang kamen Gewürze durch die chinesischen Wüstengebiete und Arabien in den Westen. Hier fanden sich viele Abnehmer, die schon mit Sehnsucht jede nächste Lieferung erwarteten. Archäologen fanden bei Ausgrabungen in Syrien den Nachweis, dass dort schon vor 1700 v. Chr. Nelken[22] als Gewürz Verwendung fanden.[23] Erste Zeugnisse aus China beweisen, dass hier bereits um 300 v. Chr. Nelkengewürz gegen Zahnschmerzen und schlechten Mundgeruch eingesetzt wurde. Die antibakterielle Wirkung der Gewürznelke soll selbst gegen Fußpilz geholfen haben.

Erst später findet man eine Erwähnung der Muskatnuss. Obwohl Ptolemäus bereits Mitte des 2. Jahrhunderts Malaya und Java erwähnt, ist der Erste, der Muskat eindeutig in seinen Schriften erwähnt, Aron[24], der im 7. Jahrhundert ein syrisches Kompendium der Medizin geschrieben hat: ‚est nux muskata et affertur ab India‘, ‚die Muskatnuss wird aus Indien gebracht‘.

Der erste Schriftsteller des Abendlandes, der die Muskatnuss im Jahre 1078 erwähnt, war Simoneon Seth. Der jüdisch-byzantinische Arzt aus Antiochia kombinierte die griechische mit der damals bekannten Medizin aus Arabien, Persien und Indien. Neben vielen anderen schrieb er das Buch ‚Die Byzantinische Küche‘, in dem die Muskatnuss mehrfach erwähnt wird.[25] Nach dem 11. Jahrhundert mehren sich die Hinweise auf die Muskatnuss zusehends.

Der Gewürzhandel muss aber schon vor fast 4000 Jahren begonnen haben. Und zwar über viele Tausend Kilometer, denn es ist eindeutig bewiesen, dass damals die Gewürze nur von den Gewürzinseln im heutigen Indonesien kommen konnten. Nur auf den Banda Inseln, und nur dort, konnte die Muskatnuss geerntet werden. Und nur auf den Inseln der nördlichen Molukken, auf Ternate oder Tidore wuchs die Gewürznelke. Es war der Beginn der heute so oft genannten Globalisierung. Aber ist die so neu? Ich glaube, es gab noch nie eine Welt ohne Globalisierung.

---

22   Syzygim aromaticum, auch Eugenia caryophyllata
23   Quelle: International Institut for Mesopotamien Studies
24   Auch Ahroun
25   Otheniel, *Simeon Seth,* Englisch 2013

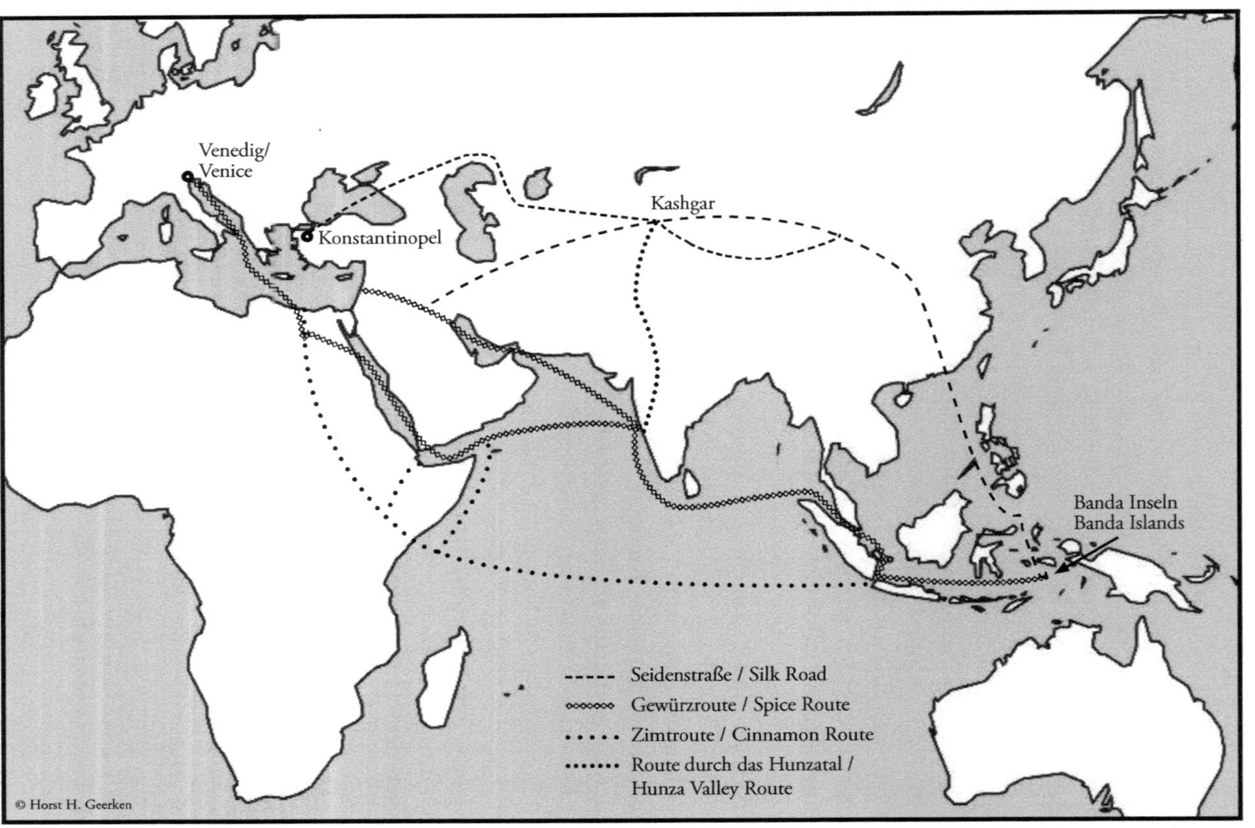

Abb. 2-1: Es gab mehrere Routen, über die Gewürze nach Europa kamen

Es war ein langer Weg, bevor die Gewürze Europa erreichten. Die wichtigsten Routen trafen in Konstantinopel zusammen. Konstantinopel war im 4. Jahrhundert eine bedeutende Handelsmetropole in der westlichen Welt. Vermutlich sind schon zu jener Zeit erstmals Gewürze von den Molukken in den Westen gelangt. Der persische Gelehrte und Dichter Ibn Sina beschrieb schon um das Jahr 1000 die ‚Nuss von Banda‘.

Durch die Berichte von Marco Polo[26] stieg das Interesse an Gewürzen weiter. Bereits um 1290 schrieb Marco Polo, als er durch die indonesische Inselwelt reiste: *‚Diese Inseln werden von vielen Schiffen angesteuert, von Händlern, die teure Güter kaufen und verkaufen. Die Schätze der Inseln sind so groß, dass es sich nicht ausdrücken lässt!‘*

Im 13. Jahrhundert kamen schon größere Mengen Muskatnuss nach Deutschland. Dies zeigt eine Verordnung des Erzbischofs von Köln aus dem Jahr 1259, nach der Händler nicht mehr als 10 Pfund an einen Kunden verkaufen durften.[27] Köln bezog die Muskatnuss von Gewürzhändlern aus Venedig. Das Zentrum verlagerte sich nämlich im Laufe der Jahre von Konstantinopel nach Venedig, das dann Jahrhunderte lang ein Monopol im westlichen Mittelmeer aufrechterhalten konnte.

Abb. 2-2:
Muskatnussbaum aus
Christobal Acosta, 1578[28]

---

26 Vermutlich 1254-1324
27 Ennen, *Geschichte der Stadt Köln (1863)*, II, S. 315
28 Wikipedia, Public Domain

Nach den Aufzeichnungen von Marco Polo und Angaben von anderen Reisenden schuf Fra Mauro, ein Mönch des Klosters San Michele in Venedig, im Jahr 1459 im Auftrag des portugiesischen Königs Alfons V. eine Weltkarte mit einem Durchmesser von fast zwei Metern. Hier sind bereits Städte und Küstenlinien in Ostasien aufgezeichnet.

Von Venedig aus wurden Gewürze, Seide und andere Güter aus dem Osten in das restliche Europa verkauft. Es gibt bis heute das Deutsche Haus, das ‚Fondaco dei Tedeschi‘, in Venedig. Hier lebten, kauften und handelten die deutschen Kaufleute direkt am Canal Grande neben der Rialtobrücke. Viele deutsche Handelshäuser und Bankiers, wie die der Fugger in Augsburg, beteiligten sich an dem Handel. Die Fugger hatten sogar eine Zeitlang das Monopol für den Gewürzhandel mit Deutschland. Sie finanzierten auch Expeditionen der Portugiesen und der Spanier und sie lieferten ihnen das Gold, Silber und Kupfer, das für den Handel gegen Gewürze gebraucht wurde.

In Venedig trafen sich die Händler und Geldwechsler aus aller Welt. Mindestens zwei Mal pro Jahr fuhren die Venezianer mit einer Flotte, die von Kriegsschiffen begleitet wurde, nach Konstantinopel und dem antiken Antiochia in der heutigen Türkei, um Gewürze und andere Waren, die auf den Seidenstraßen dort hinkamen, einzukaufen.

Arabische Händler und Seefahrer aus dem Malaiischen Archipel nutzten die Passatwinde und Strömungen im Indischen Ozean, um entlang der Küsten von den Gewürzinseln bis nach Ostafrika zu kommen. Mit dem Nordost-Monsun von Oktober bis April segelten sie zu den Gewürzinseln, und mit dem Südwest-Monsun von Juni bis September wieder zurück. Zum Beispiel zeigen neue DNA-Tests, dass die Population von Madagaskar die größte Übereinstimmung mit den Menschen aus Kalimantan[29] in Indonesien hat. Es muss also schon seit langer Zeit ein reger Austausch zwischen diesen Ländern stattgefunden haben. Es waren die Sterne, die die Araber sicher durch die Wüste und durch das Meer navigierten. Viele der alten Überlieferungen haben wir der arabischen Welt zu verdanken. Sie retteten und übersetzten die Dokumente der berühmtesten Bibliothek des Altertums, der Bibliothek in Alexandria.

Abbildungen nächste Seite:
Abb. 2-3: Mappa mundo von Fra Mauro, Venedig 1459[30]
Abb. 2-4: Deutsches Haus in Venedig, Fondaco dei Tedeschi[31]

---

29 Früher Borneo
30 Wikipedia gemeinfrei
31 Wikimedia Commons

Am Tempel Borobudur aus dem 8. Jahrhundert bei Yogyakarta auf der Insel Java sind auf der untersten Ebene mehrere Steinreliefs zu sehen, die Handelsschiffe jener Zeit zeigen.

Abb. 2-5: Steinrelief eines Handelsschiffes am Tempel Borobudur

Im Jahre 2003 stach von den Molukken ein Nachbau dieses Schiffes in See, das von der damaligen indonesischen Präsidentin Megawati Sukarnoputri[32] auf den Namen *Samudra Raksa*, Verteidiger der Ozeane, getauft wurde. In nur 26 Tagen erreichte das Schiff unter Segeln mit einer Mannschaft von 15 Männern und Frauen die Seychellen. Nach weiteren 15 Tagen war es in Madagaskar. Es war somit bewiesen, dass Schiffe jener Zeit von den Gewürzinseln auf der sogenannten Zimtroute Ostafrika erreichen konnten.

---

32   Einer Tochter des ersten Präsidenten Indonesiens, Sukarno

Im November 1980 schickte der Sultan von Oman den Nachbau eines antiken arabischen Handelsschiffes von Muskat mit dem nordöstlichen Monsunwind auf die Reise. Nach sieben Monaten auf See erreichte das Schiff China. Auch hier ist der Beweis gelungen, dass ein Warenaustausch von arabischen Händlern mit dem Fernen Osten schon sehr früh möglich war.

Auch im Tempel der Königin Hatshepsut in Südägypten konnte ich auf Wandgemälden aus dem Jahr 1493 v.Chr. Schiffe bewundern, die gerade von einer Reise zurückkamen und entladen wurden. Laut Inschrift befanden sich unter den Waren auch Zimt und zwei weitere Gewürze[33].

Als ich Anfang der 1980er Jahre die Felsenhöhle von Ajanta im südlichen Zentralindien besuchte, konnte ich auch dort eine Felszeichnung mit einem Schiff entdecken, das mit Gewürzen beladen war. Es war das Abbild eines der antiken Handelsschiffe, die damals aus Sumatra und Java nach Indien kamen.

Die Lingua Franca entlang der langen Küstenlinie von den Gewürzinseln bis Ostafrika war das sogenannte Küstenmalaiisch[34], eine stark vereinfachten Form des Malaiischen ohne Grammatik. Besonders im Südjemen, im Hadramaut, war die Sprache seit Generationen durch einen engen Kontakt mit Java weit verbreitet. Bei meiner Ausreise nach Indonesien im Jahre 1963 hatte ich die Gelegenheit, den Westen des Hardamauts im Südjemen zu besuchen. Hier konnte ich zu meiner großen Überraschung bereits meine ersten in Deutschland angeeigneten Kenntnisse der Bahasa Indonesia anwenden.

Was wir heute die Seidenstraße nennen, war eigentlich ein Netz von teilweise parallel verlaufenden Karawanenwegen, die Ostasien mit dem Mittelmeerraum verbanden. Der Geologe und Geograph Ferdinand von Richthofen gab erstmals 1877 diesen Handelswegen durch unwegsame Wüsten in seinen Veröffentlichungen den Namen ‚Seidenstraße‘. Mit einer Delegation der Preußischen Regierung reiste er 1860 nach China, um Handelsverträge abzuschließen. Er bereiste viele Provinzen Chinas und kam erst 12 Jahre später wieder nach Deutschland zurück.

Es gelangte natürlich nicht nur Seide über diese Routen nach Europa, auch Gewürze waren ein wichtiges Handelsgut. Die bekanntesten Routen hatten ihren Ausgangspunkt in Xian. Hier, wo 1974 das berühmte 2000 Jahre alte Grab mit achttausend überlebensgroßen Terrakotta-Soldaten entdeckt wurde, begann die Reise der Gewürze nach Westen. Hier wurden die

---

33 Incense
34 Manchmal sieht man auch das Wort 'Küchenmalaiisch'

Karawanen beladen. Es gab Routen die nur auf dem Landwege Xian mit Konstantinopel verbanden, andere nutzten zwischendurch immer wieder Seewege. Eine wichtige Umschlagstation war die Karawanserei in Kashgar, ganz im Westen Chinas, wo einige Routen wieder zusammentrafen. Hier fand man alles auf dem Markt. Mensch und Tier konnten sich vor Antritt der nächsten Etappe erholen.

Schon Marco Polo besuchte Kashgar. Er bezeichnete die Oase in seinen Aufzeichnungen als schönen Garten mit viel Obst und Gemüse. Als ich 1998 Kashgar besuchte, war der Sonntagsmarkt immer noch der bedeutendste Markt in weitem Umkreis, wie in alten Zeiten.[35]

Abb. 2-6: Gewürzmarkt in Kashgar, 1998

Eine Nebenroute führte damals von dem Knotenpunkt Kashgar im heute westlichen China durch das Hunza- und Industal[36] bis zum Indischen Ozean. Der Endpunkt traf hier mit der Gewürzroute zusammen, die direkt von den Gewürzinseln über das Rote Meer oder die Wüste bis in den Mittelmeerraum führte. Damals war es eine abenteuerliche Route, die an manchen Stellen im Hunzatal nur mit Trägern auf schmalen Pfaden entlang steiler Felsen in schwindelerregender Höhe bewältigt werden konnte. Heute

35   Siehe Horst H. Geerken, *Der Karakorum Highway und das Hunzatal*
36   ibid.

führt hier der von China finanzierte Karakorum Highway entlang, an dem immer noch gebaut wird. Er soll eine Seitenroute der ‚Neuen Seidenstraße‘ werden.

Abb. 2-7: Abenteuerliche Wege im Hunzatal[37]

---

37   Aufnahme des Autors von 1998

Kublai Khan, der ‚König der Könige‘[38], übernahm im Laufe der Zeit einen großen Teil des Gewürzhandels aus dem Malaiischen Archipel von den Arabern. Die Chinesen hatten wesentlich größere Schiffe mit 200 Mann Besatzung, die 120 Tonnen Fracht befördern konnten. Im Jahr 1293 segelte die erste chinesische Flotte nach Sumatra und durch die Straße von Malakka. Mit Beginn des Monsuns segelten sie weiter an die Malabarküste im Westen Indiens und weiter in den Jemen. Von hier gingen ihre Waren nach Alexandria an der Mittelmeerküste.

Die Zimtroute ging direkt über den Indischen Ozean bis nach Ostafrika. Von dort aus führte die Route nach Norden und verband sich vor dem Roten Meer mit der Gewürzroute. Im 14. und 15. Jahrhundert ging die Zimtroute meist auf dem Nil stromabwärts weiter bis nach Alexandria und von dort wurde die Ware nach Konstantinopel oder Venedig verschifft. Als Alexandria die Zölle drastisch erhöht hatte, wurde für die Gewürze meist der Weg über Bagdad und Syrien gewählt.

Dies war eine wichtige Route. Sie führte durch die syrische Wüste nach Antiochia, das 30 Kilometer vom Meer entfernt liegt und ein Schnittpunkt verschiedener Handelswege war. Die Stadt erlebte dadurch einen Aufschwung und war neben Konstantinopel eine der bedeutendsten Städte im östlichen Mittelmeerraum. In der Geschichte des Christentums nahm die Stadt einen wichtigen Platz ein. In einer Höhlenkirche im Nordosten der Stadt soll der Legende nach der Apostel Paulus gepredigt haben.

Abb. 2-8:
Die antike
Felsenkirche
in Antiochia[39]

---

38 Wie er sich selbst nannte
39 Aufnahme des Autors von 1957

Die Spanier und Portugiesen schauten mit Neid auf den immer weiter wachsenden Einfluss der Venezianer. Nun wollten sie selbst die Gewürzinseln finden. Bis 1444 hatten die Portugiesen bereits Madeira und die Azoren im Atlantik entdeckt. Auch die Kanarischen Inseln wollte sich Portugal einverleiben, aber der Papst sprach diese Spanien zu.

Als die Türken 1529 und nochmals 1683 nach Westen vordrangen und Wien belagerten, versiegten die alten Handelsrouten und die westlichen Seemächte machten sich nun selbst auf die Suche nach den legendären Gewürzinseln.

Heute, 350 Jahre später, ist die Seidenstraße wieder in aller Munde. Doch nun geht es um eine ‚Neue Seidenstraße‘ von China nach Europa. Auf ihr sollen nun nicht mehr Gewürze, sondern Massenwaren aus dem Reich der Mitte in den Westen gelangen. Es ist ein Megaprojekt der chinesischen Außenpolitik, das die globale Ordnung stärker auf China zuschneidet. China will mit Hunderten von Milliarden Dollar die Welt erobern!

3. Die Banda Inseln

Die Banda Inseln waren gesegnet, nicht nur gemäß alten Mythen, nach denen sie den Mittelpunkt der Welt bildeten, sie waren auch unermesslich reich. Die Inseln waren bis zu den Bergspitzen mit Muskatnussbäumen bewaldet, sie waren – und sind es immer noch – umgeben von über alle Maßen reichen Fischgründen, in denen sich Thunfische, Makrelen, Papageienfische, Schildkröten und unzählige andere Meerestiere tummeln. Was aber sofort ins Auge fällt, sind die häufigen Erd- und Seebeben und die Eruptionen des Vulkans Gunung Api.

Der Portugiese de Barros beschreibt vielleicht als Erster in seinem berühmten Werk *‚Del Asia'* Mitte des 16. Jahrhunderts schwärmerisch die Banda Inseln wie folgt:[40]

Die Insel Banda gleicht einem Garten von Muskatbäumen, und da diese mit einer Menge wohlriechender Kräuter und Blumen zu gleicher Jahreszeit blühen, so füllt sich die Luft um diese Zeit mit Wohlgerüchen, mit welchen keine anderen zu vergleichen sind. Wenn die Früchte des Muskatbaumes anfangen zu reifen, kommen Scharen von Papageien und andere Vögel, von dem mannigfachsten Gefieder und Gesang, um sie zu genießen, und erfreuen das Auge und Ohr des Menschen. In der Mitte der Insel erhebt sich ein Berg, der ziemlich steil ist. Wenn man ihn aber bestiegen hat, befindet man sich oben in einer Ebene, die nicht minder anmutig ist, als die Gegend am Fuß des Berges.

Schon 1545 berichtete nach portugiesischen Quellen Antonius Musa Brasavola, dass die Portugiesen auf ihren Segelschiffen bereits von Ferne den Wohlgeruch der Inseln in der Luft wahrnahmen, bevor sie zu sehen waren.

Der deutsche Naturforscher, Botaniker und Zoologe Georg Eberhard Rumpf, genannt Rumphius, hat in der zweiten Hälfte des 17. und Anfang des 18. Jahrhunderts alleine in den Gewässern der Bandasee über 500 verschiedene Fischarten spezifiziert und noch mehr Pflanzen.[41]

Hier, und nur hier, konnten die auf der ganzen Welt begehrten Muskatnüsse wachsen und gedeihen. Neben der Muskatnuss konnte auf den Banda Inseln auch noch die beliebte Baumrinde *Kayu manis,* Zimt, geerntet werden. Auch Kokospalmen, Bananen und Mangos wuchsen hier. Die rund

---

40   Übersetzung von Soltau aus *Geschichte und Entdeckung der Portugiesen im Orient, 1415-1539*
41   Siehe hierzu Kapitel 21

15 000 Ureinwohner der Banda Inseln mussten keinen Hunger leiden. Die Menschen waren wohlhabend. Es gab alles im Überfluss! Was nicht auf den Inseln wachsen konnte, wie zum Beispiel Reis und Gemüse, wurde aus Java oder Ambon importiert und gegen Gewürze getauscht. Stoffe kamen aus Indien oder Arabien.

Die ersten Zeugnisse menschlichen Lebens fand man auf den Banda Inseln unter einem Felsüberhang auf der Insel Ai. Hier lebten bereits vor 8000 Jahren Menschen. Der erste schriftliche Nachweis[42] stammt von dem portugiesischen Apotheker Tomé Pires, der von 1512 bis 1515 in Malakka auf der malaiischen Halbinsel lebte und von dort aus mehrmals die Banda Inseln besuchte. Nach seiner Schätzung wohnten damals nur rund 3000 Menschen[43] auf den Inseln. 1516 eröffnete er als Botschafter die erste Diplomatische Vertretung einer europäischen Nation in China.

Die Banda Inseln sind eine kleine Ansammlung einer Handvoll winziger Inseln vulkanischen Ursprungs inmitten der bis zu 7440 Meter tiefen Bandasee, nur vier Grad südlich des Äquators. Die Gruppe der Banda Inseln ist so klein, dass man sie fast nur auf Spezialkarten finden kann. Sie sind nur ein Teil der sogenannten Gewürzinseln in den Molukken. Die Provinz der Molukken ist ein Gebiet im heutigen Indonesien, das halb so groß ist wie Europa. Weit im Norden, rund 1000 Kilometer von den Banda Inseln entfernt liegen noch die Gewürzinseln Ternate, Tidore und Makian. 200 Kilometer nördlich der Banda Inseln liegt die nächste Insel, Amboyna[44]. Auf diesen vier letztgenannten Inseln, und weltweit nur auf diesen, wurden Gewürznelken geerntet. Aber die begehrte Muskatnuss wuchs nur auf den Bandas. Jede einzelne Muskatnuss und die Macis, die über die verschiedenen Routen Europa erreichten, kamen ausschließlich von hier. Nirgendwo sonst gediehen diese Gewürze. Vermutlich ist dies einem einzigartigen Mikroklima durch die tiefe Bandasee und der Beschaffenheit des vulkanischen Bodens geschuldet, den es durch die regelmäßig wiederkehrenden Eruptionen des Gunung Api[45] nur hier gab. Besonders reich gesegnet war die kleine Insel Run, die von der Küste bis zu den Berggipfeln wie ein Park dicht mit Muskatbäumen bewachsen war. Heute wächst die Muskatnuss auch an einigen anderen Stellen der Erde, in Madagaskar, in Südamerika und in der Karibik.

---

42   In seinem Buch *Suma Oriental*
43   Kurz vor der Besitzergreifung der Banda Inseln durch die Niederländer,schätzte man 15 000 Bewohner.
44   Wie heute üblich werde ich nachfolgend diese Insel Ambon nennen.
45   Auch Banda Api (Feuer der Bandas) genannt

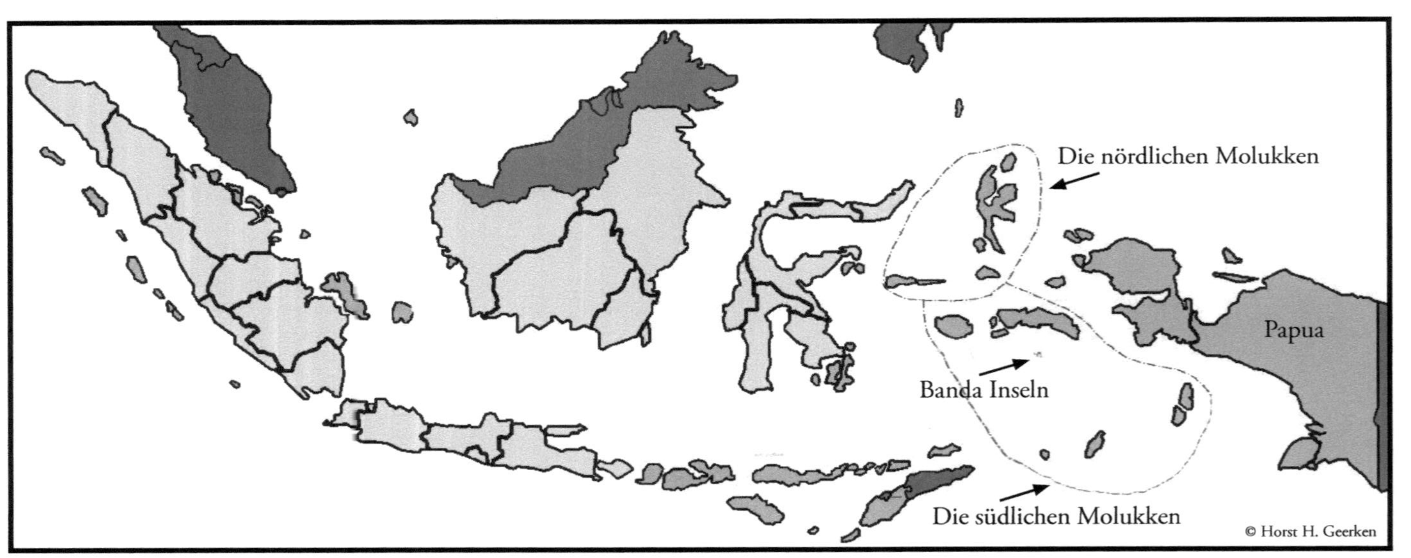

Abb. 3-1: Die Lage der Molukken in Indonesien

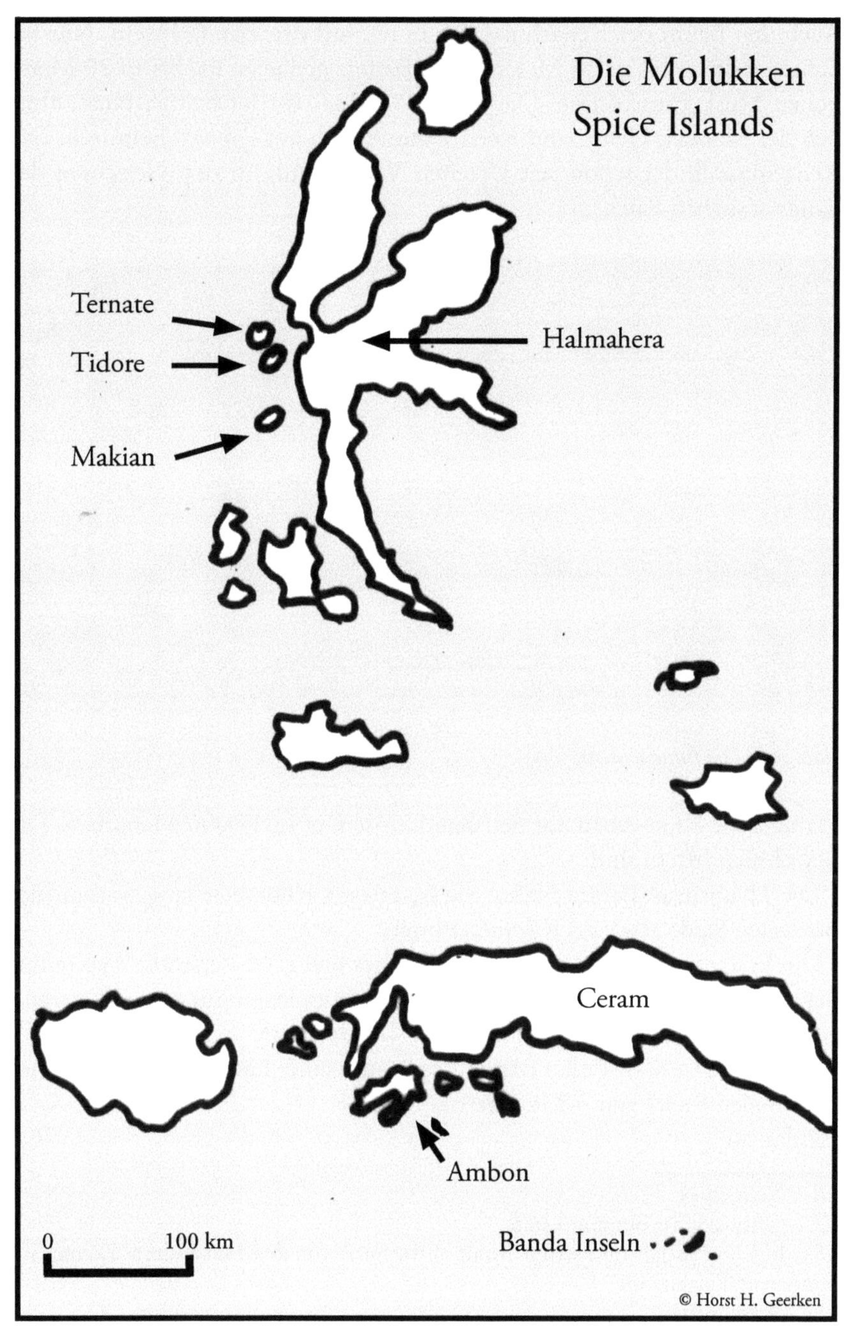

Abb. 3-2: Die Gewürzinseln in den Molukken. Die Inseln Ternate, Tidore, Makian und Ambon produzieren Gewürznelken, die Banda Inseln Muskatnuss und Macis.

Auch den Baum der Kenarinuss gab es nur auf den Banda Inseln. Nur im Schatten dieser bis zu 40 Meter hohen Bäume gediehen die bis zu 20 Meter hohen Muskatnussbäume. Die Kenari ist eine sehr fetthaltige Nuss, ähnlich der Mandel. Heute sind Kenaribäume auch auf Papua[46] heimisch. Die Kenarinuss findet schon seit Urzeiten Verwendung in den Gerichten der bandanesischen Küche.

Abb. 3-3: Die Banda Inseln[47]

Damals wie heute leben auf den Banda Inseln etwa 14 000 Menschen. Die bewohnten Inseln sind:
- Die Hauptinsel Banda Neira. Sie ist etwa 3 Kilometer lang und an der breitesten Stelle etwa 1,3 Kilometer breit.
- Direkt daneben, nur durch eine 100 Meter breite Wasserstraße[48] getrennt, liegt die Vulkaninsel Pulau[49] Gunung Api. Hier leben nur einige Dutzend Menschen, an der Küste gegenüber von Banda Neira.
- Die größte Insel ist Pulau Banda Besar[50] mit einer Länge von 12 und einer maximalen Breite von 3 Kilometern.
- Pulau Ai[51]

---

46   Neuguinea
47   ©Abba, Cilu Bintang Estate
48   In früheren Jahrhunderten ‚Strait of the Sun', von den Holländern ‚Zonnegat', Sonnenstraße genannt
49   Pulau = Insel
50   Früher, während der niederländischen Kolonialzeit Pulau Lonthoir, auch Lontar und Lonthor
51   Auch Pulau Ay

- Die von weißen Stränden umgebene Pulau Hatta[52], auf der nur rund 50 Menschen leben.
- Pulau Run[53], die 1667 gegen Manhattan getauscht wurde und
- Pulau Syahrir[54], bis Ende der 19. Jahrhunderts war dies die Insel der Leprakranken.
Winzige unbewohnte Eilande sind
- Pulau Nailakka, die winzige Insel ist bei Ebbe fast mit Pulau Run verbunden. Sie spielte aber in der Geschichte der Bandas durch die Besetzung seitens der Engländer eine Zeitlang eine wichtige Rolle.
- Pulau Kapal
- Pulau Karaka und
- Pulau Manuk.

Um 1500 gab es auf den Banda Inseln noch vier Könige. Mit Beginn des 16. Jahrhunderts verloren sie ihre Macht. An ihre Stelle trat die ‚Versammlung der *Orang Kaya*‘. Die ehemaligen Könige und ihre Nachkommen hatten aber immer noch einen Ehrenplatz in den Versammlungen. Die *Orang Kaya* waren die ‚Reichen‘ oder ‚Alten‘ oder ‚Einflussreichen Herren‘ eines jeden Dorfes. Jedes Dorf stellte somit eine kleine Republik dar. Es waren meist um die 44 Herren, ein ‚Rat der Alten‘, der die Oberhoheit und die Gerichtsbarkeit ausübte. Auch der Handel mit der Muskatnuss wurde von dieser Gruppe organisiert. Es war eine Händler-Oligarchie innerhalb der bandanesischen Gesellschaft. Die *Orang Kaya* bildeten eine eigene gehobene gesellschaftliche Klasse, die sich gerne unter seidenen Sonnenschirmen zeigten, die von ihren Dienern gehalten wurden. Ein wichtiges Zeichen ihrer hohen Kultur war zweifellos, wie sie sich gemeinsam gegen äußere Feinde wehrten.

Es wurde auf den Banda Inseln nicht nur mit der Muskatnuss und Macis Handel getrieben, die Bandanesen waren auch einflussreiche Zwischenhändler von Gewürznelken aus Ternate und Tidore, sowie der Federn des Paradiesvogels von den Aru Inseln und aus Neuguinea. Im Gegenzug tauschten die Bandanesen dafür Reis aus Java oder Stoffe ein. Der Handel mit den Arabern, Malayen und mit China florierte und lief immer friedlich ab. Bis zum Eintreffen der ersten Holländer wurden die Banda Inseln von den *Orang Kaya* regiert. Mit Eintritt der Holländer in das Rennen um die Muskatnuss änderte sich das Leben der Bandanesen dramatisch!

---

52   Früher, während der niederländischen Kolonialzeit Pulau Rozengain, auch Rosengain, in Pulau Hatta 1955 geändert
53   Auch Rhun
54   Auch Pulau Sjahrir. Früher, während der niederländischen Kolonialzeit Pulau Pisang. Der Name wurde 1955 in Pulau Syahrir geändert.

Abb. 3-4: Orang Kayas, Gemälde aus dem Museum von Banda Neira

Abb. 3-5: Orang Kaya, Gemälde im Museum von Banda Neira

Interessant ist, was frühere Lexika über die Banda Inseln schreiben. Zum Beispiel wird in der ‚Encyclopaedia Britannica‘ von 1875 in Band III, Seiten 309/310, noch sehr ausführlich über die Inselgruppe berichtet:

BANDA ISLANDS, a group in the East Indian Archipelago, lying to the S. of Ceram, in lat. 4° 30′ S. and long. 129° 50′ E. They are ten or twelve in number, and have an area of about 7150 square miles. Their volcanic origin is distinctly marked. Banda Lantoir, which derives its name from the *lontar* or Palmyra palm, is the largest of the group. From the sea this island appears lofty,— its sides being steep, and crowned by a sort of table-land which extends nearly from one end to the other. The whole is one continuous forest of nutmeg and *Canari* trees, the latter being planted to screen the former from the wind. The unhealthiness of Lantoir has prevented it from becoming the seat of government, for which in other respects it would naturally be chosen. The village of Selam contains the ruins of the chief Portuguese settlement. A considerable fort, called Hollandia, commands the harbour. Banda Neira lies S. of Lantoir. It is the seat of the Dutch resident, whose jurisdiction extends not only over the Banda Islands, but also over a part of Ceram and several other small groups. Fort Nassau, which was built in 1609, is the chief defence of the islands; and to the right and left of it extends the village of Neira. Gunong Api is to the north of Neira, and derives its name—Fire Mountain— from its large cone-shaped volcano, which rises 2320 feet above the level of the sea, and is constantly emitting smoke. The peak was ascended by Professor Reinwardt in 1821, by M. S. Müller in 1828, and in 1865 by Mr Bickmore, who has given an interesting account of the adventure. Eruptions took place in 1586, 1598, 1609, 1615, 1632, 1690, 1696, 1712, 1765, 1775, 1778, 1820, 1824; and earthquakes without eruptions occurred in 1629, 1683, 1710, 1767, 1816, and 1852. On the last occasion the sea swept up in an enormous wave over Fort Nassau. Pulo Way—The Water Island—lies north of Neira. It is about 400 or 500 feet high, consists of coral rock, and is esteemed the healthiest of the group. Pulo Rond or Roon—the Chamber Island—is about four miles further N., and was at one time the seat of an English "factory." Rosyngain, about seven miles S.E. of Lantoir, is likely to become of some importance for its gold-mines. It was formerly a convict station for Amboyna. Pulo Pisang—Banana Island—two miles N.E. of Neira, produces fine fruits. The other islands Craka, Capella, Sonangy, &c., are uninhabited. In the space between Banda Lantoir and the islands of Banda Neira and Gunong Api there is a very good harbour, formed with entrances both from the E. and W., which enable vessels to enter it from either of the monsoons. These channels are well defended with several batteries, particularly the western one, which is very narrow. Between Gunong Api and Banda Neira there is a third channel into this harbour from the N., but it is navigable for small vessels only. The principal articles of commerce in the Banda group are nutmegs and mace. The native population having been cleared off by the Dutch, the plantations were worked by slaves and convicts till the emancipation of 1860. The introduction of Malay and Chinese labourers has since taken place. The plantations or *perken* can neither be sold nor divided. About 700,000 ℔ or upwards of nutmegs are obtained in a year, with a proportionate quantity of mace. The imports are provisions, cloth, and iron-ware from Batavia, and various native productions from the Aru Islands, Ceram, &c.

The Banda Islands were discovered and annexed by the Portuguese Abreus about 1511; but in the beginning of the 17th century his countrymen were expelled by the Dutch. In 1608 the English built a factory on Pulo Way, which was demolished by the Dutch as soon as the English vessel left. Shortly after, however, Banda Neira and Lantoir were resigned by the natives to the English, and in 1620 Pulo Roon and Pulo Way were added to their dominions ; but, in spite of treaties into which they had entered, the Dutch attacked and expelled their British rivals. In 1654 they were compelled by Cromwell to restore Pulo Roon, and to make satisfaction for the massacre of Amboyna; but the English settlers not being adequately supported from home, the island was retaken by the Dutch in 1664. They retained undisturbed possession of their conquests in this quarter of the globe until the year 1796, when the Banda Islands, along with all the other Dutch colonies, were conquered by the British. They were restored by the treaty of Amiens in the year 1800, again captured, and finally restored by the treaty of Paris concluded in 1814. In the Presidency of Banda there are 111,194 inhabitants of whom 6000 belong to Neira.

Abb. 3-6: Die Banda Inseln in der Encyclopaedia Britannica von 1875

Im deutschen ‚Pierers Konversations-Lexikon' von 1889 wird in Band II., Seite 378 auch über die Bandas berichtet, wenn auch nicht so ausführlich wie in der ‚Encyclopaedia Britannica':

Banda 1) (Banda=Inseln), niederländ. Inselgruppe, Ostindien, südlichste Hauptgruppe der Molukken, 44 qkm, vulkanisch, mit häufigen Erdbeben, steil, hoch, üppig bewachsen, früher sehr ungesund, jetzt dagegen Sanatorium; 6 kleine u. 4 größere Inseln; die größte B. (Lontor, 16 km lang, 3,5 km breit) mit Fort Hollandia; Neira (7,4 km lang, 3,7 km breit) mit dem Hauptort u. Freihafen B., dem Gunong=Api, einem thätigen Vulkan (530 m), oft mit furchtbaren Ausbrüchen. Hauptprodukt: der Muskatnußbaum, lange Zeit v. den Niederländern auf die B. beschränkt. Etwa 6000 Ew., Malaien, Papua u. Mischlinge beider. Die B. sind eine Abteilung der niederländ. Residentschaft Amboina; 1512 vom Portugiesen Abreu entdeckt, 1600 v. den Niederländern besetzt, denen sie 1796, bez. 1810 v. den Engländern abgenommen, aber 1801, bez. 1814 zurückgegeben wurden.

Abb. 3-7: Die Banda Inseln in ‚Pierers Konversations-Lexikon' von 1889

Obwohl in der Ausgabe der ‚Encyclopaedia Britannica' von 1965 im Band 3, Seite 78, immer noch ausführlich über die Banda Inseln berichtet wird, sind sie dem ‚Großen Brockhaus' von 1953 gerade mal noch vier magere Zeilen wert.

BANDA ISLANDS, in the Banda sea, Indon., lie 130 mi. S.E. of Amboina and 66 mi. S. of Ceram. The ten islands cover only 72 sq.mi. Pop. (1956 est.) 13,686. The three largest are Bandalontar or Great Banda (6 mi. long), Bandanaira and Gunungapi, grouped around an inland sea which forms Banda harbour; Bandalontar, sickle-shaped, lies south and east, Bandanaira to the north, with Gunungapi to the west. Undoubtedly these three islands form part of the rim of a crater.

West and southwest of Gunungapi are Ai and Run, and north and northwest, Pisang and Suwangi. Channels on either side in the south of Banda harbour enable vessels to enter with safety during either monsoon, while a northern passage, between Gunungapi and Bandanaira, is navigable for small vessels. Bandalontar has coral rock to a height of 400 ft., with lava and basalt above, and is certainly volcanic, while Gunungapi (2,152 ft.) is an active volcano which caused destruction in 1820 and 1852. It is covered with bushes to within 700 ft. of the summit, which exhibits various shallow and extinct crater basins and a hot, smoking plain, sending forth sulfurous vapours and covered with split lava blocks. The volcanic soil, however, is admirably adapted to the growth of the nutmeg, which is indigenous. Other products are cloves, coconuts, tapioca and various tropical fruits and vegetables. The population of the islands is 10,000 of whom 6,000 live in Bandanaira, the capital, on the island of that name, the port for the group.

The people are a mixed race, mostly descendants of Javanese, Macassarese and people from neighbouring islands brought in by the Dutch as slaves to work the nutmeg plantations in the place of the Bandanese, who refused to do so and were either killed or banished. A colony of exiled Bandanese continued to exist on one of the neighbouring islands of the Kai group. They, alone, use the old Bandanese language. On Gunungapi there is a small colony of Butonese. On Bandanaira there are many Arab and Chinese traders and some Malays, with a few Europeans and Eurasians, officials and persons engaged in business. Agriculture and fishing are the occupations of the inhabitants, many of whom are Christians.

Trade is in Chinese and Arab hands. Regular ship service connects Bandanaira with Amboina. There are roads sufficient for the needs of the population, and a radio station. The approach, especially from the north, is beautiful, as is the scenery about the inland sea. The marine gardens beneath this sea are probably unrivaled.

The Banda Islands were discovered and annexed by the Portuguese Antonio d'Abreu in 1512, but early in the 17th century the Dutch expelled the Portuguese and established themselves, in spite of native opposition, on Bandanaira and built a fort there. The Dutch East India company allotted the nutmeg plantations (Dutch *perken*) to deserving former servants, the so-called "perkeniers." but kept the monopoly on the nutmeg trade. For 300 years the perkeniers, who gradually became of mixed blood, were the aristocracy of the islands. The English tried to establish themselves in the islands at the same time as the Dutch. After some unsuccessful attempts—among them that of Capt. David Middleton—English influence made headway on Bandalontar, Run and Ai, and in 1621 the Dutch, anxious to make an end of native rule, proposed a joint Anglo-Dutch conquest of the islands. The English declined to co-operate, whereupon the Dutch crushed Bandanese resistance and ruled the islands under a governor, soon eliminating the English element. Alleged English participation against the Dutch in a native revolt on the island of Run led to the Amboina massacre (*see* AMBOINA). As a result, in 1654, under pressure from Cromwell, Run was awarded to the descendants of those who perished in Amboina. It was held until 1664, when the Dutch captured it. In 1796 the islands were taken by a British naval force, restored to the Dutch in 1800, retaken during the Napoleonic War and restored finally by the treaty of Paris of 1814. Japan occupied the islands in World War II. (J. O. M. B.)

Abb. 3-8: Die Banda Inseln in der Encyclopaedia Britannica von 1965

4. Die ersten Entdecker auf der Suche nach den Gewürzinseln

Der Zwang, die bis dahin unbekannte Welt im Osten zu erforschen, wurde durch den Wunsch nach Gewürzen und den großen Profit mit deren Handel ausgelöst. Dabei spielten die bereits seit langem eingeführten Gewürze wie Pfeffer oder Vanille keine so große Rolle, es waren die Muskatnuss und die Gewürznelke, die den größten Profit versprachen. Und von denen wusste man nur, dass sie von sehr weit her, aus dem unbekannten Osten, kamen.

Die vier wichtigsten großen Entdecker des 15. und 16. Jahrhunderts, Christopher Columbus, Vasco da Gama, Bartolomeu Dias[55] und Ferdinand Magellan, segelten mit ihren Booten auf der Suche nach Gewürzen in bisher unbekannte Ozeane, in eine bisher unbekannte Welt. Da Spanien noch bis 1492 mit der Rückeroberung seiner von den arabischen Muslimen besetzten Gebiete beschäftigt war, konnten die Portugiesen im 15. Jahrhundert einen Vorsprung bei der Eroberung der Meere erringen. Portugal, das am weitesten nach Südwesten vorspringende Land Europas, war an der Erschließung eines Seeweges zu den Gewürzinseln in Richtung Osten interessiert, Spanien dagegen nach Westen. Bereits 1419 besetzte Portugal Madeira und 1431 die Azoren. Um zu vermeiden, dass man sich in die Quere kam, wurde 1479 im Vertrag von Alcáçova festgelegt, dass die Kanarischen Inseln Spanien zufallen und die Portugiesen den restlichen Atlantik und die Gebiete südlich der Kanaren erhalten sollen.

Als Christopher Columbus 1493 von seiner ersten Reise gen Westen zurückkam, hatte er nicht Asien, aber eine ganze Reihe von bisher unbekannten Inseln in der Karibik entdeckt. Er brachte auch keine Gewürze aus dem Westen nach Spanien zurück, sondern das geraubte Gold und Silber der Inkas. Spanien wollte sich nun die Rechte über das neu entdeckte Gebiet sichern. Papst Alexander VI. legte daraufhin 1494 eine Linie von Pol zu Pol fest, die den spanischen und portugiesischen Herrschaftsbereich trennte. Diese Longitude[56] verlief etwa 320 Meilen[57] westlich der Kapverdischen Inseln.

Die Portugiesen waren mit dieser Aufteilung nicht zufrieden, der portugiesische König Fernando von Aragon legte bei der spanischen Königin Isabella von Kastilien Einspruch ein. Es folgten harte Verhandlungen in der nordspanischen Kleinstadt Tordesillas am Ufer des Flusses Duero. Ei-

---

55 Auch Diaz
56 Geographische Länge
57 Etwa 38° West

gentlich sieht Tordesillas wie jeder andere Ort in der Region aus, mit einem Marktplatz, einer Altstadt und einigen alten Kirchen, aber 1494 wurden hier Entscheidungen getroffen, die die Welt veränderten.

Am 7. Juni 1494 wurde der Vertrag von Tordesillas abgeschlossen, der die Trennlinie weiter nach Westen verschob, die nun etwa 1185 Meilen[58] westlich der Kapverden verlief. Die Welt war nun zwischen den beiden Seemächten Portugal und Spanien aufgeteilt. Die Ureinwohner der betroffenen Gebiete wurden bei den Vertragsverhandlungen nicht mit einbezogen. Es wurde einfach über das ihnen gehörende Land entschieden. Südamerika war zu jener Zeit noch nicht entdeckt.

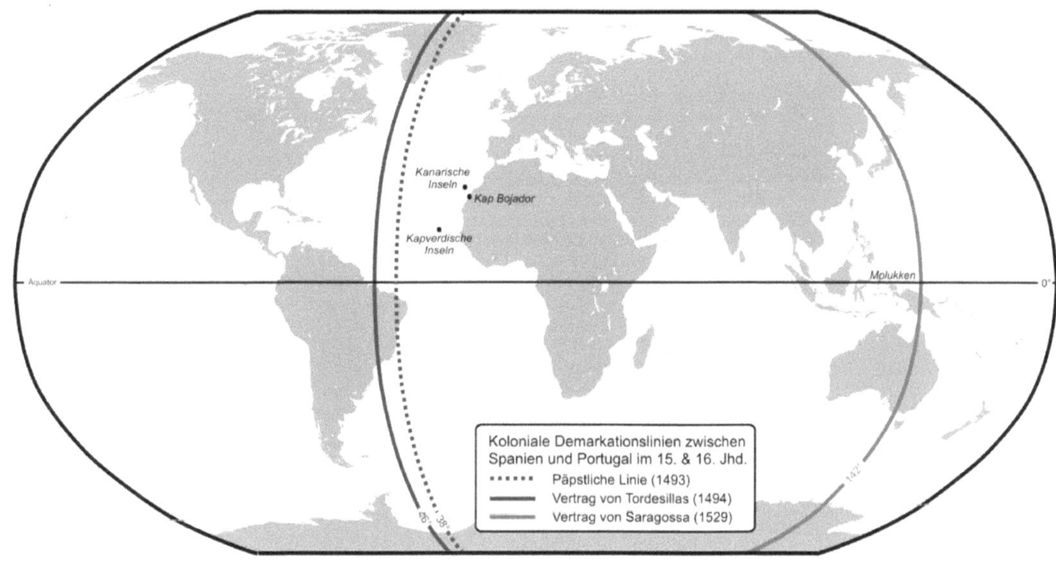

Abb. 4-1: Aufteilung der Welt durch den Vertrag von Tordesillas[59]

Die Portugiesen hatten – wie wir noch sehen werden – mit der Verschiebung der Trennlinie nach Westen Glück. Prinz Heinrich von Portugal, der vierte Sohn von König Johann I., gründete eine Schule für Navigation in Sagres im Süden Portugals. Er wurde bekannt als Heinrich der Seefahrer[60], obwohl er selbst nie an einer Entdeckungsreise teilnahm. Er war ein Förderer der Seefahrt und initiierte ein Programm zur Erschließung eines Seeweges

---

58   Etwa 46° West
59   Von Lencer - Eigenes Werk, CC BY-SA 3.0, https://commons.wikimedia.org/w/index.php?curid=2649268
60   Auch Heinrich der Navigator

nach Osten, in unbekannte Ozeane rund um Afrika. Mit Hilfe von ausländischen Astronomen und arabischen Navigatoren wurden hier neue Geräte für die Navigation entwickelt, wie das Astrolab, der Sextant, der Quadrant und der Kompass. Nun konnte, um die Latitude[61] zu bestimmen, der Winkel zur Sonne genauer gemessen werden.

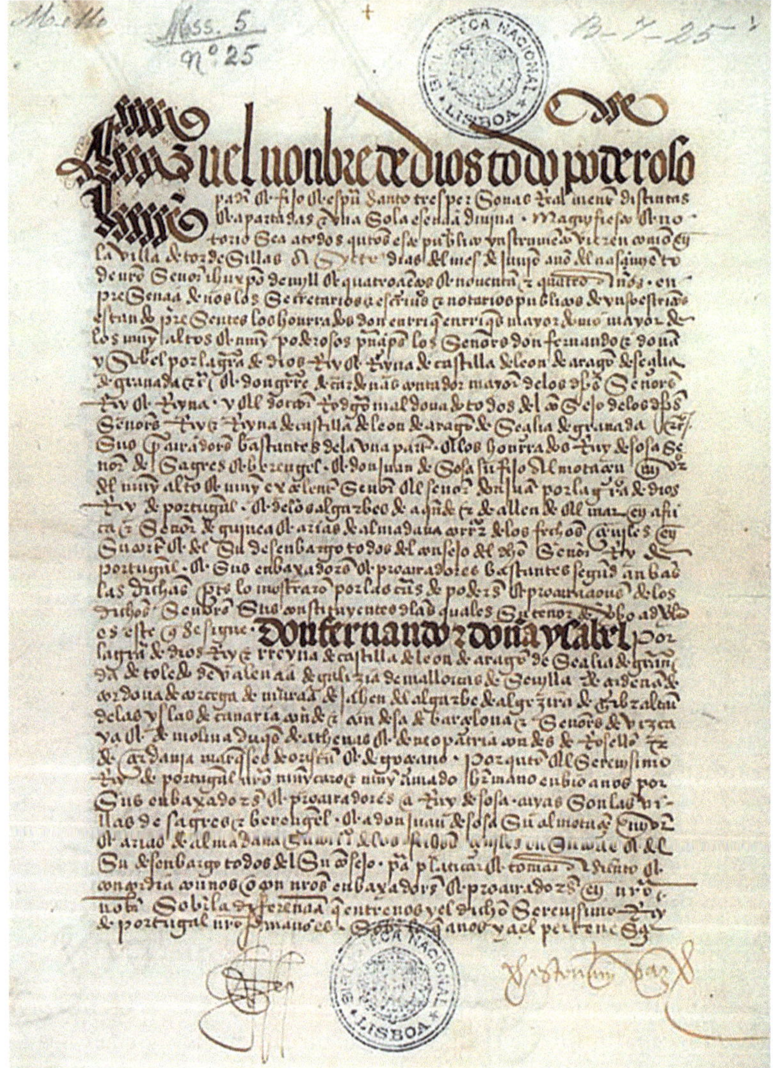

Abb. 4-2: Erste Seite des Vertrags von Tordesillas[62]

---

61 Geographische Breite
62 Wikipedia gemeinfrei

Abb. 4-3: Monument für Heinrich den Seefahrer in Lissabon[63]

Die Portugiesen segelten nun nach Süden, entlang der afrikanischen Küste. 1482 begannen sie an der Goldküste[64] eine erste Siedlung und das ‚Fort São Jorge da Mina‘[65] zu errichten. Es war menschliches Gold, das die Portugiesen dort fanden, Tausende schwarze Sklaven, die auf den Zuckerrohrfeldern von Madeira arbeiten mussten oder verkauft wurden. Nach vielen blutigen und verlustreichen Angriffen fiel das Fort 1637 an die Niederländer, die es dann 1872 an die Briten verkauften.

Das Fort war unter portugiesischer wie niederländischer Herrschaft der wichtigste Ausgangspunkt des späteren Sklavenhandels über den Atlantik. Die Sklaven, meist aus dem Inneren Afrikas, wurden zunächst im Fort festgehalten, bevor sie durch das berüchtigte ‚Tor ohne Wiederkehr‘[66] auf die Schiffe nach Brasilien und zu anderen portugiesischen und niederländischen Kolonien gebracht wurden. Die ‚Lieferungen‘ der Niederländer gingen in die eroberten Gebiete von Surinam, zu den Antillen und anderen niederländischen Kolonien. Der Sklavenhandel wurde 1814 offiziell verboten, aber im Untergrund blühte er noch einige Jahrzehnte weiter. Insgesamt

---

63   Von Plenumchamber - Eigenes Werk, CC BY 3.0, https://commons.wikimedia.org/w/index.php?curid=3467938
64   Dem heutigen Ghana
65   Die Festung St. Georg
66   Door of No Return

wurden zwischen 1560 und 1866 von England, Frankreich, Portugal und den Niederlanden über 10 Millionen Menschen aus Afrika in die Sklaverei verschleppt. Nach niederländischen Angaben hatten sie daran einen Anteil von 5 Prozent. Als eines der letzten Länder gab die niederländische Regierung den Sklaven in ihren Kolonien 1863 die Freiheit.

Aber zunächst war ja Brasilien noch nicht entdeckt. Vom Fort São Jorge da Mina aus wollten die Portugiesen einen Weg entlang der Küsten nach Indien finden. Bartolomeu Dias war der erste Portugiese, der 1487 das Kap der Guten Hoffnung umrundete. Nach seiner Rückkehr kamen seine Aufzeichnungen in die Hände des deutschen Kartographen Henricus Martellus Germanus, der nach diesen Unterlagen eine neue Landkarte anfertigte. Auf dieser Karte wird erstmals Ostafrika und der Indische Ozean gezeigt. Es war die erste Landkarte mit dem Kap der Guten Hoffnung. Die Karte zeigt allerdings noch große Verzerrungen durch Fehler in der Berechnung der Längengrade. Trotzdem diente sie nachfolgenden Weltkarten, wie der Weltkarte des Deutschen Martin Waldseemüller von 1507 oder dem ersten Globus von Martin von Buchheim[67] von 1492 als Inspiration und Vorlage. Aufgrund der Angaben von Amerigo Vespucci wurde auf der Karte von Waldseemüller erstmals Amerika als neuer Kontinent dargestellt, allerdings stark verzerrt, da man die Westküste Amerikas noch nicht kannte.

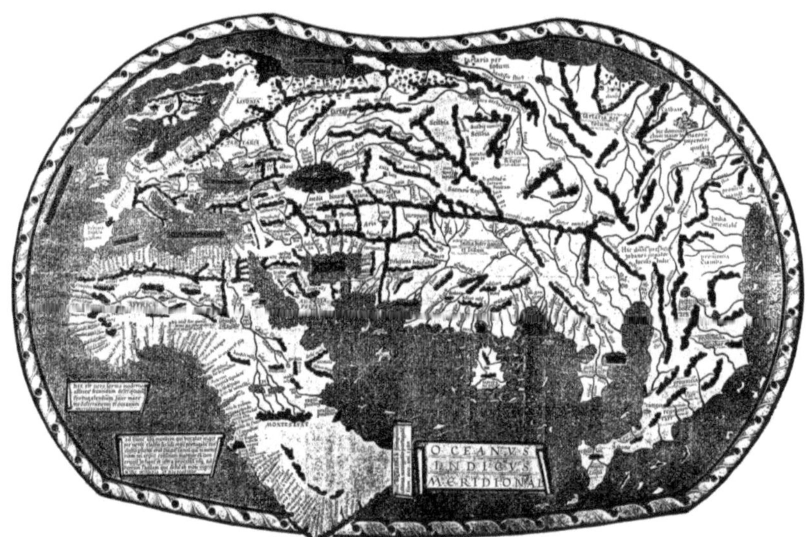

Abb. 4-4: Weltkarte des Henricus Martellus Germanus von 1490[68]

67   Ein Deutscher, von ihm wurde der Globus ‚Erdapfel‘ genannt.
68   British Library, Wikipedia gemeinfrei

Nachdem das Kap der Guten Hoffnung von Bartolomeu Dias bereits umrundet wurde, wollte sich Vasco da Gama weiter vorwagen. Mit vier Schiffen[69] verließ er am 8. Juli 1497 Lissabon. Er fuhr zunächst die bekannte Route bis zum Kap der Guten Hoffnung, dann tastete er sich entlang der Ostküste Afrikas nach Norden vor und hatte an mehreren Stellen die Gelegenheit, seine Vorräte für die Weiterreise in unbekannte Regionen aufzufrischen. Für die Portugiesen war der Indische Ozean ein neues, bisher unerforschtes Meer. Im Hafen von Malindi[70] hatte Vasco da Gama das Glück, einen arabischen Kapitän zu finden, der bereits mehrfach den Indischen Ozean überquert hatte. Zu seiner großen Überraschung besaß dieser bereits eine genaue Seekarte des Indischen Ozeans. Im Sommermonsun, mit kräftigem Wind aus Südwest, wurden sie in knapp vier Wochen bis nach Indien getrieben. Zehn Monate nach seiner Abreise aus Lissabon war Vasco da Gama der erste Europäer, der am 18. Mai 1498 die Westküste Indiens erreichte.

In Kalikut[71] sandten sie zunächst einen ‚Degredado‘ an Land. Dies war die übliche Taktik, um herauszufinden, ob man freundlich oder feindlich gesinnten Eingeborenen begegnen würde. Meist war ein Degredado ein konvertierter Jude oder ein Krimineller, dessen Menschenleben in den Augen des Kapitäns nicht viel wert war. Die gesamte Mannschaft blieb in der Zwischenzeit in Sicherheit an Bord des Schiffes. Der Degredado kam unversehrt auf das Schiff zurück. Er hatte zwei tunesische Kaufleute angetroffen, mit denen er sich auf Katalanisch unterhalten konnte. Er berichtete Vasco da Gama, dass Kalikut der wichtigste Umschlagplatz des Gewürzhandels der damaligen Zeit in Indien war. Händler aus dem Osten brachten ihre Waren von den Gewürzinseln nach hier her. Außerdem war die Malabarküste das Zentrum für Pfeffer[72], der direkt hier angepflanzt wurde. Aus diesem Grund wird die Malabarküste auch Pfefferküste genannt.

Ich war mehrfach an der Malabarküste bei Kalikut. Bis heute hat sich an dem Pfefferanbau und dem Gewürzhandel nichts geändert. Besonders im Dezember, der Erntezeit der Pfefferkörner, sieht man heute noch an jeder freien Stelle, wie die Körner zum Trocknen auf Tüchern in der Sonne ausgelegt werden. Aber vom alten Kalikut ist nach wechselvollen Zeiten und vielen Kriegen nicht mehr viel übriggeblieben.

---

69   Eines davon steuerte sein Bruder Paulo da Gama.
70   Im heutigen Kenya
71   Englisch Calicut, heute Kozhikode an der Malabarküste mit nun rund 500 000 Einwohnern.
72   Piper nigrum

Abb. 4-5: Kalikut im Jahre 1572[73]

Bei Grabungen hat man hier schon viele griechische und römische Münzen, die bis 123 v. Chr. zurückreichen, gefunden. Es herrschte dort somit seit langer Zeit ein reger Handelsverkehr mit dem Westen.

Die Gespräche von Vasco da Gama mit dem Zamorin, dem König von Kalikut, verliefen nicht wie erhofft. Vasco da Gama erwartete, dass er hier, wie an der Westküste Afrikas, mit wertlosen Glasperlen und anderem Krimskrams handeln könne. Er war überrascht, dass hier gebildete Inder und Araber ihre Waren nur gegen Gold und Silber abgaben. Händler aus Arabien, China und dem Malaiischen Archipel machten sich über die wertlosen Geschenke der Portugiesen lustig, die Vasco da Gama dem König überreichte. Zwischen den beiden herrschte daraufhin eine angespannte Stimmung.

Vasco da Gama konnte trotzdem noch einen Teil seiner Schiffe mit wertvollen Gewürzen beladen, bevor er Kalikut am 5. Oktober 1498 wieder verließ. Das erste Schiff seiner Flotte traf am 10. Juli 1499 wieder in Lissabon ein. Er selbst erreichte Lissabon erst am 9. September desselben Jahres, da er zunächst noch seinem tödlich erkrankten Bruder Paulo auf den Azoren beistand. Paulo war Kapitän eines der Schiffe seiner Flotte. Von den 170 Mann, die bei der Ausfahrt der Flotte im Jahr 1497 an Bord waren, kamen nur 50 lebend nach Lissabon zurück, die meisten waren an Skorbut gestorben. Schon zu Beginn der Reise starben viele der Seeleute an dieser Krankheit. Vasco da Gama vermerkte in seinen Aufzeichnungen, dass sie von den Eingeborenen in Ostafrika Orangen bekommen hätten, nach deren Verzehr die Kranken schnell geheilt wurden. Es dauerte aber noch viele Jahrzehnte, bis das Problem gelöst wurde.

---

73   Wikipedia gemeinfrei, Atlas Civatates Terrarum

Von den vier Schiffen der ursprünglichen Flotte kamen zwei nach Lissabon zurück. Obwohl Vasco da Gama mit relativ wenig Gewürzen nach Portugal zurückkehrte, war der Gewinn ein Mehrfaches von dem, was die ganze Expedition gekostet hatte.

Der Verlust an Material und Menschenleben war bei diesen ersten Expeditionen extrem hoch. Es war hauptsächlich der Skorbut, der seine Opfer forderte. Skorbut ist eine Vitaminmangelkrankheit durch Fehlen von Vitamin C. Bereits wenige Tage nach Abfahrt der Schiffe waren Gemüse und frisches Obst ohne Kühlung verdorben. Dann gab es manchmal Monate lang nur noch geselchtes[74] Rind- und Schweinefleisch als Eiweißquelle mit Schiffszwieback. Die Haltbarmachung half nur in eingeschränktem Maße. Wenn die Fleischstücke lange genug gelagert hatten, waren sie auch noch von Würmern durchfressen. Auch das in Fässern mitgebrachte Wasser war bald vergammelt und nur noch gemischt mit Wein zu genießen. Schon nach wenigen Wochen gab es die ersten Krankheitsfälle, das Zahnfleisch wurde wund, die Zähne fielen aus, die erkrankten Männer bekamen Atemnot und wurden kraftlos. Es dauerte nicht lange, dann gab es die ersten Todesfälle.

Der deutsche Soldat Johann Jacob Saar – der viele Jahrzehnte später als Söldner in Niederländisch-Indien diente – beschreibt, wie er das eintönige Essen an Bord bei seiner Rückfahrt aufgebessert hat und dabei auch gesund blieb. In einen großen Topf legte er immer eine Schicht von scharfen roten Chilischoten zwischen in Butter gebratene Fische. Das Ganze übergoss er mit Essig und Olivenöl. Durch diese Methode der Konservierung – schrieb er – blieben die Fische mindestens vier Monate haltbar. Im Gegensatz zu vielen seiner Kollegen litt er auch nicht an Skorbut, vermutlich, weil die Chilischoten sehr viel Vitamin C enthalten. Aber das wusste natürlich damals noch niemand.

James Cook[75] hatte von dem schottischen Schiffsarzt und Wissenschaftler James Lind[76] gehört, dass deutsches Sauerkraut und Zitronensaft gegen die Krankheit eine positive Wirkung zeigten. Lind hatte seine Erkenntnisse 1753 in dem Buch ,Treaties of the Scurvy'[77] veröffentlicht. Cook war der Erste, der bei seinen Weltumseglungen Sauerkraut und Zitronensaft gegen den Widerstand seines Schiffsarztes und der Mannschaft als Pflicht in den Speiseplan aufnahm. Matrosen, die sich weigerten, das Sauerkraut zu essen, wurden sogar ausgepeitscht. Zitronensaft fand allerdings nicht als Prophy-

---

74   Durch Pökeln und Räuchern haltbar gemachte Fleischstücke
75   1728-1779
76   1716-1794
77   Gordon, Maurice Bear, *Naval and Maritime Medicine during the American Revolution*, S. 93

laxe Verwendung, der Saft wurde vom Schiffsarzt bei den ersten Anzeichen der Krankheit als Medizin verabreicht. Der Erfolg konnte nicht eindeutiger sein. Auf Cooks Weltumseglungen starb kein einziger Mann an Skorbut. Allerdings sind noch Tausende Seeleute bei den folgenden Expeditionen zu den Gewürzinseln an Skorbut gestorben, denn es mussten noch fast 200 Jahre vergehen, bis sich diese Erkenntnis zur Bekämpfung der Krankheit allgemein durchgesetzt hatte.

König Manuel I. war sicherlich der bedeutendste König Portugals. Während seiner Regierungszeit gelang es, den Seeweg nach Indien sowie Brasilien zu entdecken und Stützpunkte im Indischen Ozean und ein erstes Kolonialreich aufzubauen.

Nach der Rückkehr von Vasco da Gama richtete König Manuel I. sofort eine neue und größere Expedition aus, diesmal mit 13 Schiffen und 1300 Mann Besatzung und Soldaten unter dem Kommando von Pedro Alvares Cabral. Die Flotte verließ am 8. März 1500 Lissabon. Zunächst folgte sie der Route, wie sie Vasco da Gama nahm, nach Süden, entlang der afrikanischen Westküste. Aber dann folgte Cabral auf der Höhe der Kapverdischen Inseln den Passatwinden und segelte weit nach Westen. Dabei entdeckte er den bisher unbekannten Kontinent Südamerika. Ein Schiff wurde mit wertvollen Hölzern beladen und zurück nach Lissabon geschickt, um den König über die Entdeckung zu informieren.

Nun machte sich die Verschiebung der Trennlinie nach Westen durch den Vertrag von Tordesillas bezahlt. Da der Bauch Brasiliens weit nach Osten in den Südatlantik hinausragt, lag dieses Gebiet laut dem Vertrag von Tordesillas nun in der portugiesischen Hälfte der Welt. Das ist auch der Grund dafür, weshalb heute in Brasilien Portugiesisch und im Rest von Südamerika Spanisch gesprochen wird. Durch die spätere Entdeckung von Gold und Diamanten in Brasilien kam Portugal in der zweiten Hälfte des 17. Jahrhunderts zu größtem Reichtum. Auch Anfang des 19. Jahrhunderts spielte Brasilien für Portugal nochmals eine wichtige Rolle. Als die napoleonischen Kriege die iberische Insel erreichten, floh 1807 die portugiesische Königsfamilie nach Brasilien. Rio de Janeiro wurde Hauptstadt des Königreichs Portugal. 1822 kehrte König Johann VI. nach Lissabon zurück. Kurz danach erklärte Brasilien seine Unabhängigkeit.

Im Süden von Südamerika folgte die Flotte den ständig zwischen dem 40. und 50. Grad südlicher Breite nach Osten wehenden Winden der ‚Roaring Fourties‘. Bei einem Sturm am Kap der Guten Hoffnung gingen mehrere Schiffe verloren. Die sieben Schiffe, die die Reise bis nach Indien geschafft hatten, ankerten am 13. September 1500 in Kalikut. Diesmal bedachten sie

König Zamorin mit wertvolleren Geschenken, um ihn milde zu stimmen. Aber dies half wenig. Als der König dem Wunsch der Portugiesen, nur noch Handel mit ihnen zu tätigen und alle Moslems auszuweisen, nicht nachkommen wollte, zerstörten die Portugiesen die Stadt, kaperten in einem Akt von Piraterie arabische Schiffe und übernahmen die Ladungen. Unruhen brachen aus, bei denen 53 Portugiesen getötet und 17 gefangen genommen wurden.

Nur sechs der dreizehn ausgelaufenen Schiffe erreichten am 21. Juli 1501 wieder Lissabon. König Manuel I. drohte jedem mit der Todesstrafe, der die neue und schnellere Route der Schiffe über die ‚Roaring Fourties‘ oder Seekarten der neu entdeckten Gebiete in Südamerika an die Konkurrenten in Venedig oder Spanien weitergeben würde.

Portugal versuchte mit aller Macht, einen permanenten Stützpunkt auf dem indischen Kontinent zu erobern. König Manuel I. gab jeder Expedition den Befehl, im Namen der christlichen Kirche die Kontrolle über den Indischen Ozean und den Gewürzhandel zu erzwingen. Erst nach weiteren Expeditionen und verlustreichen Rückschlägen gelang es ihnen, sich 1510 in Goa an der Westküste Indiens festzusetzen. Goa wurde die Hauptstadt des portugiesischen Imperiums im Osten und war 450 Jahre lang portugiesische Kolonie.[78] Der westliche Teil des Indischen Ozeans, der bisher frei von jedem Händler befahren werden konnte, wurde nun von Portugal kontrolliert. Der Markt für Gewürze aus den Molukken hatte sich in Europa – sehr zum Ärger der Italiener – nun von Venedig nach Lissabon verlagert.

Nachdem die Portugiesen in Goa ein Fort errichtet hatten, lag ihr Wunschziel weiter im Osten, bei den sagenumwobenen Gewürzinseln. Sie stießen zunächst bis Ceylon[79] vor, wo sie 1505 Zimt vom König von Gale erwerben konnten. Ihr Ziel war nun Malakka. Dies war der wichtigste Umschlagplatz für Gewürze im Fernen Osten. Erst nach mehreren Versuchen und großen Verlusten gelang Alfonso de Albuquerque mit einer Flotte von 15 Schiffen und 1000 Soldaten im August 1511 die Eroberung von Malakka im Westen der malaiischen Halbinsel. Der Sultan von Malakka floh. Der erste portugiesische Gouverneur von Malakka erlaubte Hindus, Malayen, Chinesen und Japanern, den Handel mit ihnen weiter zu treiben, aber alle Araber und Moslems wurden ausgewiesen oder getötet. Hier, an der schmalen Meeresstraße von Malakka, konnten die Portugiesen nun den gesamten Gewürzhandel kontrollieren.

---

78 Goa wurde 1961 von dem nun unabhängigen Indien annektiert.
79 Heute Sri Lanka

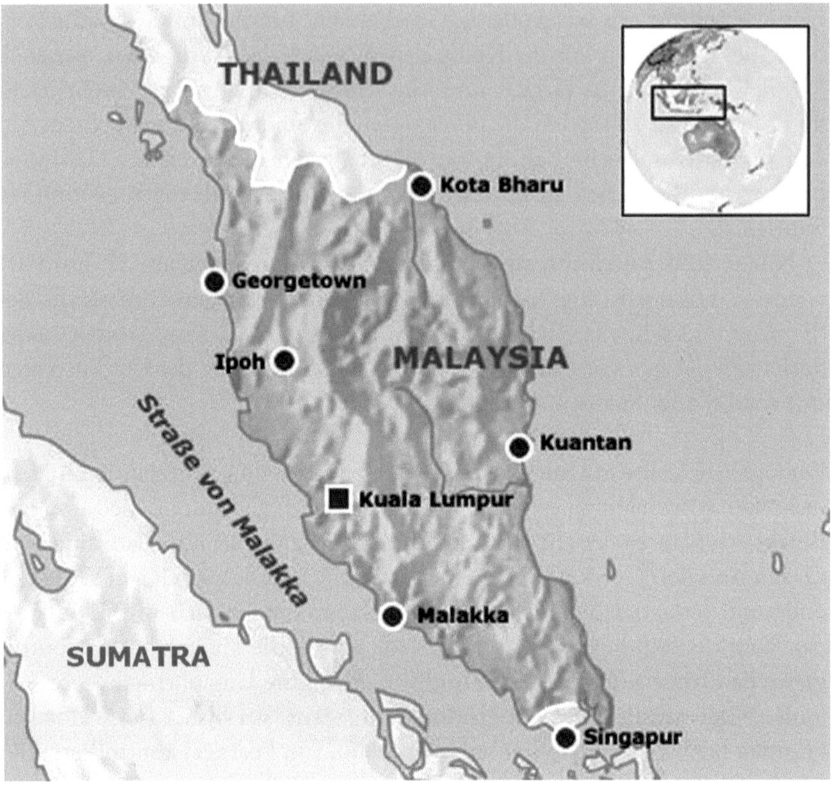

Abb. 4-6: Die Straße von Malakka

Abb. 4-7: Malakka 1726[80]

---

80 Wikipedia Public Domain

Als die Portugiesen durch den Einsatz von Albuquerque fest in Goa und Malakka etabliert waren, wollten sie endlich bis zu den Gewürzinseln vordringen, deren Lage bis zu diesem Zeitpunkt noch vollkommen unbekannt und ein Mysterium war. Nur wenige Monate nach der Besitzergreifung von Malakka stachen drei portugiesische Boote unter dem Kommando von Albuquerques Freund Kapitän Antonio de Abreu mit malaiischen Navigatoren in See. Finanziert wurde die Expedition von dem Bankhaus der Fugger in Augsburg. Mit von der Partie war der Portugiese Ferdinand Magellan, der nur sieben Jahre später im Auftrag der spanischen Krone als Kapitän des Flaggschiffes einer Flotte von fünf Schiffen die erste Weltumseglung anführte.

Die malaiischen Navigatoren an Bord der Schiffe waren mit den Gewässern im Osten vertraut und hatten schon mehrfach die Gewürzinseln angesteuert. Ob die Navigatoren die Expeditionsschiffe freiwillig durch die den Portugiesen unbekannten Gewässer führten oder dazu gezwungen wurden, ist nicht bekannt. Ich denke, dass eher das Letztere zutrifft, da alle malaiischen und arabischen Navigatoren die Lage der Gewürzinseln streng geheim halten wollten. Die Expedition hatte von Albuquerque den Befehl erhalten nur einen Handel ohne Besitzergreifung einzuleiten. Es sollten Bräuche und Gesetze der einheimischen Bevölkerung eingehalten werden. Plünderungen wurden sogar mit dem Tode bestraft.

Der Anführer der Navigatoren war der Malaie Nahkoda Ishmael[81]. Die kleine Flotte segelte durch die Straße von Malakka nach Süden, danach entlang der Nordküste Javas nach Osten. Vor der Küste der Insel Madura lief eines der Boote auf ein Riff und ging verloren. Sie passierten Bali, Lombok und Sumbawa. Bei Flores nahmen sie Kurs nach Norden über das nun offene Meer der Bandasee. Wegen starker Winde mussten die beiden Boote an der Südküste der Insel Ceram[82] einen Monat lang Schutz suchen. Nachdem der Monsun gewechselt hatte, fuhren sie nach Süden und sichteten als Erstes den perfekten, steil aus dem Meer aufragenden Kegel des Vulkans Gunung Api. Es war Frühling in Europa, die Zeit der Muskatnussblüte auf den Banda Inseln. Schon Meilen vor den Inseln müssen sie den betörenden Geruch der begehrten Nuss wahrgenommen haben.

In den ersten Monaten des Jahres 1512 erreichten die Portugiesen als erste Europäer die sagenumwobenen Gewürzinseln, die kleine Gruppe der Banda Inseln, inmitten der tiefen, stürmischen und gefährlichen Bandasee. Der Kapitän der Expedition hatte wohl ein Schiff verloren, aber keinen einzigen

---

81 In *Die Muskatnuss* von Dr. O. Warburg ‚Nakhoda Ismael'. Nach seinem Bericht von 1897 segelte Ismael voraus, um die Flotte auf den Bandas anzukündigen. Die Flotte selbst segelte zunächst nach Gressik auf Java und erst danach zu den Bandas.
82 Auch Seram, in den Molukken

Mann der Expedition. Durch die Finanzierung dieser Expedition durch das Bankhaus der Fugger in Augsburg hat auch Deutschland einen Beitrag zu dieser ersten Landung von Europäern auf den Banda-Gewürzinseln geleistet. Von einer Entdeckung der Banda Inseln durch die Europäer kann man allerdings nicht reden, denn bereits seit Jahrhunderten herrschte ein reger Handel zwischen den Inseln und Java, Arabien, China und Indien.

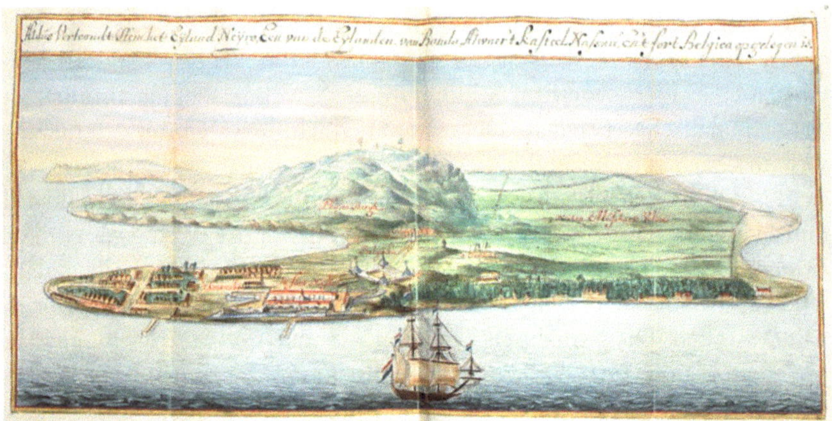

Abb. 4-8: Banda Neira 1600-1700[83]

Die Portugiesen wurden von den Bandanesen freundlich empfangen. Neben den Arabern, Indern, Chinesen und Malaien kam ihnen ein weiterer Handelspartner gelegen. Bisher liefen die Gewürze der Banda Inseln durch die Hände vieler Zwischenhändler von hier übers Meer oder durch Wüsten bis zum Mittelmeer nach Konstantinopel oder Venedig. Jeder Zwischenhändler verdoppelte den Preis der Ware. Als die Gewürze endlich Europa erreicht hatten, waren sie fast unerschwinglich.

Die Portugiesen legten zunächst keinen Wert darauf, auf den Banda Inseln einen befestigten Stützpunkt zu errichten. Sie trieben nur Handel mit den Bandanesen und füllten ihre Schiffe mit Muskatnuss und der fälschlicherweise als Muskatblüte genannten Macis[84]. Die Gewürznelken, die sie hier einkauften, kamen von den weiter nördlich gelegenen Inseln Ternate und Tidore. Für diese Gewürze waren die Banda Inseln ein wichtiger Umschlagsplatz. Die Boote warteten auf günstigen Wind und traten einen Monat später die Heimreise über Malakka an, das sie zwölf Monate nach ihrer Ausreise wieder erreichten. Die Reise hatte sich gelohnt. Die Gewürze wurden auf den Banda Inseln so günstig eingekauft, dass sie später in Lissabon mit einem

83   Vom Vulkan Gunung Api aus gesehen. Wikipedia Public Domain
84   Auch Mazis. Der Samenmantel der Muskatnuss

Gewinn von 1000 Prozent weiterverkauft werden konnten. Die Expedition war ein riesengroßer finanzieller Erfolg, auch für das Bankhaus Fugger.

Eine weitere portugiesische Flotte unter dem Kommando von Miranda de Azevedo erreichte 1513 die Banda Inseln. Von nun an blühte der Handel der Portugiesen mit den Gewürzinseln. Sie wollten zunächst nur handeln, und akzeptierten im Großen und Ganzen auch die Regeln, die ihnen von den eingeborenen Honoratioren, den *Orang Kaya*, den ‚Reichen‘ oder ‚Einflussreichen Leuten‘, auferlegt wurden. Auf den Banda Inseln waren es immer um die 44 *Orang Kaya*, die diesen Titel trugen. Sie regelten gemeinsam das Leben und die Gerichtsbarkeit innerhalb der lokalen Stammesgesellschaften der Inseln.

In den nördlichen Molukken liegen die beiden Inseln Ternate und Tidore, auf denen die Gewürznelken gediehen. Der zweite Kommandant der ersten portugiesischen Expedition, Kapitän Fransisco Serrao, erreichte, dass er 1512 der persönliche Berater des Königs von Ternate wurde. Durch diesen glücklichen Umstand machten die Portugiesen diese Insel zu ihrem Stützpunk für den Gewürzhandel. Daher hatten die Portugiesen in der Zukunft auch nur Forts auf den Inseln Ternate und Ambon. Die Banda Inseln wurden nur noch sporadisch angelaufen um Muskatnuss einzukaufen, oder wenn die Boote auf ihren Reisen in der Bandasee vor starken Winden und hohen Wellen dort Schutz suchen mussten. Der Handel mit den Bandanesen verlief jedoch weiterhin friedlich. Zum Beispiel liefen die portugiesischen Kapitäne de Brito 1522, de Melo 1524 und Garcia 1526 die Banda Inseln an.

Als allerdings der portugiesische Kapitän und Kauffahrer Garcia im Jahre 1529 mit seiner Karacke[85] erneut auf Banda Ncira landete, trübte sich das bis dahin gute Verhältnis. Er brachte nämlich eine größere Anzahl von Soldaten mit. Ohne die *Orang Kaya* zuvor um Erlaubnis gefragt zu haben, begann er mit der Errichtung eines Forts. Garcia gab den Plan nach heftigem Widerstand der Bandanesen wieder auf. Er wurde von der Insel vertrieben. Die Portugiesen beschränkten sich nun wieder auf den Handel.

Als die ersten Schiffsladungen mit Muskatnuss und anderen Gewürzen in Lissabon eintrafen, wollten die Spanier auch an dem lukrativen Handel teilhaben. Aufgrund des Vertrags von Tordesillas mussten die Spanier nach Westen segeln, um den Weg zu den Gewürzinseln zu finden. Christopher Columbus unternahm bereits Ende des 15. Jahrhunderts die erste von vier Entdeckungsfahrten nach Westen, bei der er allerdings im Oktober 1492 anstelle von Indien den bisher unentdeckten Kontinent Amerika entdeckte.

---

85   Ein spanisch-portugiesischer Schiffstyp mit 3, später auch 4 Masten.

Columbus war allerdings bis zu seinem Tode davon überzeugt, Indien entdeckt zu haben. Aber auch bei den nachfolgenden Reisen fand Columbus nicht die Route zu den Gewürzinseln.

Ende des 15. und Anfang des 16. Jahrhunderts unternahm der Italiener Amerigo Vespucci[86] im portugiesischen Auftrag mehrere Reisen entlang der Ostküste Südamerikas. Er war der erste Europäer, der erkannte, dass es sich dabei nicht um Indien, sondern um einen neuen Kontinent handelt. Bisher glaubte man immer noch, die Landmasse wäre ein Teil von Indien. Auf seinen Wunsch wurde der Kontinent, entsprechend seinem Vornamen Amerigo, Amerika genannt.

Schon zuvor habe ich den portugiesischen Seefahrer und sachkundigen Navigator Fernando de Magellan erwähnt, der Teilnehmer der ersten portugiesischen Expedition war, die 1512 mit Hilfe von malaiischen Navigatoren die sagenumwobenen Banda Inseln erreichte. Magellan suchte händeringend nach einer Möglichkeit, die Gewürzinseln erneut zu besuchen. Er war sich sicher, dass es im Süden von Amerika eine Durchfahrt in den Pazifik gab. Eine portugiesische Expedition durfte er nicht mehr begleiten. Wegen eines vermeintlichen Verrats[87] während eines Feldzuges in Marokko war er beim portugiesischen König in Ungnade gefallen. Er wurde im Mai 1514 aus dem portugiesischen Staatsdienst entlassen. Daraufhin ging er nach Spanien und bot seine Dienste dem spanischen König an. Magellan war sich sicher, dass die Gewürzinseln nach dem Vertrag von Tordesillas im spanischen Teil der Welthälfte lagen.

Der spanische König Karl V. erkannte Magellans Vorzüge und übertrug ihm das Kommando über eine Flotte von fünf Schiffen. Sein Auftrag war, einen Durchlass zum Pazifik und zu den ‚Inseln von Banda' zu finden. Die Expedition wurde vom spanischen Königshaus, einer spanischen Reederei und – wie bei den Portugiesen – von dem Bankhaus der Fugger in Augsburg finanziert. Zu jener Zeit erlangte das Bankhaus der Fugger Weltgeltung.

Die Reise begann im August 1519. Der Admiral der Flotte von fünf Schiffen und Kapitän des Flaggschiffes *Trinidad* war Magellan. Die Mannschaft bestand hauptsächlich aus Spaniern, aber es war eine bunte Mischung, der auch Portugiesen, Italiener, Franzosen, Deutsche, Griechen und ein malaiischer Sklave als Dolmetscher angehörte. Auf den Kanaren nahm die Flotte neue Vorräte auf. Auf der Höhe der Kapverdischen Inseln nutzten sie den Passatwind, um zur südamerikanischen Küste zu gelangen. Sie passierten den Äquator und erreichten die Küste Brasiliens am 6. Dezember 1519. Die Schiffe tasteten sich langsam entlang der Küste Südamerikas nach Süden

---

86   1451(?)- 1512
87   Andere Quellen sagen, wegen illegalem Handel mit den Mauren.

vor, um den Durchlass in den Pazifik nicht zu verpassen. In Patagonien kamen sie in den Winter der südlichen Erdkugel und überwinterten ab März 1520 in der geschützten Bucht Puerto San Julián, der Magellan diesen Namen gab. Hier kam es zu einer Meuterei, da die täglichen Essensrationen gekürzt wurden und ein Teil der Mannschaft zurück nach Spanien wollte. Die Übeltäter wurden aufgehängt und es kehrte wieder Ruhe ein. Im August 1520 verließ Magellan das Winterquartier. Ein gutes Jahr nachdem die Flotte von Europa losgesegelt war, im Oktober 1520, fand Magellan die Durchfahrt zum Pazifik, eine Meeresstraße, die heute nach ihm benannt ist. Ein Schiff widersetzte sich dem Befehl Magellans und fuhr zurück nach Spanien.

Magellan hatte natürlich noch keine Ahnung von den Ausmaßen des riesigen Pazifischen Ozeans, als er sich in dem warmen Wasser von dem vorherrschenden Wind nach Westen treiben ließ. Nach drei Monaten auf offener See gingen die Essensvorräte aus. Die Seeleute ernährten sich vom Staub des Zwiebacks, Sägespänen, Ratten und Streifen von aufgeweichtem Leder. Nach drei Monaten und zwanzig Tagen auf offener See, während denen sie nur zwei winzige unbewohnte Atolle sahen, erreichten sie Anfang 1521 die Inseln der Marianen. Mindestens 19 Seeleute waren im Pazifik durch Hunger und Krankheit ums Leben gekommen. Nun konnten sie endlich ihre Essensvorräte auffüllen und frisches Wasser bekommen.

Mir ist es unbegreiflich, dass sich die Mannschaft nicht von Fischen, die sie in den offenen Gewässern hätten fangen können, ernährt hat. Ich habe schon den Indischen Ozean und mehrfach den Atlantik mit einem Segelschiff auf den Spuren der frühen Entdecker überquert. Immer ist es mir gelungen, mit einer Schleppleine auch größere Fische zu fangen. Auf den damaligen Segelschiffen wäre dies durchaus auch möglich gewesen, mit frischem Fisch die Essensvorräte zu strecken. Und damals waren die Meere noch nicht leergefischt!

Abb. 4-9:
Eine vom Autor (links) mitten im Indischen Ozean gefangene Königsmakrele.

Am 16. März 1521 erreichte Magellan die Philippinen und erfuhr, dass er schon in der Nähe der Gewürzinseln sei. Er besuchte mit seinen drei verbliebenen Schiffen *Victoria*, *Trinidad* und *Conceptión* mehrere Inseln der Philippinen. Gewürze konnte er hier nicht bekommen. Magellan verlegte daher seine Aktivitäten auf die Missionierung. Es gelang ihm auch, die Einwohner mehrerer Inseln zum Christentum zu bekehren. Durch die Missionierung während der nachfolgenden spanischen Kolonialherrschaft sind die Philippinen bis heute der einzige asiatische Staat mit einer christlichen Bevölkerungsmehrheit. Über 80 Prozent der Bevölkerung sind Katholiken.

Die holländische VOC[88] wurde dagegen ausschließlich von Kaufleuten geleitet, die nur an Profit interessiert waren, und – im Gegensatz zu Spanien und Portugal – daher keine Zeit und kein Geld für eine christliche Missionierung investieren wollten. Aber für die Holländer gab es noch einen zweiten Grund, nicht zu missionieren. Unter Gott sind alle Menschen gleich. Das wollten sie absolut nicht! Die Eingeborenen waren für sie Menschen zweiter Klasse, obwohl diese damals kulturell auf einer höheren Stufe standen als die Europäer. Aber die Holländer hatten die besseren Waffen.

Die philippinische Insel Mactan lehnte allerdings eine Missionierung und die Oberherrschaft der Spanier vehement ab. Als Magellan die Insel gewaltsam in Besitz nehmen wollte, kam es zum Kampf. Am 27. April 1521 wurden Magellan und 35 seiner Seeleute getötet. Nur knapp gelang den Spaniern die Flucht.

Abb. 4-10:
Magellan-Denkmal auf der philippinischen Insel Mactan[89]

---

88 Vereenigde Oostindische Companie, Dutch East India Company, Vereinigte Niederländische Ostindien-Kompanie
89 https://commons.wikimedia.org/wiki/File:Magellan_mactan.jpg

Da nun Seeleute für die Handhabung der verbliebenen drei Boote fehlte, musste die *Conceptión* versenkt werden. Mit nur noch zwei Booten, der *Victoria* und der *Trinidad*, fuhren sie weiter nach Borneo[90], wo sie 35 Tage blieben. Vermutlich wurden in dieser Zeit die beiden Schiffe repariert, denn an der Küste Borneos gab es schon damals – wie heute – viele Schiffswerften, in denen die hochseetüchtigen Phinisis, große Segelschoner, gebaut wurden. Das sind indonesische Frachtensegler mit erhöhtem Spiegelheck.

Am 6. November 1521 erreichten die beiden Boote endlich die sehnsüchtig begehrten Gewürzinseln, allerdings nur eine, Tidore, die südlich von Ternate liegende Gewürzinsel. Auf Ternate, der nördlichen Schwesterinsel, hatten die Portugiesen bereits einen festen Stützpunkt aufgebaut. Ternate wie Tidore waren seit ewigen Zeiten im Konkurrenzkampf. Auf beiden Inseln wuchs von den in Europa begehrten Gewürzen nur das Nelkengewürz. Für Muskatnuss und Zimt von den Banda Inseln traten Ternate und Tidore nur als Zwischenhändler auf.

Die *Victoria* und die *Trinidad* wurden randvoll mit Gewürzen für die Heimreise beladen. Erst jetzt stellte die Mannschaft fest, dass die *Trinidad* bereits so morsch war, dass sie die Reise zurück nach Spanien nicht mehr überstehen würde. Das Schiff musste zuvor gründlich repariert werden. Am 21. Dezember 1521 trat die *Victoria* mit einer Besatzung von 47 Europäern und 13 Malayen alleine die Heimreise an. Juan Sebastián Elcano wurde als Kapitän erwählt, obwohl er nur einfacher Bootsmann war.

Am 6. April 1522 setzte endlich auch die *Trinidad* in Tidore Segel und fuhr mit einer Besatzung von 48 Mann gen Westen. Da sich das spanische Schiff nun eindeutig in der portugiesischen Hälfte der Welt befand, wurde es von den Portugiesen gekapert. Erst fünf Jahre später kehrten lediglich drei Mann der Besatzung aus portugiesischer Haft nach Spanien zurück.

Die *Victoria* segelte nach Süden durch die Bandasee. Sie hatte mehr Glück als die *Trinidad*. Das Schiff wurde von den Portugiesen nicht entdeckt. Die Banda Inseln wurden nicht gesichtet, denn frühe spanische Seekarten verzeichnen diese kleine Inselgruppe noch nicht. Am 6. Februar 1522 legte die *Victoria* an der Insel Timor[91] an, um nochmals Vorräte an Bord zu nehmen. Erst ein halbes Jahr später ging das Boot auf den Kapverden wieder an Land. Die Essensvorräte waren aufgebraucht und 21 Besatzungsmitglieder waren an Skorbut und Erschöpfung gestorben. Endlich, nach fast drei Jahren, erreichte das Boot wieder Spanien. Die erste Weltumrundung war gelungen und die Kugelgestalt der Erde bewiesen. Der Tribut an Menschenleben war

90   Heute Kalimantan
91   Auch Timur

jedoch hoch. Von der ursprünglich aufgebrochenen Mannschaft von fünf Schiffen kehrten nur 18 Mann lebend nach Spanien zurück. Der einfache Bootsmann Juan Sebastián Elcano, der die *Victoria* von der Gewürzinsel Tidore mit seiner wertvollen Fracht sicher nach Spanien geführt hatte, wurde vom spanischen König offiziell zum Kapitän ernannt und zum Ritter geschlagen.

Als nun auch Spanien die Gewürzinseln entdeckt hatte, bangte Portugal um das gerade errungene Monopol und beanspruchte das alleinige Besitzrecht aufgrund des Vertrages von Tordesillas, der die Welt zwischen den beiden Nationen aufteilte. Der Vertrag konnte im Atlantik, durch den die nahe der Heimat liegende Trennungslinie ging, ohne Probleme genau eingehalten werden. Über diese westliche Region gab es schon ziemlich genaue Land- und Seekarten. Aber im Indischen Ozean und im Malaiischen Archipel gab es noch viel zu erforschen, und die noch wenigen Landkarten des 16. Jahrhunderts waren äußerst ungenau. Daher konnten neben den Portugiesen auch die Spanier bei der Verlängerung der Trennungslinie vom Atlantik durch den Malaiischen Archipel behaupten, dass die Gewürzinseln in den Molukken in ihre Welthälfte fallen würden. Da auch ein Untersuchungsausschuss nach fünf Jahren Streit keine Einigung über die jeweiligen Besitzansprüche erzielen konnte, verkaufte der spanische König Karl V. 1529 im Vertrag von Saragossa seine Ansprüche an den Gewürzinseln für 350 000 Golddukaten an Portugal.

Zwischen Portugal und Spanien war das Problem gelöst, aber Portugals innere Schwäche und Misswirtschaft schwächte die koloniale Macht immer mehr. Nun zeigten auch England und später die Niederländer Interesse an den Gewürzinseln, und beide Nationen lehnten den Vertrag von Tordesillas ab. Ein neues Rennen um die im Westen so beliebten Gewürze begann und die Streitereien begannen erneut.

Der Portugiese Luis Vaz de Camões[92] ist einer der herausragenden Lyrikern Europas. Sein Hauptwerk *Os Lusiadas*[93] wurde ab 1806 mehrmals ins Deutsche übersetzt und unter dem Titel *Die Lusiaden*[94] veröffentlicht. In dem Werk wird unter Rückgriff auf die griechische und römische Mythologie die Entdeckung des Seewegs nach Indien beschrieben. Camões war selbst in Goa, an der Malabarküste und in Macao. Es wird vermutet, dass er auch die Banda Inseln besucht hatte.

---

92 Um 1524 bis 1580
93 Erstausgabe 1572
94 Lusitanien ist der römische Namen für Portugal

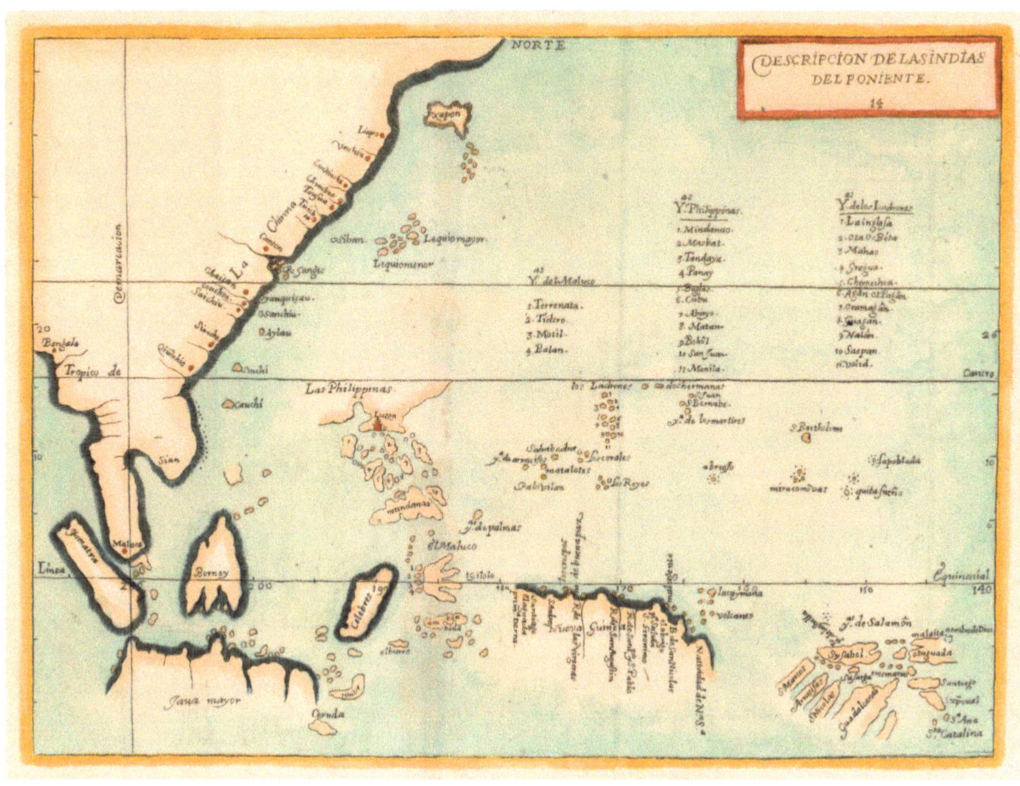

Abb. 4-11: In einer spanischen Seekarte von 1601[95] sind die Banda Inseln noch nicht genannt

95   Plate 14 from Herrera's Descripción de las Indias Occidentales (Madrid, 1601).

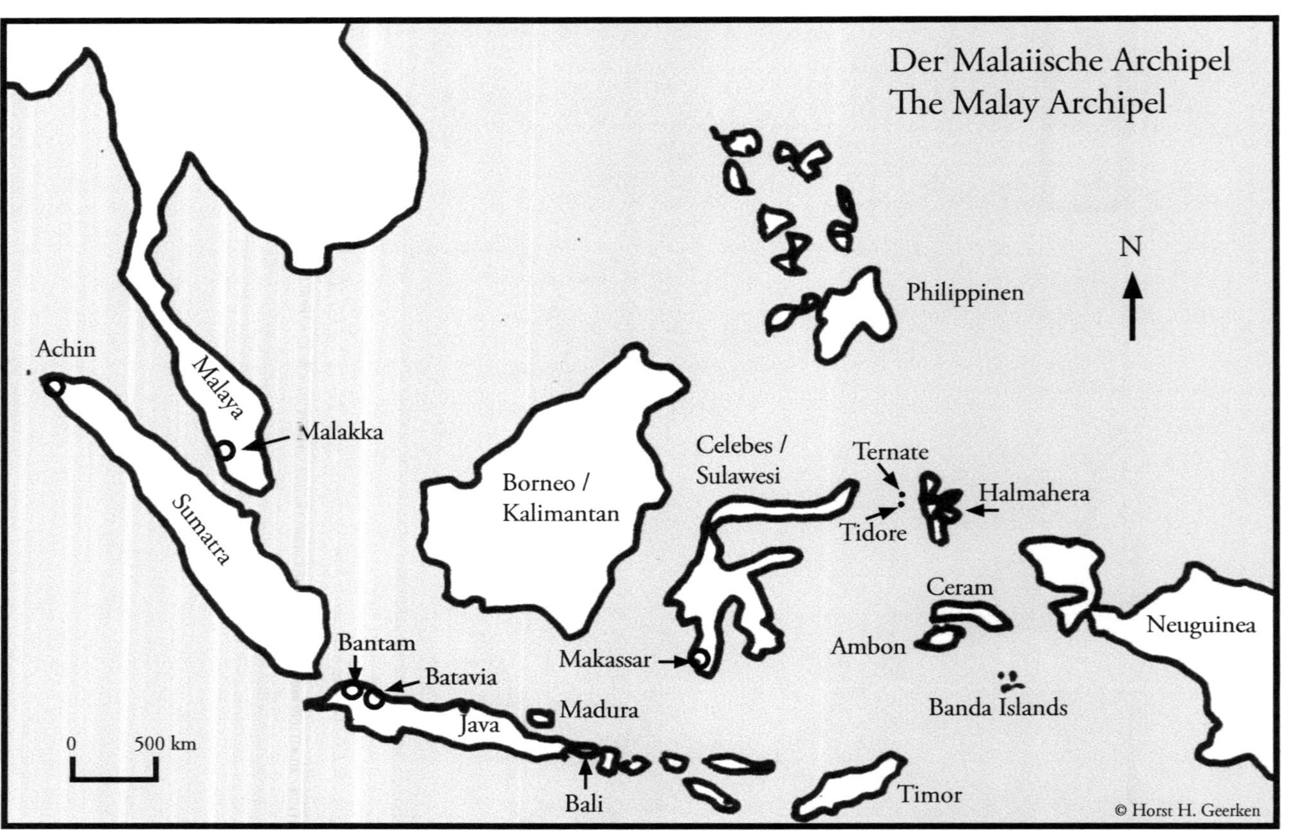

Abb. 4-12: Der Malaiische Archipel

5. Die Engländer wollten handeln,
die Holländer erobern und besitzen

Nachdem die Portugiesen bereits seit 40 Jahren mit den Gewürzinseln Handel trieben, wollten nun auch die Engländer an dem lukrativen Geschäft beteiligt sein. Die Portugiesen hatten bereits die Gewürzinseln in östlicher, die Spanier in westlicher Richtung erreicht. Eine Handelskompanie, die ‚Merchant Adventurers‘, ein Vorläufer der ‚Britischen Ostindien Kompanie‘[96], machte es sich zur Aufgabe, einen eigenen Land- oder Seeweg zu den Gewürzinseln zu erkunden. Sie entschieden sich für die nördliche Polarroute, auf der Suche nach einer Nord-Ost-Passage. Man wollte sich den langen Weg um Afrika ersparen. Die geplante Route wäre bei einem Erfolg rund 3500 Kilometer kürzer gewesen. Und man wollte nicht mit den Portugiesen zusammentreffen, die entlang des ganzen Seewegs nach Osten bereits befestigte Stützpunkte hatten.

Es war eine schlechte Wahl. Von Anfang an war die Expedition zum Scheitern verurteilt. Die Kapitäne waren nicht qualifiziert und zum Teil unerfahren, die Ausrüstung für die kalte Polarregion war nicht gut genug, die Essensvorräte waren nicht ausreichend und teilweise bereits verdorben als sie an Bord genommen wurden, und der Wein lief aus undichten Fässern.

Die Expedition stach am 23. Juni 1553 mit drei Schiffen in See. Dies waren das Flaggschiff *Edward Bonaventure* unter der Führung von Kapitän Richard Chancellor, die *Bona Esperanza* unter dem im Nordmeer unerfahrenen Kapitän Hugh Willoughby und die *Confidentia*. Nachdem nördlich von Norwegen ein arktischer Sturm tobte, kam bereits ein Schiff vom Kurs ab. Die Expedition war zum Scheitern verurteilt. Keines der drei Schiffe konnte eine Nord-Ost-Passage entdecken. Erst einige Jahre später entdeckte ein englisches Suchschiff die von den Eismassen zerdrückten Schiffe *Bona Esperanza* und *Confidentia* mit den steifgefrorenen Männern der Mannschaft. Nur Richard Chancellor und einigen Männern ist es gelungen, zu Fuß das rund 1000 Kilometer entfernte Moskau zu Fuß zu erreichen.

Erst 24 Jahre später versuchten die Engländer erneut, die Gewürzinseln zu erreichen. Für die Portugiesen war es nun schon seit mehreren Jahrzehnten zur Routine geworden, mit den Gewürzinseln auf der Route durch den Indischen Ozean Waren auszutauschen.

---

96   British East India Company, bis 1707 English East India Company

Am 13. Dezember 1577 stach Francis Drake mit fünf Schiffen unter seinem Kommando in Richtung Westen in See. Er folgte der Route, die auch Magellan nahm. In Patagonien verlor er bereits zwei Schiffe seiner Flotte. Bei der Durchquerung der Magellan-Straße verlor er ein weiteres Schiff und sein Begleitschiff trat in einem Sturm die Rückreise nach England an. Drake segelte im Pazifik entlang der Westküste Süd- und Nordamerikas.

Drake war kein Entdecker und kein Kaufmann, er war ein Pirat, ein Freibeuter. Er war vorwiegend am Sklavenhandel von Schwarzafrika in die Karibik beteiligt. Von der englischen Königin Elisabeth I. wurde er sogar mit einem Kaperbrief ausgestattet, der es ihm erlaubte, spanische Schiffe zu entern und deren Waren zu konfiszieren. Auf seiner Fahrt nach Norden überfiel er zahlreiche spanische Schiffe und raubte Schätze in spanischen Siedlungen an der Westküste Südamerikas. Vollbeladen mit dem geraubten Gut aus Silber und Gold begann er die Überquerung des Pazifiks. Durch die negativen Erfahrungen Magellans wusste er, dass für diese lange Reise genügend Essensvorräte an Bord sein mussten. Nach einigen Zwischenstationen erreichte er am 4. November 1579 die Gewürzinsel Ternate. Hier schloss Drake einen Handelsvertrag mit dem Sultan ab.

Die Rückreise führte Drake durch die westliche Bandasee, sodass er die Banda Inseln nicht streifte. Südlich von Java lief sein Schiff auf ein Riff und wurde schwer beschädigt. Mit Mühe und Not erreichte Drake den Hafen Cilacap[97] an der Südküste Javas. Nach der Reparatur fuhr er direkt, mit nur einem Landgang in Sierra Leone in Westafrika, zurück nach England, das er am 26. September 1580, nach 1018 Tagen, wieder erreichte. Es war die erste gelungene Weltumseglung Englands. Die Reise hatte sich für die Investoren gelohnt. Der Gewinn lag bei 4700 Prozent. Königin Elisabeth I. schlug Francis Drake zum Ritter, einen Schurken, der seine Schätze geraubt und dabei viele Menschen ermordet hatte.

Die britische Handelskompanie ‚Merchant Adventurers‘ startete einen neuen Versuch, die Gewürzinseln nun auf der Route nach Osten, um das Kap der Guten Hoffnung herum, zu erreichen. 1582 wurde Edward Fenton beauftragt, diese Expedition zu führen. Die Wahl Fentons hätte nicht schlechter sein können. Er war nur an eigenen Geschäften interessiert und von Seefahrt hatte er wenig Ahnung. Er trieb sich nur im Atlantik herum, und zwischenzeitlich wollte er sich als König der Insel Elba küren lassen. Dieses Unterfangen scheiterte jedoch am Widerstand seiner Offiziere und der Mannschaft. Diese Expedition war, wie die über das nördliche Eismeer, ein teures Verlustgeschäft für die Engländer.

97   Früher Tjilatjap

Gewarnt durch die herben Verluste der Engländer, bereiteten die Holländer eine eigene Expedition besonders sorgfältig vor. Zur Hilfe kamen ihnen dabei die Informationen von Jan Huyghen van Linschoten, der neun Jahre in Südostasien verbracht hatte. Er wusste, welche Sprachen man auf den verschiedenen Inseln sprach, welche Handelsgüter auf den Gewürzinseln am beliebtesten waren, welche Häfen man für die Verproviantierung anlaufen konnte und so weiter. Über die Muskatnuss berichtete er, dass sie das Hirn und das Gedächtnis schärfen würde, dass sie den Magen erwärmen, den Atem reinigen und die Flatulenz vertreiben würde. Sie würde sogar Durchfall heilen und Leibschmerzen kurieren. Ja, die Muskatnuss war damals, im ausgehenden 16. Jahrhundert, ein Allheilmittel!

Ein Cornelis de Houtman wurde von holländischen Kaufleuten als Spion nach Lissabon entsandt, um geheime Informationen von portugiesischen Navigatoren und Seekarten zu beschaffen. Er sollte Einzelheiten des lukrativen Geschäfts der Portugiesen ausspionieren. Zu jener Zeit hatte Portugal das Monopol über den Handel mit Gewürzen. Er brachte wichtige Informationen und eine Weltkarte nach Holland zurück, die nach der Projektion des deutschen Kartographen Gerhard Mercator[98] angefertigt war. Mercator arbeitete an der neu gegründeten Universität in Duisburg. Durch seine entwickelte Kartenprojektion werden wohl Länder, je weiter sie im Norden oder Süden der Erde liegen, verzerrter dargestellt, aber es ist die Winkeltreue, die dieser Projektion einen Durchbruch für die Navigation in der Seefahrt verschaffte. Auf Mercators erster Karte war auch vermerkt, dass diese nur für den ‚seemännischen Gebrauch‘ sei. Bis heute werden Landkarten nach dieser Projektion dargestellt.

Diese Mercator-Projektion bescherte den Holländern für viele Jahre einen gewaltigen Vorteil. Holländische Kartographen stellten nun auch ihre Karten mit dieser Projektion her. Die Informationen auf der Mercator-Landkarte und Informationen der eigenen Seeleute verarbeitete der holländische Kartograph, Astronom, Geograph und Pfarrer Petrus Plancius. Er veröffentlichte 1594 eine Landkarte Südostasiens, die alle vorherigen an Genauigkeit weit übertraf.

Mit Hilfe dieser Landkarte, die auf dem neuesten Stand der damaligen Zeit war, gelang es den Organisatoren in Amsterdam, das Geld für die erste Ostindien-Expedition der Niederländer aufzutreiben. Nun war es eine Expedition, die nicht mehr in unbekannte Gewässer ging.

---

98   1512-1594

So sorgfältig, wie die Expedition mit Reservemasten, Ersatzanker und zusätzlichen Segeln ausgestattet war, so nachlässig war die Auswahl des leitenden Personals. Houtman erhielt die Position als Chefkaufmann auf der *Mauritius*. Außerdem hatte er einen Sitz im Flottenrat. Wie wir noch sehen werden, war er für beide Aufgaben nicht geeignet.

In Frühjahr des Jahres 1595 stach eine Flotte von vier Schiffen in See. Dies waren die *Amsterdam,* die *Mauritius,* die *Hollandia* und die *Duyfken*. Houtman erhielt den Befehl, alle von den Portugiesen kontrollierten Häfen und die Straße von Malakka zu umgehen.

Als die Schiffe das Kap der Guten Hoffnung umrundeten, waren bereits 71 Männer an Skorbut gestorben. Als auch noch der Kapitän der *Amsterdam* starb, brach die Disziplin der Mannschaft völlig zusammen. Immer wieder traten Unruhen auf den Schiffen auf. Es kam zu Gewaltausbrüchen. Bei einem Aufenthalt in Madagaskar wurden bei Schlägereien zwischen den Mannschaften der verschiedenen Schiffe eine ganze Anzahl der Seeleute getötet. Die Bucht, in der die Schiffe ankerten, heißt heute ‚Friedhof der Holländer'[99]. Erst Monate später konnten die Schiffe weiterfahren. Endlich segelt die Armada durch die Sundastraße zum Hafen von Bantam[100] an der Nordküste Westjavas. Weit mehr als einhundert Männer hatten die Reise bis hierher nicht überlebt.

Als die Holländer auf Java eintrafen, erwarteten sie ‚Wilde', wie seinerzeit Columbus in der Neuen Welt. Aber auf Java war alles anders. Hier trafen sie auf Hochkulturen mit gebildeten Menschen, und trotzdem behandelten sie die Einheimischen wie Wilde. Java besaß bereits Städte, Regierungen, Bewässerungs- und Abwassersysteme, Kunst, Literatur und Tempel. Die Einheimischen pflanzten Bäume, sammelten Gewürze und trieben schon seit Jahrhunderten Handel mit China, Indien, Arabien und der Küste Afrikas. Die Javaner der gehobenen Gesellschaft und des Adels waren klug und kultiviert. Der Marktplatz von Bantam war zur großen Überraschung der Holländer voll von Händlern aus Malakka, der Malabarküste, aus China und von den Gewürzinseln, die alle friedlich miteinander Handel trieben.

Abbildungen nächste Seite:
Abb. 5-1: Landkarte Orbis Terrarum von Petrus Plancius (1594)[101]
Abb. 5-2: Bantam nach einer Illustration von 1724[102]

---

99   Dutch Cemetery
100   Heute Banten
101   Map Petrus Plancius (1594), Maritime Museum, Rotterdam. Wikipedia Gemeinfrei
102 Wikipedia Public Domain

ORBIS TERRARVM TYPVS DE INTEGRO MULTIS IN LOCIS EMENDATIIS   auctore Petro Plancio 1594
EUROPA
ASIA
AMERICA MEXICANA
PERVVIANA
OCEANVS PERVVIANVS
MAR PACIFICO
EL MAR DEL ZVR
TERRA AVSTRALIS MAGALLANICA
AFRICA
MAGALLANICA TERRA AVSTRALIS
MEXICANA
PERVVANA
MAGALLANICA

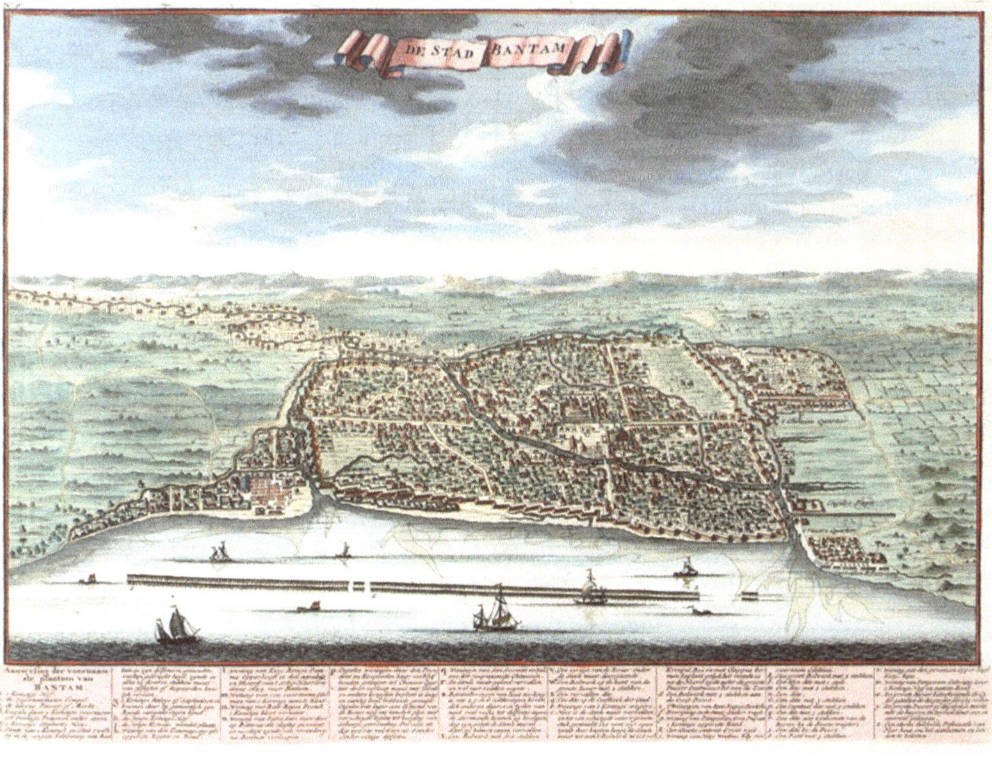

DE STAD BANTAM

Aanwysing der voornaamste
plaatzen van
BANTAM

Die Holländer stellten sich mit einer beispiellosen Brutalität vor, die sich durch die ganze mehrhundertjährige Kolonialzeit fortsetzen sollte. Houtman war ein arroganter, aufbrausender Mensch. Da die javanischen Händler gegen billige Glasperlen keine Gewürze eintauschen wollten und Houtman den geforderten üblichen Preis für die Gewürze nicht bezahlen wollte, kaperte er kurz entschlossen in einem Akt der Piraterie zwei Dschunken im Hafen von Bantam, die bereits mit Muskatnüssen und Gewürznelken voll beladen waren. Der Sultan von Bantam ließ daraufhin alle Besatzungsmitglieder der vier Schiffe, die sich gerade an Land befanden, festnehmen. Er ließ sie erst wieder frei, als Houtman Wiedergutmachung für den verursachten Schaden bezahlt hatte. Als alle Männer wieder an Bord waren, ließ Houtman aus Wut über seine Niederlage mit seinen Schiffskanonen die Stadt beschießen. Der Sultanspalast wurde zerstört. Gefangen genommene Javaner wurden gefoltert und auf grausamste Weise getötet. Die Brutalität, mit der sich die Niederländer im Malaiischen Archipel einführten, war unbeschreiblich. Als sie genügend Zerstörung angerichtet hatten, segelten sie weiter nach Osten und suchten einen anderen Hafen an der Nordküste Javas.

Das aggressive Verhalten der Holländer hatte sich natürlich auf Java schnell verbreitet. Als die Schiffe in der Nähe von Tuban[103] Anker warfen, gelang es rachesüchtigen Javanern, eines der Boote zu stürmen und zwölf Holländer zu töten. Houtman ließ wieder die Anker lichten.

Vor der Insel Madura näherte sich der holländischen Armada eine größere Gruppe von kleinen Booten. In der Mitte das prachtvoll geschmückte Boot mit dem Sultan von Madura. Sie kamen in friedlicher Absicht, denn die Mordlust der Holländer hatte sich noch nicht bis Madura, einer Insel vor der Küste Ost-Javas, herumgesprochen. Aber Houtman witterte einen Überfall und ordnete ein Massaker an. Alle Geschütze der vier Schiffe feuerten auf die kleinen Boote. Als diese versenkt waren, ließen die Holländer ihre Boote zu Wasser und schlachteten die letzten Überlebenden noch einzeln ab. Ein schlechtes Gewissen scheint bei so viel Brutalität doch manchen geplagt zu haben. Ein Mitglied der Mannschaft wundert sich in seinem Tagebuch, *dass sich die Kaufleute plötzlich in blutrünstige Halsabschneider verwandelt hätten.* An der Küste Javas konnte nach dem Massaker von Madura kein holländisches Schiff mehr anlegen, ohne angegriffen zu werden.

Die holländischen Schiffe waren bereits in einem schlechten Zustand, die *Amsterdam* war sogar so verrottet, dass sie in Brand gesteckt und versenkt werden musste. Als die Flotte an der Insel Bali anlegte, um Wasser und Proviant zu beschaffen, beschlossen zwei Mann, im Paradies zu bleiben und tauchten unter. Nach einer Meuterei beschloss der Flottenrat, nun die Reise

---

103 Westlich von Surabaya

nicht mehr weiter zu den Gewürzinseln fortzusetzen und die Heimreise mit den drei verbliebenen Schiffen anzutreten. Die erste niederländische Ostindienexpedition von April 1595 bis August 1598 verlief katastrophal und war ein totaler Misserfolg. Die Schiffe brachten nur eine geringe Menge an Gewürzen nach Amsterdam zurück. Von den ausgereisten 249 Männern sahen nur 87 ihre Heimat wieder. Durch das aggressive und arrogante Auftreten und das willkürliche Morden hatten die Niederländer bei der einheimischen Bevölkerung von Anfang an alles Vertrauen verspielt.

Levius Hulsius in Nürnberg veröffentlichte eine ganze Reihe von 26 Reiseberichten. 1598 brachte er ein Büchlein mit der deutschen Übersetzung des niederländischen Berichts über Cornelis de Houtmans Reise heraus. Das Büchlein liegt im Archiv der Sächsischen Landesbibliothek in Dresden, ein weiteres Exemplar befindet sich in der Staats- und Seminarbibliothek der Katholischen Universität Eichstätt-Ingolstadt.

Anscheinend haben die Herren in Amsterdam nichts aus dem Versagen von Cornelis Houtman gelernt, denn nur ein halbes Jahr nach seiner Rückkehr im Jahre 1598 übertrugen sie ihm erneut das Kommando einer weiteren Expedition nach Ostindien. Als Steuermann und Navigator hatte er den Engländer John Davis dabei. Nach seiner Rückkehr fuhr John Davis erneut nach Ostasien, aber diesmal unter dem englischen Kapitän James Lancaster im Auftrag der neu gegründeten Englischen Ostindien Kompanie.

Abb. 5-3:
Die deutsche Übersetzung des niederländischen Reiseberichts von 1598[104]

---

104 Wikipedia, gemeinfrei

Abb. 5-4: Beschießung der Stadt Bantam durch die Holländer, 1596[105]

In den folgenden fünf Jahren nach der Rückkehr von Cornelis Houtman[106] segelten noch über 60 niederländische Schiffe nach Ostasien. Das Monopol der Portugiesen war gebrochen. Die Niederländer hatten nun einen Großteil des Gewürzhandels übernommen und ihre Position im Malaiischen Archipel ausgebaut.

Um 1600 war der Einfluss der Portugiesen in den Molukken immer noch gering. Sie trieben wohl Handel, aber Festungen besaßen sie nur auf den Inseln Ternate und Ambon. Die Banda Inseln, die reichsten Inseln in den

---

105 Wikipedia, gemeinfrei
106 Houtman kehrte 1598 nach Holland zurück.

Molukken, hatten sie vernachlässigt, obwohl sie der Portugiese Miranda de Azevedo bereits 1513 als erster Europäer erreicht hatte. Die Engländer planten nun, diese einsamen und entlegenen Inseln anzusteuern, um dort die englische Flagge zu hissen. Weder die Portugiesen noch die Spanier hatten bisher ein Fort auf den Banda Inseln errichtet. Es war internationales Recht zwischen den europäischen Nationen geworden, dass man erst durch den Bau einer Festung Besitzansprüche stellen konnte. Es bestand also noch die Chance, die reichsten Gewürzinseln, nämlich die Banda Inseln, für die englische Krone in Besitz zu nehmen.

Nach der erfolgreichen Reise von James Lancaster endeten weitere Expeditionen der Engländer im Desaster. Eine Expedition unter Kapitän Benjamin Wood verschwand sogar spurlos. Nun wurde alle Hoffnung der Londoner Kaufleute in eine neue Unternehmung unter der Leitung von James Lancaster gesetzt. Er wurde zum Oberbefehlshaber einer Flotte von vier Schiffen berufen, der *Susan,* der *Hector,* der *Ascension* und der *Red Dragon.* John Davis, der erfahrene Navigator und Neuentdecker Grönlands, der erst kürzlich von einer holländischen Expedition zurückgekehrt war, erhielt den Posten als Obersteuermann. Die Expedition der Englischen Ostindien Kompanie lag somit in guten und erfahrenen Händen.

Es war im Februar 1601, als die Flotte mit rund 470 Mann Besatzung England verließ. An Bord waren eine Anzahl von Faktoren[107], die Niederlassungen in Ostasien gründen sollten. Die Königin gab ihnen fast unbegrenzte Machtbefugnisse. Für alle Handelsbeziehungen östlich des Kaps der Guten Hoffnung wurde ihnen ein Monopol erteilt. Die Merchant Adventures mussten sich allerdings verpflichten, jedes Jahr eine neue Expedition auszurichten. Die Königin Elisabeth I. ließ sogar eigene Münzen für die English East India Company prägen, das Portcullis-Geld. Es waren Silbermünzen, die nur 1600 bis 1601 geprägt wurden und die auf der Rückseite ein Fallgitter[108] zeigen. Die Münze konnte sich international nicht durchsetzen.

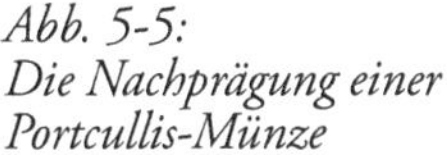

Abb. 5-5:
Die Nachprägung einer
Portcullis-Münze

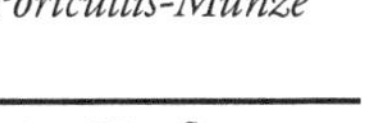

---

107 Kaufleute
108 Auf Englisch ‚portcullis‘

Erst im September 1601, nach sieben Monaten, erreichte die Flotte Südafrika, um sich neu versorgen zu können. Das Flaggschiff Lancasters, die *Red Dragon,* hatte eine hochseefähige Pinasse[109] in zerlegter Form an Bord, die während eines Aufenthalts in Madagaskar zusammengebaut wurde. Der nächste Aufenthalt der Flotte war auf den Nikobaren, wo nochmals Proviant aufgenommen wurde, bevor sie am 5. Juni 1602 in der aufstrebenden Hafenstadt Achin[110], in Nordsumatra, eintraf. Die Engländer waren hier – im Gegensatz zu den Holländern – sehr willkommen. Lancaster überbrachte dem Sultan von Achin, Ala-uddin, einen Brief von Königin Elisabeth I., in dem sie um regelmäßigen Handelsverkehr und um eine Niederlassung bat. Alle Wünsche der englischen Königin wurden ohne Vorbehalt erfüllt und gegenseitig Geschenke überreicht. Bei Banketten wurde die gegenseitige Freundschaft mit viel Alkohol begossen, obwohl der Norden Sumatras schon damals islamisch geprägt war.

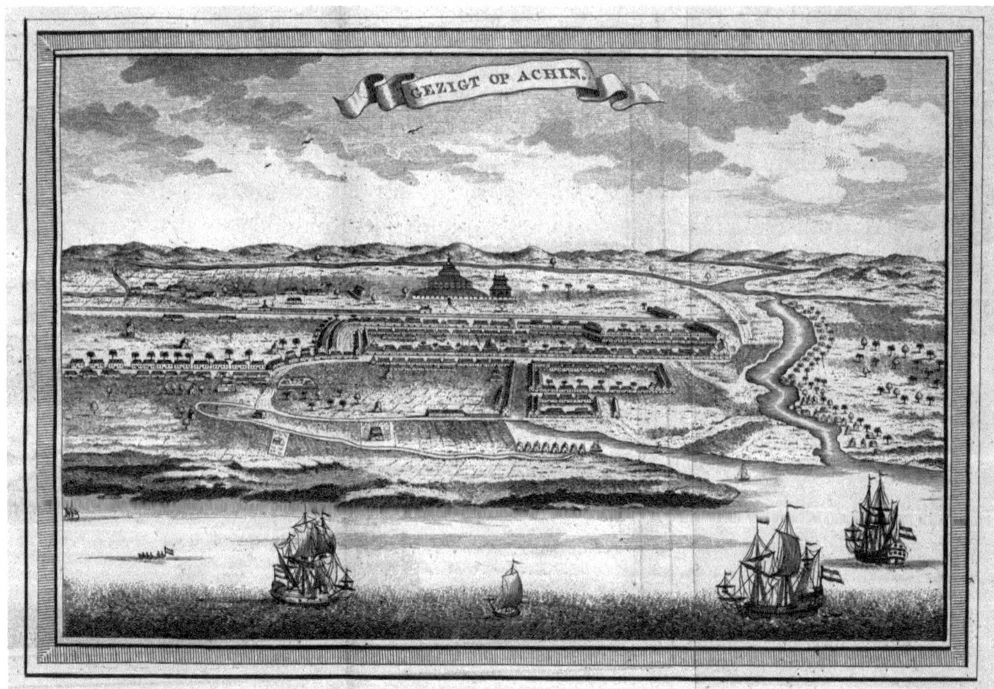

Abb. 5-6: Alte Ansicht von Achin[111]

---

109 Eine Pinasse ist ein größeres Beiboot
110 Unter den Holländern Kuta Raja genannt, heute Banda Aceh
111 Wikipesia, Public Domain

Heute wäre ein Gelage mit Alkohol dort nicht mehr möglich. Ich besuchte in den 1960er und 1970er Jahren mehrfach Achin, das heutige Banda Aceh[112]. Es war fast unmöglich Alkohol zu bekommen. Im chinesischen Restaurant konnte man damals noch heimlich aus einer Teekanne und Teetassen ein Bier trinken[113]. Heute ist selbst das nicht mehr möglich, dort gilt nun die strenge Scharia.

Lancaster verließ Achin im November 1602 und nahm Kurs nach Bantam im Westen Javas, da dort die Preise für Gewürze niedriger waren als in Achin. Die *Ascension* war bereits vollbeladen mit der wertvollen Fracht auf der Heimreise. Lancaster wurde auch vom König von Bantam freundlich empfangen und die Schiffe wurden zu einem zuvor festgesetzten Preis voll beladen. Kurz bevor die Flotte im Februar 1603 die Heimreise antrat, wählte Lancaster acht Männer und drei Kaufleute aus, die in der neu eröffneten Niederlassung in Bantam zurückbleiben mussten. Sie sollten für eine kommende Exkursion bereits Gewürze einkaufen und in einem kleinen Lagerhaus aufbewahren. Außerdem sollten sie versuchen, in der zurückgelassenen Pinasse die Banda Inseln zu erreichen.

Im September 1603 kehrte die Flotte nach London zurück. Lancaster hatte alle seine Schiffe vollbeladen zurückgeführt. Seine Reise war ein großer wirtschaftlicher wie auch diplomatischer Erfolg. Allerdings hat er auf dieser gut zweieinhalb Jahre dauernden Reise fast die Hälfte seiner Mannschaft durch Skorbut und andere Krankheiten verloren.

Die detaillierte Geschichtsschreibung der Banda Inseln beginnt eigentlich erst 1599, mit der Ankunft des ersten Holländers. Dies war Vizeadmiral Jakob van Heemskerk, der mit der *Gelderland* am 15. März 1599 mit einer Mannschaft von 200 Händlern und Soldaten vor der Insel Banda Besar[114] ankerte, der größten und ertragreichsten Insel der Gruppe. Tags darauf erreichte auch das Schiff *Zeeland* die Insel. Dieses Datum, der 15. März 1599, hat sich bis heute tief in das Gedächtnis der Bandanesen eingegraben, da nun das Elend und die Ungerechtigkeiten begannen. Die beiden Schiffe *Gelderland* und die *Zeeland* waren nur ein Teil einer holländischen Expedition von acht Schiffen unter dem Oberbefehl von Admiral Jacob van Neck.

Die Bandanesen empfingen die blonden Holländer mit Zurückhaltung. Der schon hundert Jahre alte Kontakt mit Europäern machte sie gegen-

---

112 Damals Kuta Raja, auch Kuta Radja und Koetaradja
113 Siehe *Der Ruf des Geckos,* S. 212ff
114 Damals Lonthoir, auch Lonthor

über den fremden Neuankömmlingen misstrauisch. Dazu beigetragen hat auch, dass der Vulkan Gunung Api, der lange Zeit geschlafen hatte, mit einer ungewöhnlichen Heftigkeit ausbrach und Feuer, Asche und Lava ausspuckte. Ein weiterer Punkt ihrer Ängstlichkeit war die Prophezeiung eines heiligen Moslems vor fünf Jahren, dass Fremde von einem weit entfernten Land mit vielen Soldaten ihre Inseln erobern und ausbeuten wollten.

Die Holländer machten den *Orang Kaya* ihre Aufwartung und übergaben Geschenke. Von Anfang machten sie klar, dass die Portugiesen und Engländer ihre Feinde seien. Vizeadmiral Jakob van Heemskerk war sehr viel diplomatischer und zurückhaltender als alle seine Nachfolger. Er gewann bei den Einheimischen ein bestimmtes Maß an Vertrauen und konnte einen Handel mit den Kaufleuten aus Java, China und Arabien beginnen. Diese waren schon lange auf den Bandas ansässig. Es war ein langwieriger Prozess, da jeder Händler nur einen kleinen Posten Gewürze vorrätig hatte und mit jedem Einzelnen verhandelt werden musste. Es dauerte dreieinhalb Monate, bis die beiden Schiffe mit Muskatnuss und Macis von den Banda Inseln voll beladen waren. Während dieser Zeit stieg wegen der größeren Nachfrage der Preis für die Gewürze um 50 Prozent. Trotzdem konnte später in Amsterdam – nach Abzug aller Kosten – noch ein 320facher Preis erzielt werden.

Interessant ist, wie die Schiffe mit Gewürzen beladen wurden. Ganz unten im Rumpf der Schiffe lagerten Töpfe, die mit Ingwer gefüllt waren. Darauf kam eine Lage Pfeffer. Dann, zuoberst, wurde erst die Muskatnuss gelagert. Laut Rumphius wurden die Nüsse einfach in den Schiffsraum gestürzt. Durch Oxidation entwickelten die Gewürze Wärme und giftige Gase, sodass der Laderaum während der Rückfahrt der Schiffe nicht mehr betreten werden konnte. Diese Art der Lagerung war ziemlich feuergefährlich. Zur Entlüftung mussten daher die Luken stets etwas offen bleiben. Weshalb diese spezielle Ladetechnik angewendet wurde, blieb mir allerdings verschlossen. Erst gegen Ende des 19. Jahrhunderts fanden Säcke, Kisten und Fässer als Verpackungsmaterial Verwendung.

Am 16. Juli 1599 traten die *Gelderland* und die *Zeeland* die Rückreise nach Holland an. Van Heemskerk ließ 22 Mann auf den Inseln Banda Besar und Banda Neira zurück. Sie sollten für die nächste Expedition einen möglichst großen Vorrat an Gewürzen aufkaufen. Im Frühjahr 1600 traf van Heemskerk mit seinen zwei Schiffen wieder in Holland ein.

Der Erfolg der Holländer alarmierte die Javaner und die Portugiesen in Malakka. Mit 1500 verbündeten Javanern wollten die Portugiesen die Niederlassungen der Holländer zerstören. Kurz vor dem geplanten Angriff trafen am 9. Mai 1600 zwei holländische Schiffe, die *Morgensterre* und die *Maan*[115], in Banda Neira ein. Die beiden Schiffe waren auf dem Weg nach Ambon und suchten hier Schutz vor einem Sturm. Als die Javaner die beiden riesigen Schiffe sahen, verließ sie der Mut und sie segelten zurück nach Java.

Die Engländer folgten den Holländern auf dem Fuße. Schon bald nachdem Lancaster Bantam verlassen hatte, machten sich fünf Mann der in der neu gegründeten Niederlassung zurückgelassenen Engländer mit der Pinasse auf, um die Banda Inseln zu suchen. Der Bootsführer war Schiffsmeister Keche. Über diese Expedition ist kaum etwas bekannt, denn alle Berichte, die die Männer verfassten, gingen verloren. Man weiß nur, dass sie zwei Monate lang, während des Westmonsuns, gegen heftige Winde und hohe Wellen in der gefährlichen Bandasee kämpfen mussten, bevor sie die Insel Run erreichten, die entlegenste und die am schwierigsten zu erreichende Insel der Bandas. Von Bantam aus waren die Bandas wegen der Monsunwinde nur in der zweiten Hälfte des Jahres erreichbar.

Run ist umgeben von gefährlichen Untiefen, starken Strömungen, sowie Korallenriffen und Klippen. Es war eine Meisterleistung – oder pures Glück? –, durch diese bis heute bestehenden Hindernisse ohne Schaden an die Insel zu kommen. Die fünf Männer wurden auf der Insel Run freundlich aufgenommen. Sie durften Handel treiben und ein kleines Lagerhaus im Norden der Insel bauen.

Sie waren die ersten Engländer, die die Banda Inseln erreichten[116] und Stützpunkte auf den Insel Run und Ai errichten durften. Die Einwohner der Insel Run sahen in ihnen Verbündete gegen die Holländer. Mit den *Orang Kaya* wurde ein Vertrag geschlossen, der England alle Rechte über die Inseln Run und Ai übertrug. Es waren die ersten Besitzungen der Engländer in Asien. Auf beiden Inseln wehte nun, sehr zum Ärger der Holländer, für Jahrzehnte die englische Flagge. Die Holländer hatten die Insel Run noch nicht in Besitz genommen, da es während des Westmonsuns bis heute kaum möglich ist, von Banda Neira aus die Insel mit einem Segelschiff zu erreichen. Und die Insel Run war in sicherer Entfernung von den streitsüchtigen Holländern auf der Insel Banda Neira. Zwischen den beiden Inseln lagen rund 18 Kilometer offene See.

---

115 Auch *de Maen*
116 Als Daten werden hier 1601, aber auch 1603 genannt.

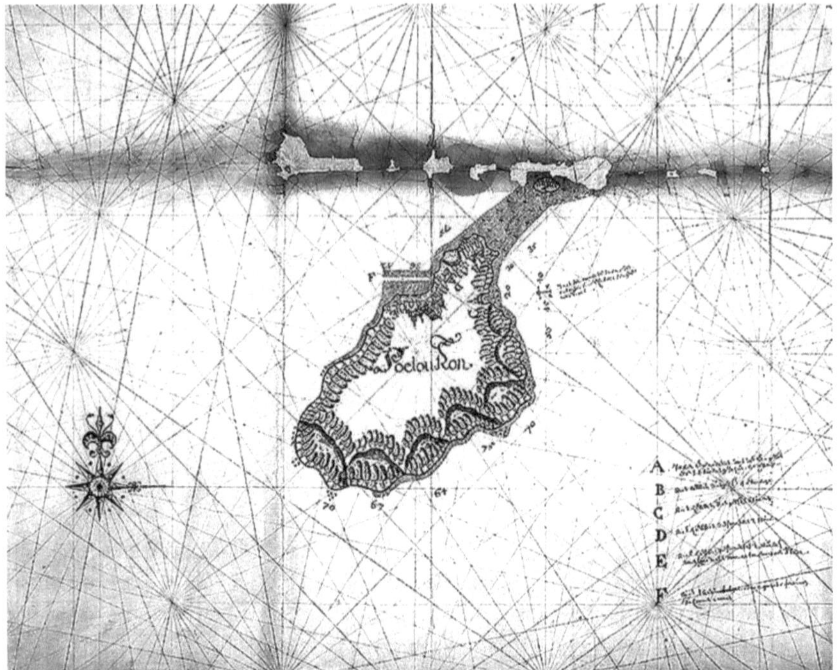

Abb. 5-7: Die erste bekannte Karte von der Insel Run von 1623[117]

Wie lange die Engländer auf den Inseln blieben und ob sie wieder mit ihrer Pinasse nach Bantam segelten, ist leider nicht bekannt. Königin Elisabeth I. war in der Zwischenzeit verstorben. Lancaster wurde nach seiner Rückkehr von dem Vetter von Königin Elisabeth I., dem neuen gekrönten König Jakob I., zum Ritter geschlagen. Der englische König Jakob I. nannte sich nun stolz ‚König von England, Schottland, Irland, Frankreich, Puloway[118] und Puloroon‘[119].

Sofort planten die Engländer, eine neue Expedition mit den selben vier Schiffen in den Malaiischen Archipel zu entsenden. Lancaster wollte nicht noch einmal die gefährliche Reise antreten. Die Leitung der Expedition wurde nun dem erfahrenen Kapitän Henry Middleton übertragen, der bereits unter Lancaster gesegelt war. Die Flotte segelte direkt nach Bantam auf Java, wo sie am 22. Dezember 1604 eintraf. Hier wurden die *Hector* und die *Susan* mit Gewürzen beladen und sofort wieder auf die Heimreise geschickt. Die *Red Dragon* und die *Ascension* machten sich auf den Weg zu

---

117 Wikipedia, Public Domain
118 Pulau Ai, Insel Ai
119 Pulau Run, Insel Run

80

den Gewürzinseln. Als die Schiffe den Hafen von Ambon erreichten, waren bereits viele Seeleute an der Amöbenruhr gestorben.

Solange Henry Middleton mit seinen beiden Schiffen im Hafen von Ambon lag, kamen neun holländische Schiffe mit einer dazugehörenden Hilfsflotte in kriegerischer Absicht. Es war die Flotte unter Admiral van der Hagen. Nach einem Beschuss des portugiesischen Forts übernahmen sie die Bastion. Die beiden englischen Schiffe verließen, ohne Gewürze geladen zu haben, die kriegerische Szene. Middleton schrieb in sein Bordbuch, *dass das hochfahrende und anmaßende Gebaren der Holländer nicht länger zu ertragen sei.* Die beiden Schiffe trennten sich, die *Red Dragon* segelte zu den nördlichen Gewürzinseln, die *Ascension* unter Kapitän Colthurst zu den Banda Inseln. Hier hofften die Engländer noch ohne lästige Konkurrenz Muskatnüsse einkaufen zu können. Colthurst plante, die Insel Run anzulaufen, wurde aber durch die knapp unter der Wasseroberfläche liegenden gefährlichen Riffe abgeschreckt. Er legte nicht an der Insel an, konnte aber auf den Inseln Ai, Banda Neira und Banda Besar Gewürze einkaufen. Danach traf die *Ascension* mit der *Red Dragon* wieder zusammen. Gemeinsam begaben sie sich auf die Heimreise. Leider sind die bis heute überlieferten Aufzeichnungen über diese und weitere Fahrten der Engländer zu den Banda Inseln und speziell zu der Insel Run sehr spärlich. Ende 1608 kam noch die englische Pinasse *The Hope* zu der Insel Run und ließ zwei Engländer[120] zurück.

Der Leiter der holländischen Niederlassung auf Banda Neira war Admiral Hermanszoon, der im Februar 1602 mit der *Utrecht* und der *Zeeland* eintraf. Er versuchte, das Leben der Engländer so schwer wie möglich zu machen. Er hetzte die Bandanesen und die Händler auf den Inseln gegen die Engländer auf. Es gelang ihm sogar, mit einigen der *Orang Kaya* am 23. Mai 1602 einen Vertrag abzuschließen, der den Holländern ein Monopol auf den Kauf von Gewürzen auf allen Banda Inseln einräumte. Dieser Vertrag wurde von den übrigen *Orang Kaya* der anderen Inseln und der Bevölkerung abgelehnt.

Für die Holländer war ein Tauschgeschäft mit den Einheimischen zunächst schwierig. Sie hatten nur Messer, viel zu schwere Stoffe und andere Waren, die für das tropische Klima nicht geeignet waren, dabei. Aber die Bandanesen waren auch auf Reis, Sago und Gemüse angewiesen, die sie gegen ihre Muskatnuss tauschen wollten. Diese Waren bekamen sie von den Händlern aus Java und Ambon. Und Waren aus China, wie Porzellan, Metallwaren oder Medikamente, waren qualitativ viel besser als die hollän-

---

120 Einen Mr. Brown und einen Mr. Sydell

dischen Produkte. Somit war den Bandanesen eine Konkurrenz durch die Engländer sogar sehr willkommen. Ein Monopol, wie es die Holländer von den Bandanesen auf der Insel Banda Besar erpresst hatten, lehnten sie ab.

Aber auf diesen erpressten Vertrag von 1602 beriefen sich die Holländer, als sie ihre Ansprüche auf die Inseln Run und Ai ankündigten. Das Intermezzo von Admiral Hermanszoon auf Banda Neira und Banda Besar war nur von kurzer Dauer. Bereits im Juni 1602 verließ er die Insel wieder, ließ aber zehn Männer zurück, die die beiden holländischen Niederlassungen auf den Inseln bewachen sollten.

Als das nächste holländische Schiff 1605 mit Admiral van der Hagen erneut die Banda Inseln anlief, waren die beiden Niederlassungen verwaist und verlassen. Was war passiert? Wie ihnen erzählt wurde, hatte es zwei der zehn Holländer so gut auf der Insel Banda Neira gefallen, dass sie ihren christlichen Glauben aufgeben hatten und zum Islam übergetreten waren. Mit ihren charmanten einheimischen Bandanesinnen wollten sie dauerhaft auf Banda Neira bleiben. Das fanden ihre holländischen Kollegen skandalös und ermordeten sie. Daraufhin stürmten Bandanesen die Niederlassungen und ermordeten fünf Holländer. Dreien gelang die Flucht.

Die Expeditionsflotte von Admiral van der Hagen bestand aus 13 Schiffen mit einer Mannschaft von mindestens 1500 Mann und war zunächst in den nördlichen Molukken im Einsatz. Van der Hagen kam nur mit einem Schiff und einer Pinasse zu den Bandas. Der Auftrag der am 20. März 1602 gegründeten VOC[121], der Holländisch-Ostindischen Kompanie, an Admiral van der Hagen war, die Portugiesen und Engländer von allen Gewürzinseln zu verjagen und ein Handelsmonopol mit allen zur Verfügung stehenden Mitteln durchzusetzen, mit einem Vertrag oder mit Gewalt. Auf allen strategisch wichtigen Inseln sollten Handels- und Militärstationen aufgebaut werden. Wie van der Hagen dies bereits in Ambon mit Kanonendonner durchgesetzt hatte, haben wir bereits erfahren. Van der Hagen war verärgert, als er erfuhr, dass der englische Kapitän Colthurst bereits vor ihm die Banda Inseln erreicht hatte, und fuhr zu Beratungen zurück zur Flotte nach Ambon.

Inzwischen hatte sich der englische Kapitän William Keeling mit nur 30 Musketieren auf den Inseln Run und Ai fest etabliert. Mit seinem Schiff *Hector* kreuzte er zwischen den Inseln, um Gewürze einzukaufen. Er war überrascht, dass er selbst von holländischen Händlern freundlich begrüßt wurde. Auf den einsamen und abgelegenen Inseln waren die Händler für jede Abwechslung dankbar.

---

121 Vereenigde Oostindische-Compagnie,

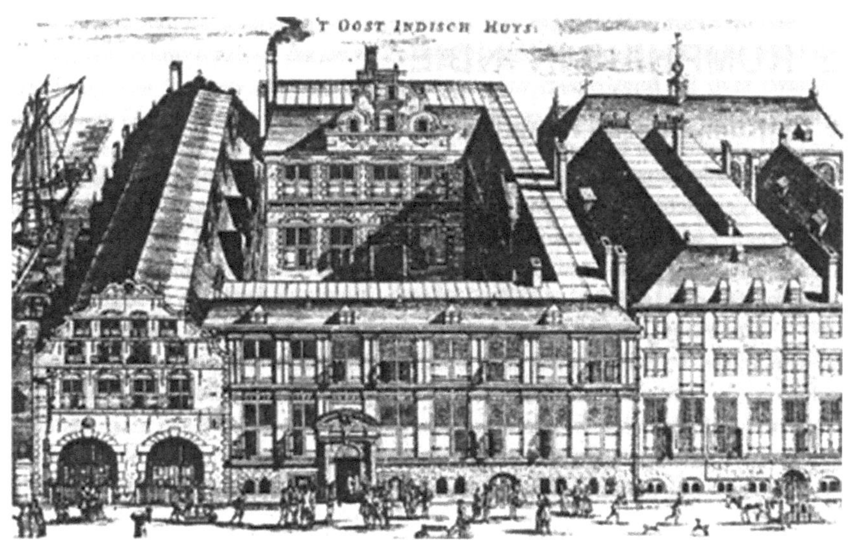

Abb. 5-8: Das Hauptquartier der VOC in Amsterdam[122]

Dies änderte sich schlagartig, als am 8. April 1609 der holländische Admiral Pieterszoon Verhoeven mit zunächst sechs Schiffen die Banda Inseln erreichte. Im Laufe von wenigen Tagen trafen noch sieben weitere Schiffe ein. An Bord waren über 1000 bewaffnete Soldaten, meist Holländer, aber auch einige japanische Legionäre, die Scharfrichter waren. Sicherheitshalber zog sich nun Kapitän Keeling auf die Insel Run zurück.

Am 19. April 1609 landete Pieterszoon Verhoeven mit 250 schwer bewaffneten Männern auf der Insel Banda Besar, um mit den *Orang Kaya* ein Monopol auszuhandeln. Die Bandanesen zierten sich und fanden immer weitere Ausflüchte, auch wegen der Prophezeiung des heiligen Muslims und den Aktivitäten des Gunung Api. Pieterszoon Verhoeven verlor die Geduld und landete nun weitere 750 bewaffneten Soldaten auf der Nachbarinsel Banda Neira. Ohne die *Orang Kaya* zu konsultieren, begann er mit dem Bau eines Forts, des späteren Fort Nassau, und zwar an jenem Ort, an dem die Portugiesen vor fast 100 Jahren begonnen hatten, ein Fort zu bauen. Sie wurden damals von den Bandanesen vertrieben. Ein großer Vorteil war, dass das massive Steinfundament immer noch vorhanden war.

Die Einwohner von Banda Neira mussten ihre Häuser räumen und für die Soldaten zur Verfügung stellen. Die *Orang Kaya* von Banda Neira, die bei den Gesprächen auf Banda Besar nicht zugegen waren, wurden einfach rüpelhaft übergangen. Die Bandanesen beobachteten die Aktivitäten der Holländer von

---

122 Wikipedia Public Domain

einem Hügel, der sich hinter dem Fort befand, und sannen auf Rache. Auf diesem Hügel sollte später das Fort Belgica gebaut werden. Militärisch hatten die Bandanesen keine Chance, da waren ihnen die Holländer weit überlegen.

Am 22. März 1609 baten die *Orang Kaya* um eine Unterredung mit Admiral Verhoeven, der sofort einverstanden war, da er dachte, nun würden die Bandanesen endlich auf seine Diktate eingehen. Um die Mittagszeit ging er mit seinen Kapitänen und Kaufleuten zu der vereinbarten Stelle in der Nähe der Küste im Osten der Insel Banda Besar. Er hatte eine bewaffnete Wachmannschaft dabei. Verhoeven war überrascht, hier niemanden anzutreffen. Die *Orang Kaya* hatten sich in ein nahegelegenes Wäldchen zurückgezogen und ließen verlauten, sie hätten vor so vielen Soldaten Angst und Verhoeven solle doch alleine kommen. Er ließ seine Wachmannschaft zurück und betrat nur mit den unbewaffneten Kapitänen und Kaufleuten das Wäldchen. Sie marschierten in einen Hinterhalt. Im Wäldchen hielten sich 200 bewaffnete Bandanesen versteckt. Verhoeven und etwa 30 Holländer wurden sofort enthauptet. Andere wurden auf der Flucht erschlagen. Alles ging sehr schnell vor sich. Als die Wachmannschaft in dem Wäldchen eintraf, fand sie nur noch enthauptete Leichen vor. Die bandanesische Bevölkerung war wie vom Erdboden verschwunden. Ein Zeuge des Vorfalles – in Holland ‚The Bandanese Treachery of 1609‘ genannt – war der junge Jan Pieterszoon Coen, ein Junior-Kaufmann unter Verhoeven. Er wurde später holländischer Generalgouverneur, und er sollte sich noch für diese Tat schrecklich an den Bandanesen rächen.

Die *Orang Kaya* von Banda Besar boten an, friedlich mit den Holländern zusammenzuarbeiten, aber nur unter zwei Bedingungen: Alle holländischen Soldaten müssten zurück auf die Schiffe, und das nun teilweise fertige Fort müsste wieder abgebaut werden. Beide Bedingungen wurden von den Holländern abgelehnt. Es folgten Unruhen und Scharmützel. Holländische Kaufleute auf Banda Besar wurden ermordet. Als Nachfolger des ermordeten Verhoeven wurde Admiral Simon Janszoon Hoen als neuer Leiter der Expedition erwählt. Durch seine Soldaten ließ er Dörfer plündern und Häuser und Fischerboote der Einheimischen abbrennen. Durch den Widerstand der Bandanesen wurden erneut viele Holländer getötet und verletzt. Die Holländer verordneten den Bandanesen weitere Vorschriften, die diese jedoch bei jeder sich bietenden Gelegenheit unterliefen.

Das Fort Nassau war nun soweit fertiggestellt, dass Admiral Hoen die Banda Inseln in Richtung der nördlichen Molukken verlassen konnte. Die Kaufleute und eine starke Wachmannschaft konnten sich nun im Fort verschanzen und Vorräte an Gewürzen lagern. Gouverneur der Banda Inseln wurde Hendrik van Bergel. Die Holländer betrachteten sich weiterhin als die Herren aller Banda Inseln. Sie planten mehrere Angriffe auf die Inseln Run und Ai, die immer noch in den Händen der Engländer waren. Ihre Schiffe wurden aber im starken Westmonsun immer wieder abgetrieben, sodass es zu keinem Scharmützel mit den Engländern kam.

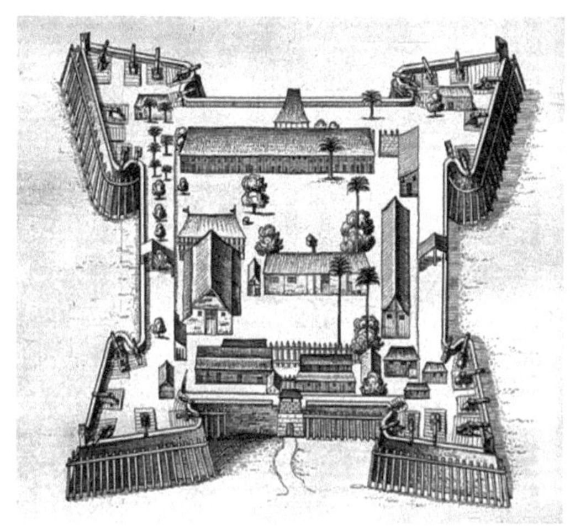

Abb. 5-9:
Fort Nassau, Stich von 1646[123]

Die englischen Kaufleute auf den Inseln Run und Ai konnten nun sogar mit einer gewissen Schadenfreude Gewürze aus Banda Neira und Banda Besar erwerben, die nach dem verordneten Monopol eigentlich für die Holländer bestimmt waren. Im Laufe der Zeit lieferten die Bandanesen mehr Muskatnüsse an die Engländer als an die Holländer. Das Verhältnis zwischen den beiden Nationen wurde weiter angespannt. Die Holländer gaben England die Schuld, dass es bei verschiedenen Angriffen auf Dörfer so große holländische Verluste gab. Die Engländer würden die Bandanesen vor einem Angriff der Holländer warnen. Tatsache war allerdings, dass die Engländer auf der Insel Run Bandanesen in moderner Kriegsführung und an den Musketen ausbildeten, um mit ihnen zusammen den Holländern besser Paroli bieten zu können.

Im Februar 1610 erreichte der englische Kapitän David Middleton[124] die Banda Inseln mit dem Schiff *Expedition*. Im Laufe des Jahres pendelte er mehrmals mit der Pinasse[125] *Hopewell* zwischen den Bandas, Ambon und Ceram, um Gewürze einzukaufen. David Middleton hatte auf der Insel Ai eine Faktorei eingerichtet, zu der nun die Bandanesen ihre Ernte brachten. Immer wieder wurden Schiffe von lokalen Händlern gemietet, um die Gewürze von den Banda Inseln zuerst nach Ceram und von dort nach Bantam zu bringen, wo sie auf englische Schiffe verladen wurden. Die Holländer bekamen nun nicht mehr genügend Gewürze, um ihre eigenen Schiffe zu füllen, und – um ein Monopol durchzusetzen – erhöhten sie den Druck auf die

---

123 Wikipedia Public Domain
124 David war der jüngere Bruder von Henry Middleton.
125 Ein größeres Beiboot

Bandanesen. Auf dem englischen Schiff *Expedition* fanden geheime Treffen zwischen Middleton und *Orang Kayas* statt. Es wurde besprochen, wie das Monopol der Holländer weiter umgangen werden könne, und die *Orang Kaya* baten um mehr Unterstützung gegen die Holländer. Die Bandanesen wehrten sich gegen die Repressalien der Holländer und töteten jeden, den sie außerhalb von Fort Nassau erwischen konnten. Jeder Aufenthalt außerhalb des Forts war für die Holländer gefährlich geworden. Um etwas Obst in der Nähe des Forts zu ernten, musste zur Sicherung eine ganze Kompanie mit 60 bewaffneten Männern ausrücken. Das Leben im Fort wurde immer schwieriger. Verken[126] berichtet, dass die Lebensmittel knapp wurden. Das Fleisch von Katzen, Ratten und Fledermäusen wurde hoch gehandelt. Als im Januar 1611 ein Schiff der VOC vor Banda Neira anlegte, brachte es außer Baumaterial für die Verstärkung des Forts zur großen Enttäuschung der im Fort Ausharrenden nur etwas Arak[127] und einige Säcke Bohnen. Auch die Mannschaft des Schiffes hatte kein Mitleid mit den Hungernden. Sie verkauften ihren eigenen Proviant zu weit überhöhten Preisen an die Soldaten im Fort.

Aber David Middleton brachte seine wertvolle Fracht zur Freude des Direktoriums der Ostindischen Kompanie sicher nach England.

1615 kamen zur Enttäuschung der Bandanesen wieder nur Kaufleute und keine englischen Soldaten auf die Insel Run. Die Bandanesen baten nun in Bantam um Musketen, Schießpulver und Reis. Ihr Wunsch nach einigen englischen Soldaten wurde nun endlich von den Merchant Adventurers in London erfüllt.

Im April 1610 stach in London die sechste Flotte der Englischen Ostindien Kompanie unter dem Kommando des in der Ostasienfahrt bereits erfahrenen Kapitäns Sir Henry Middleton mit dem Ziel Banda Inseln in See. Die Flotte bestand aus den Schiffen *Trade Increase,* dem bisher mit Abstand größten Ostasiensegler, der *Peppercorn* und der *Darling.* An Bord war Nathaniel Courthope, der mit weiteren Faktoren auf der Insel Run zurückgelassen werden sollte, um die Freundschaft mit den Bandanesen zu vertiefen und um für kommende Expeditionen Muskatnüsse und Macis einzukaufen und aufzubewahren.

Middleton hatte den Auftrag, mit dem Sultan von Oman einen Handelsvertrag abzuschließen. Stattdessen gab es Querelen, die zur Festnahme von Middleton und Teilen seiner Mannschaft führte. Erst im August des folgenden Jahres, konnten sie – ohne Handelsvertrag – ihre Reise fortsetzen.

---

126 Ein Deutscher in Diensten der VOC, siehe Kapitel 8
127 Ein aus Palmwein gewonnener hochprozentiger Schnaps. Auf den Bandas hatten 20 Perkeniere eine Lizenz, diesen Schnaps zu brennen und zu verkaufen.

Als sie endlich in Bantam auf Java eintrafen, war der Proviant an Bord der Schiffe aufgebraucht und die *Trade Increase* bereits so sehr von Würmern zerfressen, dass sie versenkt werden musste. Die *Darling* hätte eine Reise zurück nach England auch nicht mehr geschafft. Sie wurde nur noch für Fahrten zwischen den Inseln eingesetzt. Nur die *Peppercorn* schaffte es zurück nach England. Dreieinhalb Jahre hatte die nicht erfolgreiche Expedition gedauert.

Die Männer der *Trade Increase* und der *Darling* mussten in Bantam ausharren. Als das nächste englische Schiff der siebten Flotte in Bantam eintraf, bot sich ihnen ein schreckliches Bild. Durch eine unerklärliche Krankheit war der größte Teil der Mannschaften verstorben, auch Kapitän Sir Henry Middleton. Nur eine Handvoll Männer hatte schwer erschöpft überlebt, darunter Nathaniel Courthope.

Bantam war immer der erste Anlaufhafen englischer Schiffe und der Mittelpunkt ihrer Aktivitäten. Hier waren die Lagerhäuser und die Faktorei der Engländer. Der Ort hatte kein gesundes Klima, er war heiß und feucht und umgeben von faulen Sümpfen, in denen die Malariamücken brüteten. Ununterbrochen gab es Streitereien und Schlägereien, nicht nur zwischen Engländern und Holländern, sondern auch der englischen Mannschaften von verschiedenen Expeditionen untereinander. Ständig musste man sich gegen Diebe und Banditen verteidigen. In Bantam lebte eine streitsüchtige Gesellschaft. Darüber hinaus war es ein Sündenpfuhl. Javanische, chinesische und indische Frauen boten den sexuell ausgezehrten Matrosen willig ihre Dienste an.

Nach Courthopes Genesung und der Erledigung eines Auftrages in Borneo[128] wurde ihm im Oktober 1616 die Führung von zwei Schiffen, der *Defence* und der *Swan,* als Kapitän überstellt. Der Befehl lautete, über Makassar zur Insel Run zu segeln. Run ist mit drei Kilometern Länge und knapp einem Kilometer Breite eine der kleinsten bewohnten Banda Inseln, aber sie war eine der reichsten. Von der Küste bis zu den Berggipfeln war sie dicht mit Muskatnussbäumen bewachsen. Durch gefährliche Riffe und starke Strömungen war sie jedoch die am schwierigsten zu erreichende Insel der Bandas.

Am 25. Dezember 1616 erreichten der englische Kapitän Nathaniel Courthope und einige Dutzend Soldaten mit der *Swan* die Insel Run, um sie und die Insel Ai gegen die Besitzansprüche durch die Holländer zu verteidigen. Die Mission wurde direkt von König Jakob I. angeordnet und war streng geheim. Courthope sollte durch seine Tapferkeit auf den Banda Inseln noch eine ganz besonders wichtige Rolle für England spielen.

---

128 Heute Kalimantan

Die Freundschaft zwischen den Engländern und den Bandanesen sollte weiter vertieft werden. Die Bewohner der Insel Run waren mehr als glücklich, zwei englische Schiffe in ihrem Hafen zu sehen. Sie konnten sich nicht von ihrer Insel ernähren. Hier wuchs kein Reis, kaum Sago und nur sehr wenig Gemüse. Hier gedieh nur die Muskatnuss. Lebensmittel mussten von anderen Inseln eingeführt werden, aber da die Holländer eine Blockade der Insel Run aufrechterhielten, war ein Großteil der Bewohner dem Hungertod nahe. Die Situation wurde durch viele Flüchtlinge von der Insel Ai noch verschärft. Courthope konnte nur vorübergehend die Not lindern. Seine beiden Schiffe waren in Makassar nur teilweise mit Vorräten gefüllt worden.

Ein großes Problem stellte die Trinkwasser-Versorgung dar. Die Inseln Run und Nailakka haben keine Süßwasserquellen. Man war auf das Regenwasser angewiesen, das in großen Töpfen und Zisternen gesammelt wurde. Durch die vielen zusätzlichen Menschen, die vor den Holländern nach Run geflüchtet waren, wurde die Situation weiter verschärft. Da die Holländer eine Blockade der Insel Run aufrechterhielten, konnte kein Wasser von anderen Inseln beigebracht werden. Der tägliche Wasserverbrauch musste auf ein Minimum beschränkt werden.

Courthope erneuerte die Verträge mit den *Orang Kaya* der Insel Run, um sich die Oberhoheit Englands über die Insel bestätigen zu lassen. Die Bandanesen vertrauten Nathaniel Courthope voll und ganz. Beide betrachteten sich als Alliierte gegen die aggressiven Holländer. Die Bandanesen bauten gemeinsam mit den Engländern Befestigungsanlagen auf Run und Nailakka. Das unbewohnte Inselchen Nailakka sollte unbedingt im Besitz der Engländer bleiben, da es hier besonders reiche Fischgründe gab und von hier aus Schiffe, die aus Banda Neira kamen, beschossen werden konnten. Von den beiden Schiffen wurden die schweren Kanonen entfernt und jeweils drei in Fort Defence auf Nailakka und in Fort Swan, westlich des Hafens von Run, aufgestellt. Da die Insel rundum von gefährlichen Riffen umgeben war und hier auch starke Strömungen vorherrschen, konnte der praktisch einzige Zugang zum Hafen gut verteidigt werden. Hochtrabend wurden die beiden Kanonenstellungen Forts genannt, obwohl es sich nur um Mauern aus aufgeschichteten Steinen handelte. Auf erhöhten Positionen wurden Ausguckstationen und entlang der Westküste Musketenstellungen eingerichtet. Die Holländer konnten nun nicht mehr in Schussweite des Dorfes kommen und es würde ihnen äußerst schwerfallen, nun die Insel zu erobern. Gegen eine Seeblockade halfen jedoch alle diese Vorkehrungen nichts. Die Vorräte an Proviant und Schießpulver waren begrenzt.

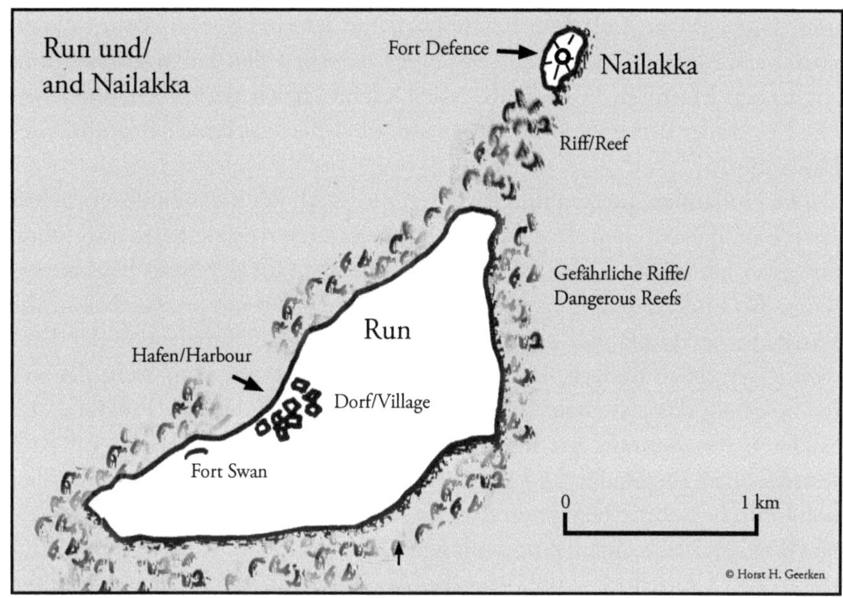

Abb. 5-10: Karte der Inseln Run und Nailakka

Als die Trinkwasservorräte auszugehen drohten, fuhr die *Swan* mit Kapitän John Davis nach Ceram, um die Fässer aufzufüllen. Zuvor lief er die Insel Bandalontar[129] an, deren *Orang Kaya* baten, sich zusammen mit der Insel Rozengain[130] unter englischen Schutz stellen zu lassen. Kapitän Davis nahm die Unterwerfungsdokumente entgegen.

Auf dem Rückweg von Ceram nach Run wurde die *Swan* von dem holländischen Schiff *Morgensterre* angegriffen. Die *Swan* war nun leicht verwundbar, da ihre schweren Geschütze auf Run und Nailakka in Stellung gebracht wurden. Nach einem blutigen Kampf an Bord der *Swan* wurde das Schiff von den Holländern gekapert und geplündert. Das Schiff wurde nach Banda Neira geschleppt, und Kapitän Davis mit den Überlebenden der Mannschaft in Banda Neira im Fort Nassau eingekerkert.

Für Courthope war dies ein schwerer Verlust, zumal nun auch noch die *Defence* von Deserteuren seiner Mannschaft entführt wurde. Die Situation von Courthope war hoffnungslos. Er konnte nur noch auf Hilfe von außerhalb hoffen. In einer kleinen Pinasse schickte er im Frühjahr 1617 mehrere Männer nach Bantam, um dort um Hilfe und Unterstützung zu bitten. Aber der neue Leiter der Faktorei, George Ball, war zu sehr mit sich selbst

---

129 Heute Banda Besar, früher auch Pulau Lonthoir
130 Heute Pulau Hatta

und seinen Privatgeschäften beschäftigt und lehnte ab. Nun kam es auch noch verstärkt zu Auseinandersetzungen zwischen den holländischen und englischen Matrosen in Bantam. Mit Dolchen fielen sie übereinander her. Die Engländer berichteten immer wieder über die ausufernde Brutalität der Holländer.

Die Holländer enterten und kaperten nun auch noch das englische Schiff *Speedwell,* das auf dem Weg nach Bantam war. Courthope hatte nun schon fast zwei Jahre lang unter großen Entbehrungen auf der Insel Run ausgeharrt. Ab und zu gelang es einer einheimischen Dschunke, bei Nacht die Blockade der Holländer zu durchbrechen, um die Hungersnot der Einwohner etwas zu lindern. Endlich kam Hilfe aus Bantam in Sicht. Es war die *Solomon,* das erste von drei Schiffen, die voll beladen mit Proviant und Soldaten von Bantam zur Insel Run entsandt wurden. Aber die auf Run festsitzenden Engländer und die Einheimischen freuten sich zu früh. Vier holländische Schiffe begannen drei Seemeilen vor dem rettenden Hafen einen Angriff. Nach einem stundenlangen Seegefecht kapitulierte – zum Entsetzen von Courthope – die *Solomon.* Auch die anderen beiden englischen Schiffe konnten Run nicht erreichen.

Courthope harrte mit seiner kleinen Garnison weiter aus. Seine Briefe, die er nach Bantam und London schickte, die seine prekäre Lage beschrieben, blieben unbeantwortet. Die Menschen auf Run konnten nur überleben, weil ab und zu eine kleine Dschunke aus Java die Blockade durchbrechen konnte. Außerdem wurden die Männer durch die ständige Drohung eines holländischen Angriffs zermürbt. Als die Holländer, kurz nachdem die *Solomon* gekapert wurde, eine Landung auf Run versuchten, wurden sie von den Bandanesen – die in der Zwischenzeit von den Engländern im Gebrauch der Musketen und Geschütze unterrichtet wurden – vernichtend geschlagen.

Über einheimische Spione wurde Courthope laufend über das Befinden der in Banda Neira und Ai eingekerkerten Engländer der gekaperten Schiffe informiert. Die Kerker im Fort Revenge auf der Insel Ai waren besonders abscheulich und würdelos. Die Holländer machten sich einen Spaß daraus, auf die unter ihnen eingekerkerten und in Eisen gelegten Engländer zu urinieren und ihre Notdurft zu verrichten. Wer sich beklagte, wurde in der Nacht nackt dem Regen und den kalten Winden ausgesetzt und tagsüber der prallen tropischen Sonne. Zu Essen und Trinken gab es nur kotigen Reis und faules Wasser.

Die Reputation der Engländer war überall im Malaiischen Archipel makelloser und wesentlich besser als die der Holländer. Als Beweis für ihre angeberische ‚Superiorität‘ nahmen die Holländer gefangene Engländer in Käfigen mit auf ihre Reisen im Archipel und präsentierten sie in den angelaufenen Häfen den Eingeborenen. Den Holländern war jedes Mittel recht, um ihren Machtanspruch zu begründen.

Im Januar 1619 erhielt Courthope die gute Nachricht, dass Sir Thomas Dale mit einer Flotte von fünf Schiffen in Bantam eingetroffen war. Es war geplant, nach der Eroberung von Java auf die Banda Inseln vorzurücken, um diese von den Holländern zu befreien. Aber dazu kam es – zur großen Enttäuschung der englischen Garnison auf der Insel Run – nicht. Das Flaggschiff *Sun* erlitt vor der Küste Javas Schiffbruch.

Nach einem Seegefecht mit der Flotte des neuen holländischen Gouverneurs Jan Pieterszoon Coen flüchtete dieser, als sich seine Niederlage abzeichnete. Er segelte mit seiner Flotte auf die Banda Inseln. Sir Thomas Dale ließ ihn ungehindert entkommen und setzte sich – zur weiteren Enttäuschung des immer noch auf der Insel Run ausharrenden Courthope – nach Indien ab, wo er verstarb.

Ein guter Freund von Courthope, John Jourdain, übernahm nun das Kommando von zwei Schiffen dieser Flotte. Er setzte sofort Segel, um seinem Freund Courthope auf Run beizustehen. In einem Hafen der Malaiischen Halbinsel wollte er sein Schiff mit Proviant für Run beladen, als er von drei holländischen Schiffen angegriffen wurde. Da sich bereits nach einem kurzen Gefecht eine Niederlage der Engländer abzeichnete, bot Jourdain eine Kapitulation an und hisste die Parlamentärflagge. Auf dem Weg zu den Verhandlungen wurde John Jourdain von einem Holländer erschossen.

Für die Holländer gab es nun nur noch einen Querkopf, und das war Nathaniel Courthope, der immer noch mit seinen Mannen bei schwierigen Bedingungen auf der Insel Run ausharrte. Seine Garnison war durch Hunger und Krankheiten gewaltig geschrumpft, einer nach dem andern verstarb. Aber Courthope verstand es immer wieder, seine Leute von einer Kapitulation abzubringen. Ihn und seine Mannschaft hatte man schon fast vier Jahre auf der kleinen Insel Run ihrem Schicksal überlassen.

Als Courthope am 18. Oktober 1620 erfuhr, dass sich die Bewohner von Banda Besar gegen die verhassten Holländer erhoben hatten, plante er einen gemeinsamen Großangriff. Noch in derselben Nacht machte er sich – gegen den Rat seiner Mannschaft – mit seinem Burschen und einigen Musketieren in einem Segelboot auf den Weg dorthin. Er wollte sich in Banda Besar mit den Führern des Aufstandes absprechen, um einen gemeinsamen Angriff gegen die Holländer zu planen. Die Holländer wurden jedoch von einem Spion auf Run über Courthopes Absicht informiert und legten sich mit zwei Schiffen auf die Lauer. Courthope und seine Mannen hatten keine Chance, sie wurde zwischen zwei und drei Uhr in der Nacht nahe der Insel Ai von unzähligen Kugeln durchbohrt.

Über den Tod von Courthope gibt es verschiedene Versionen. Einmal soll er von seinem Boot ins Meer gestürzt sein, ein andermal hätten ihn die Holländer in seinem Boot geborgen und auf der Insel Ai begraben. Dort wurde jedoch bis heute kein Grab von ihm gefunden. Courthope war ein Held, der unter schlimmsten Bedingungen über 1540 Tage der blutrünstigen Übermacht der Holländer getrotzt hatte. In keinem Archiv, auch nicht im Internet, habe ich ein Bild von Nathaniel Courthope gefunden, obwohl er zehn Jahre lang für die English East India Company im Malaiischen Archipel tätig war. Der Held von Run scheint vergessen worden zu sein.

Die englische Garnison auf Run erfuhr erst neun Tage später vom Tod Nathaniel Courthopes. Nun wurde sein Stellvertreter, Oberkaufmann Robert Hayes, zum neuen Führer der Engländer gewählt. Aber der Widerstandswille den Engländer war nun – ohne Nathaniel Courthope – gebrochen. Sie waren halb verhungert und hatten schon zu lange gelitten und auf der einsamen Insel durchgehalten. Auch die Munitionsvorräte waren erschöpft. Nachdem ihr Widersacher Courthope getötet war, sahen die Holländer ihre Chance, nun endlich die Insel Run in ihr Machtgebiet zu integrieren.

6. Der holländische Generalgouverneur General Jan Pieterszoon Coen und das Banda-Massaker

Vor der Eroberung durch die Holländer herrschte auf den Banda Inseln Jahrhunderte lang Wohlstand und ein geordnetes Leben. Das änderte sich erst durch die Holländer, die rund 100 Jahre später als die Portugiesen auf den Banda Inseln auftauchten. Die Niederländer wollten nicht kaufen und handeln, sie wollten besitzen, und führten sich – wie bereits auf Java oder Ambon – auch auf den Banda Inseln mit Kanonendonner und einer heute unvorstellbaren Brutalität ein.

Die Holländer verlangten von den Bandanesen ein Monopol für den Gewürzhandel, obwohl diese schon seit Jahrhunderten einen freien Handel mit Arabien, China, Indien und anderen Ländern trieben. Dies war für die Bandanesen nicht nur ungewöhnlich, ein Monopol war auch unbekannt in der asiatischen Handelskultur. Zum Beispiel konnten die Holländer kein Gemüse oder Reis liefern, wie es die Händler aus Java schon seit vielen Jahrhunderten im Tausch gegen Muskat getan hatten. Diese Erzeugnisse waren jedoch – wie auch heute noch – für die Bandanesen lebensnotwendig. Die Holländer konnten anfangs nur warme Stoffe und andere Sachen aus Europa, für die die Bandanesen keine Verwendung hatten, im Tausch gegen Muskatnüsse anbieten. Die stolzen und freien Bandanesen wollten daraufhin mit den Niederländern nicht kooperieren.

Seit dem Eintreffen der Holländer herrschten zwischen den Eingeborenen und den Holländern Spannungen und Krieg. Die Bandanesen fühlten sich unterdrückt und ausgenützt. Mit dem Eintreffen des neuen Gouverneurs Jan Pieterszoon Coen[131] in Niederländisch-Indien verschlechterte sich das Verhältnis weiter dramatisch. Coen war als ein besonders rücksichtsloser und brutaler Mensch bekannt. Seine Vision war ein Groß-Niederländisch-Indien, das sich von Indien bis Japan ausdehnen sollte. Auch für die Banda Inseln hatte er einen Masterplan in der Tasche, der an Grausamkeit und Rücksichtlosigkeit alle Vorstellungskraft übersteigt. Sein Rezept war Gewalt und nochmals Gewalt gegen die Bandanesen. Letztendlich müssten sie ihm *,aus der Hand fressen'*. Verhandeln wollte Coen nicht mehr. Er wollte sich für den Verrat und die Tötung von Admiral Verhoeven und seinen Mitstreitern persönlich an der Bevölkerung der Banda Inseln rächen.[132]

---

131 1587-1629
132 Siehe Kapitel 5

Jan Pieterszoon Coen wurde in Hoorn an der Zuiderzee geboren. Er machte mehrere Reisen im Auftrag der holländischen Ostindien-Kompanie VOC nach Niederländisch-Indien. 1607 reiste er als Unterkaufmann von Admiral Verhoeven zu den Banda Inseln, wo Coen Augenzeuge des Todes von Verhoeven und seiner Offiziere wurde. 1612 reiste er erneut nach Niederländisch-Indien, diesmal im Rang eines Oberkaufmannes. 1613 wurde er Generaldirektor der VOC in Südostasien und 1618 Generalgouverneur der VOC von Niederländisch-Indien.

Abb. 6-1: Jan Pieterszoon Coen[133]

133 Wikipedia, Public Domain

Obwohl in Europa 1619 zwischen Holland und England ein Friedensvertrag unterzeichnet wurde, dessen Inhalt mit dem englischen Schiff *Bull* auf die Banda Inseln gelangte, gingen die Streitereien dort zwischen Holland und England weiter. Die Engländer begründeten ihren Besitzanspruch auf die Insel Run damit, dass sie die Ersten waren, die auf den Bandas gelandet waren. Außerdem hatten sie einen Vertrag, den sie mit den *Orang Kaya* der Insel Run geschlossen hatten.

Die Holländer begründeten ihren Anspruch mit einem Vertrag, den sie allerdings nur mit einigen *Orang Kaya* der Insel Banda Besar abgeschlossen hatten, der aber alle Inseln der Bandas beinhaltete. Diese *Orang Kaya* hatten den Vertrag unter massivem Druck der Holländer unterschrieben, obwohl sie keinerlei Vollmachten besaßen, um über andere Inseln zu bestimmen. Mit dem Vertrag, den die Bandanesen weder lesen noch verstehen konnten, gaben sie ihre Souveränität auf. Besonders störte die Holländer, dass die Engländer auf den Inseln Run und Ai Bandanesen an Musketen und als Kanoniere ausbildeten. Die Bandanesen der Insel Run wollten sich bei einem Überfall der Holländer verteidigen können. Bei den Besitzansprüchen der beiden Nationen gab es einen grundlegenden Unterschied: Die Holländer beriefen sich auf einen Vertrag, den sie von den Bandanesen erpresst hatten. Im Gegensatz dazu wurden die Engländer von den Einheimischen der Inseln Run und Ai gebeten, sich – um gegen Angriffe der Holländer gewappnet zu sein – unter den Schutz des englischen Königs stellen zu können. Sie hatten freiwillig ihre Souveränität aufgegeben.

Anfang 1621 gab es vor der Küste Javas bei Jakarta die bereits beschriebene Seeschlacht zwischen englischen und holländischen Schiffen. Der Auslöser dieser Schlacht war, dass Generalgouverneur Coen das englische Fort wie auch den Palast des javanischen Fürsten in Jakarta abbrennen ließ. Dafür wollten sich die Engländer rächen. Als sich abzeichnete, dass die Schlacht zu Gunsten der Engländer ausgehen würde, flüchtete Coen mit seiner restlichen Flotte zuerst nach Ambon, dann zu den Gewürzinseln. Nachdem Coen das Handelsmonopol nicht mit Verträgen erreichen konnte, setzte er nun auf eine gewaltsame Lösung.

Er hatte immer noch eine beeindruckende Flotte von 19 großen Schiffen, drei kleineren Schiffen und 36 Dschunken zur Verfügung. An Bord waren 1655 europäische Soldaten und rund 80 bis 100 japanische Söldner, darunter ein gutes Dutzend Scharfrichter. Fast 300 javanische Sklaven wurden als Ruderer und Träger mitgenommen. Mit weiteren 250 Soldaten aus dem Fort Nassau auf Banda Neira und den besseren Waffen hatten die Holländer einen großen strategischen Vorteil. Mit dieser Übermacht wollte Coen endlich an den widerspenstigen Bandanesen ein Exempel statuieren. Das ganze Leben von Jan Pieterszoon Coen war von unsäglichem Hass gegen die Bandanesen und die Engländer geprägt. Sein Ziel war, alle Bandanesen und Engländer für immer von den Banda Inseln zu vertreiben.

Die japanischen Söldner wurden in der Stadt Hirado[134] in der Provinz Nagasaki angeheuert. Hirado war zu der Zeit ein wichtiger Außenhandelsplatz Japans. 1609 durfte die VOC dort eine erste Faktorei[135] in Japan eröffnen. Es war die erste holländische Handelsniederlassung in Japan. Sie bestand bis 1639. Dann mussten die Holländer in die Bucht von Nagasaki umziehen. Eine englische Niederlassung in Hirado wurde 1613 eingerichtet. Richard Cocks war der Hauptkaufmann. Die Niederlassung wurde vermutlich 1623 bereits wieder geschlossen.

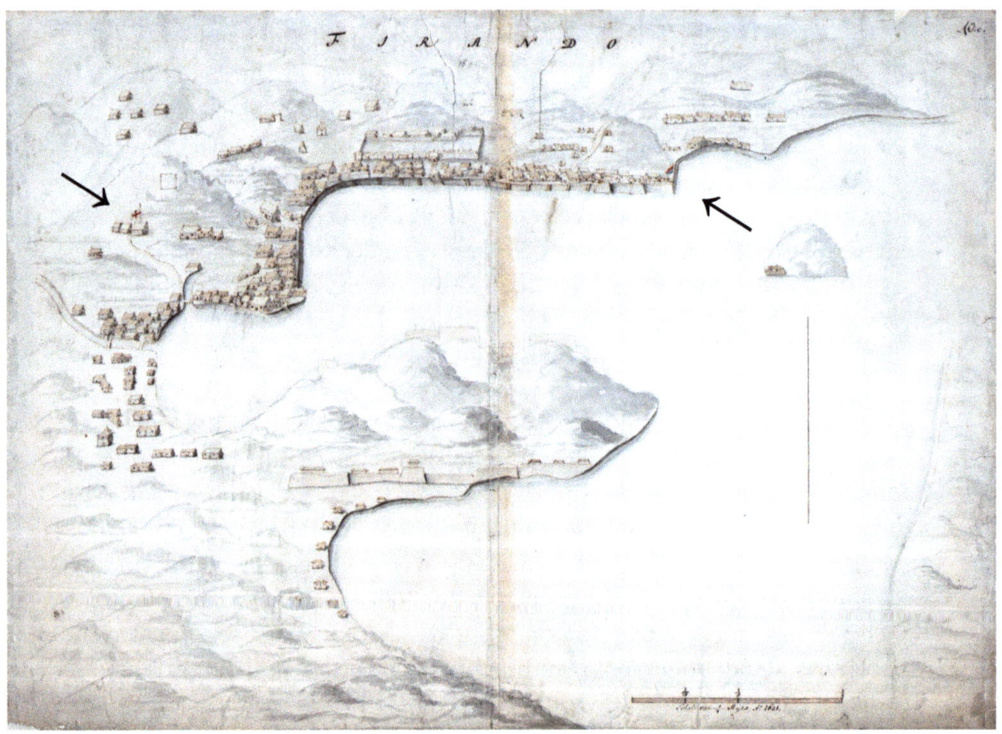

Abb. 6-2: Alte Zeichnung der Bucht von Hirado von 1621.[136] Ganz rechts an der Küste die holländische Faktorei mit der rot-weiß-blauen Fahne. Links, etwas landeinwärts, liegt die Niederlassung der Englischen Ostindien-Kompanie, erkennbar an der weißen Fahne mit dem roten St. Georgs-Kreuz.

134 Auch Firando
135 Handelsniederlassung
136 Nationaal Archief, Den Haag, Atlas van Isaac de Graaff

Am 7. März 1621 segelte die gesamte Flotte um Banda Besar herum, um einen günstigen Landeplatz für eine Invasion zu finden, und am 11. März landeten die holländischen Truppen an mehreren weit auseinanderliegenden Plätzen der Insel Banda Besar. Coen hatte die Engländer – die immer noch auf der kleinen Insel Nailakka ausharrten – eingeladen, an dieser Strafexpedition aktiv oder passiv teilzunehmen, aber sie lehnten geschlossen ab. Erst tags darauf eroberten die holländischen Truppen in blutigen Kämpfen die letzten bandanesischen Stellungen und brachen die Macht der *Orang Kaya*. Die Schlacht um Banda Besar war gewonnen.

Zunächst ließ Coen die Faktorei des Engländers Randall auf Banda Besar zerstören. Das Warenlager von Randall, das voll mit Stoffen und Gewürzen war, wurde geplündert. Die chinesischen Assistenten von Randall wurden sofort enthauptet. Randall und seine zwei englischen Assistenten wurden in Ketten gelegt und auf dem Flaggschiff eingekerkert. Hier trafen die drei mit anderen Engländern zusammen. Diese kamen von einem englischen Schiff, das Coen zuvor gekapert hatte. All diese Verbrechen erfolgten trotz bestehendem Friedensvertrag zwischen England und Holland!

Die Bandanesen baten um Frieden. Ihnen wurde jedoch ein noch rigiderer Vertrag aufgezwungen, der unmöglich erfüllt werden konnte. Coen wartete nur darauf, dass eine Klausel des Vertrags nicht eingehalten würde, um einen Grund zu haben, die Bandanesen endlich nach seinen Vorstellungen bestrafen zu können. Auf der anderen Seite fühlten sich die Bandanesen nur so lange an einen Vertrag gebunden, wenn sie eine Übermacht in ihrer greifbaren Nähe sahen. Inzwischen hatte Coen damit begonnen, durch seine Soldaten auch auf Banda Besar ein massives Fort errichten zu lassen, das Fort Hollandia auf dem Hügel über dem Dorf, von wo aus man einen hervorragenden Rundblick hat.

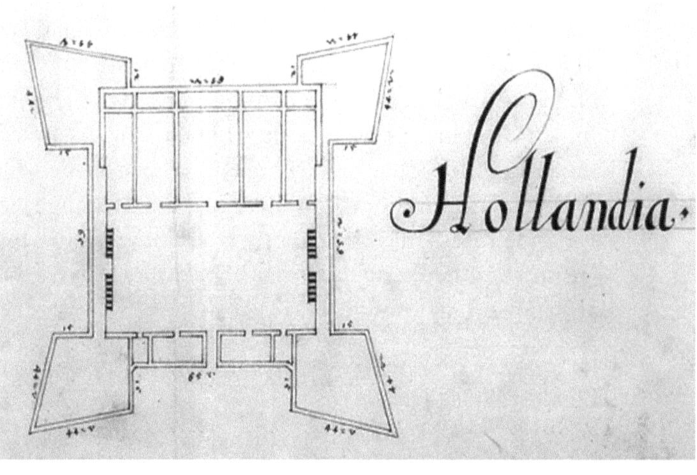

Abb. 6-3:
Alter Grundriss
von Fort Hollandia
auf Banda Besar[137]

137 Wikipedia
Public Domain

Die Bevölkerung von Banda Besar war vor den Holländern in die Berge und Wälder der Insel geflohen. Inzwischen verfaulten die Muskatnüsse auf den Bäumen. Alle Appelle der Holländer durch Mittelsmänner an die Bandanesen, doch wieder auf den Plantagen zu arbeiten, blieben trotz einer versprochenen Generalamnestie ohne Erfolg. Immer wieder überfielen Bandanesen die Truppen und töteten und verletzten Holländer. Bisher hatte Coen nur Kosten für die Expedition und mit seinem angestrebten Monopol kam er keinen Schritt weiter. Ganze Dörfer wurden zur Strafe abgebrannt, Boote zerstört und Einheimische abgeschlachtet, nicht nur auf Banda Besar, auch auf andern Inseln. Gefangene, hauptsächlich Frauen und Kinder, wurden nach Java transportiert und dort als Sklaven verkauft. Man kennt nicht ihre Zahl. Nur von einem einzigen holländischen Schiff ist überliefert, dass es 890 Personen von den Banda Inseln nach Java transportierte, von denen etwa 230 die relativ kurze Reise nicht überlebten. Die Bandanesen, die die Reise durchgestanden hatten, wurden versklavt und verkauft. Um die Kultur der Bandanesen zu zerstören, gingen die Holländer – neben anderen fein ausgedachten ‚Kunstgriffen‘ sogar so weit, die Einheimischen zum Opiumrauchen zu ermutigen.[138]

Die Bewohner der Inseln wurden auf die Berge getrieben und durch eine Blockade ausgehungert. Als die Holländer schließlich das Innere der Insel erstürmten, fanden sie viele neue Gräber vor. Tote Frauen und Kinder lagen am Wegesrand. Die noch Lebenden wurden erschlagen oder versklavt. Viele Bandanesen entgingen dem Massaker durch Selbstmord. Nachdem Banda Besar von den Einheimischen ‚gesäubert‘ war, erlitten die Inseln Run und Rozengain[139] dasselbe erbarmungslose Schicksal.

Es wird geschätzt, dass damals rund 15 000 Bandanesen auf den Inseln lebten. Einigen Hundert gelang die Flucht in ihren Fischerbooten zu den etwa 250 Kilometer entfernten Kei Inseln, deren Nachkommen dort bis heute in den Dörfern Banda-Eli[140] und Banda-Elat[141] auf der Insel Kei Besar wohnen. Es war das Ende des Westmonsuns. Sicherlich haben viele Bandanesen die Flucht über das dann noch stürmische offene Meer in ihren kleinen Fischerbooten nicht überlebt. In den beiden Dörfern auf der Insel Kei Besar – und nur dort – ist bis heute die damalige eigenständige Sprache der Banda Inseln, das Bandanesisch, erhalten geblieben.

Man kann heute noch in den beiden Dörfern die hohe Kulturstufe der Bandanesen bewundern. Durch ihr glattes schwarzes Haar und die bron-

---

138 Dr. O. Warburg, *Die Muskatnuss,* 1897, S. 124, Fußnote 1
139 Heute Pulau Hatta
140 Auch Wadan El
141 Auch Wadan Elat

zene Hautfärbung kann man sie – im Gegensatz zu den hier weit verbreiteten kraushaarigen Menschen aus Neuguinea – als reinrassige Malayen bezeichnen. Um die brutale Ausrottung der Bandanesen zu beschönigen, nannten – und behandelten – die Holländer diese als ‚Menschen zweiter Klasse‘.

Am 8. Mai 1621 begannen die Holländer auf der Insel Banda Neira ein barbarisches Massaker. Zunächst wurden die 44 wichtigsten *Orang Kaya* auf Coen's Flaggschiff, der *Dragon,* gefoltert und dann in das Fort Nassau auf Banda Neira gebracht. Hier wurden sie wie eine Herde Schafe vor dem Fort zusammengepfercht. Einer nach dem andern wurde innerhalb des Forts enthauptet und gevierteilt, das heißt durch Zerren und Reißen an Armen und Beinen wurden ihnen die Gliedmaßen vom Körper getrennt. Viele wurden bei lebendem Leibe gevierteilt, bevor sie enthauptet wurden. Im Mittelalter war dies die schrecklichste Hinrichtungsmethode. Für diese Drecksarbeit wurden die japanischen Söldner und Scharfrichter herangezogen. Die Angehörigen, Frauen, Kinder und Eltern der Opfer mussten dem schrecklichen Massaker zunächst beiwohnen, bevor sie selbst an die Reihe kamen. Die Leichenteile wurden auf Bambusgestelle gelegt und die Köpfe der Opfer auf Bambusstangen an verschiedenen Stellen der Insel zur Schau und Abschreckung ausgestellt.

Als drei Holländern und einem japanischen Scharfrichter die Grausamkeiten zu weit gingen und sie mit dem Morden einhielten, wurden alle vier auf Befehl des Generalgouverneurs wegen Disziplinlosigkeit gehängt. Coen kannte keine Gnade.

Im Museum von Banda Neira gibt es ein altes, schon ziemlich verblasstes Gemälde mit der Darstellung dieses Massakers. Wann das Gemälde angefertigt wurde und von wem, konnte mir niemand sagen.

Danach wurden alle männlichen Bewohner der Inseln mit einem Alter über 15 Jahren massakriert oder versklavt. Junge Frauen wurden verkauft oder als Mätressen versklavt, ältere ‚unnütze‘ Frauen wurden hingerichtet. Fast die gesamte Bevölkerung der Banda Inseln – man schätzt über 90 Prozent – wurde abgeschlachtet oder versklavt. Das Massaker der Banda Inseln war der erste Genozid der neueren Geschichte. Eine ganze Bevölkerungsgruppe wurde ausgelöscht. Einige Monate nach dem Massaker wurden nochmals neun *Orang Kaya* hingerichtet. Sie wurden bei lebendigem Leibe gevierteilt![142]

---

142 Dr. O. Warburg, *Die Muskatnuss,* 1897, S. 107

Abb. 6-4: Bild des Massakers im Museum in Banda Neira

Abb. 6-5: Ausschnitt aus Abb. 6-4

100

Abb. 6-6: Ausschnitt aus Abb. 6-4

Abb. 6-7: Die Köpfe der Opfer wurden zur Abschreckung auf Bambusstöcken zur Schau gestellt.

Eine genaue Zahl, wie viele Menschen zu Beginn des Massakers auf den Inseln gelebt haben ist nicht bekannt. Laut alten Dokumenten geht man von rund 15 000 aus. Auch sind die Zahlen, wie viele Bandanesen getötet, wie viele versklavt und wie vielen die Flucht gelungen ist, nicht bekannt. Man nimmt an, dass weniger als 1000 Menschen das Massaker überlebt haben. Das waren hauptsächlich die Bandanesen, die auf der Insel Run lebten. Sie wurden von den Engländern geschützt.

Abb. 6-8: Ein Gemälde des Übeltäters Jan Pieterszoon Coen im Museum in Banda Neira.

Die Banda Inseln waren nun entvölkert. Die Direktoren der VOC in Amsterdam hatten dem Generalgouverneur Coen den Auftrag erteilt, die Bandanesen mit Gewalt niederzuringen und die Inseln mit jungen holländischen Familien neu zu besiedeln. Coen, ein bekennender Christ, hatte sein Ziel erreicht und wurde für seinen Erfolg von der VOC mit einem Bonus von 3000 Guilders belohnt.

Auch später gab es auf weiter nördlich gelegenen Inseln der Molukken – wie Ceram, Kelang oder Goram – noch ähnliche Massaker durch die Holländer. Zum Beispiel wurde auf Goram 1653 in einem Hongizug[143] alle Dörfer verbrannt und alle Einwohner, die sich ihnen widersetzten, ermordet.[144]

Durch die Hongi- und Rachefeldzüge mussten die Eingeborenen auf den Molukken viel Unrecht erfahren. Sie wollten nur auf ihrer eigenen Scholle frei leben und ihr gutes Recht verteidigen, Handel treiben zu dürfen, mit wem sie wollten. Erst im Jahre 1824 wurden die Hongizüge definitiv und dauerhaft durch die VOC abgeschafft.[145]

Die Banda Inseln waren nun ‚befriedet‘, aber die letzten noch auf der Insel Nailakka lebenden Engländer waren Coen immer noch ein Dorn im Auge, trotz der in Europa geschlossenen Friedensverträge. Um die Insel Run für eine weitere Eroberung durch die Engländer unattraktiv zu machen, holzten die Holländer alle Muskatnussbäume ab oder zerstörten sie durch Entrindung. Sie wollten dadurch auch eine Überproduktion und einen damit zusammenhängenden Preisverfall der Nuss verhindern. Trotzdem erneuerten die Engländer in den kommenden Jahren laufend ihren rechtlichen Anspruch auf die Insel Run, obwohl sie dort nicht mehr präsent waren. Die wenigen verbliebenen Einheimischen auf der Insel Run konnten nun keine Muskatnüsse mehr liefern. Sie wurden ihrer Einkommensquelle beraubt und verarmten.

Besonders prekär wurde die Situation für die noch auf den Bandas lebenden Engländer im Jahre 1623. Die Holländer verübten ein neues grausames Massaker, diesmal an den Engländern in Ambon. Die Engländer auf Banda hatten Sorge, dass sich dies auch hier zutragen könnte. Dieses Massaker ging von den Holländern als ‚Verschwörung von Ambon‘ und von den Engländern als ‚Massaker von Ambon‘ in die Geschichte ein. Im Kapitel 20 über Ambon werde ich dazu nähere Erläuterungen geben. Auf jeden Fall fürchteten die vergessenen Engländer auf den Inseln um ihr Leben. Vermutlich konnten die letzten erst 1628 die kleine Insel Nailakka verlassen.

---

143 Bei einem Hongizug wurden Eingeboren eingefangen und versklavt.
144 Dr. O. Warburg, *Die Muskatnuss,* 1897, S. 125
145 ibid., S. 129

Jan Pieterszoon Coen ging 1623 zurück nach Holland. Von 1627 bis 1629 bekam er eine zweite Amtszeit als Generalgouverneur von Niederländisch-Indien. Er hat aber die Banda Inseln nicht noch einmal besucht. 1629 starb er im Fort von Batavia – nach holländischen Angaben – an der Ruhr. Javaner behaupteten allerdings, sie hätten ihn bei einem Angriff auf das Fort getötet.

Hätte Coen einhundert Jahre nach dem von ihm verursachten Massaker nochmals die Banda Inseln besuchen können, hätte er gesehen, dass – für eine gewisse Zeit – sein Traumvon einer effizienten holländischen Siedlerkolonie in Erfüllung gegangen ist. Die Banda Inseln waren eine holländische Plantage geworden und warfen nun noch gewaltigere Gewinne ab. Aber die überproportionalen Gewinne, die die VOC an ihre Teilhaber ausbezahlte und die immer weiter um sich greifende Korruption trieb die VOC 1790 schließlich in den Konkurs. Der wirtschaftliche Niedergang der Bandas wurde eingeläutet und die einst so wichtige winzige Inselgruppe in der Bandasee geriet in Vergessenheit.

Jan Pieterszoon Coen bleibt auf jeden Fall eine sehr umstrittene Persönlichkeit. Er war ein brutaler Mensch ohne jeden Skrupel. Seine Verbrechen beging er im Namen des Christentums! Coen war ein strenggläubiger Calvinist. In seiner Geburtsstadt Hoorn in Holland wird dieser Massenmörder jedoch bis heute mit einer Statue geehrt!

VOC-Zeichen sieht man ab und zu noch in Banda Neira, zum Beispiel eingemeißelt im Steinfußboden der alten Kirche. Als ich mit einem gebildeten Bandanesen, einem Boots- und Restaurantsbesitzer, die alte Kirche besuchte, zeigte dieser auf das eingemeißelte VOC-Zeichen im Fußboden und sagte: ‚*This is a sign of hate!*‘, ‚Dies ist ein Zeichen des Hasses!‘ ‚*Die Holländer waren Terroristen!*‘ Wohlgemerkt, das sagte der Bandanese, nicht ich, denn mir, als deutschem Bürger würde das mit unserer Vergangenheit im Dritten Reich nicht zustehen. Die selben Worte wurden von Bandanesen einer australischen Filmemacherin gesagt, die an einer Dokumentation über die Banda Inseln arbeitete. Ich erwähne dies, da ich auf alle Ereignisse der holländischen Kolonialzeit aus der indonesischen Perspektive schaue. Die Äußerungen des Bandanesen zeigen, dass die Wunden, die ihnen in der Vergangenheit durch die Holländer zugefügt wurden, noch nicht verheilt sind.

Auf den Banda Inseln kennt jedes Kind das Massaker durch Jan Pieterszoon Coen, aber ich wundere mich immer wieder, wenn ich mich in Indonesien mit der Jugend aus den Niederlanden unterhalte. Sie bereisen Indonesien, das Land, das die Holländer mehrere Hundert Jahre lang ausgebeutet und beherrschten haben. Dabei haben sie keine Ahnung von den

Verbrechen, die ihre Vorfahren hier verübten. In den niederländischen Schulen wird der ‚Schwarze Teil‘ ihrer Vergangenheit ausgeklammert oder zumindest verniedlicht. Aber die Niederländer waren – wie sie es immer noch darzustellen versuchen – nicht nur Opfer, sie waren auch Täter, und das sogar noch nach dem Zweiten Weltkrieg, als Indonesien 1945 bereits unabhängig war. Sie wollten ihre ehemalige Kolonie Niederländisch-Indien zurückerobern und die Indonesier weiterhin unterdrücken und ausbeuten. In dem mehr als vierjährigen grausamen Kolonialkrieg gab es auf indonesischer Seite mehrere Hunderttausend Opfer, bis die Niederländer endlich vertrieben waren.[146]

Der durch den holländischen Generalgouverneur Jan Pieterszoon Coen angeordnete Genozid auf den Banda Inseln und die darauffolgende Versklavung von Tausenden von unschuldigen Manschen gehören zu den dunkelsten Kapiteln in der niederländischen Kolonialgeschichte. Von den Holländern wurde er ‚King Coen‘ genannt, bei den Einheimischen ist Coen bis heute ‚The Butcher of Banda‘ – der Schlächter von Banda!

---

146 Siehe auch: Horst H. Geerken, *Der Ruf des Geckos*

7. Perkeniere[147]

Nach dem Massaker der Holländer an den Bandanesen waren die Banda Inseln plötzlich unbewohnt und menschenleer. Nach den Plänen von Gouverneur Jan Pieterzoon Coen sollten die Banda Inseln nun eine reine Siedlerkolonie werden, mit unabhängigen holländischen Bürgern und Sklaven als Arbeitskräften. Die Plantagen verwahrlosten nach dem Massaker und brachten keinen Gewinn mehr ein. Nach den Plänen von Coen mussten die Inseln schnellstmöglich wieder besiedelt werden. Er ließ sie in 68 Parzellen aufteilen, sogenannte Perken[148]. Diese Perken wurden in der Literatur der damaligen Zeit oft als Muskatnuss-Plantagen, Garten-Konzessionen oder Muskatnuss-Parkanlagen bezeichnet. Als ich bei meinem derzeitigen Besuch der Bandas durch eine Muskatnuss-Plantage schritt, hatte ich in der Tat immer das Gefühl, in einer Parkanlage zu sein. Die Grenzen der einzelnen Perken wurden einfach nach Gutdünken auf der Landkarte gezogen. Auf die Eigentumsverhältnisse der Ureinwohner musste ja keine Rücksicht mehr genommen werden, sie waren alle getötet, geflohen oder versklavt.

Die Holländer richteten 34 Perken auf der Insel Banda Besar[149], 31 auf der Insel Ai und drei auf der Insel Banda Neira ein. Für diese Parzellen wurden nun Personen gesucht, die sie erfolgreich bewirtschaften konnten. Diese Personen, Perkeniere genannt, kamen meist aus dem Handelsgeschäft, dem Beamtentum oder dem Militär. Sie mussten sich verpflichten, sich dauerhaft auf den Banda Inseln anzusiedeln und sie waren der VOC zu Dienst und Treue verpflichtet. Die Muskatnuss-Plantagen mussten in gutem Zustand erhalten werden. Die Ernte an Muskatnüssen wurde den Perkenieren zu einem vorgegebenen Preis abgenommen. Für den Eigenbedarf durften auch Kokospalmen, Bananen und anderes angepflanzt werden. Die Banda Inseln sollten eine rein holländische Plantage werden.

Aber mit den ersten von der VOC geschickten Siedlern war Coen gar nicht zufrieden. Wie er sich beklagte, erhielt er bisher aus Holland nur ‚Saufbolde und Hurenböcke‘. Es war bekannt, dass die VOC jedem hergelaufenen armen Schlucker einen Vorschuss gab und ihn nach Ostindien schickte.

---

147 Holländisch auch ‚Leenheeren‘
148 ‚Perken‘ ist ein holländisches Wort, das ‚begrenzen‘ oder ‚Grenze‘ bedeutet. Auf Holländisch hieß das System *perkeniersstelsel.*
149 Damals Pulau Lonthor

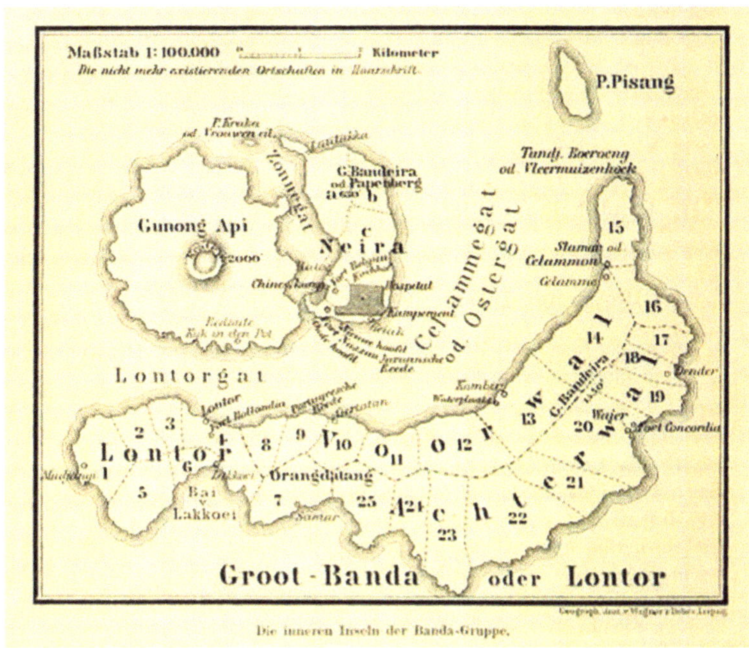

Abb. 7-1: Coen's Plan der einzelnen Perken[150]

Abb. 7-2: Muskatnuss-Plantage auf der Insel Banda Besar

150 Aus *Die Muskatnuss* von Dr. O. Warburg, 1897, S. 64

Die Holländer betrachteten den Aufenthalt und das Klima auf den Banda Inseln als sehr ungesund. Man würde dick und von Wassersucht aufgeblasen werden. Von den 1817 dort stationierten 243 europäischen Soldaten starben im selben Jahr fast die Hälfte. Vermutlich lag dies aber an dem ungesunden Essen und dem übermäßigen Genuss des einheimischen Alkohols Arak. Im selben Jahr starben von 60 Ambonesen im Dienste der VOC auf Banda Neira nur 11 Mann und von 326 Javanern nur 66.[151] Heute gelten die Bandas als überaus gesund. Vermutlich ist dies der Verbesserung der hygienischen Verhältnisse zuzuschreiben.

Gelang es einem Soldaten oder Beamten, nach Ablauf seines Vertrages wieder in die Heimat zurückzukommen, wurde er zu Hause im Volksmund verächtlich der ‚Herr von sechs Wochen‘ genannt. Wenn die Küste von Holland auftauchte, wurde auf den rückkehrenden Schiffen unter donnernden Salutschüssen generös Alkohol ausgeschenkt. Das musste auch gefeiert werden, wenn man bedenkt, dass nur jeder dritte Ostasienfahrer die Heimat wiedersah. Am Hafen warteten schon Scharen von Huren, die den ausgehungerten Männern nach vielen Jahren in einem Fort privates Quartier anboten. Nur wenige konnten widerstehen. Wenn ihnen nicht schon vorher das sauer verdiente Geld im Rausch gestohlen worden war, so waren die ‚Herren von sechs Wochen‘ nach sechs Wochen ausschweifenden Lebens meist wieder bettelarm.

Generalgouverneur Coen verlangte neue Siedler, die in einem Handwerk ausgebildet waren und Familien mit Kindern hatten. Nach und nach wurde ihm auch dieser Wunsch erfüllt. Unter den Perkenieren war auch ein deutscher Pflanzer, ein Dr. Brandes. Wie ein erfahrener Pflanzer aus Singapur 1856 bei einem Besuch der Perken vermerkte, war dies eine Musterplantage. Als einzigem Perkenier ist es Dr. Brandes gelungen, innerhalb von nur drei Jahren die Produktion an Muskatnüssen zu verdoppeln.[152]

Schon bei der Überfahrt von Holland zu den Banda Inseln gab es bei den Familien mit Kindern große Verluste. Es gab viele Todesfälle und ganze Schiffe, wie etwa die *Batavia,* gingen – wie wir noch in Kapitel 12 sehen werden – verloren.

Die Soldaten bekamen sehr schlechtes Essen und waren genötigt, neben altem Salzfleisch auch Katzen und Hunde oder sogar Ungeziefer zu essen. Ein Soldat berichtete, *es kämen zwar Lebensmittel von Bali und Java, diese seien aber nur für Wohlhabende erreichbar.*[153] Viele Jahrzehnte lang galt eine

---

151 Nach Reinwardt im Buch Dr. O. Warburg, *Die Muskatnuss,* S. 158
152 Dr. O. Warburg, *Die Muskatnuss,* S. 208
153 Siehe Kapitel 12, Abrolhos

Versetzung auf die Bandas daher als Strafversetzung. Dabei waren die Bandas wirklich nicht ungesund. Es gab viele Eingeborene, die über 100 Jahre alt wurden.

Dann herrschte unter den holländischen Beamten noch die schreckliche Sitte, die Toten in den Häusern unter dem Schlafzimmer zu begraben. Besonders bei Nacht wurde dadurch die Luft verpestet. Als 1816 das Haus des Residenten von Banda Neira bei einem Erdbeben eingestürzt war, fand man in den Trümmern sieben Leichen, die sogar noch ziemlich gut erhalten waren.[154]

Noch 1859 gab es 850 Sträflinge und 900 Kontraktarbeiter auf der Insel Banda Besar.[155] Kokosnüsse gab es als Nahrung viel zu wenige, da die meisten zur Palmweingewinnung für die Familien der Perkeniere verwendet wurden. Als Obst waren fast nur Bananen auf dem Markt, und die waren zu teuer für die Sträflinge und Kontraktarbeiter. Der wenige Reis, der für diese von der VOC vorgesehen war, wurde von den Perkenieren schwarz verkauft. Anstelle von Reis wurde an die Sklaven das billigere Sago verfüttert. Man wirtschaftete in die eigene Tasche, ohne an die Gesundheit der Arbeiter zu denken.

Dabei gediehen auf dem besonderen Vulkanboden andere Früchte vortrefflich. Nach Oxley[156] wurden auf den Bandas im 19. Jahrhundert Versuche mit europäischen Weintrauben gemacht. Sie gediehen prächtig und trugen reichlich Früchte. Leider wurde ein Anbau nicht weiterverfolgt, denn heute sah ich auf den Bandas nirgendwo Trauben. Oxley war ein erfahrener englischer Pflanzer, der 1848 und 1856 die Banda Inseln besuchte und mehrere Berichte, besonders statistische Angaben über die Muskatnuss, veröffentlichte.

Oft gab es auf den Inseln Hunger, wenn der Nachschub aus Java oder Ambon in der Monsunzeit ausblieb. Wegen stürmischer See und widrigen Winden konnten die Inseln oft nicht erreicht werden. Obwohl die Fischgründe um die Bandas überaus üppig sind, wurde der Fischfang nicht genügend betrieben.

Das Land, die Perken, konnte vererbt und auch weiterverkauft werden, wobei die VOC bei einem Weiterverkauf 25 Prozent des Erlöses für sich beanspruchte. Die VOC verpflichtete sich im Gegenzug dazu, den Perkenieren Reis und andere importierte Güter zum Selbstkostenpreis plus einem geringen Aufschlag zur Verfügung zu stellen. Das Wichtigste war jedoch, dass die VOC für jeden Perken 25 Sklaven, Mann oder Frau, im Alter zwischen 15 bis 30 Jahren zur Verfügung stellte. Verstarb ein Sklave, bekam der Perkenier einen neuen gestellt.

---

154 Oliver, *Reisen*, S. 156
155 Van der Crab
156 Oxley, *Banda Nutmeg Plantations*, 1856

Bei dem Massaker durch Generalgouverneur Coen wurden nur rund 50 männliche Bandanesen verschont, die nun als Sklaven ihre Kenntnisse im Anbau und der Pflege der Plantagen an die unerfahrenen Perkeniere weitergeben mussten.[157] Ein Teil der weiblichen Sklaven waren Bandanesinnen, die zuvor von Coen's Truppen gefangengenommen und in Batavia verkauft worden waren. Nun mussten sie wieder in ihrem eigenen Heimatland als Sklavinnen arbeiten. Auch die Absicherung der Inseln gegen Angriffe wurde von der VOC übernommen, gegen Angriffe der Engländer und auch gegen Aufstände der Sklaven.

All diese Vereinbarungen wurden mit heißer Nadel gestrickt. Die Inseln sollten ja so schnell wie möglich wieder Profit abwerfen. Daher waren Reibereien zwischen den Perkenieren untereinander an der Tagesordnung. Zum Beispiel waren die Grenzen ungenau gezogen. Dann gab es Streit der Perkeniere mit der VOC. Die Perkeniere erhielten einen festen Betrag für die geernteten Muskatnüsse. Als sie erfuhren, dass ihre Produkte in Amsterdam mit einem Gewinn von mehr als 1200 Prozent weiterverkauft wurden, wollte sie einen größeren Anteil an dem lukrativen Geschäft haben. Sie beklagten, dass sie schlimmer ausgequetscht würden, als früher die Bandanesen. Es gab ununterbrochen Streitereien um das Geld und um nicht gelieferte Güter, wie Reis oder Textilien, zu deren Lieferung die VOC eigentlich verpflichtet gewesen wäre. Alles wurde dadurch verschlimmert, dass damals auf die Schnelle kein schriftlicher Vertrag mit den Perkenieren gemacht wurde.

1627 waren alle 68 Perken vergeben, aber es gab Probleme, die vereinbarte Anzahl von 1700 Sklaven beizubringen, 25 pro Perken. Die Sklaven kamen hauptsächlich aus Neuguinea, Ceram, Java und Borneo, aber auch aus Ostafrika und von der Malabarküste. Die Händler kamen aus Arabien, überwiegend aus dem Hadramaut im heutigen Jemen, und aus China.

Zusätzlich zu den von der VOC bereitgestellten Sklaven kauften die Perkeniere weitere hinzu, so dass auf einer normal großen Perken rund 50, und auf großen bis zu 160 Sklaven arbeiteten. Die Sklavensterblichkeit war extrem hoch. Zum Beispiel schreibt Rumphius,[158] dass *die Besitzer viele Sklaven durch Kälte, Ungemach und andere Unglücke verlieren würden*. Viele hatten nur eine ungenügende Bekleidung und mussten fast nackt gehen. Andere starben durch die rohe und brutale Behandlung ihrer holländischen Herren.

In den Annalen der VOC ist vermerkt, dass von den 2199 Sklaven, die 1638 auf den Banda Inseln schuften mussten, 13 Prozent bandanesische Männer, Frauen und Kinder waren.

---

157 Dr. O. Warburg, *Die Muskatnuss,* 1897, S. 107
158 Siehe Kapitel 21

Nach dem Deutschen Wurffbain,[159] der auf den Banda Inseln für die VOC arbeitete, waren nach seinen Aufzeichnungen bei den bandanesischen Sklaven ein Viertel Männer und Dreiviertel Frauen. Bei den Sklaven anderer Herkunft war das Verhältnis von Männern zu Frauen rund 50 Prozent. Vermutlich waren die bandanesischen Frauen jünger als die anderen Sklavinnen, oder auch hübscher. Bei dem Massaker von 1621 hatten die Holländer bekanntlich eine große Anzahl von jungen Frauen verschont, unter denen sie zunächst die attraktivsten Sklavinnen auswählen konnten. Für die nicht Erwählten bedeutete es den Tod.

Nach einem Massenfluchtversuch von der Insel Run wurden 160 Sklaven hingerichtet. Wurffbain[160] berichtete, dass eine Sklavin nach einem Selbstmordversuch gegeißelt und gebrandmarkt wurde. Ferner wurden ihr *,tot meeder afschrik voor anderen'* – zur größten Abschreckung Anderer – die Wangen bis zu den Ohren aufgeschnitten![161] Andere ,Verräter' wurden gefoltert, um Informationen aus ihnen herauszupressen. Ihnen wurden die Fußsohlen mit einem *,Matrosenmesser aufgeschnitten und heißes Pech und Schwefel in die offene Wunde gegossen'.[162]* Meist redeten sie dann. Es waren grausame Methoden, mit denen die holländischen Kolonialherren ihre Macht verteidigten.

Die VOC musste laufend neue Sklaven nachliefern, um den Schwund durch die hohe Sterblichkeit auszugleichen. Die Sklavenbevölkerung der Bandas zeichnete sich selbst durch geringen Nachwuchs aus. Groß angelegte Sklavenjagden, sogenannte Hongizüge, fanden 1658, 1665 1673, 1694, 1713 und 1792 statt. Kleinere Hongizüge wurden jährlich von den Holländern auf den weiter abgelegenen Inseln und auf Neuguinea durchgeführt. Solche Menschenjagden wurden mit Hilfe des Militärs veranstaltet. Zum Beispiel schreibt ein Kapitän Junker, der unter einem Schotten mit dem Namen Jacob Couper diente: ,... *Wir verfolgten die Fliehenden drei Tage und brachten große Beute nebst vielen Weibern zurück.'* Er schreibt, dass die ,Beute' – verglichen mit dem Vorjahr – bescheiden war. Da hatte man 103 *,Stück makassarische Mädchen'* zusammengebracht, die nach Batavia zum Verkauf geschickt wurden. Aber im Wald wurden noch *,400 Weiber gefangen und zur Beute ausgeteilt'.* Im Lager vertrieben sich die Soldaten ihre Zeit bei Würfel und Kartenspiel und ,... *wer sein Geld verspielt hatte, setzte sich auf ein schönes Weibes-Bild von 22 bis 23 Jahren'.[163]* Viele Dörfer gingen in Flammen auf. Tausende Männer, *,wertlose alte Frauen'* und Kinder wurden bei diesen Menschenjagden enthauptet.

---

159 Siehe nachfolgendes Kapitel 8
160 Siehe Kapitel 8
161 Dr. O. Warburg, *Die Muskatnuss*, 1897, S. 113
162 Peter Kirsch, *Die Reise nach Batavia*, S. 208
163 Deventer, M.L. van, *Geschiedenis der Nederlandsers op Java*, 1886

Ein Soldat mit dem Namen David Tappe schrieb in sein Tagebuch: *‚Nun hatten wir das Land ziemlich von Räubern und Einwohnern gesäubert … Es wurden keine Gefangenen gemacht, alles wurde niedergeschossen und gesäbelt!*[164]

An anderer Stelle wird von Kapitän Junker berichtet, wie mit 2500 Gefangenen durch die Holländer wie üblich verfahren wurde: *‚Ihnen wurden die Hände auffm Rücken gebunden, auf ein großes flaches Feld geführt und daselbst in einer viertel Stund alle niedergehauen‘.*[165] Es sind schreckliche Schilderungen, die man in den alten Dokumenten liest.

Zwischendurch wurden immer wieder auch kleinere Mengen an Sklaven eingekauft, zum Beispiel wurden 1622 von der Westküste Indiens 326 Sklaven nach Banda Neira gebracht.[166]

Nach Saalfeld[167] gab es 1638 auf den Banda Inseln 2190 Sklaven, davon waren 835 Männer, 881 Frauen und 474 Kinder über 12 Jahren, die zum größten Teil von anderen Inseln kamen. In diesem Jahr 1638 lebten nur noch 50 Menschen auf der verwüsteten Insel Run.[168]

Neben dem eben genannten Wurffbain verließen noch viele Tausend Männer aus Deutschland ihre Heimat, um als Matrosen, Handwerker, Kaufleute oder Beamte für die VOC in Niederländisch-Indien zu dienen. Ende des 18. Jahrhunderts sandte Herzog Carl Eugen von Württemberg für 300 000 Gulden sogar ein Söldnerheer mit 2000 Soldaten und Offizieren zur Unterstützung der VOC in die niederländische Kolonie. Die meisten dieser Söldner haben sich mit einheimischen Frauen verheiratet und blieben dort. Es gibt wohl noch einige Tagebücher von ihnen in holländischen Archiven, aber über ihr Leben ist relativ wenig bekannt. Die Bücher sind trotzdem eine interessante Quelle von Informationen aus der Zeit des Gewürzhandels.

In der internationalen Literatur wird das holländische System *perkeniersstelsel* als das brutalste und rücksichtsloseste System der Sklavenhalterei bezeichnet. Java, Timor, Makassar, Malakka, die Malabarküste, selbst das ferne Muskat im heutigen Oman beteiligten sich an dem lukrativen Geschäft des Sklavenhandels. 1794 gab es immer noch 4112 Sklaven auf den Bandas. Sie stellten über Dreiviertel der Bevölkerung, wobei über 50 Prozent der Sklaven im privaten Besitz der holländischen Kolonialherren waren. Man wundert sich, dass es auf den Banda Inseln, wo die Anzahl der Sklaven die der Kolonialherren weit übertraf, nie eine Revolte gegen die weiße Bevölke-

<hr>

164 Kirsch Peter, *Die Reise nach Batavia*, S. 201
165 ibid., S. 200
166 ibid., S. 110ff
167 Saalfeld, *Geschichte des holländischen Kolonialwesens in Ostindien*, von 1812
168 Dr. O. Warburg, *Die Muskatnuss*, 1897, S. 110ff

rungsschicht gab. Auf den Bandas waren die meisten Sklaven weiblich und ein Teil von ihnen hatte kein Interesse, sich gegen ihre Herren aufzulehnen. Es war generell gebräuchlich, dass Sklavinnen ein intimes Verhältnis mit ihren Kolonialherren hatten, wodurch sie immer bessergestellt waren als ihre männlichen Kollegen.

Während der Kolonialzeit hatte so gut wie jeder Holländer ein Verhältnis mit einer Einheimischen, Nyai[169] genannt. Bis 1860 waren die Nyais – so nannte man die Lebenspartnerinnen auf Zeit – Sklavinnen. Durchweg waren sie Muslimas. Danach, als die Sklaverei verboten wurde, waren sie freie Frauen oder wurden Konkubinen. Die aus diesen Verbindungen hervorgegangenen – meist sehr hübschen – Mischlinge waren bei den nächsten Generationen von nach Niederländisch-Indien entsandten niederländischen Kolonisten sehr beliebt.

Es gab viel zu tun. Durch die Jahre mit Krieg und Unruhen waren die Muskatnuss-Plantagen vernachlässigt worden. Die Sanierung und Wiederherstellung der Plantagen dauerte Jahre. Bis ein frisch gepflanzter Muskatbaum die ersten Früchte trägt, vergehen sieben bis acht Jahre. Die ersten Jahre der neuen Siedler waren schwer. Durch die vielen Erdbeben in dieser Region wurden neu erbaute Häuser und Lagerhallen oft wieder zerstört, Hunderte Sklaven erkrankten und starben, und nicht zuletzt spuckte der Vulkan Gunung Api immer wieder Feuer und Asche. Die Menschen mussten oft ihre Insel in Panik verlassen. Aber schon ein gutes Jahrzehnt nach dem Genozid an den Bandanesen blühten die Inseln auf und brachten für die VOC enorme Gewinne. Die Perkeniere waren nun die Aristokraten der Banda Inseln.

Mitte bis Ende des 18. Jahrhunderts kamen viele Perkeniere – besonders durch verbotene Geschäfte in die eigene Tasche – zu immensem Reichtum. Zum Beispiel hatte ein hochmütig gewordener Perkenier der Insel Ai 1200 Sklaven! Wegen Todschlags an einem Kollegen wurde er in Ketten gelegt. Er bot der Regierung 100 000 Gulden an, wenn man es ihm erlauben würde, eine goldene Kette zu tragen.[170]

Die Perkeniere waren meist junge Männer im besten Alter, denen aber eine Frau fehlte. Welches holländische Weib wollte schon auf so einer abgelegenen Inselgruppe leben, die man erst nach vielen Monaten auf einem Segelschiff erreichen konnte? Es gab keine Unterhaltungen, keine Abwechslungen. Ein Tag war wie der andere, Pflanzen, Ernten, Überwachung der

---

169 Eine balinesische Bezeichnung für Frauen der niedrigsten Klasse – bei den Holländern eine Bezeichnung für Mätresse.
170 Dr. O. Warburg, *Die Muskatnuss,* 1897, S. 187

Sklaven. Und an den Abenden wurde heftig der hier hergestellte Arak getrunken. Es war eine grobe Männergesellschaft. Coen gelang es zunächst nicht, komplette holländische Familien mit Frau und Kindern auf den Banda Inseln anzusiedeln. Wie wir noch in Kapitel 12 sehen werden, sind auch ganze Schiffsladungen von Familien schon auf der langen und gefährlichen Seereise von Amsterdam zu den Gewürzinseln verloren gegangen.

Den Männern war es während der Kolonialzeit zunächst verboten, ohne die ausdrückliche Genehmigung des Gouverneurs einheimische Frauen zu heiraten. Wurde eine heimliche Liebesbeziehung zwischen einem Holländer und einer Sklavin aufgedeckt, kam es sogar vor, dass beide öffentlich ausgepeitscht wurden. Erst wenn ein junges Sklavenmädchen zum Christentum bekehrt, getauft und adoptiert wurde, hatte das Paar eine Chance, dass der Gouverneur seine Zustimmung zu einer Hochzeit gab.

Um den Mangel an europäischen Frauen – der in ganz Niederländisch-Indien vorhanden war – zu beheben, sandte die VOC sogenannte ‚Kompanie-Töchter‘ in die Kolonie, das waren Waisen, Prostituierte und Frauen aus holländischen Armenhäusern. Da die Schiffe grundsätzlich zuerst Batavia anliefen, fanden die Attraktivsten unter ihnen bereits dort Anschluss und blieben in der belebten Hauptstadt. Nur wenige der ‚Kompanie-Töchter‘ und nur die ‚Zweite Wahl‘ fand den Weg zu den einsamen Inseln in der Bandasee. Die Holländer auf den Banda Inseln verbanden sich somit vorwiegend mit den jüngeren und hübscheren Sklavenmädchen.

Heiratete ein höhergestellter Kolonialherr eine hübsche Sklavin, dann war sie nicht mehr Sklavin, sondern Dame des Hauses. Meist waren es Ehen auf Zeit. Den Nachwuchs aus dieser Verbindung stillte die Frau nicht selbst, sondern legte sie an die Brüste ihrer Sklavinnen und ließ die Kinder auch durch sie erziehen. Diesen Kindern wurde jede Mühe abgenommen. Sie waren unselbständig und wuchsen lebensuntüchtig auf. Vor allem die Mädchen aus diesen Verbindungen waren oft äußerst attraktiv und anziehend. Sie waren der so genannte ‚bunte Adel‘. Wie der Fähnrich und Bergmeister Vogel schreibt, *waren sie sehr kokett und konnten einem, wenn sie unter einem von einer Sklavin nachgetragenen Sonnenschirm daher schritten, schon den Atem rauben. Ihr verführerisch offen getragenes Haar glänzte durch Kokosöl und wohlriechende Essenzen. Gelbe und rote Hibiskusblüten zierten die pechschwarze Pracht‘.[171]*

Diese attraktiven Mestizinnen der holländischen Perkeniere und Beamten wurden natürlich von den *‚gemeinen europäischen Soldaten‘* beneidet. Diese hatten nur *‚alle Wochen eine freye Nacht‘*, um in ein *‚Kasies‘* genanntes Bor-

---

171 Johann Wilhelm Vogel aus Altenburg in Ludwig Richter, *Beschreibung von Java und Sumatra 1678-1687,* veröffentlicht 1704

dell zu gehen. Ein europäischer Perkenier oder Handwerker konnte dagegen Sklavinnen halten und *‚kann wohl alle Nächte seiner Frauen beywohnen‘.*[172]

Wie ein anderer Zeitgenosse schreibt, wurden diese weiblichen Mischlinge mit der Zeit *‚ungemein faul und stolz und waren von einer unversöhnlichen Rachbegierde besessen‘.*

Der deutsche Soldat Christian Burckhardt schreibt, *‚dass sie außergewöhnlich reinlich sind und sich zweimal pro Tag von Kopf bis Fuß waschen, besonders auch noch nach dem ehelichen Werken und nach Verrichtung der Notdurft‘.* Das war etwas ganz Neues für die Europäer. Die wuschen sich damals nur selten und wechselten die Kleidung oft mehrere Wochen – auf den Schiffen oft Monate – nicht. Soldaten hatten ihre Uniformen Tag und Nacht an. Kein Wunder, dass sie in der dicken Kleidung kräftig nach Schweiß stanken. Die reinlichen Eingeborenen störten sich natürlich daran und hielten einen entsprechenden Abstand zu den Europäern. Für sie waren die Europäer dreckige Schweine. Diese Voreingenommenheit ist bis heute in Asien spürbar, da in der westlichen Zivilisation eine Waschung nach Verrichtung der Notdurft nicht üblich ist.

In Java war es damals üblich, dass ein Javaner, wenn er an einem Holländer vorbeiging, sich die Nase zuhielt und vor Ekel oft auch noch ausspuckte. Daraufhin bekamen die Soldaten den Befehl, jedem, der die ‚Herren‘ missachtete, eine kräftige Ohrfeige zu verpassen. Der Chirurg Frik[173] aus Ulm schrieb dazu: *‚Da hätte einer seine Wunder sehen sollen, wie häufig die Ohrfeigen umherflogen und ich habe selbsten deß Tags über etliche 30 ausgetheilet, bis endlich diese schändliche Gewohnheit der Javanen gantz in Abgang kommen ist...‘*[174] Auf die Idee, selbst reinlicher zu sein und auf Hygiene zu achten, kamen die Kolonialherren nicht. Sie hätten einiges von den Eingeborenen lernen können!

Es entstand eine Generation von Mischlingen, eine Mischkultur von europäischen und verschiedenen asiatischen Elementen, ein Völkergemisch, das es so auf der ganzen Welt nicht mehr gab. Die nun aus dem Sklavenleben befreiten Frauen und deren Nachkommen legten zunächst einen großen Eifer an den Tag. Die Erträge aus der Muskatnuss stiegen von Jahr zu Jahr. Zeugte ein weißer Mann ein Kind mit einem Mischling, einer Mestizin, so wurde dieses Kind ein *‚Castice‘.* Wurde ein Kind von einem weißen Vater mit einer *‚Castice‘* gezeugt, so wurde dies ein *‚Postice‘.* Die Haut eines *‚Postice‘* war schon blass. Ihr gesellschaftliches Ansehen stieg, und eine solche Frau wurde schon fast wie eine Europäerin behandelt. Aber nach drei, vier Gene-

---

172 ibid.
173 Auch Frick
174 Christoff Frik, *Beschreibung von Java, Ceylon und Bali,* 1692

rationen ließ der Arbeitseifer immer weiter nach. Diese Generationen fielen zurück in die tropische Lethargie und sie genossen nur noch das ‚Dolce Vita', das süße Leben. Man kümmerte sich nicht mehr um die Plantagen, die mit der Zeit immer weiter verkamen. Van der Crab schrieb Mitte des 19. Jahrhunderts: *Sie verabscheuen die Arbeit. Sie wollen nicht einmal handeln. Das taten dann die Chinesen und Araber. Dies waren etwa 150 Personen auf den Bandas. Sie verstanden, Handel zu treiben und Gewinne zu machen'.*

1633 beendete die VOC ihr Programm, ‚Kompanie-Töchter' in den Archipel zu senden. Gleichzeitig akzeptierte sie Verbindungen ihrer entsandten Männer mit einheimischen Frauen immer öfter.

Die gemischten Ehen auf Zeit zwischen weißen Kolonialbeamten und einheimischen Frauen wurden 1898 von der holländischen Regierung legalisiert. Durch die Legalisierung wurde der Status der Nyais aufgewertet. Sie gingen ohnehin gerne eine Verbindung mit einem weißen Kolonialbeamten ein, weil dadurch ihr Prestige gegenüber ihrer einheimischen Umgebung stieg. Und sie waren vorübergehend gut versorgt. Es waren fast immer Ehen auf Zeit. Ging der holländische Beamte wieder zurück zu seiner Familie in der Heimat, wurde die Ehe so einfach wieder aufgelöst, wie sie geschlossen worden war. Die Frau mit ihren Kindern blieb zurück und musste schauen, wie sie weiterhin durchs Leben kam. Meist war ein neuer Partner der schnellste und einfachste Weg zum Überleben. Die Nyai wurde einfach an den Nachfolger weitergegeben, der mit ihr eine neue Ehe auf Zeit begann.

Durch die Kinder aus diesen Verbindungen erwuchs dann der sogenannte ‚indische Zweig' des Stammbaumes. Dessen Abkömmlinge verschwanden in der Regel nach zwei oder drei Generationen wieder namenlos – also ohne den holländischen Namen weiterzuführen – in der indonesischen Gesellschaft.

Bei der Aufteilung der Perken durch Gouverneur Coen wurde die Insel Run ausgelassen, da die Engländer – trotz der Besetzung mit holländischen Soldaten – immer noch Besitzansprüche auf diese Insel hatten. 1638 kam eine neue englische Expedition zur Insel Run. Sklaven und Material wurde auf die Insel gebracht. Man wollte die Insel neu mit Muskatnussbäumen aufforsten. Für die Engländer war es auf der Insel entweder zu einsam oder die Arbeit war zu schwer, denn sie verließen die Insel kurz darauf wieder und ließen die Sklaven alleine zurück. Diese brauchten die zurückgelassenen Vorräte auf und verschwanden dann auch.

1648 und 1662 gab es weitere vergebliche Versuche der Engländer, die Insel zu rekultivieren. Es wurden wieder englische Siedler auf die Insel gebracht.

Erst 1667, durch den ‚Frieden von Breda‘[175] trat Ruhe auf der Insel ein. Die Insel hatte jedoch für die neuen holländischen Kolonialherren keinen Nutzen mehr, denn sie selbst hatten ja die Muskatnussbäume der Insel abgeholzt. Erst 1862 besserte sich die Situation wieder, als die Holländer auch die Insel Run in Perken einteilte und diese Grundstücke neuen Siedlern aus Holland zur Verfügung stellte.

Beginnend mit dem Frieden von Breda begann für die Holländer für die nächsten 100 Jahre eine friedliche Periode. Für die VOC war es die glänzendste Zeit ihrer Kolonialherrschaft auf den Banda Inseln. Es herrschte Ruhe und Gehorsam, und der Handel mit Muskatnüssen und Macis blühte. Aber es war die Ruhe eines Gefängnisses, das nur durch Raub und Kauf von Sklaven am Laufen gehalten werden konnte. Immer mehr Sklaven kamen durch elende Behandlung um oder flohen. Durch Korruption verfiel die VOC langsam aber sicher. Perkeniere kamen durch Schmuggel und andere Privatgeschäfte zu Wohlstand. Ehrliche Beamte versanken in bitterer Armut und betrachteten die Bandas als Zuchthaus. Die Lage der Kompanie wurde hoffnungslos. Die Kolonie wurde ein Zuschussgeschäft, die Schulden wurden immer höher. Offiziell löste sich die Kompanie erst 1808 auf.

Das von Generalgouverneur Coen angedachte rein holländische Bürgertum[176] auf den Banda Inseln gab es im 18. Jahrhundert schon nicht mehr. Wie die zuvor genannten Verhältnisse zeigen, war durch die Verbindungen der Holländer mit Einheimischen und Sklavinnen das holländische Bürgertum bereits stark vermischt. Als Bürger der Banda Inseln bezeichneten sich nun Chinesen, Javaner, Araber und freigelassene Sklaven[177]. Sie fühlten sich der exklusiven Klasse der Holländer zugehörend, obwohl sie von denen als Menschen zweiter Klasse behandelt wurden. Die freigelassenen Sklaven bildeten später den weitaus größten Teil des bandanesischen Bürgertums.

Im Laufe von mehreren Generationen fühlten sich die Perkeniere als Eigentümer und Landbesitzer der von ihnen bestellten Perken der VOC. Sie verkauften, vererbten oder beliehen das Land, meist ohne Sanktionen der VOC. Die VOC hatte bei Streitereien schlechte Karten, da damals, bei der Verteilung der Perken, keine bindenden Verträge abgeschlossen wurden. So gingen im Laufe der Zeit alle Perken in privaten Besitz über.

Die Perkeniere umgingen schon bald danach auch die ihnen auferlegten Handelsrestriktionen. Sie kauften schnelle Schiffe und verkauften einen großen Teil ihrer Erträge auf den Märkten von Makassar oder Timor. Der

---

175 Siehe Kapitel 9
176 Durch sogenannte *burghers*
177 Sogenannte *mardijkers*

Erlös landete in der eigenen Tasche. Die Korruption und der Betrug nahmen immer größere Ausmaße an. Die VOC verlor die Kontrolle.

Nach der brutalen Entvölkerung der Banda Inseln im Jahre 1621, dem ersten Genozid der neueren Geschichte, durch die eigenständig operierende VOC, entstand durch das Perkenier-System ein besonderer Menschenschlag. Die Vermischung der holländischen Kolonialherren mit Ureinwohnerinnen, den Bandanesinnen und den Sklavinnen aus aller Herren Länder, hat einen auf der Welt vielleicht einmaligen Menschenschlag hervorgebracht. Der Gouverneur Coen wollte durch das *perkeniersstetsel* auf den abgelegenen Banda Inseln eine weiße Kolonie etablieren, eine Kolonie von holländischen Bürgern. Die ersten zwei oder drei Generationen klappte das auch einigermaßen. Die Banda Inseln blühten auf und warfen für die VOC gewaltige Gewinne ab. Das Experiment ist aber aus heutiger Sicht nicht aufgegangen, denn nun hatten sich die Sklaven in der holländischen Gesellschaft der Perkeniere etabliert und auf den Inseln einen legalen Status erreicht.

Auf den Banda Inseln leben heute die Nachkommen der Perkeniere und der Sklaven. Aber die Zeit, mit einer Muskatnuss-Plantage schnell reich zu werden, ist vorbei. Heute müssen die Plantagenbesitzer selbst schuften, um über die Runden zu kommen. Anstelle des Großplantagenbesitzers und des Monopols ist nun die Kleingartenkultur getreten, die vielen Leuten Arbeit und Brot bringt.

Ich sah viele schöne und attraktive Gesichter. Es ist bekannt, dass gemischte Rassen besonders schöne Frauen hervorbringen. Bei vielen ist ein arabischer Einschlag unverkennbar. Man sieht helle Haut und dunkle Haut, glattes schwarzes und krauses Haar, schmale und breite Nasen und dergleichen Kontraste mehr. Die Menschen hier sind ein Brei aus den verschiedensten Rassen. Die Vermischung geht natürlich immer weiter, sodass in einigen Jahrhunderten eine größere Angleichung zu erwarten ist. Die Menschen, die heute auf den Banda Inseln leben, bezeichnen sich selbst als *orang campur,* als vermischte Menschen.

Die Sklaven aus aller Herren Länder mussten sich für den täglichen Umgang miteinander auf eine gemeinsame Sprache einigen. Sie hatten keine gemeinsamen Vorfahren und keine gemeinsame Tradition. Malaiisch war schon seit Generationen die *lingua franca* in der Region. Sogar die Perkeniere und deren Nachkommen bedienten sich dieser Sprache. Schon nach zwei Generationen konnten die meisten holländischen Nachkommen der Perkeniere die Muttersprache ihre Vorfahren nicht mehr sprechen.

Abb. 7-3:
Zwei freundliche
Besitzerinnen eines
Kiosks in Banda
Neira

Abb. 7-4:
Junge Frau mit
Kind von der
Insel Run

Abb. 7-5:
Fröhliche Kinder
auf Banda Besar

Abb. 7-6:
Nyello, ein
lustiger Typ aus
Banda Neira,
ein Tauch-
meister, der
mich mit
einigen Worten
auf Deutsch
überraschte

Auch der Dialekt der Bahasa Indonesia, der von den heutigen Bandanesen gesprochen wird, ist einmalig im Archipel. Schon 1876 hat ein holländischer Linguist den auf den Inseln gesprochen Dialekt als ‚Banda Malaiisch‘ klassifiziert. In einem nachfolgenden Kapitel werde ich mehr darüber berichten.

Nachdem die Sklaverei in Holland 1863 offiziell verboten wurde, bezeichnete man die Sklaven nun als *orang kontrakt,* Kontrakt-Kulis, Kontraktarbeiter. Grundlegend anders als die Sklaverei war das nicht. Die Kulis mussten mit hohen Strafen rechnen, wenn sie sich nicht genau an den ihnen ausgehändigten Vertrag hielten. Die Kontrakt-Kulis nannten sich selbst *jual jiwa,* ‚wir mussten unsere Seele verkaufen‘.

Obwohl die Banda Inseln in der Vergangenheit sagenhafte Gewinne erzielen konnten, war ein Niedergang des Archipels schon seit Jahrzehnten absehbar. Es waren nicht nur die korrupten und satt gewordenen Nachkommen der Perkeniere, es waren auch Naturgewalten, die dazu beitrugen. Auf den fragilen Schichten des vulkanischen Bodens, von dem die Banda Inseln aus 4000 Metern Wassertiefe hervorragen, gab es immer wieder verhehrende Ausbrüche des Gunung Api, Erdbeben und Flutwellen, die großen Schaden anrichteten.

Aber im letzten Jahrzehnt des 19. Jahrhunderts erlebten die Banda Inseln nochmals einen Aufschwung. Das kleine Dorf Banda Neira wurde mondän und ein beliebter und exklusiver Wohnort für Pflanzer und reiche Holländer.

Nach einigen Generationen waren die Nachkommen der Perkeniere bequem und phlegmatisch geworden Sie überließen die Verwaltung der Plantagen schlecht bezahlten Aufsehern und lebten nun in Banda Neira. Hier lebten sie in Luxus und verprassten das Erbe ihrer Vorfahren. Das kleine einfache Dorf Banda Neira wurde zu einer winzigen mondänen ‚Hauptstadt‘. Die Immobilienpreise stiegen und konnten schon mit ‚Welthauptstädten‘ verglichen werden.

An der VOC waren die Perkeniere nicht mehr interessiert. Sie verfassten falsche Berichte über die Muskatnussernte und verkauften ihre Erzeugnisse direkt nach Java oder Makassar. Den Profit steckten sie in ihre eigene Tasche. Währenddessen mussten die Sklaven in den Plantagen schuften und anstelle von Reis bekamen sie nur noch das billigere Sago aus Ambon. Die Perkeniere waren meist brutal. Sie schlugen und folterten die Sklaven beim geringsten Anlass. Ein Menschenleben zählte nichts, es gab ja Nachschub von der VOC. Aus Angst vor einer Rache der Sklaven beauftragten die Perkeniere nun Aufseher, um die Sklaven bei ihrer Arbeit zu überwachen. Sie selbst kümmerten sich nicht mehr um die Plantagen. Sie lebten nun in mondänen Häusern in Banda Neira in der Nähe der beiden Forts. Hier war der militärische Stützpunkt der VOC, und hier fühlten sie sich sicher. Hier konnten sie auch bei Nacht ausgehen, ohne überfallen und getötet zu werden. Die Plantagen verfielen zunehmend.

Auch Araber und Chinesen genossen das mondäne Leben. Einer versuchte, den anderen zu übertrumpfen. Exklusive Villen mit polierten Marmor-Fußböden und Kristallleuchtern entstanden in Banda Neira. Antike Möbel aus dem besten Holz und Spiegel mit goldenen Rahmen wurden eingeführt. Wenn das Geld knapp wurde, wurden gegen den Widerstand der VOC die Grundstücke der Perken so hoch beliehen, dass es kaum möglich war, die Schuld jemals zurückzuzahlen.

Man lebte auf Banda Neira in einer extravaganten Scheinwelt mit rauschenden Festen. Jeden Abend wurden die besten Kleider angelegt und man promenierte zur Musik einer Militärkapelle am Pier und in der einzigen Hauptstraße auf und ab. Es ging nur noch um das Sehen und Gesehen werden. Wie Somerset Maugham schreibt, muss es eine *‚holländische Tausendundeine Nacht‘* [178] gewesen sein. Die Nachkommen der ehemals fleißigen Perkeniere waren energielos geworden. Sie gaben sich einem wollüstigen und zügellosen Leben hin und verschuldeten sich bis über beide Ohren.

Als der holländische Generalgouverneur 1860 die Banda Inseln besuchte, dachte er, die Inseln seien so reich wie eh und je. Ganz Banda Neira war mit Blumen und Girlanden geschmückt. Musikkapellen spielten in den Straßen. Aber für die Holländer in Amsterdam waren die Banda Inseln bereits ein Zuschussgeschäft geworden. Der holländische Gouverneur wurde abgezogen und die jungen Nachkommen der Perkeniere zogen nun das aufregendere Leben in Amsterdam vor und wanderten in Scharen nach Holland aus. Die älteren Nachkommen der Perkeniere genossen noch weiter das Leben in Banda Neira und vergoldeten ihren Lebensabend bei gesellschaftlichen Anlässen.

Während meines Aufenthalts auf den Banda Inseln fragte ich immer wieder die Menschen, ob sie einen Perkenier als Vorfahren hätten, oder ob sie einen solchen kennen würden. Niemand konnte mir darauf eine Antwort geben. Man wusste es einfach nicht. Ich konnte keinen einzigen Nachkommen eines Perkeniers ausfindig machen. Nicht nur die einsamen Inseln waren in Vergessenheit geraten, auch die Perkeniere.

---

178 W. Somerset Maugham, *Der schmale Winkel,* S. 121ff

8. Deutsche im Dienst der VOC auf den Bandas

Im 17. Jahrhundert bekamen viele junge Leute in Deutschland keine Arbeit. Sie träumten von Reichtümern in fernen Ländern und meldeten sich für einen Einsatz als Soldat in Niederländisch-Indien bei der Vereinigten Ostindischen Kompanie, der VOC in Amsterdam. Oft trieb sie die blanke Not zu diesem Schritt. Armut war das beste Zeugnis für eine Söldnerkarriere. Manch einer der Soldaten ist durch Plünderungen zu Reichtum gekommen, denn es war ein Privileg der Soldaten der VOC, dass durch Plünderungen erhaltenes Gut Privateigentum wurde. Auch durch privaten Handel – der zwar von der VOC streng verboten, aber allgemein üblich war – konnten Reichtümer angehäuft werden. Oft waren es nicht die besten Menschen, viele waren Sauf- und Raufbolde. In den Niederlanden galt das Sprichwort: *‚Wer in den Niederlanden nichts taugt, ist gut genug für die Kolonie!‘*

Es gab auch auswanderungswillige Deutsche, die wegen Schulden, wegen Diebstahl oder Mord verurteilt werden sollten. Sie wählten den Weg über die VOC nach Südostasien, um nicht bestraft zu werden. In Niederländisch-Indien unterstanden sie nur noch der Gerichtsbarkeit der VOC, und die fragte nur wenig und interessierte sich nicht für Straftaten, die zuvor geschehen waren.

Eine dritte Gruppe von Auswanderern waren studierte Männer wie Ärzte, Wissenschaftler oder Ingenieure, aber auch Fachleute wie Schreiner oder Bäcker, die in Niederländisch-Indien ihr Glück suchten.

Obwohl die Bezahlung durch die VOC nicht besonders gut war, haben doch manche Karriere gemacht. Die normale Laufzeit eines Vertrages – die aber erst begann, wenn der Neuankömmling nach der Seereise an Ort und Stelle war – betrug fünf Jahre. Wer nach fünf Jahren noch lebte und seinen Vertrag verlängerte, wurde befördert und erhielt mehr Sold.

Es waren Tausende Deutsche, die in die Dienste der VOC eingetreten sind. Aber nur wenige führten ein Tagebuch, und noch weniger dieser Aufzeichnungen – nur eine Handvoll – sind erhalten geblieben. Nur jeder Dritte der Auswanderer schaffte es zurück nach Deutschland. Viele schriftliche Unterlagen gingen mit den Schiffen unter, und manche Auswanderer, die bis zu einer Rückreise überlebt hatten, füllten ihr Reisegepäck lieber mit Gewürzen als mit Papier. In den erhaltenen Unterlagen liest man kaum etwas über den Handel, die Gewinne oder das Geschäftsgebaren der Holländer, denn das war Sache der Holländer und da wollte man Außenstehenden keinen Einblick gewähren.

Ende des 18. Jahrhunderts[179] sandte der Herzog Carl Eugen von Württemberg ein Söldnerheer mit 2000 Soldaten und Offizieren zur Unterstützung der VOC in die niederländische Kolonie.[180] Kaum einer kam zurück nach Deutschland. Die meisten dieser Söldner haben sich mit Javanerinnen verheiratet und blieben dort. Es gibt indonesische Historiker, die behaupten, dass durch die privaten Aktivitäten dieser Söldner mindestens fünf Prozent aller Indonesier heutzutage württembergisches Blut in den Adern hätten. Das wären immerhin 13 Millionen! Aber die Tätigkeiten des ‚Regiments Württemberg‘, auch Kap-Regiment genannt, das 1808 aufgelöst wurde, scheinen aus der württembergischen Geschichte verschwunden zu sein. Es ist nur bekannt, dass Truppenteile auf Java und im Fort Rotterdam in Makassar auf der Insel Celebes eingesetzt waren.

Bei Besuchen im Nationalarchiv von Jakarta fand ich in der 1960er Jahren noch einige Namen von Nachkommen des ‚Regiments Württemberg‘, zum Beispiel die Offiziere Wolzogen oder Winckelman. Auch der Name Franquemont, der Name der sechs unehelichen Söhne des Herzogs Carl Eugen von Württemberg, die als Offiziere im ‚Regiment Württemberg‘ dienten, war noch existent. Alle sechs Söhne hatten auf Java geheiratet.

Mitte der 1960er Jahre entdeckte ich in einem Antiquitätengeschäft in einem Vorort von Jakarta einen über 200 Jahre alten ‚Oberschwäbischen Barockschrank‘, den ich dann auch erstand. Bis heute ziert dieser Schrank mein Wohnzimmer. Drei der unehelichen Söhne von Herzog Carl Eugen hatten in ihrem Reisegepäck Schränke dabei. Zwei weitere gleiche Barockschränke konnte ich in Indonesien entdecken. Einer steht im Palast des indonesischen Präsidenten in Jakarta, der zweite war in der Privatwohnung des ehemaligen und einflussreichen Präsident-Direktors des indonesischen Ölkonzerns Pertamina, Ibnu Sutowo. Vermutlich handelt es sich dabei um die drei Schränke, die die Söhne des Herzogs von Württemberg Ende des 18. Jahrhunderts nach Java mitgebracht haben.

Abb. 8-1: Oberschwäbischer Barockschrank aus den 18. Jahrhundert

179 Von 1787 bis 1808
180 Siehe auch Horst H. Geerken, *Der Ruf des Geckos,* S. 26f

124

Obwohl anzunehmen ist, dass mehrere deutsche Söldner von dem nahegelegenen Fort Rotterdam in Makassar auch auf den Banda Inseln eingesetzt wurden, fand ich darüber nur wenige Beweise.

Einer der deutschen Männer, die auf den Banda Inseln für die VOC ihren Dienst taten, war der Korporal Johann Verken aus Meißen.[181] Er segelte im Dezember 1607 an Bord der *Geuineerde Provincien*, die eines von einer Flotte von dreizehn Schiffen war, von Texel in Holland ab in Richtung Südostasien. Der Auftrag der Flotte unter dem Kommando von Admiral Pieter Willemsz Verhoeff war, die Gewürzinseln zu finden und zu erobern, sowie Schiffe der portugiesischen Ostindienflotte zu versenken. Über all dem standen jedoch die Devise *‚ryche retouren‘*, reiche Retouren, das heißt ‚Profit!‘ Das war für die Holländer das Wichtigste.

Nach einem kurzen Aufenthalt in Bantam auf Java segelte die *Geuineerde Provincien* weiter zu den Banda Inseln. Tagelang – so schreibt Johann Verken – konnte er den Kegel des Vulkans Gunung Api sehen, aber das Schiff konnte wegen widriger Winde die Inseln nicht erreichen. Siebzehn Monate dauerte die lange Reise, bis die *Geuineerde Provincien* am 8. April 1609 vor der Insel Banda Neira ihren Anker warf. Erst elf Tage später, am 19. April, betrat Johann Verken mit 250 Soldaten und Matrosen die Insel. Er schreibt in seinem Tagebuch, dass die Inseln die besten und köstlichsten im ganzen Orient seien! Er bewunderte die dichten blaugrünen Wälder, die vom Gipfel der Berge bis zum Strand hinunterreichten.

Verken beschrieb im Detail das Treffen von Admiral Verhoeff mit den *Orang Kayas* auf der Insel Banda Besar, über das ich bereits in Kapitel 6 berichtet habe. Die *Orang Kayas* seien in voller Rüstung, mit großen Säbeln, 2,5 Meter langen Speeren aus Hartholz und großen Schildern, sowie weiteren Kriegern aufgetaucht. Es seien etwa 200 Bandanesen gewesen, die sich unter einem großen Waringinbaum versammelt hätten.

Wie wir bereits wissen, verlangten die Holländer ein Monopol zum Ankauf der Muskatnuss und das Einverständnis der Bandanesen, auf Banda Neira ein Fort zu errichten. Beides wurde abgelehnt. Verken schreibt, dass bereits zu diesem Zeitpunkt die Holländer getötet werden sollten, aber die Bandanesen sich nicht trauten, zuzugreifen, da die holländischen Kriegsschiffe mit ihren geladenen Kanonen und dem Büchsenmeister mit der brennenden Lunte daneben kurz vor der Küste lagen. Wie die Geschichte mit einem Versöhnungsangebot der Bandanesen weiterging und wie Admiral Verhoeff mit seinen Offizieren und Oberkaufleuten an einem Freitag, dem 22. Mai 1609, in einen Hinterhalt gelockt und getötet wurde, habe ich

---

181 S.P. L'Honoré, *Reisebeschreibungen von deutschen Beamten und Kriegsleuten im Dienst der Niederländischen West- und Ost-Indischen Kompanien 1602-1797*

bereits beschrieben. Aber bisher wussten wir nicht, dass Korporal Verken, nachdem Schreie aus dem Wäldchen zu hören waren, als erster mit sechs Mann in das Gehölz eindrang und in ein Gefecht mit den Bandanesen verwickelt wurde. 47 Holländer verloren an diesem und dem darauffolgenden Tag ihr Leben. Verken wurde durch einen hölzernen Speer am Kopf verletzt. Es war bereits seine zweite Verwundung, die er sich in Diensten der VOC zugezogen hatte. Er hatte Glück, er ist *,in sechs Tagen hernach wider geheilet vnd gesund worden'*.

Am 13. Juni 1609 war Fort Nassau soweit aufgebaut, dass Verken mit 200 Mann dort Unterkunft fand. Er wurde zum Sergeanten und – da das tropische Klima weitere Todesopfer forderte und Personal knapp wurde – wenig später zum Fähnrich befördert. Die erste von vielen Strafaktionen der Holländer gegen die Inselbevölkerung galt dem Dorf ,Labetacke'[182] im Norden der Insel Banda Neira, die Verken wie folgt beschreibt: *,...da es dann an ein groß würgen gangen, denn man keines Menschen verschonet, sondern alles mit Weib und Kindt, Jung und Alt zugleich erschossen vnd erstochen hat. Nachmals haben die Soldaten die Statt geplündert, gantz vnd gar mit Feuer verbrandt vnd in Asche gelegt'*.

Verken berichtet, dass 1611 eine neue Flotte mit dem ersten Generalgouverneur der VOC, Pieter Both, nach Banda Neira kam. Dieser griff scharf durch, um die Disziplin der Soldaten aufrechtzuerhalten, und neue Rachefeldzüge gegen die bandanesische Bevölkerung begannen. Both hatte eine neue Mannschaft mitgebracht. Verken wurde nach zwei Jahren, drei Monaten und neun Tagen auf den Banda Inseln abgelöst. Mit dem Retourschiff *Middelburg* trat er die Rückreise nach Europa an. Wie er schreibt, starben auf der Rückreise noch manche, die sich so gefreut hatten, bald wieder in der Heimat zu sein. Am 18. Juli 1612 ankerte die *Middelburg* vor Holland, danach verliert sich die Spur des Fähnrichs Johann Verken aus Meißen.

Ein weiteres Tagebuch und Aufzeichnungen sind von dem Nürnberger Johann Sigmund Wurffbain[183] erhalten geblieben. Ich habe ihn bereits in Kapitel 7 dieses Buches erwähnt. Auch er war für die VOC auf den Banda Inseln im Einsatz. Über Wurffbain und sein Leben ist mehr bekannt, da Bücher und Schriften von ihm und über ihn veröffentlicht wurden.

Johann Sigmund Wurffbain[184] stammte aus einer gut situierten Familie. Sein Vater Leonard Wurffbain war Mitglied des Nürnberger Ratskollegi-

---

182 Heute Lantaka, auch Lewetaka
183 Auch Wurfbain
184 1613-1661

ums. Er konnte es sich leisten, seinem Sohn Johann Sigmund eine erstklassige Ausbildung zu ermöglichen. Der Vater hatte sich durch Bücher über Karl den Großen oder die Expansion der Habsburger einen Namen gemacht.

Johann Sigmund Wurffbain wurde am 20. August 1613 in Nürnberg geboren. Nach Abschluss der Schule erlernte er in seiner Vaterstadt den Beruf eines Kaufmannes. Auf Anraten seines Vaters ging er als ausgebildeter Kaufmann nach Amsterdam, um sich bei der VOC zu bewerben. Er machte sich große Hoffnung, als Kaufmann eingestellt zu werden, da er neben seiner Muttersprache Deutsch auch fließend Holländisch und Französisch sprach. Aber er wurde enttäuscht, denn im Januar 1632 wurde er nur im niedrigsten Rang eines Soldaten, als ‚*Adelborst*‘[185], angenommen. Später, nach seiner Rückkehr nach Deutschland, berichtete er seinen Landsleuten von seinen Erfahrungen und riet ihnen, niemals als Soldat bei den Holländern, Portugiesen oder Engländern Dienst zu tun.

Die Reise ging zunächst nach Batavia. Hier wurde er einem Kommando zugewiesen, das auf den Gewürzinseln einen Rachefeldzug[186] gegen rebellische Einheimische, die sich einem holländischen Monopol nicht unterordnen wollten, vollenden sollte. Im Mai 1633 erreichte Wurffbain die Insel Ambon. Er war nun 20 Jahre alt. Das Fort Victoria auf der Gewürzinsel Ambon war zu diesem Zeitpunkt das Zentrum und der wichtigste Stützpunkt der VOC in Ostindien. Entlang der Küste der Nachbarinsel Ceram war er an vielen Rachefeldzügen gegen ‚*ungehorsame und widerspenstige*‘ Dörfer und deren Einwohner beteiligt. Mit sieben europäischen Schiffen, vier Schaluppen und rund 750 Soldaten und Matrosen – ‚*Niederländischem Kriegs-Volck*‘ – zogen sie los. Wurffbain gehörte zu einer Kompanie von 47 Mann unter dem Kommando von Leutnant Bertram Duyvel. Wenn sie fündig wurden, gingen die Schiffe der Schmuggler und deren Dörfer in Flammen auf. Alle erreichbaren Nelkenbäume, aber auch Kokos- und Sagopalmen, die die Lebensgrundlage der Einheimischen bildeten, wurden vernichtet. Trotz schlechtem Wetter – es war Westmonsun – trieb der Gouverneur von Ambon, Artus Gisels, die Soldaten zu immer größeren Grausamkeiten an. Wie Wurffbain schrieb, wurden ganze Inseln entvölkert und verwüstet, es wurde gemordet, vergewaltigt, verbrannt und zerstört. Endlich, am 6. Mai 1633, wurden die letzten Schiffe der Schmuggler in Brand gesetzt. Es wurden nicht nur Einheimische ermordet, auch viele Soldaten der VOC verloren ihr Leben. Aber wie Wurffbain schreibt, hat die ungesunde Luft von Ambon mehr Europäer aufgerieben, als die Waffen der Eingeborenen. Danach wurde Wurffbain auf die Banda Inseln versetzt. Aber die

---

185 Korporal, Fahnenjunker, Maat oder Seekadett
186 Die Holländer nannten dies ‚Hongizug‘.

Rachefeldzüge gingen auch unter dem Nachfolger von Gouverneur Gisels, Arnold de Vlamingh, noch 14 Jahre in den nördlichen Molukken weiter. Tausende Nelkenbäume und Sagopalmen wurden vernichtet. Vlamingh schrieb an die Direktoren der VOC in Amsterdam: *‚Haben wir erst die Rebellen zu armen Bettlern und Vagabunden gemacht, so wird das der Kompanie zu großem Vorteil gereichen‘.*

Im April 1633 trifft Johann Sigmund Wurffbain auf der Insel Banda Neira ein. Er schreibt, dass der Muskatnussanbau nun auf den drei Inseln Banda Neira, Lontar[187] und Ai zentralisiert wurde. *‚Der liebe Gott hat mit dergleichen Bäumen diese drei Insuln [...] vor anderen so reichlich gesegnet, dass sie [...] die ganze Welt reichlich versehen können‘.* Die schwerlich zu kontrollierenden Inseln Run und Rozengain[188] seien *‚... bereits seiner herrlichen Fruchtbarkeit [...] gantzlich beraubt worden‘.* Er schreibt, dass die Bandas bei den Soldaten die *‚Hungrigen Insuln‘* heißen, da es außer der Muskatnuss kaum Gemüse und kein Vieh und Geflügel gibt. Gesalzenes Fleisch, Käse, Olivenöl und Wein kamen aus Batavia. *‚Aber ein armer Schlucker von Soldat könne sich diese Köstlichkeiten kaum leisten‘.*

Fünf Jahre nach Wurffbains Ankunft auf den Banda Inseln, 1638, war er bereits Oberkaufmannsassistent. Er nahm an einer Volkszählung teil, deren Ergebnis wie folgt aussah:

Vor Ankunft der Holländer lebten auf den Banda Inseln schätzungsweise 15 000 Menschen. Nun waren es nur noch 3842 Einwohner. Davon waren 2190 Sklaven. Von den ursprünglichen Einwohnern der Banda Inseln, den Bandanesen, lebten nur noch 560. Es waren vorwiegend junge Frauen. Wurffbain stellte fest, dass es auf den Banda Inseln eine gute Kirchen- und Regierungsordnung mit freien Schulen gab. Christlicher Religionsunterricht und die holländische Sprache waren ein wichtiger Teil des Lehrprogramms. Aber wenn die einheimischen Schülerinnen und Schüler älter wurden, würden sie sich vom *‚wahren Glauben‘* abwenden und wieder *‚blinde Heyden‘* werden. Wurffbain selbst gehörte der lutherischen Kirche an.

Im Fort Nassau wurde Wurffbain von der VOC als Kaufmannsassistent angestellt, sodass er nun endlich in seinem angelernten Beruf tätig werden konnte. Er musste die Buchführung der ein- und ausgehenden Waren führen, er registrierte aber auch die harten Urteile der kolonialen Justiz. In fünf Jahren seiner Dienstzeit auf den Bandas wurden 25 Personen zum Tode verurteilt, davon *‚zwei lebendig verbrannt, eine geradbrecht, neun gehenkt,*

187 Heute Banda Besar
188 Heute Pulau Hatta

128

neun enthauptet, drei stranguliert oder erwürgt und eine arqvebuissirt[189]. 52 Personen wurden gegeisselt, davon 44 einfach und drei doppelt gebrandtzeichnet. Einem wurde die Zunge mit einem Pfriemen[190] durchstochen und einem andern die beede Backen vom Mund bis zu den Ohren aufgeschlitzt'. Die Vergehen waren meist Verrat, Schmuggel von Muskatnüssen oder Liebe. Weil zum Beispiel ein Mann mit der Schwester seiner Ehefrau ein Kind gezeugt hatte, wurde er bei lebendem Leibe verbrannt. Und die arme Frau wurde *'umb solcher Sünde Willen erwürgt'.* Der Scharfrichter auf den Banda Inseln war – wie Wurffbein schreibt – Thomas Mosch, ein *'getauffter Japaner'.* Mit seinem japanischen Säbel – nur rund 60 Zentimeter lang und zwei Finger breit – konnte er seine Opfer mit einer Hand in einem Streich enthaupten. Als Mosch eines Tages betrunken einen unschuldigen Holländer tötete, ereilte ihn selbst dieses Schicksal.

Homosexualität war bei der VOC zu Lande und auf den Schiffen ein unentschuldbares und todeswürdiges Verbrechen. Wurden zwei Sünder auf einem Schiff erwischt, wurden sie Rücken an Rücken zusammengebunden und lebend ins Meer geworfen.

Auch an Land gab es grausame Strafen. So berichtete Wurffbain von einem solchen Vorfall auf Banda Neira. Ein Sklave wurde erwischt, wie er mit einem Hund ein *'abscheulich-sodomitisches Greul'* begangen hat. Der Sklave und der Hund wurden zusammen bei lebendigem Leibe verbrannt.

Bei Strafen wegen Homosexualität machte die VOC selbst vor verdienten Männern nicht Halt. So wurde wegen diesem 'Vergehen' ein Kapitän, der gerade von der langen Reise in Batavia eingetroffen war, stranguliert und verbrannt und sein 13jähriger Partner ertränkt. Selbst Justus Schouten, der Kommissar und Rat von Niederländisch-Indien, einer Position direkt unter dem Generalgouverneur, wurde in Batavia wegen Homosexualität stranguliert und verbrannt.

Im März 1638 lief die fünfjährige Dienstzeit von Wurffbain in Ostasien ab. Er war nun vier Jahre und elf Monate auf Banda Neira im Fort Nassau. Der Gouverneur bot ihm einen höheren Rang und eine bessere Besoldung an. Aber Wurffbain hatte genug von den 'hungrigen Inseln'. In Batavia wurde er zum Unterkaufmann der VOC befördert und nach Surat an der Westküste Indiens versetzt. Hier handelte er mit Kaffeebohnen aus dem Jemen und mit Edelsteinen. Wurffbain machte sich um die Verbreitung des Kaffees in Europa verdient. 1644 wurde er zum Oberkaufmann befördert und gleichzeitig wurde ihm der diplomatische Verkehr mit indischen Fürsten

---

189 Von Scharfschützen erschossen. Arkebuse ist eine Hakenbüchse mit Vorderlader.
190 Pfriem, auch Ahle. Ein Schuhmacherwerkzeug, um Löcher in Leder zu stechen.

und Statthaltern übertragen, eine beachtliche Position, die ihm die Möglichkeit gab, einen ‚privaten Handel' zu betreiben. Nach sechs Jahren und drei Monaten in Surat kehrte er im April 1645 nach Batavia zurück.

Nach 14 Jahren im Dienste der VOC bat Wurffbain um seine Entlassung. Auf dem Retourschiff *Henriette Louise* trat er die Heimreise an. Als Oberkaufmann führte er nochmals Buch über die Ladung des Schiffes und die Schiffspapiere. Im Juni 1646 erreichte er als wohlhabender Mann wieder Holland und im September desselben Jahres seine Heimatstadt Nürnberg. Wurffbain heiratete in Nürnberg, hatte zwei Söhne und verstarb dort am 2. August 1661.

Abb. 8-2: Allegorisches Frontispiz des Reisebuchs von Johann Sigmund Wurffbain[191]

191 Der Engel auf der linken Seite hält ein Bild Wurffbains. *Joh. Sigmund Wurffbains vierzehnjährige Ostindische Kriegs- und Oberkaufmanns-Dienste, in einem richtig geführten Journal- und Tage-Buch.* Nürnberg 1686, Tübingen 1688

Wurffbain verfasste eine Beschreibung seiner Reise, die jedoch zu Lebzeiten nur teilweise veröffentlicht wurde. Die vollständige Ausgabe ist erst nach seinem Tode von seinem Sohn herausgegeben worden.[192] Es ist eine ausgezeichnete Beschreibung der damaligen Kolonialherrschaft der Holländer und der Handelstätigkeit der VOC. Es ist eines der ersten Werke, das die Lage in Niederländisch-Indien beschreibt und an Genauigkeit in jenem Jahrhundert nicht übertroffen wurde.

Schon zuvor hatte sein Vater Leonhard[193] aus den von Wurffbain aus Ostindien erhaltenen Briefen und anderen Informationen 1646 ein Buch zusammengestellt und publiziert. Er wollte seinem Sohne zu dessen Ankunft in Nürnberg eine Freude machen, die aber gar nicht gut ankam. Das Buch enthielt so viele Fehler, dass Johann Sigmund alle erreichbaren Exemplare aufkaufte und vernichtete. Unter ‚Monographier Digital‘[194] ist das Werk einsehbar. Es wurde 1646 wie folgt angepriesen:

‚Joannis Sigismundi Wurffbains Bürgers in Nürnberg. Reiß-Beschreibung, welche Er in Namen und wegen der hochlöblichen in Niederland angeordneten Ost-Indianischen Companiae de Anno Christi 1632 in dem Monat April dahin mit Gott und Ehren fürgenommen und in dem Monat Juni deß 1646 vollendet hat. Gestellt durch seinen Vattern Leonhartum Wurffbain auff desselben Verlag und Unkosten‘.

Abb. 8-3:
Johann Sigmund Wurffbain:
Reise Nach den Molukken und
Vorder-Indien 1632-1646[195]

192 Eine digitale Ausgabe dieses seltenen Werkes findet man unter ‚Ioannis Sigismundi Wurffbain‘ in der Herzogin Anna Amalia Bibliothek in Weimar.
193 Im Buch Leonhartum Wurffbain genannt
194 https://0ra-web.swkk.de/digimo_online/digimo.Sammelband?, Herzogin Anna Amalia Bibliothek, Weimar
195 *Reisebeschreibungen von deutschen Beamten und Kriegsleuten im Dienst der Ostindischen Kompanie* (Edition in Deutsch), Nürnberg 1646, Nachdruck 1931

Abb. 8-4:
Es war ein Werk mit
13 Bänden

Abb. 8-5:
Von Christoph Arnold
kommentierte Instruktion
Johann Sigmund Wurffbains
über verschiedene Reiserouten
und -formen nach Ostindien[196]

Johann Sigmund Wurfbains
INSTRUCTION,
oder
Kurtzer Bericht/
Wie eine Reise / sowol zu Wasser /
als zu Land / nach Indien anzustellen sey?

Die Reise zu Land / von Constantinopel aus.

Als Europa nach Orientalisch Indien zu reisen / muß solches per terram oder per mare geschehen; über Land muß man sich erstlich nach Constantinopel oder Alexandretta verfügen. Die von Constantinopel aus / nehmen ihren Weg über Land nach Alcair, und weiter bis nach Sues, den äussersten Ort an dem mari rubro gelegen; allda begeben sie sich insgesamt zu schiffen / (*) bis nacher Mocha, welche Stadt nicht mehr als ungefähr 16. Mei-

(†) Bis nacher *Mocha.*] Diese Stadt ligt in dem glückseeligen Arabien / gerad im Munde des rothen Meers / auf der Höhe von 13. Grad. 28. Min. Norderbreite: Sie ist sehr groß / und ohne Mauren / an der Wasserseite gelegen; auf einem dürren und unfruchtbaren Boden. Vor 90. oder 100. Jahren war daselbst ein Fischersdorf / aber seit der Großtürk darüber herrschet / ist solche Stadt zu einem Haubtplatz worden. Sie besteht

besteht aus Türken / Arabern / Benjanen / und Juden. Von Alters her ist allhie / von dem ersten Mertz an / bis auf den halben September / grosser Zulauf des Volks / gewest; indem das grosse Schiff Mansouri (welches / im September vom eussersten Theil des rothen Meers abreist) allhie anlandet. Solches Schiff aber komt / wegen des grossen Sultans von Constantinopel; der es / auf der Kaufleut Fracht / hin und her fahren lässt. Man muß alsdann 10. pro cento, vom hundert / von der Kauffmannschaft bezahlen ; und / ausser diesem Schiff / dürfen keine andere Schiffe dieselbige Reise thun. Diß zuvorbesagte Schiff komt von oben herab / sehr köstlich beladen / bisweilen 25. oder 30. hunderttausend Realen von achten werth ; welches theils in paaren Realen / Venetianischen und Mohrischen Ducaten ; theils aber in Welschen / guldenen Stücken / Camelotten / Safran / Quecksilber / allerhand Krämereyen / und grosser Menge Christen Weiber / Männer und Kinder / so gegen Osten eröbert und bekommen worden ; die meistentheils Griechen / Ungern / Italiener / auch aus Cypren / und andern Inseln gebürtig sind. Diß Schiff verreist gemeiniglich den ersten Jenner / mit Specereyen / und allerhand Indianischen Wahren wol und reichlich beladen. So hat man auch gemeiniglich alle Jahre / im Anfang / oder um die Helfte des Mertzen / allhie eine Caffila oder Caravvane ; so über die 1600. Camelen stark: Die besteht in lauter Kauffleuten / so meistentheils Türken / Araber / und Armenier ; neben noch andern fremden Nationen. Diese kommen über Aleppo, und Alexandria ; sind gemeiniglich zwey Monath unter wegs / und reisen nicht mehr / dann drey oder vier Holländische Meilen / des Tags. Die Kauffmannschaften / so sie mitbringen / sind Neh- und Stickselden / guldner Drath / rothe Corallen / Vermelion / Saffran / allerhand (zuvor theils in Ost-Indien / theils auch in Afrika berühmte) Nürnberger-Wahren / Nablen / Brillen / Schehre / Messer / Spiegel / etc. Solche Caffila verreist gemeiniglich im December / mit allerhand Indianischen Wahren / also daß sie / mit Hin- und wiederreisen ein gantzes Jahr zubringen. Ferner dienet zu wissen / daß

Eccc iij   Mocha

---

196 Aus Christoph Arnold: *Wahrhaftige Beschreibungen ,dreyer maechtigen Koenigreiche Japan, Siam und Corea'*, Nürnberg, 1672

Der Nürnberger Gymnasialprofessor und Dichter Christoph Arnold[197] war an der Geschichte Ostasiens sehr interessiert. Er sammelte Material und befragte auch Johann Sigmund Wurffbain. In dem von Arnold 1663 – zwei Jahre nach den Tod Wurffbains – publizierten Sammelband *Wahrhaftige Beschreibung zweyer mächtigen Königreiche, Jappan und Siam* findet man einen interessanten Beitrag von Wurffbain mit Instruktionen, wie eine Reise nach Ostindien anzustellen sei.

Interessant ist, dass Wurffbain darin von einer Expedition von drei Deutschen – Michael, Piemp und Schiller – berichtet, die sie 1634 mit einigen Holländern in das damals noch unbekannte Neuguinea unternommen haben. Bisher konnte ich über diese Expedition noch keinen anderen Hinweis finden.

Es gab noch viele weitere deutsche Soldaten und Beamte, die im Dienste der VOC standen, wie den Bergwerksfachmann Johann Wilhelm Vogel, der 1694 sein Buch über *Bergmännisches Rechnen* und seine *Reiseberichte* veröffentlichte,[198] oder den Schiffsarzt Johann Jacob Merklein, die Soldaten David Tappe, Christian Burckhardt aus Halle, Christoph Schweitzer, Volquard Iversen, Martin Wintergerst, Christoph Langhanß und Johann Jacob Saar, oder die Schiffschirurgen Johann Schreyer und Christoff Frick aus Ulm an der Donau. Alle haben Aufzeichnungen über ihren Aufenthalt für die VOC in Ostindien hinterlassen, aber ich fand keinen Hinweis, dass sie auch auf den Banda Inseln tätig waren. Aber ich vermute, dass der Gärtner George Meister auf die Bandas wollte. Sein Beruf war dort für die Aufforstung und Pflege der Muskatplantagen sehr gefragt. Leider ist nur der erste Teil seines Reiseberichtes erhalten geblieben. Viele weitere Deutsche im Dienste der VOC haben entweder kein Tagebuch geführt, oder die Aufzeichnungen gingen verloren.

---

197 1627-1685
198 1690 und 1696 auch in Deutsch in Frankfurt und Leipzig

9. Der Tausch der Insel Run gegen Manhattan

Der englische Seefahrer Henry Hudson hatte bereits zwei Fahrten im Auftrag der englischen Handelsgesellschaft ‚Muscovy Company' unternommen, um eine Route über die Nord-Ost-Passage nach China und zu den Gewürzinseln zu finden. Die Nord-Ost-Passage fand er nicht, aber er entdeckte eine ganze Anzahl von bisher nicht bekannten Inseln im Nordmeer. Er wurde bei der Londoner Kaufmannschaft vorstellig, um das Geld für eine neue Expedition zu bekommen. Hudson behauptete steif und fest, er wüsste nun die Route durch das nördliche Polarmeer. Durch die vielen Fehlschläge entmutigt, lehnten die Londoner Kaufleute trotzdem eine weitere Finanzierung entschieden ab.

Dies erfuhren die holländischen Direktoren der VOC. Sie witterten die Chance, nun auch die rund 3500 Kilometer kürzere Strecke zu den Gewürzinseln befahren zu können und luden Hudson zu Besprechungen nach Amsterdam ein. Sie wurden schnell handelseinig und bereits wenige Monate später, im März 1609, segelte Hudson im Auftrag der VOC mit der *Halve Maen* nach Norden. Wegen fortlaufender Streitigkeiten in der gemischten Mannschaft von Engländern und Holländern brach Hudson seine Suche im Eismeer ab und segelte zunächst nach Westen. Als das Packeis zu dicht wurde, fuhr er entlang der amerikanischen Ostküste nach Süden. Am 11. September 1609 erreichte Hudson die Mündung des heute nach ihm benannten Hudson Rivers und die Insel, die heute Manhattan heißt, einen Teil des heutigen New York.

Als Hudson nach seiner Rückkehr von dem überaus fruchtbaren Land, von der Fülle der dort wild wachsenden Früchte, von der unermesslichen Menge an Fellen und Pelzen und von unendlich großen Wäldern berichtete, machte sich schon bald danach eine Anzahl von Holländern auf, um sich dort in einfachen Blockhütten anzusiedeln. Da die Schiffe im Süden von Manhattan am einfachsten anlegen konnten, wurde dieser Teil im Jahre 1611 zuerst besiedelt. 1623 folgten dann ganze Familien mit dem Schiff *Nieuw Holland*. Der Ort wurde ‚Nieuw Amsterdam', Neu Amsterdam, benannt. Den Süden der Ansiedlung dominierte das Fort Amsterdam. Es war eine genaue Kopie von Fort Nassau auf Banda Neira.

Abb. 9-1: Die älteste bekannte Darstellung von Fort Amsterdam auf Manhattan, ca. 1630[199]

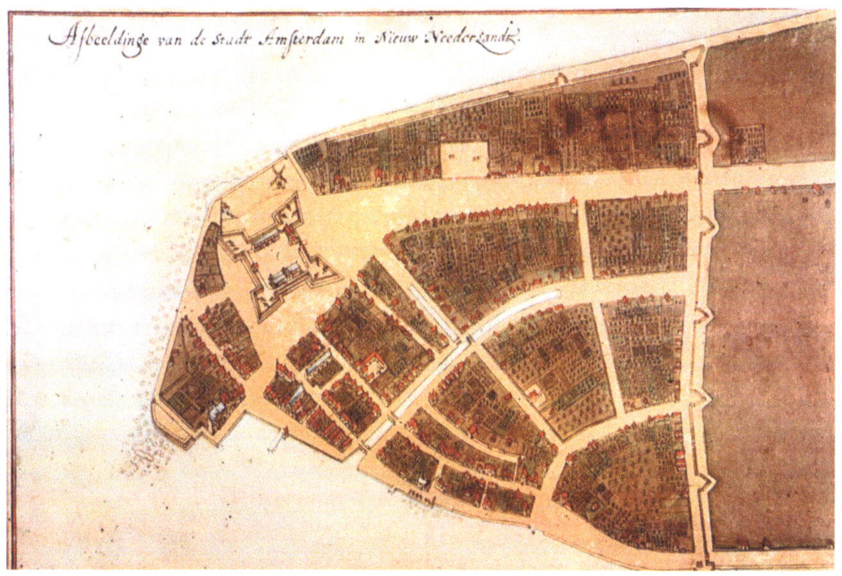

Abb. 9-2: Neu Amsterdam, 1660[200]

---

199 Wikipedia Public Domain
200 Wikipedia Public Domain

Am 2. Februar 1653 wurde Neu Amsterdam die Hauptstadt der Provinz Neu Holland, die die heutige Stadt New York, New Jersey, Long Island, Connecticut und Teile von Delaware umfasste. Die Holländer hatten das Land von den Ureinwohnern für damals 24 US-Dollar gekauft. Neu Amsterdam war in der Zwischenzeit auf eine Stadt mit knapp 1000 Einwohnern angewachsen. Der erste holländische Gouverneur der Provinz war der streng herrschende und dadurch ziemlich unbeliebte Peter Stuyvesant.

Da sich Neu Amsterdam durch neue Siedler laufend vergrößerte, wurde als zusätzlicher Schutz gegen Angriffe ein Wall gebaut. Entlang dieses ehemaligen Walls verläuft heute die Wall Street, eine der weltweit bekanntesten Straßen.

Als es in Europa wegen des Massakers von Ambon,[201] bei dem viele Engländer von den Holländern zu Tode gefoltert wurden – und über das ich in Kapitel 20 detailliert berichten werde – zwischen England und Holland zu kriegerischen Übergriffen kam, konfiszierten die Holländer die Insel Run und deportierten die dort ansässigen Engländer nach Bantam auf Java. Es gab ein unendlich langes Tauziehen der beiden Kolonialmächte um diese winzige Insel. Noch mehrmals wechselte sie den Besitzer bei kriegerischen Auseinandersetzungen, mal war sie holländisch, dann wieder englisch.

König Jakob von England versprach Vergeltung für das Massaker von Ambon. Die Engländer konfiszierten im Ärmelkanal holländische Schiffe, die auf dem Weg nach Ostindien waren, oder von dort kamen. Nach dem Tod von König Jakob erneuerte sein Nachfolger, König Karl I., seine Forderung für eine Entschädigung an die Holländer. Als eine holländische Delegation in London eintraf, wurden kurz darauf die von England konfiszierten Schiffe an die Holländer zurückgegeben. Gerüchte von Schmiergeldern an den König machten die Runde.

Aber die Kaufleute der English East India Company gaben keine Ruhe, sie hatten bereits viel Geld in Expeditionen gesteckt und bestanden auf der Rückgabe der Insel Run. 1632 und 1636 wurden aus Bantam Schiffe nach Run geschickt, die aber wegen widriger Winde unverrichteter Dinge wieder nach Java zurückkehren mussten. Erst 1636 gelang es einem englischen Kaufmann, Run zu erreichen. Mit Schrecken musste er feststellen, dass die Insel fast unbewohnt war. Die Häuser waren zerstört, große Muskatnussbäume waren abgeholzt, kleinere mit den Wurzeln ausgegraben worden. Er fand ein kahles, fast menschenleeres Eiland vor. Die Holländer hatten das Eiland wertlos gemacht.

---

201 In historischer Literatur: Das Massaker von Amboyna

Nun wurde erneut eine Entschädigungsforderung mit Bergen von Beweisen nach Amsterdam geschickt. In nur zwei Jahrzehnten waren 150 Engländer durch die Holländer getötet und mindestens 800 Personen, die für die Engländer gearbeitet hatten, als Sklaven verkauft worden. Es wurde verlangt, dass Run – mit Muskatnussbäumen neu bepflanzt – an die Engländer zurückgegeben werden müsse.

Aber England ging es in dieser Zeit schlecht. Es herrschte Bürgerkrieg und die English East India Company war verschuldet und fast am Ende. Konnte eines der wenigen Schiffe noch eine Ladung von Gewürzen ergattern, wurde das Schiff meist schon in den Gewässern um Bantam von den Holländern gekapert. Am 14. Januar 1657 musste die English East India Company Konkurs anmelden. War die ganze Mühsal früherer Expeditionen umsonst? Wurden umsonst Tausende Menschenleben geopfert? Die Regierung griff ein und am 19. Oktober 1657 wurde die English East India Company in eine moderne Aktiengesellschaft umgewandelt.

Aber der Handel mit Gewürzen war rückläufig. England legte nun den Schwerpunkt seines Handels auf Indien, wo es feine Stoffe und Grundstoffe für Chemikalien gab. Der rechtmäßige Anspruch Englands auf die Insel Run wurde aber nie aufgegeben, doch es fehlte an den Finanzen, um eine Flotte auszurüsten, die die Insel für das Königreich hätte zurückerobern können.

Ein Krieg zwischen England und Holland änderte die Situation grundlegend. Es war der erste von vier Kriegen zwischen den beiden Kontrahenten, der von 1652 bis 1654 dauerte. Bei den Friedensverhandlungen hatte England die besseren Karten. An England wurde laut Vertrag die Insel Run zurückgegeben und eine Entschädigung für das Massaker von Ambon vereinbart. Am 8. Mai 1654 wurde dieser Vertrag von Westminster mit der Unterzeichnung durch beide Parteien rechtsgültig. Aber die Holländer hatten nie die Absicht, diesen Vertrag zu erfüllen. Auf den Banda Inseln setzten sich die Feindseligkeiten zwischen der englischen und der niederländischen Handelsgesellschaft unverändert fort. Die holländischen Gouverneure auf den Außenposten waren weit weg von Amsterdam. Sie hatten ihre eigenen Ideen und eigenes Militär.

Ein Angestellter der englischen Kompanie aus Bantam besuchte die Insel Run und berichtete, dass die verbliebenen Eingeborenen einer Rückkehr der Engländer sehr wohlwollend gegenüberstanden. Sie wollten gemeinsam mit den Engländern die Insel wieder aufforsten und besiedeln. Als diese Nachricht London erreicht hatte, plante die Britische Ostindien Kompanie, auf Run eine Musterkolonie aufzubauen. Ein Schiff mit Zimmerleuten, Gärtnern, Bauern, Schmieden und anderen Handwerkern wurde auf den Weg nach Run gebracht. Das Schiff kam aber nicht bis zu den Banda Inseln, da erneut ein Krieg zwischen England und Holland vorhersehbar war. Kapitän John Dutton zog es daher vor, zunächst auf der Insel Helena im Südatlantik zu verweilen. Im Mai 1659 wurde St. Helena durch die Britische Ostindien-Kompanie in Besitz genommen. Es wurden das Fort Jamestown sowie eine Garnison und eine erste Siedlung auf der Insel errichtet.

Erst ein Jahr später hatte sich die Situation zwischen den beiden Widersachern so weit entspannt, dass erneut eine Flotte unter dem Kommando von Kapitän John Hunter[202] mit Kolonisten nach Run in See stechen konnte, diesmal mit vier Schiffen. Die Flotte segelte zunächst nach St. Helena, wo sie Kapitän John Dutton – der Gouverneur von Run werden sollte – und einen Teil der von ihm mitgebrachten Siedler an Bord nahm. Einige für Run vorgesehene Kolonisten wollten sich jedoch permanent auf St. Helena niederlassen. Sie bildeten den Grundstein für das heutige britische Überseegebiet St. Helena, Ascension und Tristan da Cunha.

Der holländische Generalgouverneur in Batavia verweigerte der englischen Flotte aufgrund von fadenscheinigen Vorwänden die Weiterfahrt zur Insel Run. Da die englischen Kapitäne von der Kompanie den Auftrag erhalten hatten, die Insel notfalls auch mit Gewalt einzunehmen, setzten sie trotz des Verbotes des holländischen Generalgouverneurs die Fahrt zu den Banda Inseln fort. Aber auch der Gouverneur der Bandas weigerte sich, den Engländern die Insel Run zu übergeben, wie in dem Vertrag von Westminster festgelegt worden war. Falls die Engländer versuchen würden, die Insel zu betreten, würden die Holländer sie mit all ihrer Feuerkraft daran hindern. Die Holländer hatten die Engländer getäuscht und belogen. Sie hatten nie ernsthaft vor, die Insel Run an England zurückzugeben. Kapitän Dutton wollte handeln, aber sein Vize Hunter verweigerte sich einer militärischen Auseinandersetzung.

Die Kaufleute in London waren entsetzt und verzweifelt. Die Insel Run brachte nur Verluste ein. Letztendlich gelang es den Engländern doch noch, die Insel zu besetzten. Am 23. März 1665 legten zwei Schiffe – unbemerkt von den Holländern – im Hafen von Run an. Die Engländer besetzten die Insel, ohne einen Schuss abgegeben zu haben. Die bereits dort ansässigen Holländer verließen mit ihrem Besitztum die Insel und segelten zu ihrem holländischen Hauptquartier in Banda Neira.

Die Freude der Engländer über die Befreiung Runs war nur von kurzer Dauer. Schon kurz danach eroberten die Holländer die Insel zurück. Um sie nun endgültig für die Engländer unattraktiv zu machen, wurde sie erneut abgeholzt und niedergebrannt. Ein kahles Eiland blieb zurück.

---

202 Später erlangte John Hunter als Erforscher von Australien und Tasmanien Berühmtheit.

Aufgrund der schon jahrzehntelangen gewalttätigen Aktionen der Holländer in Südostasien, beginnend mit dem Massaker von Ambon bis zu der mehrmaligen unrechtmäßigen Besitzergreifung Runs, sannen die Engländer auf Vergeltung.

Am 8. September 1664 griffen auf Veranlassung des Dukes of York[203] englische Truppen Neu Amsterdam in Nordamerika an und nahmen die Stadt ein. Das Fort Amsterdam war bereits teilweise verfallen, die dort vorhandenen Waffen veraltet und zum großen Teil unbrauchbar geworden. Daher war Neu Amsterdam ein leichtes Ziel und schnell besiegt. Neu Amsterdam wurde nun von den Engländern in New York umbenannt. Zwischen den beiden Staaten herrschte Krieg in Europa, der Zweite Englisch-Holländische Seekrieg, der von 1665 bis 1667 dauerte. Es ging wieder nur um wirtschaftliche Vorteile, um die Dominanz im Welthandel. Es war ein Kampf um die Seeherrschaft, bei dem Dutzende Schiffe versenkt wurden und Tausende Seeleute und Soldaten ihr Leben lassen mussten.

Abb. 9-3: Fort Amsterdam um 1730, das unter englischer Herrschaft in Fort George umbenannt wurde[204]

203 Jakob, der Sohn von König Karl II.
204 Wikipedia Public Domain

Die Holländer protestierten wegen der Einnahme von Neu Amsterdam. Aber England wies den Protest mit dem Hinweis zurück, sie hätten ja mit der Insel Run dasselbe getan. Die Pest und das große Feuer von London schwächten die englische Finanzwelt. Auch Holland war kriegsmüde geworden. Beide Länder waren nun bereit, zu verhandeln. Holland besaß die Provinz Neu Holland mit der Hauptstadt Neu Amsterdam in Nordamerika, die allerdings nun von englischen Truppen besetzt war und jetzt New York hieß. Auf der anderen Seite der Erdkugel hatte England Besitzansprüche auf die Insel Run in der Bandasee, die aber von holländischen Truppen besetzt war.

Es wurde ein geschichtsträchtiger Tausch getätigt. Die Holländer wollten unbedingt die Insel Run in ihrer Einflusssphäre haben, um endlich ein Monopol über alle Banda Inseln und die Muskatnuss zu besitzen. Die Fahrten der Engländer zu den Inseln Run und Ai waren den Holländern schon längst ein Dorn im Auge, da die Bandanesen die Engländer dort bevorzugt mit Gewürzen belieferten. Das ging sogar so weit, dass zeitweise die Engländer mehr Muskatnüsse von den Banda Inseln exportieren konnten als die Holländer. Um die Insel Run endlich zu besitzen, waren die Holländer zu großen Zugeständnissen bereit. Die von ihnen selbst verwüstete Insel hatte plötzlich einen unermesslichen Wert bekommen.

Nach dem Zweiten Englisch-Niederländischen Seekrieg wurden im Zuge einer internationalen ‚Landreform‘ die Grenzen bereinigt. Der Vertrag von Breda wurde am 31. Juli 1667 von beiden Seiten unterzeichnet. Die Engländer tauschten die kleine Insel Run im Ostindischen Archipel nicht nur gegen die wesentlich größere Insel Manhattan an der amerikanischen Ostküste, sondern gegen die gesamte Provinz Neu Holland. So winzig wie die Insel Run ist, so einen ungeheuren Wert hatte sie damals, sie war das wichtigste Pfand der Engländer bei dem Tausch. Die Verhandlungsführung bei den Engländern hatte Lord Sandwich.

Als Zugabe zu der Insel Run erkannten die Engländer noch die niederländische Herrschaft in Holländisch-Guyana[205] in Südamerika an. Die Engländer hatten hier 1651 eine Siedlung gegründet, die von einer niederländischen Expedition noch 1667, vor dem Vertragsabschluss von Breda, erobert wurde. Interessant ist, dass die Nachfahren von Tausenden von Sklaven, die die Holländer für die Arbeit auf den Zuckerrohrplantagen von Java nach Holländisch-Guyana verfrachteten, bis heute in diesem Teil Südamerikas überwiegend noch Javanisch oder Malaiisch sprechen.

---

205 Heute das unabhängige Surinam

Abb. 9-4: Der Kongress von Breda, zeitgenössischer Stich[206]

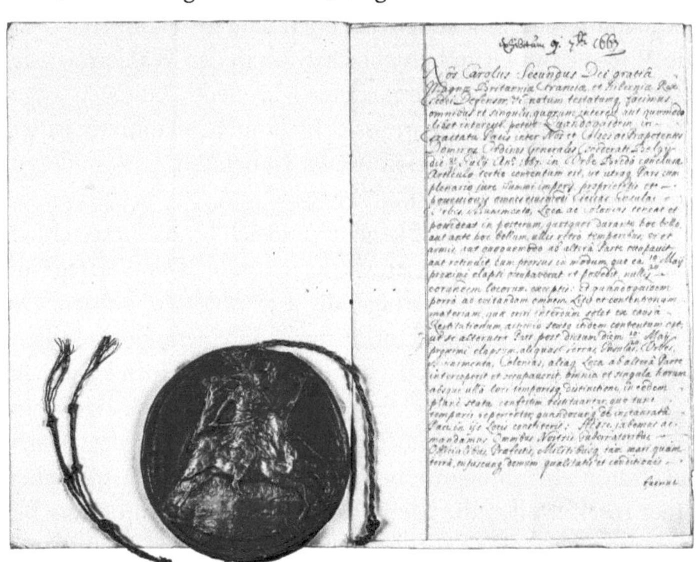

Abb. 9-5: Die letzte Seite des Vertrages von Breda mit dem Siegel[207]

206 Wikipedia Gemeinfrei
207 Nationaal Archief, Staten-Generaal Archiefinventaris 1.01.02 Inventarisnummer 12589.127

Neu Amsterdam wurde nun New York und der alte Indianerpfad in Manhattan, der die Insel von Nord nach Süd durchquerte und von den Holländern ausgebaut und ‚Breede Weg‘, Breiter Weg, genannt wurde, ist heute der Broadway. Es war ein Tausch Muskatnuss gegen ‚Big Apple‘, wie New York heute genannt wird.

Allerdings hatte die Insel Run für die neuen holländischen Kolonialherren keinen wirtschaftlichen Nutzen mehr, denn sie selbst hatten ja die Muskatnussbäume der Insel abgeholzt, um eine Rückkehr der Engländer zu verhindern. Außerdem sollte einer Überproduktion von Muskatnüssen vorgebeugt werden, um die Preise möglichst hoch halten zu können.

Als ich Ende 2018 die Insel Run besuchte, sah ich in den Wäldern wieder Muskatnussbäume und es werden ein weiteres Mal neue Plantagen angelegt. Obwohl das Geschäft mit Muskatnüssen nicht mehr so lukrativ ist wie einst, scheint sich hier eine alte Tradition wieder zu beleben.

Ich glaube, es gibt auf der ganzen Welt keinen Vergleich für die unterschiedliche Entwicklung von zwei einst gleichwertigen Inseln. Der Vertrag von Breda ist einer der folgenreichsten Verträge, die je geschlossen wurden. Die winzige Insel Run mit einem kleinen Dorf ist heute in einem Dornröschenschlaf. Die knapp tausend Menschen, die auf der Insel in kleinen Häuschen wohnen, leben hauptsächlich vom Fischfang. Es gibt nicht ein einziges Auto auf der Insel, nur ein paar wenige Motorräder, die auf den schmalen Wegen unterwegs sind. Kaum ein Einheimischer weiß etwas von der historischen Bedeutung seiner Insel. Wollen die Menschen auf der Insel Run etwas Besonderes erleben, müssen sie eine Fahrt mit dem Schnellboot von zwei Stunden auf sich nehmen, um die fast genauso verschlafene Hauptstadt der Inselgruppe, Banda Neira, zu erreichen. Die nächste größere Stadt ist Ambon, mindestens weitere zehn Stunden mit dem Schiff entfernt.

208 Eine Nachprägung, Wikipedia Public Domain

142

Manhattan dagegen entwickelte sich zu einer pulsierenden Finanz- und Wirtschaftsmetropole, vielleicht der größten der Welt, mit Millionen von Einwohnern und unzähligen Wolkenkratzern. Einen größeren Kontrast kann man sich kaum vorstellen.

Im November 2017 wurde erstmals auf der Insel Banda Neira anlässlich eines Banda Festivals vom 11. Oktober bis zum 11. November ein Jubiläum gefeiert. Es war 350 Jahre her, dass die Insel Run gegen Manhattan getauscht wurde. Obwohl der Frieden von Breda am 21. Juli 1667 zwischen Holland und England geschlossen wurde, dauerte es noch eine Weile, bis der Tausch der Insel Run gegen Manhattan vollzogen war. Daher fand die Erinnerung an dieses Ereignis auch erst etwas später statt. Honoratioren aus den USA und Indonesien waren anwesend, wie der Gouverneur der Molukken, Said Assagaff oder der US Botschafter für Indonesien, Joseph R. Donovan.

Da die Delegation der Honoratioren – wie mir erzählt wurde – nur zu einem Tagesausflug mit einem Sonderflugzeug nach Banda Neira angereist war, war ein Besuch der für diesen Anlass wichtigsten Insel Run nicht möglich. Ein Einwohner von Run, der an den Festlichkeiten teilgenommen hatte, sagte mir spaßeshalber: *Nun warten wir nur darauf, dass Präsident Trump auch auf der Insel Run einen Tower baut, wie in Manhattan!'*

Auf der Insel Banda Neira, ziemlich genau am anderen Ende der Welt, wurde dieser Tag der 350jährigen Übergabe mit Tänzen, Debatten über die Geschichte der Inseln, einer Ausstellung von alten Fotos und Landkarten und kulinarischen Spezialitäten feierlich begangen. Für Banda war es ein wichtiger Tag. In New York dagegen war der Tag wie jeder andere, niemanden scheint dieses historische Datum interessiert zu haben.

Der Kreis schließt sich irgendwie wieder. Damals waren die Banda Inseln mit der Insel Run weltpolitisch hochinteressant und das Zentrum der Welt. Die Gewürzinseln waren in aller Munde. New York dagegen war ein unscheinbares Dorf mit wenigen Hundert Einwohnern.

Die Zeiten und Positionen haben sich geändert. Manhattan hat heute in der Wall Street die bedeutendste Wertpapierbörse. New York kennt heute jedermann, aber wer kennt schon die Insel Run? Als der Preis für die Muskatnuss verfiel, wurden auch die Banda Inseln vergessen. Selbst in Indonesien habe ich bis heute niemanden gefunden, der auf Anhieb weiß, wo die kleine Inselgruppe liegt. Und Pulau Run? Das hat noch keiner gehört! Nicht in Indonesien und schon gar nicht im Rest der Welt! Aber wer kennt sich schon genau aus in einem Indonesien, das über 17 000 Inseln verfügt?

Aber mir wurden die Banda Inseln schon durch meine Mutter praktisch in die Wiege gelegt, weshalb mich auch diese entlegene Inselgruppe mein ganzes Leben lang faszinierte und begleitete.

10. Die Muskatnuss und Pierre Poivre

Durch ein spezielles Mikroklima und eine besondere Beschaffenheit des vulkanischen Bodens wuchs die Muskatnuss seit Jahrtausenden nur auf den Banda Inseln. Nirgendwo sonst auf der Welt war dieser Baum zu finden. Nachdem die Holländer die Inseln gewaltsam erobert hatten und nachdem sich die Produktion der Gewürze nach dem Genozid und der brutalen Ausrottung der bandanesischen Bevölkerung wieder normalisiert hatte, sicherten sich die Holländer ein streng eingehaltenes Monopol für die nächsten 150 Jahre. Der Verkauf von Muskatnuss und Macis brachte der VOC zunächst unermesslichen Reichtum ein. Es wurden Gewinnspannen bis zu 60 000 Prozent erzielt.

Schon immer übte die Muskatnuss eine gewisse Faszination aus. So ist es kein Wunder, dass sich auch die Poesie ihrer bemächtigte. Als die Muskatnuss im 13. Jahrhundert noch eine kostbare Rarität unbekannter Herkunft war, schrieb der deutsche Dichter Wolfram von Eschenbach[209]:

*… swâ man ufen teppech trat cardemom, jeroffel, **muscat**, lac gebrochen undr ir fuezen durch den luft suezen …*	Wenn die scharfe bittre Noth Ihr strenges Ungemach ihm bot, Den Geruch zu mindern ward die Luft Erfüllt mit süßer Kräuter Duft. Man legt' ihm auf den Teppich hin Dann Pigment und Terpentin, Moschus und Aromata. Die Luft zu reingen lag auch da Ambra und Theriak genug: Das war ein süßer Wohlgeruch. **Sobald man auf den Teppich trat, Jeroffel[210], Kardemon, Muskat Lag, die Lüfte zu durchsüßen, Gebrochen unter ihren Füßen.** Wie das mit Tritten ward zerdrückt, So war die Nase gleich erquickt. Von Lignum Aloe war sein Feuer; Das sagt' euch schon ein Abenteuer.[211]

---

209 Aus ‚*Parzival*‘, Kapitel XVI ‚Lohengrin‘, Ausgabe von 1854, S. 790/3
210 Gewürznelke, Nelke
211 Übersetzung von Karl Simrock von 1883, https://gutenberg.spiegel.de/parzival-und-titurel-1994/34, der von mir gezeigte Ausschnitt ist in der Übersetzung ‚fett‘ gedruckt.

Der zur gleichen Zeit lebende Albrecht von Halberstadt[212] schrieb folgendes
Gedicht:

Cynaras gewan ein kint	Kynyras bekam eine Tochter,
die wart ein maget sinnes blint,	die zu einer unvernünftigen jungen Frau heranwuchs,
die durch ir unkûsche wart	(und) die wegen ihrer Unkeuschheit
zeinem boume verkart	in einen Myrrhe-Baum
der die mirren nu treit.	verwandelt wurde.
Der boum mûze uns verseit	Dieser Baum soll uns jetzt und immer
Nû und iemer mêre sîn	verfemt sein!
Muschât *unde zinemin*	**Muskat** und Zimt
und der edle wîrouch	und den edlen Weihrauch
mûzen uns verbern ouch	haben wir ebenfalls nicht
daz icht in disme lande	in diesem Land –
won sus getâne schande,	aber auch nicht eine solche Schande,
daz wir des icht begân	da wir (hier) das nicht tun,
der dô Mirrâ het getan.	was Myrrha dort getan hat.[213, 214]

Im 13. Jahrhundert gab es noch viele deutsche Dichter, die die Muskat-
nuss erwähnten, wie in Konrad Flecks *Flore und Blanscheflur* von 1230, in
Freidanks *Bescheidenheit*, in Konrad von Würzburgs *Goldener Schmiede*, in
Hugo von Langensteins *Martina*, in Heinrich von Neustadts *Apolonius von
Gotes Zuokunft* und so weiter.

Ludwig Uhland verewigte die Muskatnuss in seinen *Volksliedern* von 1844:
Bei meines liebsten Bette, da stond drei beumelein
Das ein treit **muscatblüt**, *das ander negelein[215];*
Die **muscat** *die ist süsse, die negelein die seind gut*

und Martin Luther schrieb[216]:

---

212 Nachdichtung der Metamorphosen von Ovid durch Albrecht von Halberstadt,
(Metamorphosen X, 300ff)
213 Der Gedanke ist wohl der, dass es besser ist, in einem Land zu wohnen, wo
es zwar all die schönen Gewürze nicht gibt, aber auch nicht eine solche (Blut-)
Schande, wie die der Myrrha mit ihrem Vater. (Erläuterung von Prof. Dr. Meinolf
Schumacher).
214 Freie Übersetzung durch Prof. Dr. Meinolf Schumacher, Universität Bielefeld,
Fakultät Linguistik und Literaturwissenschaft
215 Negelein = Nägelein, der Spitzname für Gewürznelke
216 Luther 5, 297a

*Gleich als wenn das hochgelerte und durchleuchtige, weize vieh, die sewe auf
jrem reichstage beschlössen, wir sewe gebieten, das niemand halten sol, das **muscaten** edle würze sei.*

B. Waldi dichtet in seinem *Epos* von 1548:
*der **muskat** wird die kuh nicht froh
ir schmeckt viel basz grob haberstro*

und an anderer Stelle

*wie man auch sonst giebt zu errathen
wozu sollen der kuh **muscaten**?
Sie frisst wohl Haberstroh.*

‚Der Kuh Muskat geben‘ war damals sprichwörtlich wie heute ‚Perlen vor
die Säue werfen‘.

Welch wichtige Rolle die Banda Inseln damals selbst in der Phantasie des
deutschen Volkes einnahmen, und dass die Inseln in Europa – im Gegensatz
zu heute – allgemein bekannt waren, zeigt ein Ausschnitt aus den Aufzeichnungen des Wunderheilers, Magiers und Wahrsagers Johann Georg Faust[217]
von 1698,[218] dessen Leben später Johann Wolfgang von Goethe in seinem
Werk ‚*Faust Teil I und II*‘ verarbeitete. Johann Georg Faust phantasierte
‚*von dem stets brennenden Berg Gunung Api und wie er in einem Augenblick
darauf kommen und von da frische Muscaten nach Europa bringen könne.*‘
  Es gibt noch viele dieser Beispiele, die sich auch in neuester Zeit fortsetzen ließen. Aber die abnehmende Beliebtheit der Muskatnuss als Gewürz in
Europa hat sich auch in der Poesie bemerkbar gemacht.

Das 18. Jahrhundert wird als Höhepunkt der medizinischen Anwendung
der Muskatnuss bezeichnet. Dietzius brachte 1704 eine Dissertation mit
900 Seiten in lateinischer Sprache heraus, die sich nur der Muskatnuss
widmet. Laut Dietzius können mit der Muskatnuss, oft in Verbindung mit
Kräutern, 138 Krankheiten geheilt werden. Im 18. Jahrhundert wurden von
Frauen in England und Amerika Muskatnüsse benutzt, um einen Schwan-
gerschaftsabbruch einzuleiten.

---

217 1480-1541 (?)
218 Nach Dan. Parthes, 1698, in *Die Muskatnuss,* 1897, S. 144

Der Deutsche Rumphius[219] und der Holländer Valentijn[220] sind die beiden Klassiker der Molukken. Beide lebten um 1700 lange dort und haben den Muskatnussbaum genauestens beschrieben. Rumphius sagt, *die Blätter seien wie von der Birne, aber spitzer, länger und ohne Kerben, vorne mit langer Spitze, oben hochgrün und unten etwas graulich; auch der Baum ist an Gestalt und Größe dem Birnbaum gleich …'.* Rumphius zieht oft einen Vergleich mit unseren europäischen Fruchtbäumen. Ich konnte jedoch keine Ähnlichkeit mit einem Birnbaum feststellen. Die Beschreibung des Muskatbaumes durch Rumphius, der Blüten, der Staubgefäße, der Blätter, der Früchte, des Stammes, der Wurzel und so weiter ziehen sich seitenweise hin. Dies ist nur für Fachleute interessant. Es ist die erste, ausführlichste und genaueste Beschreibung des Muskatbaumes.

Der Muskatnussbaum[221] ist ein immergrüner Baum mit einem dichten dunkelgrünen Blätterwald, der bis zu 20 Meter hoch werden kann. Die Muskatnuss befindet sich in einer ockergelben, fast runden Frucht von etwa fünf Zentimetern Durchmesser, die mich an eine große Aprikose oder an einen Pfirsich erinnert. Von der Blüte bis zur Fruchtreife dauert es normalerweise neun Monate. Ein ausgewachsener Baum produziert etwa 2000 Früchte pro Jahr. Die Früchte haben keine Saison. Die reifen Früchte können das ganze Jahr über geerntet werden. Haupterntezeiten sind jedoch die Monate April, August und Dezember, wobei – wie Rumphius sagt – der Monat August der beste Erntemonat sei. Der Muskatbaum muss vor starken Winden geschützt werden. Ein guter Arbeiter kann pro Tag etwa 1000 bis 1500 Nüsse ernten.

Die Schale, die den Kern – die Muskatnuss – enthält, ist umgeben von einem leuchtend rot-schwarzen Samenmantel, der Macis, die fälschlicherweise bis heute als Muskatblüte bezeichnet wird. Macis schmeckt feiner und ist auch wesentlich teurer als die Muskatnuss selbst. Beides wurde und wird auch heute noch sowohl als Gewürz in der Küche als auch für Medizin in der Naturheilkunde und in der Kosmetik verwendet. Sobald die Frucht reif ist, platzt sie auf und es zeigt sich die vom knallroten Samenmantel umhüllte Nuss. Wird die Nussschale aufgebrochen, kommt der Nusskern, die Muskatnuss, zum Vorschein.

---

219 Siehe Kapitel 21
220 Valentijn, *Oud- en Nieuw-Oost Indie,* 1726, S.197
221 Myristica fragrans

Abb. 10-1: Fast reife Muskatnussfrüchte am Baum

Abb. 10-2: Die geöffnete Schale einer Frucht mit der Nuss, die noch von dem roten Macis, dem Samenhäutchen, umschlungen ist

148

Wird das Fruchtfleisch der Muskatnuss in eine flache Grube gelegt und mit etwas Erde und Zweigen überdeckt, entsteht so ein Nährboden, auf dem der hervorragend schmeckende Speisepilz ‚*Jamur Pala*‘, der Muskatpilz, gedeiht. Es ist – laut Rumphius – ein Blätterpilz mit dickem Stiel und einem runden glockigen Hut von schwarzgrauer Färbung. Rumphius nennt ihn auf Lateinisch ‚*Boletus moschocaryanus*‘. Er fand diesen Pilz nur auf den Banda Inseln. Laut ihm ist der Muskatpilz der ‚*wohlschmeckendste und beste aller Pilze*‘. Rumphius nennt ihn einen Blätterpilz, obwohl die Bezeichnung ‚*Boletus*‘ heute doch nur für die Gattung der Röhrenpilze Verwendung findet. Aber selbst da geht unter Mykologen bis heute noch einiges durcheinander.

Die Fortpflanzung der Muskatnüsse erfolgte früher ausschließlich durch Tauben, die – wie Wurffbain schreibt – die Macis besonders lieben würden. Die Muskatbäume wurden einfach vermehrt, indem man junge wilde Setzlinge aus dem Wald holte und sie in den Plantagen wieder einpflanzte. Es ist eine besondere große Taubenart, die für die Verbreitung der Muskatbäume sorgt, die Nussfresser[222] oder Muskatvögel genannt wird. Diese blauen Tauben werden auf den Bandas auch gerne gebraten und gegessen. Rumphius meint, der Braten schmecke am besten, wenn man noch die ganze Nuss mit der Blume im Magen der Taube tasten kann.[223] Allerdings nennt er den Vogel ‚*Pala-ala*‘ oder ‚*Pala-ala-manay*‘. Erst 1662 gelang es, Muskatbäume in den Perken aus den Samen zu ziehen. Nach Rumphius gelang dies nur mit halbreifen Nüssen, derer Macis noch nicht rot war.

Es besteht kein Zweifel, dass die Muskatnuss toxisch wirkende Eigenschaften hat. Rumphius schreibt, dass der übermäßige Genuss des auf den Banda Inseln beliebte Muskatmuses aus der grünen Schale der Nuss Schlafsucht und Betäubung hervorrufen könne. Bei der Einnahme einer ganzen geriebenen Muskatnuss können bereits Bewusstseinsstörungen bis hin zu Halluzinationen und Sprachstörungen auftreten. In der Medizin wird das Gewürz in geringen Mengen zur Linderung von Magenleiden eingesetzt. In der ayurvedischen Medizin wird einem Extrakt der Muskatnuss eine libido- und potenzfördernde Wirkung zugeschrieben. Bis heute wird in Indien und Sri Lanka bei der ayurvedischen Medizin die Muskatnuss als wärmeerzeugendes Mittel eingesetzt. Die Einnahme von fünf Muskatnüssen soll für Erwachsene bereits tödlich sein. Das Muskatnussöl[224] wird auf den Banda Inseln, neben der Verwendung in der Küche, gerne – meist angewärmt – als äußerliches Arzneimittel bei Rheumatismus und Muskelschmerzen verwendet.

---

222 Holländisch ‚Noteneeter‘, Indonesisch ‚Burung Pala‘
223 Dr. O. Warburg, *Die Muskatnuss,* 1897, S. 319
224 Auf Malaiisch ‚Minyak Pala‘

Abb. 10-3:
Muskatsaft und Muskatmarmelade
aus Banda Neira

Abb. 10-4:
Kandierte Schale der Muskatnuss

Die Fruchtschale, die die Muskatnuss und das Macis umschließt, ist fleischig. Sie wird zu einer wunderbaren Marmelade, zu Saft und einer kandierten Süßigkeit verarbeitet. Die kandierte Schale von jungen Früchten war in den vergangenen Jahrhunderten ein nicht unbedeutender Handelsartikel in Europa. Heute ist dieser Leckerbissen in Deutschland vollkommen in Vergessenheit geraten. Rumphius bespricht in seinen Büchern das Einlegen der noch grünen Früchte in Zucker ganz ausführlich. Er schreibt, wenn man dieses Konfekt täglich zu sich nimmt, *,füllen sich Kopf und Herz mit dicken Dämpfen. Es entsteht eine Schlafsucht, bei der die Leute träumen und vergesslich werden'.* Die kandierte Muskatnussschale ist ein wunderbar schmeckendes Konfekt. Schade, dass es außerhalb der Banda Inseln nicht zu finden ist.

Durch Auspressen von Muskatnüssen gewinnt man die sogenannte Muskatbutter[225]. Es ist ein rotbraun gefärbtes Pflanzenfett mit intensivem Geruch und Geschmack nach Muskatnuss. Die Muskatbutter wird aus ,schlechten Nüssen' – die Holländer sagten dazu *,Rompen'* – gewonnen. Diese *Rompen* sind unreife Nüsse, die durch eine ungünstige Witterung vom Baum gefallen sind. Man konnte die ölhaltigen Nüsse auch im Herd verbrennen, denn wie Rumphius[226] schrieb, *,konnte man das Essen damit kochen, denn sie geben ein helles Feuer und große Hitze'.*

---

225 Die Holländer nannten die Muskatbutter ,Bandazeep' oder ,Muskaatzeep'.
226 Siehe Kapitel 21

Besonders in England – selbst am Hofe von Königin Elisabeth I.– schrieb man der Muskatbutter eine bedeutende medizinische Wirkung zu. Man nannte sie dann Muskatbalsam, der gegen Magenschmerzen, Übelkeit und Brechreiz eingesetzt wurde. Aber auch auf dem europäischen Kontinent spielte die Muskatbutter im 17. Jahrhundert in den Apotheken eine Rolle. Die sehr teure Muskatbutter kam – wie der Arzt Valentini 1704 berichtet – damals in porzellanenen Töpfen nach Europa. Kleine, in Bananenblätter eingepackte Stücke fanden in Europa als medizinische Muskatseife Abnehmer.[227] Für mich hatte die Muskatbutter einen gewöhnungsbedürftigen, etwas bitteren, scharfen und zu würzigen Geschmack.

Auch in der Parfümfabrikation findet die Muskatnuss Verwendung. Dabei werden die zerstoßene Muskatnuss, die zu Pulver verarbeitete Macis oder das ätherische Öl der Nuss benutzt. Auch in vielen Zahnpasten, Badezusätzen und manchen Präparaten von Hautmilch ist Muskatnuss bis heute enthalten. Selbst das seit 1742 in Köln hergestellte ‚Kölnisch Wasser‘, das in der ganzen Welt unter Namen ‚Original Eau de Cologne‘ bekannt ist, kann neben Zitrone, Orange, Bergamotte, Zeder und anderen Kräutern auf die ‚Muskatblüte‘, die Macis, nicht verzichten. Bis heute wird dieses Duftwasser von der Firma in unveränderter Rezeptur hergestellt.

Alle Produkte wie Muskatmarmelade, Muskatsaft, kandiertes Muskatkonfekt oder Muskatbutter werden in jedem Kiosk in Banda Neira angeboten. Alle boten die gleichen Dinge an. All diese Produkte habe ich bisher noch nirgends außerhalb der Banda Inseln entdecken können, nicht einmal in den besten Supermärkten auf Java und Bali. Ich habe natürlich alles probiert, die Marmelade, den Saft und die kandierte Fruchthülle, und alles schmeckte mir hervorragend.

Der Muskatnussbaum kann ein Alter von bis zu 100 Jahren erreichen. Mir wurden auf der Insel Banda Besar Bäume gezeigt, die noch in der niederländischen Kolonialzeit gepflanzt wurden. Nach acht Jahren beginnt ein junger Baum, Früchte zu tragen. Seinen höchsten Ertrag erreicht er mit etwa 15 Jahren. Die Muskatnussbäume wachsen am liebsten im Schatten der bis zu 40 Meter hohen Kenaribäume. Diese liefern die Kenarinuss, einer Art Mandel, die in der bandanesischen Küche in fast jedem Gericht vorkommt. Aus der Nuss wird auch ein wohlschmeckendes Öl gewonnen, das mich an Olivenöl erinnerte.

---

227 Dr. O. Warburg, *Die Muskatnuss*, 1897, S. 522

Abb. 10-5: Der Autor in einer Muskatnuss-Plantage an den Bretterwurzeln eines Baumes der Kenarinuss. Vorne links sieht man, wie ein Muskatbaum direkt aus den Wurzeln eines Kenaribaumes hervorwächst.

Abb. 10-6: In dieser Plantage gab es die Muskatnuss (noch vom roten Macis ummantelt), die schwarze Kenarinuss und die Rinde des Kayu Manis Baumes, den Zimt

152

Nachdem die Niederländer die Portugiesen vertrieben hatten, konnten sie sich bis zum Ende des 18. Jahrhunderts für die ‚Herren der Gewürze‘ halten. Gebrochen wurde ihr Monopol nicht durch weitere Kriege, sondern durch den französischen Verwalter der Insel Mauritius[228], Pierre Poivre[229], der neben anderen Berufen auch Gartenbaufachmann war. Die Franzosen wollten unbedingt die Muskatnuss im eigenen Einflussbereich anpflanzen. Dabei kam ihnen Monsieur Poivre zur Hilfe. Er war ursprünglich Missionar in Ostasien. Bei seiner zweiten Reise dorthin geriet er 1745 in der Nähe von Sumatra in englische Gefangenschaft. In Batavia kam er wieder frei und lernte dort den Gewürzhandel kennen. 1749 ging er im Auftrag der französischen ‚Companie des Indes‘ nach Cochinchina[230]. Danach war er in geheimer Mission in Manila.

Im Jahre 1754 segelte er mit der kleinen Fregatte *La Colombe* nach Timor, wo ihm der portugiesische Gouverneur einige Muskatpflanzen aus den Bandas und auch frische Muskatnüsse beschaffte. Wie sich später in Mauritius herausstellte, waren die Nüsse bereits zu alt zum Keimen und die Muskatbäume gingen alle ein. Heute weiß man, dass frische Muskatnüsse höchstens eine Woche keimfähig sind. Poivre kehrte zurück nach Frankreich, wo er Mitglied der ‚Académie des Sciences‘ wurde.

1768 wurde Poivre zum Gouverneur von Mauritius ernannt. Mit der Korvette *Le Vigilant,* der sich noch das kleinere Schiff *L'Etoile du Matin* anschloss, segelte er in die südlichen Philippinen, wo ihm der Fürst von Jolo[231] versprach, ihm bei der Suche nach Gewürzen behilflich zu sein. Am 24. Juni 1770 kehrten die beiden Schiffe mit 450 Setzlingen von Muskatnussnäumen und 70 Pflänzchen von Gewürznelken sowie 10 000 keimenden Muskatnüssen nach Mauritius zurück. Die Pflanzen wurden im Garten des Gouverneurs aufgezogen. Poivre hatte sogar Plantagenarbeiter aus den Molukken mitgebracht, die die Aufzucht übernahmen. Aber das Ergebnis entsprach nicht den Erwartungen.

Poivre machte eine zweite Expedition zu den Molukken, bei der er noch mehr junge Setzlinge und keimende Nüsse beschaffen konnte. Am 8. April 1772 musste das Schiff fluchtartig die Molukken verlassen. Die Holländer hatten Wind von der Aktion erhalten und wollten gegen ihn vorgehen. Im Juni 1772 kehrten beide Schiffe mit der wertvollen Fracht nach Mauritius zurück. Den größten Teil der Setzlinge pflanzte er in einen Garten mit dem

---

228 Damals Île de France
229 1719-1786
230 Später Französisch Indochina
231 In der Sulusee (südliche Philippinen)

Namen ‚Monplaisir‘[232] in der Nähe des Hafens an. Als Poivre im Oktober desselben Jahres nach Frankreich zurückreiste, waren noch 956 Muskatpflänzchen am Leben. Von diesen entwickelten sich nur 58 zu Bäumen. 1776 blühten die ersten 11 Muskatbäume. Die ersten sechs reifen Muskatnüsse gab es im Dezember/Januar 1778/79. Trotz großer Rückschläge war das Projekt nun erfolgreich.[233]

Ob Poivre jemals auf den Banda Inseln war, ist nicht belegt. Vermutlich ließ er die Setzlinge für gutes Geld durch Einheimische herausschmuggeln. Nun konnten Muskatnuss-Plantagen auf Mauritius und in anderen französischen Kolonien eingerichtet werden. Nach vielen Fehlschlägen wurden in Madagaskar, den Seychellen und Südamerika ähnliche Boden- und Klimabedingungen wie auf den Banda Inseln gefunden und die Muskatnuss auch dort angepflanzt. Wirklich erfolgreich war nur die Anpflanzung auf der kleinen Karibikinsel Grenada. Die Gewürze wurden globalisiert und ein neuer Markt entstand. Die goldene Zeit des holländischen Monopols ging ihrem Ende entgegen. Die Gewinne mit der Muskatnuss schrumpften von Jahr zu Jahr.

In seinem Buch ‚*Voyages d'un philosophe*‘[234] von 1769 beschreibt Poivre diesen Coup. Vielleicht wäre der Titel ‚*Wie ein Herr Pfeffer die Muskatnuss klaute*‘ reißerischer gewesen als ‚*Die Reisen eines Philosophen*‘.

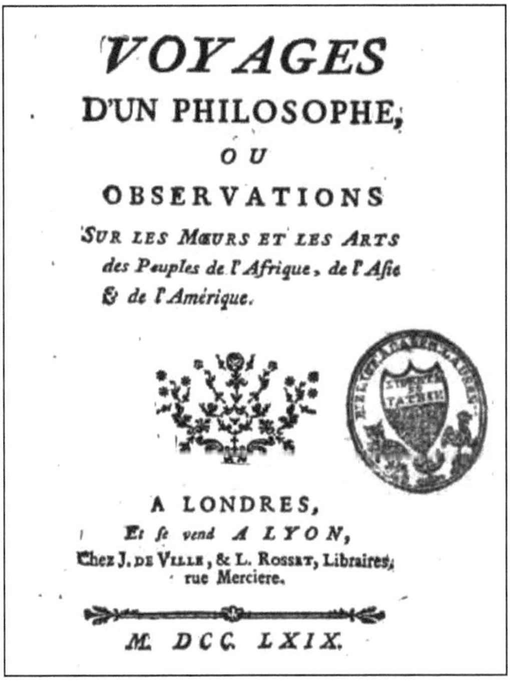
VOYAGES
D'UN PHILOSOPHE;
OU
OBSERVATIONS
SUR LES MŒURS ET LES ARTS
des Peuples de l'Afrique, de l'Asie
& de l'Amérique.

A LONDRES,
Et se vend A LYON,
Chez J. DE VILLE, & L. ROSSET, Libraires, rue Merciere.

M. DCC. LXIX.

Abb. 10-7: Titelseite des Buches von Pierre Poivre von 1769

232 Später wurde dieser Park zunächst in ‚Jardin du Roi‘ und dann in ‚Republic Jardin Français‘ umbenannt.
233 Dr. O. Warburg, *Die Muskatnuss,* 1897, S. 215
234 Titel des Buches auf Deutsch: ‚Die Abenteuer eines Philosophen‘

Bereits im vorletzten Jahrhundert, im Jahre 1897, veröffentlichte Professor Dr. Otto Warburg sein Buch mit der detailliertesten Beschreibung der Muskatnuss mit dem langen Titel: *‚Die Muskatnuss, ihre Geschichte, Botanik, Kultur, Handel und Verwertung, sowie ihre Verfälschungen und Surrogate. Zugleich ein Beitrag zur Kulturgeschichte der Banda Inseln‘*.[235] Auf 664 Seiten lässt er keine Frage über die Muskatnuss offen. Bis heute ist es international das wichtigste Standardwerk über die Muskatnuss, deren Verbreitung, Anbau, Pflege und so weiter. Für seine Forschungen war er mehrmals längere Zeit auf den Banda Inseln. 1913 veröffentlichte er sein Buch *‚Die Pflanzenwelt‘* in zwei Bänden.

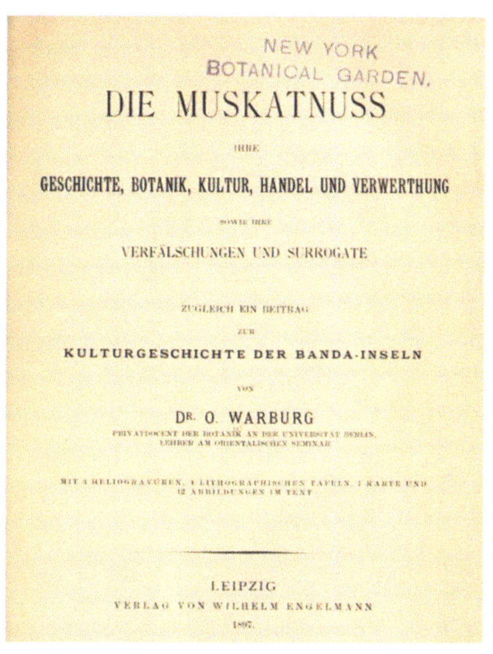

Abb. 10-8:
Titelseite des Buches
‚Die Muskatnuss‘ von
Dr. O. Warburg von 1897

Abb. 10-9:
Abbildung des Muskatbaums
aus dem Buch von
Dr. O. Warburg

---

235 Im Archiv des ‚New York Botanical Garden‘

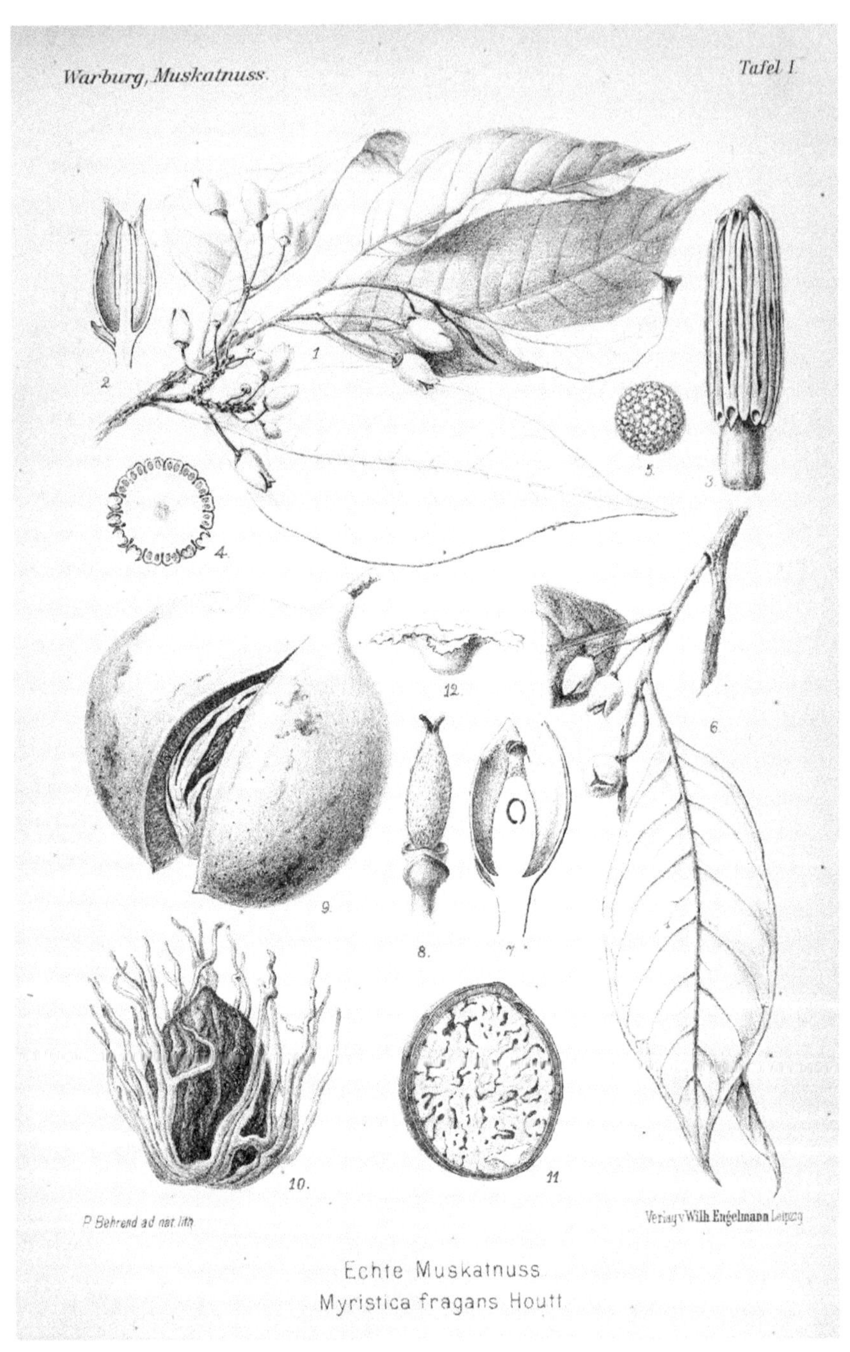

Abb. 10-10: Abbildung mit Einzelheiten zur Muskatnuss aus dem Buch von Dr. O. Warburg

156

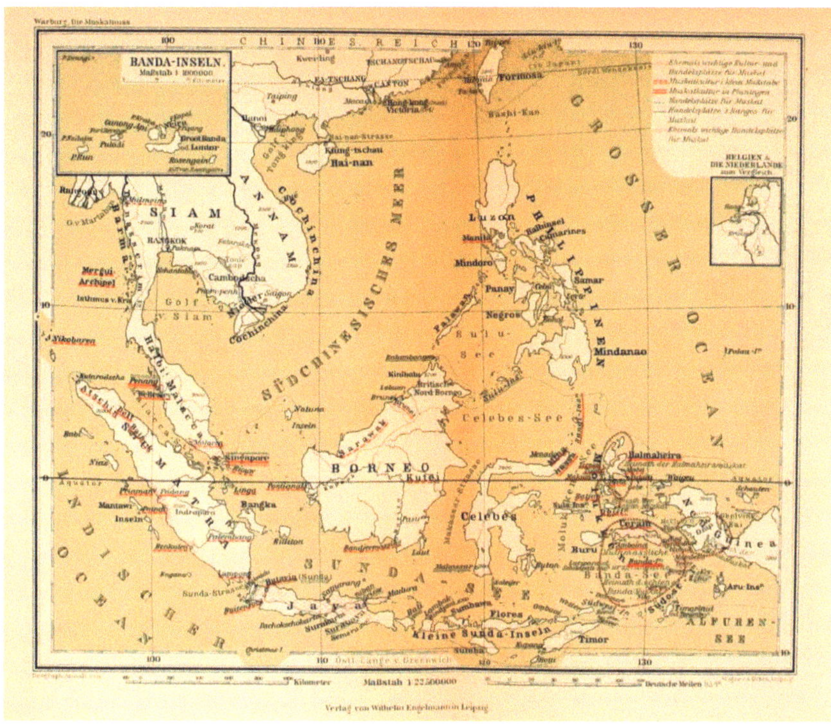

Abb. 10-11: Karte der Gewürzinseln aus dem Buch von Dr. O. Warburg von 1897

Durch Kriege sank nun auch der Stern der Holländer. 1799 war die einst so unermesslich reiche VOC durch Verschuldung und Korruption bankrott. Die Nachfolgeorganisation war nun die halbstaatliche NHM[236]. Nur Vanille war nun noch teuer als die Muskatnuss. Fast 300 Jahre lang konnten die Spanier mit einem Anbau von Vanille in Mexiko ein Monopol aufrechterhalten. Dann gelang es Edmond Albius, dem Kind von Sklaven auf der französischen Kolonialinsel La Réunion, die Vanilleblüten manuell zu bestäuben. Nun war auch dieses Monopol gebrochen.

Durch das Ende der Gewürzmonopole konnten sich im 19. Jahrhundert endlich auch einfache Bürger die einst unermesslich teuren Gewürze leisten. Die indonesische Muskatnuss wächst heute in großen Mengen auch auf der Antilleninsel Grenada. Indonesien und Grenada zusammen beliefern heute rund Dreiviertel des Weltmarktes an Muskatnüssen, die an den Börsen von New York, London, Hamburg und Kuala Lumpur gehandelt werden. Geringere Mengen kommen heute noch aus Malaysia, Sri Lanka, Neuguinea und Indien. Importiert wird die Muskatnuss hauptsächlich von den Län-

236 Nederlandsche Handel-Maatschappij

dern der Europäischen Union und den Vereinigten Staaten von Amerika. Obwohl die Muskatnuss ein Produkt Indonesiens ist, findet sie als Gewürz in der indonesischen Küche kaum Verwendung, außer auf den Molukken und ganz besonders in der Küche der Banda Inseln. Dort findet man die Muskatnuss und die dort heimische Kenarinuss in jedem Gericht.

Abb. 10-12: Auberginen in einer Sauce der Kenarinuss

Obwohl die Muskatnuss und andere Gewürze nicht mehr den Stellenwert haben, den sie einmal hatten, wohnt den Gewürzen doch bis heute immer noch ein gewisser Zauber inne. Wenn vor der Weihnachtszeit Düfte von Zimt oder Vanille aus der Küche strömen, wandern unsere Gedanken zurück in die Kindheit – oder in ferne Regionen.

Interessant ist, dass auf den Banda Inseln ideale Bedingungen für die Muskatnuss bestehen, aber fast alle Gemüsesorten von der Tomate bis zum Kohl hier nicht richtig gedeihen wollen. Das liegt sicherlich an der Einzigartigkeit des vulkanischen Bodens. Die meisten Gemüsesorten und Reis für den täglichen Bedarf müssen mit dem Schiff aus Java oder Ambon eingeführt werden.

11. Fort Belgica und die Engländer

Für dieses Kapitel müssen wir nochmals zurückgehen in die Zeit vor dem Vertrag von Breda, in dem der Tausch der Insel Run gegen Manhattan besiegelt wurde. Wie ich bereits berichtete, begann der Holländer Pieterzoon Verhoeven mit dem Bau von Fort[237] Nassau auf der Insel Banda Neira auf den Grundmauern eines Forts, das die Portugiesen 100 Jahre zuvor bauen wollten; sie gaben aber das Vorhaben nach Protesten der Bandanesen auf. Direkt an das Fort Nassau grenzt ein Hügel, von dessen Spitze man das Fort einsehen und die Aktivitäten innerhalb des Forts beobachten konnte. Diesen Vorteil nutzten immer wieder die Bandanesen, um die Holländer zu beobachten und sie dann außerhalb des Forts bei einer günstigen Gelegenheit umzubringen.

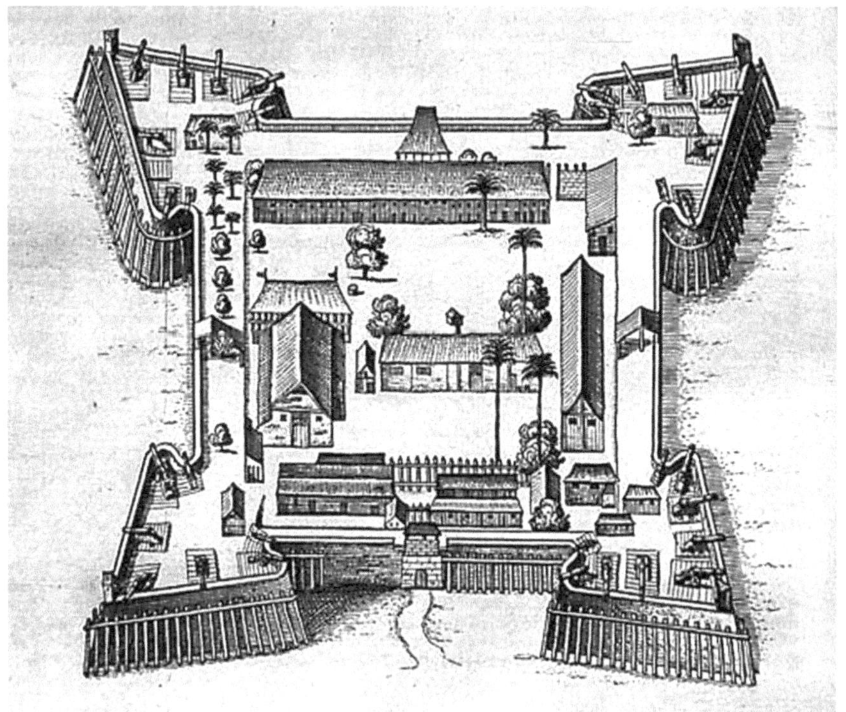

Abb. 11-1: Das Fort Nassau im Jahre 1646[238]

237 Fort auf Indonesisch: Benteng, also Benteng Nassau und Benteng Belgica
238 Wikipedia, Public Domain

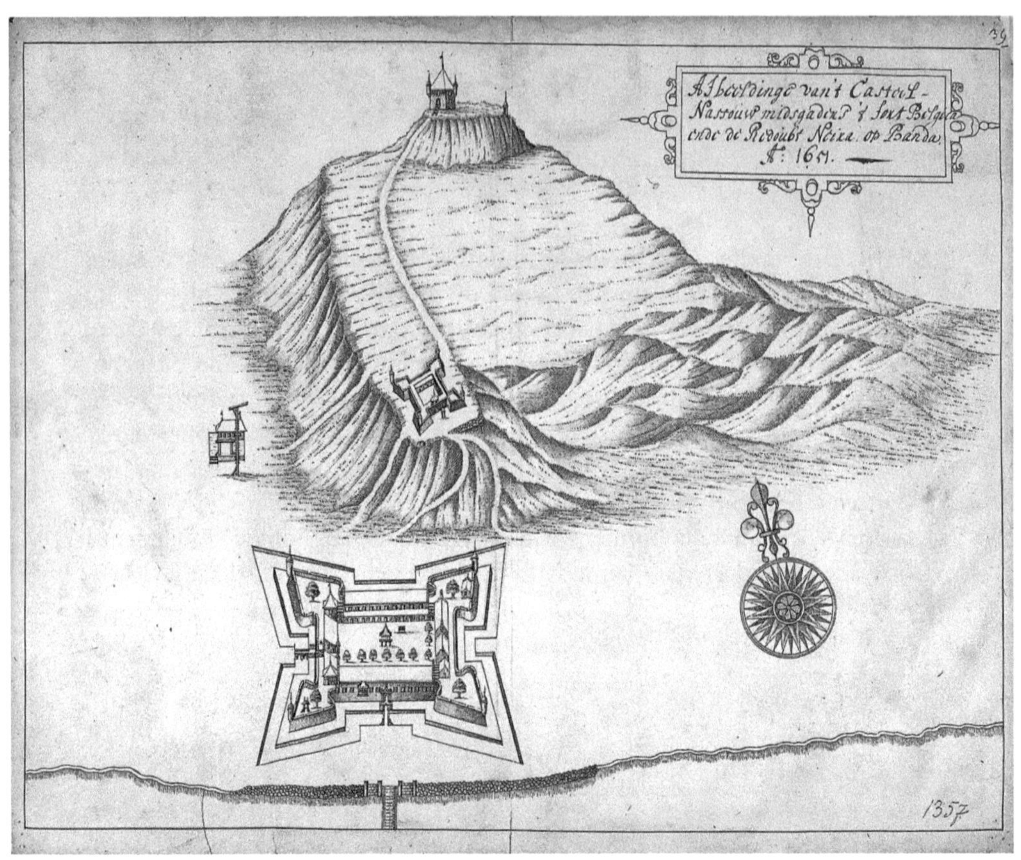

Abb. 11-2: Fort Nassau und Fort Belgica im Jahre 1651[239]

Die beiden Forts auf Banda Neira sollten primär ein Bollwerk gegen die Engländer sein, die sich ja bereits auf den Inseln Run und Ai durch Verträge mit den dortigen *Orang Kaya* festgesetzt hatten. Diese Verträge wollten die Holländer aber nicht anerkennen. Durch den Handel der Engländer mit den Bandanesen fühlten sich die Holländer permanent gestört, da die Engländer die Einkaufspreise der Holländer für die Muskatnuss überboten. Es ging sogar so weit, dass sich die Holländer als Engländer ausgeben mussten, damit sie überhaupt noch Gewürze erstehen konnten, um ihre Schiffe zu füllen.

Laufend gab es Reibereien und Kriege mit Hunderten Toten zwischen den beiden Nationen auf den Inseln. England hatte auf Wunsch der Bandanesen befestigte Handelsposten auf Run und Ai eingerichtet und die Holländer hatten durch erpresste Verträge die anderen Inseln besetzt. Besonders auf der Insel Ai fanden heftige Kämpfe statt. Hierher brachten die Bandane-

---

239 Wikipedia, Public Domain

160

sen ihre Muskatnüsse, die sie eigentlich bei den Holländern hätten abgeben müssen. Die Insel wechselte mehrmals den Besitzer. Die Rivalität nahm kein Ende. Auch hier ist der Boden getränkt mit Blut.

Zum Beispiel griffen 1615 die Holländer mit 900 Mann die Insel an und besetzten sie. Die Engländer flüchteten auf die Insel Run. In derselben Nacht, als die Holländer mit reichlich Arak ihren Sieg gefeiert hatten, schlugen die Engländer zurück und töteten 200 Mann. Ein Jahr später kamen die Holländer mit einer noch größeren Armee zurück. Die Engländer konnten Ai einen ganzen Monat lang verteidigen. Schließlich ging ihnen die Munition aus. Die Holländer töteten nun alle Bandanesen und Engländer, deren sie auf der Insel habhaft werden konnten. Der befestigte Handelsposten der Engländer auf Ai wurde nun von den Holländern 1616 zum Fort Revenge ausgebaut, zum Fort der Rache. Die von Grün überwachsenen Mauern dieses Forts stehen noch heute, und eine rostige Kanone mit dem VOC-Monogramm zeigt immer noch auf das tiefblaue Meer.

Ein Großteil der Einwohner der Insel Ai und dort ansässige Engländer waren – falls sie noch konnten – auf die Insel Run geflüchtet. Es war die letzte Insel der Bandas, die nicht von den Holländern besetzt war. Durch einen Vertrag, der durch massiven Druck der Holländer zustande kam, wurde nun auch die Insel Ai in das holländische Monopol gezwängt.

Angesichts der anhaltenden Bedrohung durch die Engländer ließ der erste Generalgouverneur[240] in Niederländisch-Indien, Pieter Both[241], 1614 auf dem 30 Meter hohen Hügel neben Fort Nassau ein zweites Fort bauen, das Fort Belgica. Es wurde in Eile mit minderwertigem Baumaterial errichtet, sodass es durch mehrere Erdbeben und fünf heftige Eruptionen des nahegelegenen Vulkans Gunung Api im 17. Jahrhundert schwer beschädigt wurde. Durch einen Tsunami im Jahre 1629 wurden der Ort Banda Neira und das Fort Nassau überflutet und der Ort zerstört.

1667 gab der Gouverneur Cornelis Speelman daher den Auftrag, das Fort Belgica auf dem Hügel zu erneuern und zu verstärken. Die hierzu benötigten Steine wurden nun aus Ambon eingeführt. Sechs Jahre später, 1673, war Fort Belgica in der heutigen Gestalt eines Pentagons mit fünf runden Bastionen fertiggestellt. Es hatte nun zwei Ebenen. Das Fort wurde mit 50 Kanonen bestückt und hatte Platz für eine Garnison von über 400 Mann. Es hat nur einen einzigen Eingang, der über eine Treppe erreicht werden kann. Ein unterirdischer Gang hat ursprünglich Fort Belgica mit Fort Nassau verbunden. Dieser Gang ist heute verschüttet und nicht mehr begehbar.

---

240 1610 bis 1614
241 1568-1615

Abb. 11-3: Tor zum Fort Revenge

Abb. 11-4: Die Ruinen von Fort Revenge

162

Der Hügel, auf dem Fort Belgica errichtet wurde, war für die Holländer strategisch sehr wichtig. Mit ihren starken Kanonen konnten sie von hier aus alle Inseln der Bandas – mit Ausnahme der Insel Run – erreichen. Das Fort Belgica gilt heute als das imposanteste und am besten erhaltene aller Forts, die weltweit von der holländischen VOC gebaut wurden.

1904 wurde Fort Belgica teilweise abgebaut, aber 1919 wurden die Schäden wieder ausgebessert. Im Auftrag des Indonesischen Verteidigungsministeriums wurde das Fort komplett restauriert. So ist es heute noch zu sehen. 2015 wurde es von der UNESCO[242] in die Liste des Weltkulturerbes aufgenommen. Dies belegt die Einzigartigkeit dieses Bauwerks.

Trotz des stark befestigten Forts Belgica und der militärisch weit überlegenen Holländer gingen die Provokationen und militärischen Auseinandersetzungen mit den Engländern weiter. Mal belegten die Holländer die Insel Run mit einer Blockade, dann nahmen die Engländer wieder Banda Neira ein. Hier sollen nur zwei herausragende Begebenheiten erwähnt werden.

1796 segelte eine Armada von mehreren bewaffneten englischen Schiffen durch die schmale Straße zwischen Banda Neira und dem Vulkan Gunung Api und ging vor Banda Neira in Stellung. Die Holländer ergaben sich, ohne dass ein einziger Schuss gefallen wäre. War Fort Belgica nur schwach besetzt und konnte nicht verteidigt werden, oder wollten die Holländer eine militärische Auseinandersetzung vermeiden? Wir wissen es nicht. Die Besetzung von Fort Belgica dauerte nur sieben Jahre, 1803 wurde das Fort wieder an die Holländer zurückgegeben.

Helden waren die holländischen Truppen in ihren Kolonien allerdings nie. Meist waren es Saufbolde oder Männer mit zwielichtiger Vergangenheit, die sich als Soldaten für den Einsatz in den Kolonien anheuern ließen. Wie die Schweizerin Claire Hake schrieb, *tranken sie viel Bier und Arak und bei Manövern ließen sich die Soldaten Klappstühle von ihren einheimischen ‚Knechten‘ hinterhertragen. Sie behandelten die Eingeborenen menschenverachtend und respektlos.*[243] Und wenn sich die Holländer die Hände nicht selbst schmutzig machen wollten, holten sie Söldner aus Japan, wie bei dem von Generalgouverneur Jan Pieterszoon Coen angeordneten Massaker im Fort Nassau von 1621. Jahrhunderte später, im Zweiten Weltkrieg unter japanischer Besatzung, durften die Holländer in Niederländisch-Indien am eigenen Leib erfahren, wie es sich anfühlt, wenn man respektlos behandelt wird!

---

242 United Nations Educational, Scientific and Cultural Organization
243 Claire Hake, *Mein geteiltes Herz*, 2011, S. 266

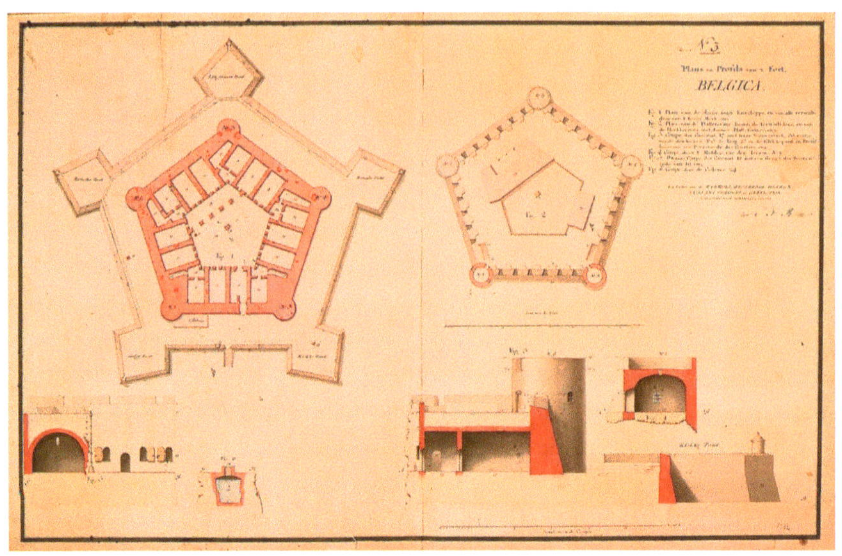

Abb. 11-5: Fort Belgica, neuer Entwurf von 1667

Abb. 11-6: Fort Belgica, Stich von 1824[244]

244 Wikipedia Public Domain

Abb. 11-7: Das Fort Belgica heute. Es hat nur einen Eingang.

Abb. 11-8: Das Fort Belgica mit dem Vulkan Gunung Api

Aber der Frieden dauerte nicht lange. Bereits am 9. August 1810 erfolgte ein erneuter Angriff der Engländer auf das Fort Belgica. Es war die Zeit der Napoleonischen Kriege und diesmal hatten die Engländer Großes vor. Sie wollten alle Banda Inseln besetzen und Muskatnussbäume rauben.

Vier Schiffen unter dem Kommando von Kapitän Christopher Cole[245] erreichten die Banda Inseln. Dies waren die Fregatte *HMS Caroline,* bestückt mit 38 Kanonen, die *HMS Piedmontaise* mit ebenfalls 38 Kanonen, die *HMS Barracouta* mit 18 Kanonen und das Versorgungsschiff *HMS Mandarin.* Bei Dunkelheit gelang es einer Truppe von Engländern unter Führung von Kapitän Christopher Cole, mit Hilfe von Leitern das Fort Belgica zu erklimmen. Cole war ein erfahrener Offizier der Royal Navy, der bereits große Erfolge in kriegerischen Auseinandersetzungen in Surinam und der Karibik vorweisen konnte.

Es war eine stürmische Nacht mit heftigem Regen. Niemand in der Garnison rechnete mit einem Angriff. Die kleine englische Truppe von nur 180 Mann überraschte die holländische Garnison im Fort Belgica, die zu jener Zeit mit über 500 Soldaten besetzt war, im Schlaf. Selbst die Wachmannschaft, die normalerweise auf den Mauern patrouillieren sollte, war in dem dichten Regen nicht zu sehen. Cole konnte einen Überraschungsangriff starten und die Holländer überrumpeln. Nach einer kurzen Schießerei kapitulierte die Garnison. Fort Belgica war in englischer Hand. Christopher Cole beschreibt die Attacke selbst wie folgt[246]:

,*The gallantry and activity with which the scaling ladders were hauled up after the out-work was carried and placed for an attack on the inner-work, under sharp fire from the garrison exceed all praise. The enemy, after firing their guns and keeping up an ineffectual discharge of musquetry for ten or fifteen minutes, fled in all directions through the gateway, leaving the Colonel-Commandant and ten others dead, and two officers and 30 prisoners in our hands.*'

Der Auftrag, den Kapitän Cole aus London erhalten hatte, war noch nicht erfüllt. Es gab noch das Fort Nassau einzunehmen, das unterhalb von Fort Belgica liegt. Dort hatten sich die Holländer nun verschanzt. Jetzt zeigten sich die strategischen Vorteile der Position von Fort Belgica. Cole richtete die Kanonen auf Fort Nassau und bombardierte diese Festung von oben, bis auch sie kapitulierte. Nun waren die Banda Inseln durch einen Handstreich in englischer Hand. Die Engländer hatten keine Opfer zu beklagen.

Es waren blutige Kämpfe, die auf den Banda Inseln stattfanden. Die Kanonen von Fort Belgica zielen heute immer noch hinaus aufs Meer, wo früher die Segelschiffe der Holländer und Engländer ankerten. Heute tummeln

---

245 1770-1836
246 Ausschnitt aus dem Buch von Ian Burnet mit den Titel *East Indies*

sich dort nur kleine Fischerboote. Von Fort Belgica sehe ich in den Innenhof von Fort Nassau, das Kapitän Cole von hier oben beschossen hatte. Heute grasen dort friedlich Kühe und ein paar Kinder spielen Fußball.

Abb. 11-9: Der Innenhof des Forts. In der Mitte ist der Einstieg zum nun verschütteten Verbindungsstollen zum Fort Nassau.

Verglichen mit den Holländern waren die Engländer auf den Banda Inseln milde Herrscher. Der englische Gouverneur Sir Thomas Stamford Raffles[247], der auch die Banda Inseln besucht hatte, schrieb, *‚die Bandanesen sind unglückliche aber duldende Untertanen‘.[248]* 1812 führte Raffles ein Verbot des Sklavenhandels ein.

Die Truppen von Kapitän Cole hielten die Banda Inseln sieben Jahre lang besetzt. Während dieser Zeit gruben sie auf den Inseln unzählige Setzlinge des Muskatnussbaums aus und schifften sie mit Tonnen des einmaligen vulkanischen Erdreichs in die englischen Besitzungen in Ceylon, Malaya und Singapur. In ihrer eigenen bandanesischen Erde gediehen die Bäume dort prächtig, und schon nach sieben, acht Jahren übertraf die Muskatnuss-Produktion der Engländer die der Banda Inseln, da auch durch die entwendeten und nun fehlenden Jungbäume die Produktion auf den Bandas dramatisch zurückgegangen war.

<hr>

247 Siehe auch Horst H. Geerken, *Der Ruf des Geckos,* S. 43, 72, 140 u. 210
248 Dr. O. Warburg, *Die Muskatnuss 1897,* S. 168

Abb. 11-10: Der Blick von Fort Belgica zur Insel Banda Besar

Es war aber nicht nur Kapitän Cole, der das Ende des durch die Muskatnuss geschaffenen Reichtums einläutete, es waren auch die Nachkommen der holländischen Perkeniere selbst, die phlegmatisch und einfallslos geworden waren. Sie waren nur noch daran interessiert, mit den geerbten Reichtümern ihr Leben in Luxus zu verbringen. Die holländische Jugend dagegen zog es nach dem pulsierenden Leben in Holland, einem Land, das sie bisher nur aus den Erzählungen ihrer Ahnen kannten und dessen Sprache sie nicht mehr beherrschten.

Kapitän Christopher Cole blieb nur ein Jahr in Banda Neira. Danach war er erfolgreich an der Invasion der Insel Java beteiligt, die am 6. August 1810 begann. In nur 45 Tagen war die Insel Java von England besetzt. Dieser schnelle Erfolg wurde Sir Stamford Raffles, dem Gründer von Singapur, zugerechnet. 1812 wurde Kapitän Christopher Cole zum Ritter geschlagen. Nach 34 Jahren auf See für die Royal Navy wurde er ein Mitglied des Parlaments in London.

Das im holländischen Kolonialstil erbaute Haus mit massigen Säulen, in dem Kapitän Cole damals wohnte, steht heute noch in der Hauptstraße von Banda Neira und kann besichtigt werden. In diesem Haus haben in den 1930er Jahren die von den Holländern nach hierher ins Exil verbannten Nationalisten und Freiheitskämpfer Mohammad Hatta und Sutan Sjahrir Schulunterricht für bandanesische Kinder gegeben.

Abb. 11-11: Das Haus, in dem Kapitän Christopher Cole in Banda Neira residierte

Abb. 11-12: Schrifttafel am Haus

Nach sieben Jahren trugen die in die englischen Besitzungen verpflanzten Muskatnussbäume die ersten Früchte. Nun war der Auftrag erfüllt und die Truppen von Kapitän Cole konnten 1817 die Banda Inseln wieder verlassen. Das Monopol der Holländer war nun endgültig gebrochen.

Während der Besetzung der Bandas durch England von 1810 bis 1817 haben sich viele chinesische und arabische Händler auf den Inseln permanent niedergelassen. Es dauerte nicht lange, dann hatten sie sich ein Monopol für den Einzelhandel erarbeitet.

Jetzt waren die Holländer wieder die Herren der Banda Insel. Das von den Engländern erlassene Verbot des Sklavenhandels wurde 1819 von den Holländern wieder mehr oder weniger aufgehoben. Anstelle des Wortes Sklaven führten sie nun den Namen ‚Perkhoorige‘ ein, ‚Hörige der Perkeniere‘, aber die Situation der ehemaligen Sklaven wurde dadurch nicht verbessert.

Erst als der neue holländische Generalgouverneur van der Capellen 1824 die Banda Inseln besuchte und mit eigenen Augen die beklagenswerten Zustände sah, unter denen die Sklaven arbeiten mussten, änderte sich etwas zum Besseren. Bisher galt nur der Wille des Residenten, und vor dem hatten alle Furcht. Von Sonnenaufgang bis Sonnenuntergang musste auf den Plantagen gearbeitet werden: Gras schneiden, Beete anlegen, Umpflanzen, Transport der Nüsse und so weiter. Frauen und Kinder übernahmen die Ernte. Am späten Nachmittag ging es in die Lagerhäuser. Dann wurden das Fruchtfleisch und die Macis entfernt. Um 18 Uhr wurden sie nach Hause gerufen und wenn um 20 Uhr die Wächter riefen, mussten sie sich zur Ruhe begeben. Es war ein hartes Leben.

Nun wurden Reformen eingeleitet. Der Generalgouverneur verordnete, *‚alle Beschränkungen der individuellen Freiheit und Quälereien, soweit sie nicht unmittelbar für die Aufrechterhaltung des Monopols nötig waren‘*, abzuschaffen. Die Hongizüge, die Jagden nach Sklaven und Rachefeldzüge waren, wurden eingestellt und die Einfuhr von Sklaven wurde verboten. Laut Gesetz vom 8. September 1853 wurde Banda Neira sogar ein Freihafen. Den Einwohnern wurde freier Handel zugestanden, aber nicht mit der Monopolware Muskatnuss oder Macis. Trotzdem war ein Niedergang des Monopolsystems durch die Konkurrenz des Auslands nicht mehr aufzuhalten. Die gute und schöne Zeit für die Perkeniere ging langsam dem Ende zu.

12. Die Abrolhos Inseln und die *Batavia*

Es herrschte ein reger Schiffsverkehr zwischen den europäischen Seemächten und den Gewürzinseln. Einzelne Reisen wurden nur kurz skizziert, aber es gab bei jeder dieser monatelangen Reisen schreckliche Dramen. Es gab Schiffe, die auf Sandbänke fuhren oder an Felsen zerschellten, Mannschaften wurden in Kämpfe verwickelt, andere meuterten oder wurden eingekerkert. Immer gab es viele Krankheiten und Tod auf den Schiffen. Ganze Schiffe verschwanden mitsamt der Mannschaft, ohne eine Spur hinterlassen zu haben. Jede Reise für sich war ein Abenteuer mit ungewissem Ausgang. Hier möchte ich nur die Reise des holländischen Schiffes *Batavia* etwas näher beleuchten. Die Passagiere und die Mannschaft dieses Schiffes hatten besonders schlimme Erfahrungen gemacht.

Die Holländer segelten anfangs vom Kap der Guten Hoffnung entlang der Küsten Afrikas, Arabiens und Indiens durch den Indischen Ozean. Nach einiger Zeit fand der holländische Navigator Henderik Brouwere eine neue Route, auf der die Schiffe schneller nach Niederländisch-Indien gelangen konnten. Von den Kapverdischen Inseln folgten sie den Passatwinden nach Brasilien. Südlich von Feuerland fanden sie zwischen dem 40 und 50 Grad südlicher Breite den ständig von West nach Ost blasenden starken Wind der ‚Roaring Fourties‘. Die Winde haben hier Sturmstärke, und die Segelschiffe erreichten bisher unbekannte Geschwindigkeiten. Meist nahmen die Schiffe in dem holländischen Handelsposten am Kap der Guten Hoffnung frischen Proviant auf, aber es gab auch Schiffe, die weit im Süden das Kap der Guten Hoffnung passierten, um die südliche Spitze von West-Australien, das Kap Leeuvin, den südwestlichsten Punkt des australischen Festlandes, schneller zu erreichen. Erstmals wurde das Kap Leeuvin 1622 von dem holländischen Schiff *Leeuvin* gesichtet und erwähnt.

Für die frühen Entdecker war Australien nicht interessant. Das Land war zu trocken und man fand nichts Essbares, um den Proviant aufzufüllen. Aber der Hauptgrund, weshalb man kein Interesse an dem Land zeigte, war, dass es dort keine Gewürze gab! Die Niederländer legten nur vereinzelt an der Westküste Australiens an. Sie nutzten lediglich den vorzugsweise nach Norden gerichteten Wind, um möglichst schnell nach Java und weiter zu den Gewürzinseln zu gelangen. Im Oktober 1616[249] landete der Holländer

---

249 Andere Quellen nennen den Zeitraum 1622-23 als erste Landung von Dirk Hartog.

Dirk Hartog mit dem VOC-Schiff *Eendracht of Amsterdam* in der Nähe der heutigen Shark Bay in West-Australien. Es ist die erste dokumentierte Landung eines Europäers in West-Australien.

In den 1980er Jahren reiste ich mit meinem VW-Bus-Wohnmobil kreuz und quer durch Australien. Bei meinen Reisen besuchte ich mehrmals Geraldton, mit damals rund 30 000 Einwohnern die fünftgrößte Stadt West-Australiens. Geraldton hat einen bedeutenden Hafen und ist ein Zentrum für den Fischfang in der Region. In den Gewässern um Geraldton und besonders bei der Geraldton vorgelagerten Inselgruppe der Abrolhos gibt es einen großen Reichtum an Langusten, weshalb Geraldton im Volksmund auch ‚Rocklobster City of the World‘ genannt wird. Der Hauptgrund, weshalb ich immer wieder nach Geraldton fuhr war, dass ich diese Krustentiere für mein Leben gerne esse. Und nirgendwo in Australien gab es die größer und frischer als hier.

Bei einer dieser Gelegenheiten lernte ich John, einen jungen Lobsterfischer kennen, der mir von seiner Arbeit auf den Abrolhos erzählte. Die 22 unbewohnten Inseln und Inselchen liegen etwa 60 Kilometer vor der Küste Geraldtons. Der Archipel wurde schon Ende des 16. Jahrhunderts von portugiesischen Seefahrern entdeckt. Schon damals galt das Gebiet rund um die Abrolhos wegen vieler Untiefen und Korallenriffen als besonders gefährlich für die Seefahrt. Der Name Abrolhos stammt von der portugiesischen Phrase *,abri vossos olhos‘* – ‚haltet die Augen auf!‘

John hatte, wie einige andere Lobsterfischer, eine kleine Hütte auf einer der Inseln, die er in der sogenannten Hummersaison von März bis Juni regelmäßig besuchte und immer wieder mehrere Tage lang bewohnte. Nur den Lobsterfischern war damals das Betreten der Inseln, die ein Naturschutzgebiet waren, erlaubt. Wir freundeten uns an und mit ihm konnte ich bei mehreren Gelegenheiten die Abrolhos besuchen. Die Fahrt in seinem ‚Crayfish-Carrier-Boat‘ war kein reines Vergnügen. Das schnelle Boot mit zwei Außenbordmotoren knallte nicht nur hart auf jede Welle, es stank auch entsetzlich. John hatte immer einige Säcke schon halb vergammelter Schafsköpfe dabei, die er in den auf dem Meeresgrund liegenden ‚Lobster-Pots‘[250] als Köder für die Langusten verwendete. In der Nähe der flachen Abrolhos schwammen unzählige bunte Bojen auf der Meeresoberfläche. Sie waren durch Leinen mit Lobster-Pots am Meeresgrund verbunden, an denen dann der Fang nach oben gezogen wurde. Jeder Eigentümer bezeichnete die Bojen seiner Lobster-Pots mit einer anderen Farbe.

---

250 Runde Reusen, in denen die Langusten gefangen wurden

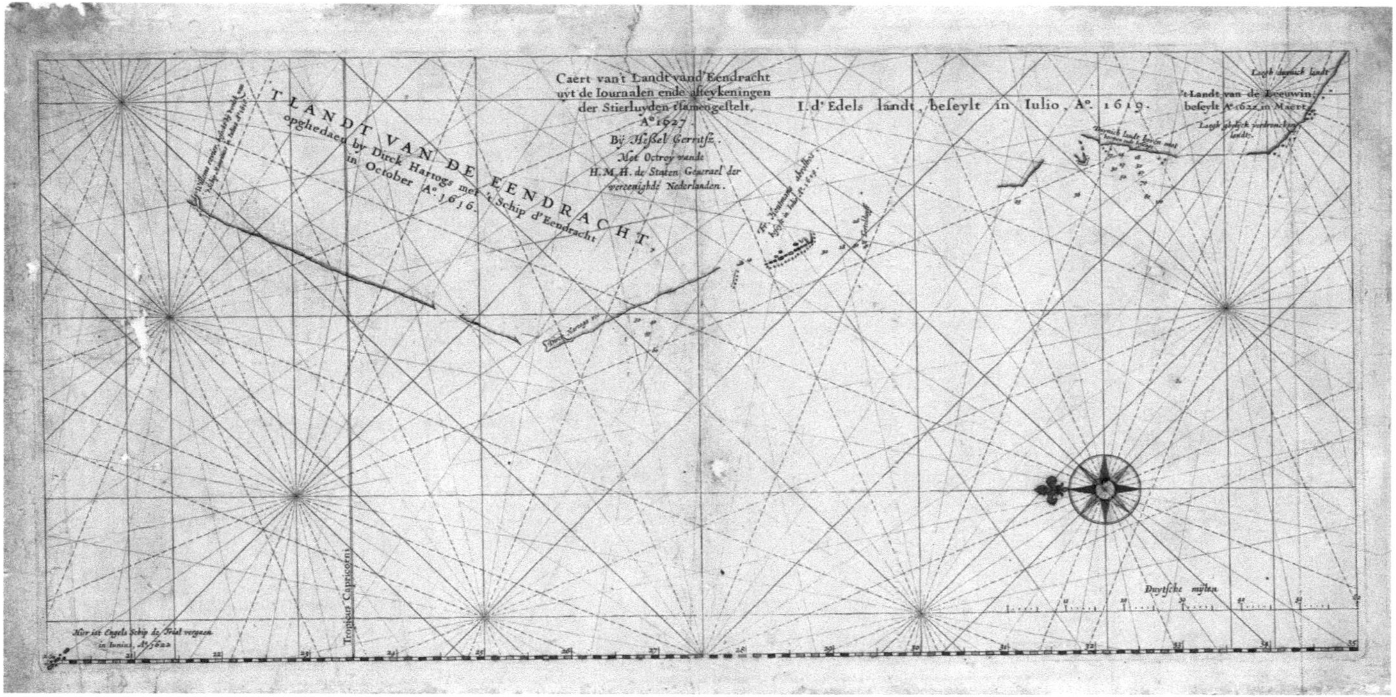

Abb. 12-1: *Auf einer Seekarte von 1627 werden die ‚Houtman Abrolhos' erstmals erwähnt. Die Karte basiert auf den Aufzeichnungen, die Dirk Hartog 1616 gemacht hatte.*

Wir wurden von John's Fischerfreunden auf Beacon Island[251] freundlich mit einer Dose Bier empfangen. Die Hütte von John war natürlich nur kärglich eingerichtet mit einem Tisch, Stühlen, einem Absorber-Kühlschrank, einem Herd mit Petroleumbetrieb und zwei Pritschen zum Schlafen. Nach dem Aasgeruch auf dem Boot roch es nun in der Hütte penetrant nach Fisch. Durch John und seine Fischerfreunde erfuhr ich die schreckliche Geschichte des holländischen Handelsschiffes *Batavia*, das an den gefährlichen Korallenriffen im Jahre 1629 zerschellte. Die Geschichte interessierte mich und ich begann zu recherchieren.

1619 kartographierte der niederländische Astronom und Seefahrer Frederick de Houtman[252], der jüngere Bruder des bereits in Kapitel 5 erwähnten Cornelis de Houtman, als Erster die Abrolhos. Er war auf einer Forschungsfahrt entlang der australischen Westküste, als er die Abrolhos besuchte. Um sich unsterblich zu machen nannte er das Inselgebiet durch Voranstellen seines Namens nunmehr *Houtman Abrolhos*.

Abbildungen nächste Seite:
Abb. 12-3: Seekarte der ‚Houtman Rocks‘ der ‚British Admirality‘ von 1840
Abb. 12-4: Karte von 1897

---

251 Von den Holländern wurde die Insel ‚Boven Digul‘ genannt
252 1571–1627

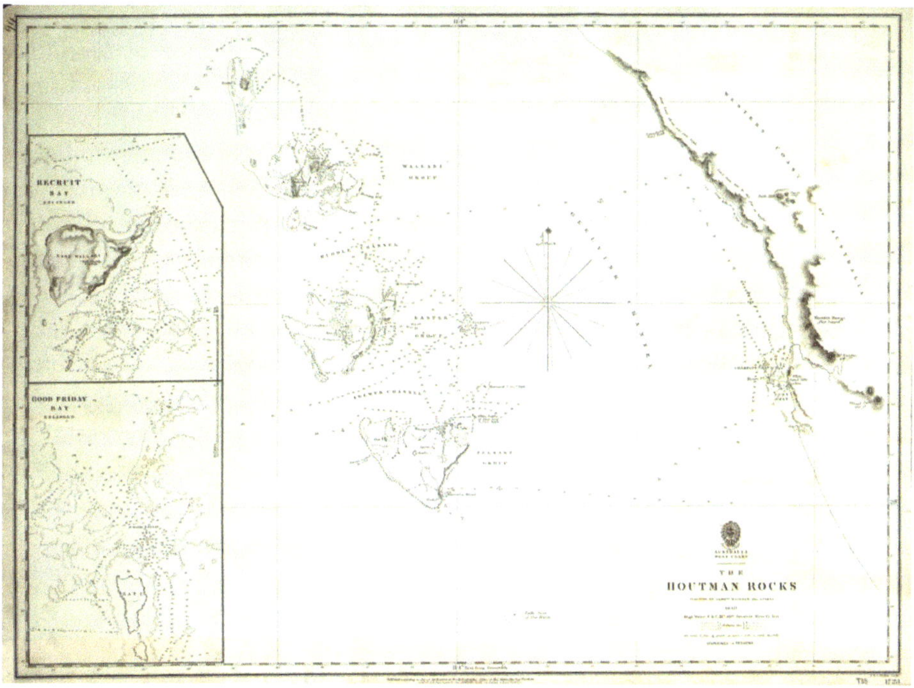

North I.
Wallabi Group
E. Wallabi
W. Wallabi
RECRUIT BAY
Morning Reef
Evening Reef
HOUTMAN
MIDDLE CHANNEL
GOOD FRIDAY BAY
Easter Group
Reef I.
Hummock I.
ROCKS
LEEUWIN CHANNEL
Mid Reef
Pelsart Group
BATAVIA ROAD
Wreck Pt
Turtle Dove
GEELVINK CHANNEL
Shoal Pt
HUTT LAGOON
PORT GREGORY
HUTT RIVER
LYNTON
MT GREGORY
Bakers W
Ajana
Appletorra A.A.
NORTHAMPTON
BOWES R
Nangar
BUILER R
CHAPMAN R
CHAMPION BAY
GERALDTON
PORT GREY
GREENOUGH R
African Reef
WHIGHTCAP
WALKAWAY
Greenough
DONGARA
Leander Pt

Die *Batavia* war das Flaggschiff der VOC, das auf der Peperwerft in Amsterdam gebaut wurde. Am 29. Oktober 1628 legte der Dreimaster, zusammen mit zwei weiteren Schiffen, in Texel für die Jungfernfahrt nach Ostindien ab. Die Mannschaft war komplett und der Wind günstig. Das Schiff war 56,6 Meter lang und machte bei gutem Wind fünf Knoten[253] Geschwindigkeit. An Bord waren 341[254] Personen, neben den Offizieren und Matrosen, den Zimmerleuten, Segelmachern, Küfern und Köchen, einem Oberchirurgen und mehreren Barbieren waren es viele holländische Familien, Männer, Frauen und Kinder als Passagiere, die nach einem Zwischenaufenthalt in Batavia zu den Banda Inseln gebracht werden sollten. Es war der Plan von Generalgouverneur Jan Pieterszoon Coen, nach dem Massaker an den Bandanesen alle Inseln durch holländische Familien mit Kindern und jungen Frauen aus Waisenhäusern zu besiedeln. Die Überfahrt war für diese Familien kostenlos und sie bekamen auch eine finanzielle Starthilfe durch die VOC. Wie viele Familien, wie viele Frauen und Kinder für die Banda Inseln an Bord waren, konnte ich nicht in Erfahrung bringen. Aber die folgenden Familien und Frauen wurden – neben weiteren auf dem Schiff – namentlich genannt: Der Provost[255] Pieter Jansz aus Amsterdam mit Frau und Kind, ein Gysbert Bastiansz mit Frau und der schon erwachsenen Tochter Judith und weiteren fünf Kindern, eine Claudine Patoys mit ihrem Kind, ein Ehemann Harmansz mit seiner Frau und mehreren Kindern, eine namenlose Frau mit ihrem drei Monate alten Kind[256], eine schwangere Mayken Soers, die Schwestern Trynt und Zussie Frederics, die Frauen Lucretia van der Mylen[257], Anneken Gunner, Margaret Louys, Janneken Gist und Anneken Hardens. Insgesamt waren mindestens 38 Frauen und Kinder an Bord.

An Bord waren sicherlich – wie auf jedem Schiff der VOC – auch einige ‚*Handschoentjes*‘, mit dem Handschuh Getraute. Sie waren nun Ehefrauen eines in Niederländisch-Indien lebenden Mannes, die von einem Freund in Holland in Abwesenheit des Ehemannes ‚*met de handschoen trouwen*‘, mit dem Handschuh getraut wurde.

Es gab aber auch immer wieder Frauen, die sich in Männerkleidung als Männer auf einem Schiff einschlichen und versuchten, in die Kolonie zu kommen. Als Grund für ihr Tun gaben alle diese Frauen an, sie wollten ihren Ehemann in der Kolonie suchen, von dem sie schon seit vielen Jahren nichts mehr gehört hätten.

---

253 9,3 km/h
254 Manche Quellen nennen 322, andere wieder 316 Personen.
255 Hoher Verwaltungsbeamter einer Hochschule, z.B. Vizekanzler oder auch Priester
256 Sie muss das Kind auf der *Batavia* zur Welt gebracht haben.
257 Später Lucretia Jans

Die Familien mit Kindern und die Frauen wohnten ganz oben im Schiff in einer Hütte, bei der auch die Trompeter hausten, damit sie während der Überfahrt nicht mit dem männlichen und dem gewöhnlichen Schiffsvolk in Berührung kamen. Sie lebten auf engstem Raum zusammen. Eine Privatsphäre gab es an Bord nicht.

Die Trompeter waren an Bord, um Signale zu geben und um bei kriegerischen Auseinandersetzungen die eigenen Leute mit ihren Trompetenstößen anzufeuern. Oft war auch noch ein Vorsänger für Arbeitslieder dabei.

Die *Batavia* war ein sogenanntes Retourschiff, das mit einer wertvollen Fracht wieder nach Holland zurückkommen sollte. Kleinere oder ältere Schiffe wurden meist im Malaiischen Archipel für den dortigen Verkehr zwischen den Inseln zurückgelassen. Die Retourschiffe hatten große Laderäume, dafür aber eine mit den Kriegsschiffen verglichen geringe Bewaffnung mit nur 28 Kanonen. Sieben davon waren aus Bronze. Im hinteren Teil des Schiffes waren die Offiziere, Unteroffiziere und die Passagiere untergebracht, im vorderen Teil drängten sich die Matrosen und Soldaten auf zwei Decks. Das untere Deck war nur einen Meter hoch. Wer dort untergebracht war, musste kriechen, um seine Matratze oder Hängematte zu erreichen. Eine Schlafmöglichkeit wurde in den Mannschaftsräumen immer an zwei Personen vergeben. Nur wenn die eine Person Wache hatte, konnte die andere schlafen. Es herrschten schlimme Verhältnisse und grobe Sitten, und man wundert sich, wie die Seeleute und Soldaten dieses Leben viele Monate lang auf hoher See und einem schwankenden Schiff ausgehalten haben. Die Seeleute hatten wohl ihre täglichen Routinearbeiten am Schiff und in der Takelage, und die Soldaten wurden täglich an den Musketen gedrillt. Die Neulinge mussten die Griffe lernen, bis sie stumpfsinnige Routine wurden. Auch der morgendliche Gottesdienst, an dem es Pflicht war teilzunehmen, sorgte für etwas Abwechslung, aber trotzdem stiegen die Spannungen zwischen Matrosen und Soldaten, und im Laufe einer Reise ließen Ordnung und Disziplin immer mehr zu wünschen übrig. Die Schiffsleitung musste mit harten Strafen durchgreifen, um einigermaßen Ordnung zu halten.

Kurz vor der Abfahrt einer Flotte wurde auf jedem Schiff von einem Direktor der VOC nochmals der ‚Artikelbrief' mit Rechten und Pflichten vorgelesen, denen man auf dem Schiff unterworfen sein würde. Wer beim Gottesdienst fehlte, der musste eine Geldstrafe entrichten und ihm wurde für längere Zeit die Weinration gestrichen. Wenn bei einer Person Spielkarten gefunden wurden, musste diese bei Wasser und Brot eine Woche lang in einem kleinen Kerker verbringen. Wer ein Messer gegen einen anderen gezogen hatte, wurde mit diesem Messer durch die Hand an den Mast genagelt.

Das Kielholen war die schwerste Körperstrafe. Die Opfer wurden meist dreimal hintereinander kielgeholt. Dabei wurde man unter dem rauen, mit Muscheln bewachsenen und sechs oder sieben Meter tief im Wasser liegenden Schiffsboden an einem Strick durchgezogen. Blieb der Delinquent unter dem Schiff hängen, wurde ihm dabei der Kopf abgerissen. Wenn er alle drei Torturen überlebt hatte, bekam er noch 100 Schläge. Nur eines von zehn Opfern überlebte diese Tortur.

Wer einen anderen tötete, wurde mit dem Toten zusammengebunden und lebend ins Meer geworfen. Das kleinste Vergehen wurde streng geahndet. Wurde ein Urteil vollstreckt, musste die gesamte Mannschaft mit den Soldaten an Deck, um zur Abschreckung dem grausamen Schauspiel beizuwohnen.

Die Todesstrafe, zum Beispiel bei Meuterei, wurde schnell angewendet. Der Anstifter und die Mitläufer wurden zur Warnung der Andern am Großmast aufgehängt und später ins Meer geworfen. Oft wurden Übeltäter mit einem Krug Wasser und etwas Zwieback auf einer unbewohnten Insel ausgesetzt, was auch einem Todesurteil gleichkam.

Die Prügelstrafe war die häufigste Strafe an Bord der VOC-Schiffe. Bis zu 500 Schläge wurden verordnet. Nach 20 Schlägen fielen die Opfer meist schon in Ohnmacht. Viele Verprügelte fanden dabei den Tod durch innere Verletzungen.

Proviant wurde für neun Monate geladen, Pökelfleisch, gesalzener Fisch, Schiffszwieback, Stockfisch, Speck und Käse. Aber auf manchen Reisen waren die Schiffe zwölf Monate und länger unterwegs. Dann musste die Nahrung eingeteilt werden. Donnerstage und Sonntage waren auf den VOC-Schiffen Fleischtage. Dann gab es oft schon mehrere Jahre lang in Salz eingelegtes Fleisch mit Erbsen oder Bohnen. Für die Offiziere und Passagiere gab es noch ein paar feinere Dinge, wie Gewürze, Honig oder Rosinen. Was vom Kapitän und einigen Auserwählten an Köstlichkeiten verspeist und getrunken wurde, konnte von den Matrosen und Soldaten nur vermutet werden. Kurz vor der Abfahrt kamen noch lebende Ferkel und Hühner als Frischfleisch an Bord. Neben Trinkwasser wurden auch noch Unmengen von Bier in Fässern und der bei der Mannschaft beliebte Rheinwein geladen.

An den Tischen der Mannschaft und der Soldaten unter Deck herrschte nach jeder Mahlzeit ein besonderes Ritual. Wenn man nach dem letzten Bissen den Löffel beiseitelegte, musste man *,einen fahren lassen'*. Wem dies nicht gelang, der musste den Tisch aufräumen und die Teller und Löffel waschen. Bei der ballaststoffreichen Ernährung an Bord waren es sicherlich wenige, die – wie damals genannt – Calefaktor[258] wurden.

---

258 Heute Kalfaktor. Eine Hilfskraft für einfache Arbeiten.

Am 27. Oktober 1628 füllten sich die riesigen Segel donnernd mit Wind. Die *Batavia* begann ihre lange Reise von Texel nach Südostasien. Erst von diesem Moment an begann der Sold für die Soldaten. Die oft langen Liegezeiten auf Reede, um auf einen günstigen Wind zu warten, zählten nicht. Bei manchen Soldaten begann – je nach Kontrakt – der dann höhere Sold erst bei der Ankunft in Niederländisch-Indien.

Kurz vor dem Auslaufen des Schiffes wurden für den Handel in Ostasien noch einige Kisten mit Silber und Gold geladen. Der Kommandant der Flotte war der Oberkaufmann[259] Francisco Pelsaert, den Posten als Kapitän hatte Ariaen Jacobsz inne. Der Oberkaufmann, als Kommandant der Flotte, durfte auf den VOC-Schiffen dem Kapitän Befehle erteilen. Der Unterkaufmann[260] war Jeronimus Cornelisz, ein bankrotter Apotheker, der sich aus Furcht vor einer Verhaftung in Holland nach Ostasien absetzte. Zwischen Pelseart and Jacobsz gab es von Anfang an Animositäten, die auf einen früheren Zwischenfall zurückzuführen waren. Die beiden Persönlichkeiten konnten nicht unterschiedlicher sein und eine Zusammenarbeit der beiden war zum Scheitern verurteilt. Die Lage wurde im Laufe der Reise immer weiter verschärft, als es wegen zweier Frauen an Bord, der Lucretia van der Mylen und ihrer Zofe Zwaantie Hendrix, zwischen ihnen immer wieder heftigen Streit gab.

Bei starkem Wind und kurzen Wellen schlingerte das Schiff in der Nordsee. Die ersten Soldaten, alles ,Landratten', wurden bereits seekrank, und schadenfroh von den erfahrenen Matrosen gehänselt. Der Kapitän und der Navigator suchten im Atlantik die beständigen Winde und Strömungen, um das Schiff möglichst schnell durch den Atlantik zu führen. Das Leben auf dem engen Raum des Schiffes ging wie gewohnt weiter. Die Jüngsten schrubbten das Deck, die Soldaten exerzierten, bis sie jeden der Handgriff an den Musketen im Schlaf ausführen konnten, und die Passagiere übten sich in Langeweile.

Abb. 12-5: Die Batavia[261]

259 Opperman
260 Onderkoopman
261 Alter Stich, Wikipedia Public Domain

Abb. 12-6: Der Autor bei einer Atlantiküberquerung auf dem Viermast-Clipper ‚Star Flyer‘ auf der ‚widow maker‘ genannten Rah

Das Schiff passierte die Kanarischen Inseln und die Kapverden. Die warme Winterkleidung war nun endgültig in den Reisekisten verschwunden. Wenn ein Sturm nahte, mussten immer wieder die sperrigen Segel gerefft werden. Es war eine schwere und gefährliche Arbeit auf dem schlingernden Schiff, wenn die Matrosen auf dem Bauch auf die Rah hinauskriechen und die Segel einholen mussten. Wie leicht konnte ein Mann vom wütenden Wind und einem flatternden Segel erfasst und ins Meer geworfen werden.

Wenn das bauchige Schiff im aufgewühlten Meer schlingerte und in allen Fugen krachte, und wenn man im wütenden Sturm sein eigenes Wort nicht mehr verstehen konnte, fiel das Essen aus und an Schlaf war ohnehin nicht mehr zu denken. Die Kisten an Deck und in den Kabinen rutschten von Steuerbord nach Backbord, dann wieder zurück. Es wurde immer schwieriger, sich seiner Notdurft zu entledigen, da das Galion, eine Plattform, die über den Bug des Schiffes hinausragte, immer wieder von der wilden See überspült wurde. Auf dem Schiff gab es keinen trockenen Platz mehr. Unter Deck roch es säuerlich nach Erbrochenem. Alle, die Mannschaft und die Passagiere, warteten nur, dass sich die entfesselten Elemente bald wieder beruhigen würden. Das Schiff ließ man bei so einem Sturm nur noch treiben, das schlechte Wetter wurde abgeritten. Man dachte nur noch ans Überleben. Überall drang Wasser in das hölzerne Boot ein. Matrosen und Soldaten arbeiteten Tag und Nacht an den Lenzpumpen, bis sie nach ihrer Ablösung erschöpft auf ihre Matratzen fielen.

Bei einem Sturm sah man oft tagelang die Sonne nicht mehr. Der Navigator wusste nicht, wohin der Wind das Schiff in der Zwischenzeit getrieben hatte. Mit dem ersten Sonnenstrahl wurde vom Navigator mit dem Kreuzstab und dem weniger genauen Astrolabium die Mittagshöhe der Sonne gemessen und dadurch der ungefähre Breitengrad bestimmt.

Um die geographische Länge, die Longitude, festzustellen, gab es damals nur das Log. Das Log war ein dreieckiges Brettchen an einer Leine, in die in regelmäßigen Abständen Knoten eingeflochten waren. Wenn das Log im Wasser war, zählte man die Anzahl der Knoten, die in 15 Sekunden ausliefen. Um die 15 Sekunden messen zu können, hatte jedes Schiff eine spezielle Sanduhr dabei. Nur so konnte man die ungefähre Geschwindigkeit des Schiffes messen und damit die ungefähre geographische Länge berechnen. Es dauerte noch bis 1759, bis der Engländer John Harrison einen so genauen Chronometer entwickelt hatte, dass mit dessen Hilfe eine genauere Längenbestimmung durchgeführt werden konnte.

Man wundert sich ohnehin, wie es den Navigatoren auf den Segelschiffen jener Zeit möglich war, ohne Radar, ohne Funk, ohne GPS, Tausende Kilometer von der Heimat entfernt, so abgelegene und winzige Inseln wie die Bandas zu finden. Sie waren Experten der Ozeanographie, die sich noch an Wolken und Strömungen, an Seevögeln und Treibgut im Meer orientieren konnten.

Die *Batavia* war nun bereits südlich des Äquators und bei Windstille herrschte eine lähmende Hitze. Das Wasser fing an zu verderben und zu stinken. Um es zu reinigen, wurden glühende Eisenkugeln in die Fässer geworfen, und man konnte es nur noch vermischt mit Wein genießen. Durchfallerkrankungen waren die Folge.

Bedingt durch die Hitze, die schlechte eintönige Verpflegung und durch die angeschlagene Gesundheit vieler Männer begann nun das große Sterben an Bord. Die Niederländer – wie auch die Engländer – achteten sehr auf Sauberkeit auf den Schiffen. Täglich wurde das Schiff geschrubbt und die Decks mit Essig gereinigt. Für seine Notdurft musste man das Galion, den ‚Garten‘, benutzen. Wer trotz Verbots einen Topf oder Eimer für sein ‚Geschäft‘ benutzte, wurde hart bestraft.

Oft waren es Infektionskrankheiten die von den Mannschaften schon mit an Bord gebracht wurden, denn für eine Anstellung bei der VOC und für eine Arbeit in der Kolonie gab es zuvor keine ärztliche Untersuchung. Die katastrophale Sterberate bei den langen Fahrten nach Ostindien wurde jedoch hauptsächlich durch Skorbut ausgelöst. Man wusste schon damals, dass die Krankheit schnell vorüber war, wenn man an Land anlegte und frisches Gemüse und Obst aß, aber man machte das frische Fleisch für die Besserung verantwortlich. Das ging sogar so weit, dass die Schiffsratten an Bord gefangen und in Wasser, Zucker und Wein zunächst gekocht wurden. Gebraten wurden die Ratten dann den Kranken serviert. Wie ich bereits in Kapitel 4 berichtete, dauerte es noch lange, bis erkannt wurde, dass die Krankheit, bei der man – wie ein Zeitgenosse schrieb – ‚*bei lebendigem Leibe verfaulen würde*‘, auf Mangel an Vitamin C zurückzuführen ist.

Weit verbreitet war auf den Schiffen des 17. und 18. Jahrhunderts die Krankheit Flecktyphus, damals Faulfieber[262] genannt, die durch Läuse übertragen wurde. Da man sich und seine Kleider an Bord oft monatelang nicht richtig waschen konnte, waren Läuse für alle Mitreisenden eine echte Plage. Die Krankheit endete oft im Delirium.

Nach vielen eintönigen Wochen auf See breitete sich unter allen Mitreisenden eine gewisse Apathie aus, aber als das Kap der Guten Hoffnung in Sicht kam, war die Freude groß. Vor dem Tafelberg hatten die Holländer ein Fort und einen Handelsposten aufgebaut. Hier legten fast alle nach Asien fahrenden VOC-Schiffe sowie die Retourschiffe an. Endlich gab es wieder klares Wasser soviel man trinken konnte, sowie Gemüse und Obst in Hülle und Fülle. Die Holländer bewirtschafteten hier mit Sklaven große landwirtschaftliche Flächen. Fette Rinder und Schafe grasten auf grünen Wiesen. Nach einer guten Woche war die *Batavia* mit frischem Proviant beladen. Neben Kohl, Rettichen, Zwiebeln und Obst kam auch lebendes Vieh an Bord. Die Mannschaft und die Kranken hatten sich so weit erholt, dass der zweite Teil der Reise in Richtung Australien und Batavia nun angetreten werden konnte. Die *Batavia* lief jetzt auf Ostkurs.

Bis hierher war es eine normale Überfahrt, wie sie schon viele VOC-Schiffe zuvor durchgeführt hatten. Aber nun begann eine Verschwörung zwischen dem Kapitän Ariaen Jacobsz und dem Unterkaufmann Jeronimus Cornelisz gegen den Oberkaufmann und Kommandant der Flotte Francisco Pelsaert. Jakobsz und Cornelisz planten, das Schiff bei einer Meuterei zu plündern, um dann mit dem Gold- und Silberschatz an Bord irgendwo auf der Welt ein neues Leben im Luxus beginnen zu können. Die *Batavia* versprach reiche Beute. Das Schiff hatte 12 Kisten mit Gold- und Silbermünzen und eine Kiste mit wertvollen Juwelen als Geschenke für malaiische Fürsten geladen.

---

262 Von den Holländern wurde sie ‚Rotkoortsen‘ genannt.

Die *Batavia* war das neueste und modernste Schiff der VOC. Das Schiff war doppelt so groß wie die *Bounty* oder die *Endeavour* von Kapitän Cook. Man wollte damit in der Kolonie Eindruck schinden.

Die beiden Anführer der Verschwörung hatten bereits eine Gruppe von Matrosen und Soldaten um sich versammeln können, die bei der Meuterei mitmachen wollten. Meuterei und Piraterie waren damals üblich und ein einträgliches Geschäft. Als die Flotte den Süden von West-Australien erreicht hatte, ging Kapitän Jacobsz bewusst auf einen anderen Kurs und trennte sich von der Flotte, um die Kaperung des Schiffes vor der Küste Australiens unbemerkt von den anderen Schiffen durchführen zu können. Es herrschte gerade ein Sturm und dabei kam es oft vor, dass sich die Schiffe einer Flotte für einige Zeit aus den Augen verloren.

Kapitän Jacobsz hatte sich bei der letzten Positionsberechnung gewaltig verschätzt. Der Kurs der *Batavia* war viel zu weit östlich. In den Morgenstunden des 4. Juni 1629 krachte das Schiff auf das tückische Riff, das einige kleine Inseln umgab. Es waren unscheinbare, elende und windige Sandbänke, die die Menschen an Bord in der Morgendämmerung sahen. Jede Insel war kleiner als ein Fußballfeld. Es waren triste Sandbänke mit angespülten Korallenblöcken ohne Bäume.

Kapitän Jacobsz versuchte, das Schiff freizubekommen, indem er es leichter machte. Alle Kanonen, entbehrlichen Kisten und Fässer wurden ins Meer geworfen. Selbst der schwere Hauptmast wurde gekappt. Ohne Erfolg, denn das Schiff war bei höchster Flut auf das Riff gelaufen, sodass keine Chance bestand, es wieder frei zu bekommen. Die *Batavia* konnte jeden Augenblick auseinanderbrechen.

Nun wurde begonnen, Menschen und Material auf die beiden am nächsten liegenden Inseln zu bringen, die von der Mannschaft später als ‚Traitor's Island‘[263] und ‚*Batavia's* Graveyard‘[264] bezeichnet wurden. Bis zum Abend konnten von den 341[265] Menschen an Bord etwa 180 und etwas Wasser und Brot auf die kleinen Inseln gebracht werden. Unter den Geretteten waren alle Frauen und Kinder. Auf beiden Inseln gab es kein Wasser und keine essbaren Gewächse.

Wasser wurde plötzlich wertvoller als der Gold- und Silberschatz an Bord. Da die Menschen auf den kargen Inseln ohne Süßwasser nicht lange überleben konnten, entschlossen sich der Oberkaufmann Pelsaert und Kapitän

---

263 Verrader's Eylandt
264 Später in ‚Beacon Island‘ umbenannt
265 Von den wenigen Überlebenden wurden später in Batavia unterschiedliche Angaben über die Anzahl der Passagiere, der Getöteten und der Ertrunkenen gemacht. Die nachfolgend genannten Zahlen können demnach variieren.

Jacobsz mit dem mitgeführten offenen ‚Longboat'[266] mit 30 Männern, zwei
Frauen und einem Baby nach Batavia zu segeln und Hilfe zu holen. Bereits
am nächsten Morgen nach der Havarie segelten sie los. Weitere Aktionen,
um die noch auf dem Schiff verbliebenen Personen zu retten, schlugen wegen widriger Winde und hohem Seegang fehl. Rund 40 Personen ertranken
bei dem Versuch, sich schwimmend auf die nahegelegene Insel ‚Traitor's
Island' zu retten.

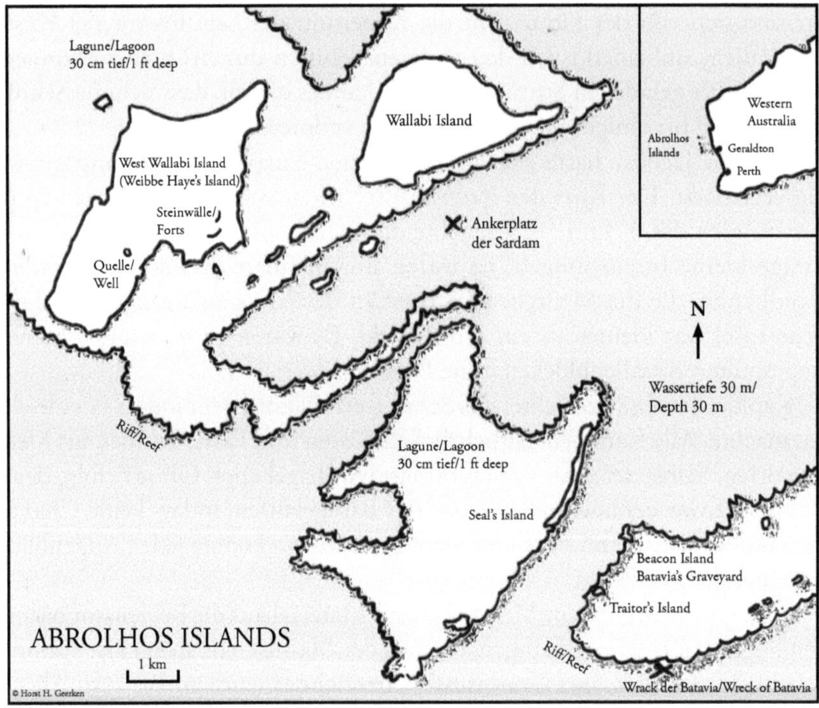

Abb. 12-7: Karte der Abrolhos Islands

Der Unterkaufmann Jeronimus Cornelisz blieb noch fast eine Woche alleine auf dem Wrack zurück. Er konnte nicht schwimmen. Aber als das Schiff
immer weiter zerbrach, wurde er mit einer Schiffsplanke an Land gespült.
Als der nun ranghöchste VOC-Offizier übernahm er das Kommando. Aber
kaum war das Boot mit Oberkaufmann Pelsaert und Kapitän Jacobsz hinter
dem Horizont verschwunden, begann die Schreckensherrschaft von Jeronimus Cornelisz.

---

266 Einer 9 Meter langen Schaluppe

Abb. 12-8: Alter Stich von 1647[267]

Abb. 12-9: Beacon Island

267 Wikipedia, Public Domain

Cornelisz hatte seinen Plan der Meuterei nicht aufgegeben. Mit seinen rund 20 Vertrauten plante er, alle, bis auf ein paar Frauen, umzubringen. Danach sollte das Rettungsschiff – wenn es je kommen sollte – gekapert werden. Bis dahin sollte das gerettete Trinkwasser für die nun wenigen Menschen reichen, dachte er. Zunächst mussten sie jedoch die Herren der Insel werden. Die ersten Kranken und Schwachen starben. Cornelisz musste schnell handeln, um sich und seine Mitstreiter zu retten. In seinen Augen war es dumm, *‚unnütze Mäuler mit Wasser und Brot zu füttern‘*. Sein Problem waren jedoch die bewaffneten Soldaten, die gegenüber der Kompanie loyal eingestellt waren. Die musste er zunächst loswerden. Besonders Weibbe Hayes machte ihm Sorgen. Er war ein einfacher Soldat, ein mutiger, ehrlicher und erfahrener Diener der VOC, der zum Anführer der Soldaten auserkoren wurde. Cornelisz schickte Hayes und seine Soldaten ohne Waffen nach West Wallabi Island[268], um dort nach Wasser zu suchen und Vogeleier einzusammeln. Sie sollten einfach ein Rauchzeichen schicken, wenn sie wieder zurückkommen wollten. Cornelisz hatte aber nicht vor, sie dort wieder abzuholen. Er war sich sicher, dass es auch dort kein Wasser gab und wollte sie verdursten lassen. Als einige Tage später das Rauchzeichen von der vergleichsweise großen Insel gesehen wurde, schickte Cornelisz kein Boot. Sein Plan ging nicht auf. Hayes und seine Leute fanden auf West Wallabi genügend Wasser und Nahrung, um Monate lang zu überleben. Auf der kargen Insel lebten kleine Kängurus und es gab Vogeleier, Austern und Robben im Überfluss.

Die restlichen Überlebenden teilte Cornelisz in drei Gruppen auf und verteilte sie auf Traitor’s Island, Beacon Island und die langgestreckte Seal’s Island. Nun hatte er leichtes Spiel. Die provisorische Gemeinschaft der Überlebenden zerfiel rasch. Die Gestrandeten wurden durch eine Gruppe von Meuterern unter Anführung des gescheiterten Apothekers Jeronimus Cornelisz terrorisiert und größtenteils ermordet.

Die offene, neun Meter lange Schaluppe mit Kommandant Pelsaert und Kapitän Jacobsz kam 33 Tage nach dem Verlassen des Wracks am 7. Juli 1629 in Batavia an. Sofort nach seiner Ankunft wurde Pelsaert zur Berichterstattung zu Generalgouverneur Jan Pieterszoon Coen gerufen. Kapitän Jacobsz wurde wegen nachlässiger Schiffsführung verhaftet und Pelsaert wurde beauftragt, mit der schnellen Segelyacht *Sardam* sofort zu dem Unglücksort zurückzukehren, um Menschenleben und den wertvollen Gold- und Silberschatz zu bergen. An Bord war eine Mannschaft von 26 Personen, darunter waren vier indische und zwei holländische Taucher, um den Schatz zu heben.

---

268 Von den Überlebenden wurde diese Insel ‚Island of Weibbe Hayes‘ genannt.

Abb. 12-10: Ein alter Stich von 1647, der das Massaker zeigt[269]

Bereits am 15. Juli 1629 verließ die *Sardam* Batavia. In der Zwischenzeit hatte Cornelisz fast alle Überlebenden auf Traitor's- und Beacon Island getötet. Als er nun mit seinen Mannen die auf Seal's Island festsitzenden rund 40 Passagiere der *Batavia* töten wollte, gelang es einigen Wenigen, auf Treibholz nach West Wallabi Island zu fliehen. Cornelisz und seine Mannen hatten inzwischen über 125 Menschen auf schreckliche Art und Weise getötet. Zunächst hatten die Meuterer getötet, um zu überleben, aber nach einiger Zeit töteten sie aus reiner Langeweile und Spaß.

Die Frauen mussten – wie leider so oft in solchen Situationen – besonders leiden. Entweder waren sie zu jeder Tages- und Nachtzeit willig und bereit für die sexuellen Gelüste der Meuterer, oder sie wurden getötet. Cornelisz nahm sich Lucretia van der Mylen als feste Konkubine. Lucretia war auf dem Weg zu ihrem Ehemann in Batavia. Sie war eine Frau, die ‚mit dem Handschuh‘ getraut worden war. Der Adlatus von Cornelisz, Coenraat van Huyssen, nahm Judith Bastiansz zur Konkubine. Die Schwestern Trynt und Zussie Frederics, Anneken Gunner, Anneken Hardens und Margaret Louys waren – wie Cornelisz verordnete – zum *‚allgemeinen Gebrauch‘*. Die beiden letztgenannten wurden später auch noch getötet. Eine Wybrecht Claes wur-

---

269 Wikipedia, Public Domain

de gleich erstochen, als sie sich einem Mann verweigerte. Die Männer waren in einem Blutrausch.

Als Wiebbe Hayes von den Geflüchteten erfuhr, dass Cornelisz ein Massaker angerichtet hatte, war er empört und machte Vorbereitungen, um sich bei einem Angriff der Meuterer verteidigen zu können. Um Hayes hatten sich nun 47 Mann versammelt. Mit einfachsten Mitteln bastelten sie sich Waffen, wie Speere und Wurfgeschosse aus mit Nägeln bestücktem Treibholz. Ihre Musketen hatten sie – wie von Cornelisz verlangt – auf Beacon Island zurücklassen müssen. Die Musketen hätten nun ohnehin nichts mehr genutzt. Das wenige Schießpulver, das von der *Batavia* gerettet wurde, war nass geworden. Aus Korallenblöcken und Sandstein bauten sie Verteidigungsmauern. Personenmäßig waren sie nun den Meuterern überlegen. Um rechtzeitig vor einem Angriff gewarnt zu werden, teilte Hayes rund um die Uhr Wachen ein. Die gefundenen Brunnen bedeckten sie mit großen flachen Steinen ab, damit sie von den Meuterern nicht entdeckt werden konnten.

Wie vermutet erfolgte auch ein Angriff, den aber die ausgebildeten Soldaten unter dem Kommando von Hayes zurückschlagen konnten. Bei Cornelisz und seinen Mannen gingen die Vorräte an Trinkwasser zu Ende, und sie wollte den Brunnen auf West Wallabi Island in Besitz nehmen. Eine Woche später erfolgte ein zweiter Angriff, der wieder von Hayes Soldaten abgewehrt werden konnte. Von den Angreifern wurden vier Mann getötet und der Anführer der Meuterer, Jeronimus Cornelisz, wurde gefangen genommen und gefesselt.

Es war der 17. September 1629, als die restlichen Meuterer einen erneuten, finalen Angriff starteten, diesmal mit ihren Musketen. Glücklicherweise kam die *Sardam* in Sicht. Hayes konnte Pelsaert und die Mannschaft der *Sardam* so rechtzeitig von der Meuterei und dem Massaker informieren, dass diese bereits vorbereitet waren, als die Meuterer das Schiff kapern wollten. Als sie das Schiff erreichten, schauten sie in die Mündungen von feuerbereiten Musketen und Bordkanonen, die Kanoniere mit brennenden Lunten daneben. Sie hatten keine Chance und ergaben sich, ohne dass ein Schuss gefallen war. In der Zwischenzeit war die *Batavia* durch die Brandung am Riff in viele kleine Teile zerbrochen, die bereits untergegangen waren oder auf dem Riff lagen.

Da das Risiko, so viele Verbrecher mit dem Schatz in einer wochenlangen Reise auf einer kleinen Yacht nach Batavia zu bringen, zu groß gewesen wäre, wurden die schlimmsten Meuterer gleich vor Ort verurteilt. Die Verhöre, die Pelsaert führte, dauerten zehn Tage. Manche Meuterer gestanden sofort,

andere erst, nachdem sie mit der damals üblichen ‚Wasser-Kur‘[270] gefoltert
wurden. Inzwischen wurde die Truhe mit den Juwelen gefunden und die
Taucher hatten zehn der zwölf Kisten mit dem Gold- und Silber geborgen.
Die Juwelen alleine hatten einen Wert von 58 000 Gulden, und das bei einem
Monatseinkommen eines Matrosen oder Soldaten von 10 Gulden pro Monat.

Die Vollstreckung der Urteile fand auf Seal's Island statt. Hier hatte der
Zimmermann der *Sardam* aus Wrackteilen der *Batavia* bereits einen Galgen
aufgebaut. Am 2. Oktober 1629 wurden die Urteile im Beisein aller Menschen der *Batavia* und der *Sardam* vollstreckt. Jeronimus Cornelisz wurden
beide Hände abgehackt, danach fand er den Tod durch den Strang. Bei
zwei weiteren wurde nur die rechte Hand abgehackt, bevor sie zum Galgen
geführt wurden. Weitere wurden nur gehängt. Der Sand färbte sich rot vom
Blut der Opfer. Als Jeronimus Cornelisz mit blutenden Armstümpfen zum
Galgen geführt wurde, rief er noch ‚Rache!‘ ‚Rache!‘[271], bis sich der Strang
um seinen Hals zuzog. Einer nach dem andern wurde seiner gerechten Strafe zugeführt. Im letzten Moment wurde der 18jährige Junge Jan Pelgrom
vorläufig begnadigt. Die weniger gefährlichen Meuterer wurden in Ketten
gelegt und zur Verurteilung nach Java gebracht.

Erst sechs Wochen später, am 15. November 1629, begann die Rückreise der
Sardam nach Batavia. Etwas weiter nördlich von den Abrolhos Inseln, in der
Nähe des heutigen Küstenorts Kalbarri, wurden der begnadigte junge Jan
Pelgrom und ein Wouter Looes einen Tag später mit Wasser und Brot an
der kargen Küste von West-Australien an einem Fluss ausgesetzt. Wie alte
Dokumente von Pelsaert zeigen, wurde ihnen noch Spielzeug aus Nürnberg
mitgegeben. Falls sie auf Ureinwohner treffen sollten, könnte sie diese damit
freundlich stimmen. Damals galt das als ‚Südland‘ bezeichnete Australi-
en noch als unbewohnte karge Insel. Man hatte noch keinen Ureinwohner
gesehen und eine Aussetzung – 200 Jahre bevor West-Australien von den
Engländern besiedelt wurde – kam einem Todesurteil gleich. Niemals mehr
hat man die beiden Europäer gesehen oder etwas von ihnen gehört. Aber
vielleicht hatten sie das bessere Los gezogen.

Bereits im April 1839, als George Gray als erster diese Gegend um den
Murchison River erforschte, stellte er fest, dass ein Teil der Aborigines[272] in

---

270 Diese heute rechtswidrige Foltermethode – in den USA Waterboarding genannt – wurde 2002 von dem US-Präsidenten George W. Bush erstmals wieder ge-
nehmigt und im Gefangenenlager Guantanamo Bay oft angewendet. Erst 2009 wurde die Genehmigung dieser Folter durch den nachfolgenden Präsident Barak Obama
wieder aufgehoben.
271 ‚Revenge!‘ ‚Revenge!‘
272 Ureinwohner Australiens

dieser Region eine auffallend helle Hautfarbe hatten. Wurden die beiden in die Gemeinschaft der Aborigines aufgenommen und hatten sie sich mit ihnen vermischt? Heute könnte dies ein DNA-Test sofort aufklären. Für die Geschichte West-Australiens wäre dies sicherlich von großer Bedeutung, denn dann wären Pelgrom und Looes die Ersten, die West-Australien 200 Jahre vor den Engländern besiedelt hatten. Allerdings wird es schwierig sein, für einen DNA-Test noch einen echten Ureinwohner der Murchison Region zu finden, da 1838 die Engländer bei einem Massaker fast alle töteten.

Am 5. Dezember 1629 erreichte die *Sardam* wieder Batavia. Die in Ketten gelegten mitgebrachten Meuterer erfuhren in Batavia noch schlimmere Urteile als die, die auf den Abrolhos verhängt wurden. Nach Aussagen und Verhandlungen gab es am 31. Januar 1630 vor dem Fort von Batavia ein großes und blutiges Spektakel in aller Öffentlichkeit. Alle wurden der Meuterei und der Vergewaltigung von Frauen angeklagt und erhielten ein Todesurteil durch den Strang. Die Todesurteile verhängte der neue Generalgouverneur der VOC, Specx. Jan Pieterszoon Coen war inzwischen tot. Viele der Verurteilten wurden vor ihrem Tod noch gefoltert, bevor sie zur Abschreckung der Schaulustigen mit gebrochenen Knochen am Galgen aufgehängt wurden,
Der Kapitän der *Batavia,* Ariaen Jacobsz, der die *Batavia* bewusst vom Kurs abgebracht hatte, wurde noch zwei Jahre lang gefoltert, bevor er hingerichtet wurde. Zunächst wurden ihm alle Knochen gebrochen, bevor er gerädert und gevierteilt wurde.

Weibbe Hayes wurde als Held und Retter gefeiert und zum Offizier befördert. Der Kommandant der Flotte, Oberkaufmann Francisco Pelsaert, verstarb wenige Monate nach seiner Rückkehr. Bastiansz, der sich mit Frau und seinen sechs Kindern auf den Banda Inseln dauerhaft als Perkenier niederlassen wollte, hatte seine ganze Familie verloren. Er war neben Lucretia van der Mylen einziger überlebender Augenzeuge des Massakers. Er heiratete nochmals und verstarb 1633 in Banda Neira. Lucretia van der Mylen heiratete und starb als Großmutter in hohem Alter in Holland.
Keine der Familien und Frauen der *Batavia*, die Generalgouverneur Coen auf die Banda Inseln bringen wollte, erreichten diese. So wie der *Batavia* ging es noch vielen Schiffen, aber so schlimme Massaker gab es meinen Recherchen nach nur einmal. Die meisten Verluste an Menschenleben gab es durch im Sturm untergegangene Schiffe. Vielleicht tauchen eines Tages weitere Dokumente auf, die noch mehr Licht in das schreckliche Ereignis

bringen. Zum Beispiel gibt es unterschiedliche Angaben über die Anzahl der Passagiere, der Getöteten und der Überlebenden. Meist wird die Anzahl der durch die Meuterer Getöteten mit mindestens 125 genannt. Wenn die angegebene Anzahl der Passagiere mit 341 stimmt, müssten unter Berücksichtigung der bei der Havarie Ertrunkenen, der Soldaten auf Hayes Island, der mit der Schaluppe nach Batavia gebrachten Passagiere, der getöteten Frauen und der Menschen, die auf den Inseln verdurstet sind, mindestens 150 Menschen durch die Meuterer getötet worden sein. Auf jeden Fall war es ein schreckliches Ereignis, das bis heute nachwirkt.

Über 300 Jahre lag die *Batavia* auf dem Meeresgrund, bis man sich wieder an sie erinnerte und mit der Suche nach dem Wrack begann. Nach fünf Jahren wurden die Überreste des Schiffs am Riff von Beacon Island – so wird die Insel heute von den Lobsterfischern genannt – entdeckt. Früher hieß die Insel *Batavia's* Graveyard, Grab der *Batavia*. Die *Batavia* ist ungefähr 1,5 Kilometer von der Insel entfernt auf das Riff gefahren.

1963 begannen dann die Arbeiten, um Teile der *Batavia* und den immer noch in zwei Kisten auf dem Meeresgrund ruhenden Schatz zu heben. Die Taucher mit ihren Booten hatten es nun einfacher, sich zwischen den vielen Riffen und Sandbänken zu bewegen. 1840 hatte die Royal Navy die Inselgruppe vermessen und genaue Karten erstellt.[273] Es fanden auch Grabungen statt, bei denen Flaschen, Münzen und Massengräber gefunden wurden. Besonders grausig war der Anblick auf der schmalen Insel Seal's Island. Hier schauten Dutzende von der Sonne gebleichte Schädel, Knochen und Gerippe aus dem Sand.

Als ich in den 1980er Jahren auf Beacon Island vor dem Zubettgehen bei Vollmond noch alleine einen kleinen Rundgang auf der Insel machte, bekam ich – als ich plötzlich an das auf der Insel verflossene Blut dachte – eine Gänsehaut, und die wenigen Haare, die ich damals noch hatte, standen mir zu Berge. Die Insel war übersät mit von der Sonne gebleichten Schädeln der Schafsköpfe, die für die Fischer als Köder gedient hatten. Im Mondlicht sahen sie aus wie Schädel von Menschen, die mich aus großen Augenhöhlen anstarrten. Es war bei Nacht unheimlich auf der Insel, und es ist kein Geheimnis, dass die Einheimischen der Region von Geistern sprechen, die dort bis heute auf dem blutgetränkten Boden der Abrolhos Inseln ihr Unwesen treiben. Auf West Wallabi Island, wo sich Weibbe Hayes mit seinen Soldaten und einigen Geflüchteten verteidigen konnte, findet man heute noch die von ihnen aufgeschütteten Steinwälle.

---

273 Siehe Abb. 12-3

Abb. 12-11: ‚Festung‘ aus aufeinander gelegten Steinen auf West Wallabi Island[274]

Auf einer der kleinen Inseln gibt es zwischen den Korallen ein ‚blow-hole‘, das in der Nacht weit hörbar stöhnt und pfeift. Es wird als der ‚Geist von Pelsaert‘ bezeichnet. Wie mir die Lobsterfischer sagten, würden sie diese Insel niemals nach Sonnenuntergang betreten. Die Insel wäre zu unheimlich.

Nach drei oder vier Tagen traten wir wieder die Rückreise nach Geraldton an. Die Langusten wurden eingesammelt und in Geraldton in einem Kühlhaus sofort eingefroren. Hauptabnehmer waren die USA. In dem modern eingerichteten Haus von John gab es für mich noch ein Lobster-Dinner mit kaltem Bier. John aß lieber ein Steak. Verständlich, wenn man den ganzen Tag lang mit diesen Tieren beschäftigt war. Wie ich vermute, verdient man mit der Lobster-Fischerei nicht schlecht.

Ich hatte John bestimmt acht Jahre nicht mehr wiedergesehen und den Kontakt verloren, da liefen wir uns zufällig auf dem bei den Australiern so beliebten Oktoberfest in München über den Weg. Das musste natürlich begossen werden. Als Gegenleistung für seine damalige Freundlichkeit zeigte ich ihm am nächsten Tag die vielen Sehenswürdigkeiten von München. Ich hatte das Gefühl, dass Kultur nicht sein Ding war und er mehr an den Bier-

274 Public Domain

zelten des Oktoberfestes interessiert war. Er wollte so schnell wie möglich wieder zurück zu seinen Kumpels.

Als ich wieder in Perth war, erzählte ich meinem englischen Freund Michael von meinem Abenteuer und auch davon, wie lange Weibbe Hayes es mit seinen Soldaten auf der Insel West Wallabi[275] ohne Nahrung vom Schiff ausgehalten hatte. Sie hatten nur von dem gelebt, was die Insel und das Meer hergaben. Michael schlug vor, dass wir das doch auch mal versuchen sollten. Gesagt, getan. Wir rüsteten uns aus mit einem Lobster-Pot mit einem stinkenden Köder, einer Angel, Schlafsäcken und Wasser. Wir rationierten das Wasser, sodass es für zwei Wochen reichen sollte. Wir hatten noch eine Schachtel Streichhölzer und ein Messer dabei, das war alles! Nicht einmal Salz hatten wir mitgenommen. Wir wollten unsere Beute in Meerwasser kochen, oder Salz von Steinen eines nahen Salzsees abkratzen. Es sollten Bedingungen sein, wie sie Weibbe Hayes und seine Männer meistern mussten.

Die Fähre brachte uns zu Rottnest Island, einer Insel, die wir nach einer Stunde erreichten. Im Gegensatz zu den Abrolhos Inseln gab es auf Rottnest Island Spuren von Aborigines, die schon seit Tausenden Jahren hierherkamen. Vermutlich waren die Abrolhos für die Aborigines zu weit von der Küste entfernt im Meer. Man konnte die Abrolhos vom Festland aus nicht sehen. Bei Rottnest war das anders.

Dann machten wir uns auf einen längeren Fußweg in den einsamen Süden der elf Kilometer langen Insel. Für die schweren Wasserbehälter hatten wir einen Bollerwagen dabei. Nach langem Suchen fanden wir direkt am Wasser eine kleine Höhle, eher ein großer Felsüberhang. Hier waren wir vor Regen geschützt. Wir brachten den Lobster-Pot an eine uns günstig erscheinende Stelle ins Meer und ich versuchte noch den Rest des Nachmittages mein Glück mit der Angel. Für den ersten Tag hatte ich einen Köder dabei, aber kein Fisch biss an und der Lobster-Pot war am Abend auch noch leer. Wir machten ein kleines Feuer in unserer Höhle und stiegen mit knurrendem Magen in unsere Schlafsäcke.

Aber an Schlaf war nicht zu denken. Zunächst schwirrten Tausende Moskitos um unsere Köpfe ,und dann kamen die Quokkas. Dies sind kleine Beuteltiere der Familie der Kängurus, die nur im südlichen West-Australien und auf den vorgelagerten Inseln vorkommen. Der Holländer Vlamingh besuchte 1696 die Insel und gab ihr den holländischen Namen Rottnest, Rattennest, da er die Quokkas für große Ratten hielt. Zunächst war es ein Quokka, das ganz zutraulich zu uns kam und uns musterte, wie wenn es sagen wollte, ,was macht ihr eigentlich hier'. Das fanden wir zunächst noch ganz niedlich. Aber dann waren es fünf, dann zehn, dann mindestens zwan-

275 Damals Weibbe Hayes' Island

zig. Es hatte sich unter ihnen herumgesprochen, dass es in der Höhle seltene Exemplare zu besichtigen gab. Wir konnten uns ihrer kaum mehr erwehren. Waren die Tiere dumm, oder nur unerfahren? Hatten sie noch nie Erfahrung mit einem heißen Feuer gemacht? Sie sprangen mutig ins Feuer und dann vor Schreck auf uns. Immer wieder und immer wieder. Es roch schon streng nach verbranntem Fell. In den Morgenstunden, es begann schon zu dämmern, fiel ich endlich in einen kurzen Tiefschlaf, dann war ich plötzlich wieder hellwach. Ein Quokka war direkt auf meinem Gesicht gelandet. Und das bei einem Gewicht von 2 bis 3 Kilogramm. Die Tiere waren nachtaktiv. Tagsüber schliefen sie in den Büschen. Hatten wir bei Nacht ihren angestammten Spielplatz eingenommen?

Am Morgen fanden wir in unserem Lobster-Pot eine große Languste. Wir kochten sie in Meerwasser und hatten Languste pur zum Frühstück. Schon am ersten Tag wäre mir ein frisches Brötchen lieber gewesen. Ich angelte den ganzen Tag ohne Erfolg. Am dritten Tag hatten wir zwei Langusten im Pot. Nachdem wir diese verspeist hatten, knurrte uns der Magen immer noch! In fünf Tagen hatten wir keinen einzigen Fisch gefangen. Nachdem auch keine Languste mehr in dem Lobster-Pot gefangen wurde, war unser Hunger kaum mehr auszuhalten. Einen Quokka wollten wir nicht schlachten, denn die Art ist gefährdet. Am Abend des fünften Tages brachen wir unser Experiment ab und genehmigten uns ein kaltes Bier im Pub der Insel. Wir gestanden uns beide ein, dass wir als Robinsons oder Einsiedler nicht geeignet sind. Dass Weibbe Hayes mit seinen Mannen so lange auf der Insel West Wallabi überleben konnte, kann nur bewundert werden.

Beacon Island, wo 1629 die *Batavia* am Riff zerschellte, wird vom West Australian Museum und dem Departement of Fisheries in Perth wieder in den natürlichen Zustand zurückgeführt. Alle Hütten der Lobster-Fischer wurden 2014 entfernt. Auf den Abrolhos wird nun die natürliche Flora und Fauna wieder hergestellt. Sowohl Teile des Wracks der *Batavia* als auch der mitgeführten Kanonen, Münzen und des Geschirrs sind im ‚Museum of Geraldton‘, im ‚Western Australian Museum‘ in Perth und im ‚Shipwrecks Museum‘ in Fremantle bei Perth zu besichtigen. Vor dem Verwaltungsgebäude in Geraldton stand – als ich das letzte Mal in Geraldton war – eine der Bronze-Kanonen, die auf der *Batavia* montiert waren. Die älteste Münze, die von den Tauchern beim Wrack gefunden wurde, war von 1575. Sie stammte aus einer der beiden Schatztruhen, die Francisco Pelsaert, als er mit der *Sardam* auf die Abrolhos zurückkkam, geborgen hatte. Interessant ist, dass die meisten der gefundenen Münzen deutsche

Taler[276] waren. Zu jener Zeit waren deutsche Taler das wichtigste Zahlungs-mittel in Europa und Teilen Asiens. Die Silbermünzen waren in Braun-schweig und Lüneburg (Luneburgum) geprägt. Alle hatten die lateinische Aufschrift ‚Deus Gratia‘, ‚Dank sei Gott!‘

Abb. 12-12:
Ein Schatz von
silbernen Reichs-
talern wurde beim
Wrack gefunden.[277]

Abb. 12-13:
Ein Teil des
Rumpfes der
Batavia[278]

---

276 Aus dem Wort Taler (T-a-a-ler) wurde später durch Verballhornung das Wort ‚Dollar‘ abgeleitet. Die deutsche Schreibweise war bis 1901 ‚Thaler‘.
277 ibid.
278 Public Domain

Archäologen der ‚University of Western Australia' in Perth haben Knochen und Skelette bergen können. Immer wieder tauchen neue, bislang unentdeckte Gräber von Menschen auf, die im Blutrausch von Jeronimus Cornelisz und seinen Schergen getötet wurden. Vielleicht kann man eines Tages noch die Identität der Toten herausfinden.

Abb. 12-14: Skelett eines etwa 35jährigen Mannes, mit zertrümmertem Schulterblatt
Abb. 12-15: Ein Nachbau der Batavia

Von 1985 bis 1995 wurde eine Replik der *Batavia* von der Bataviawerft in Lelystad in den Niederlanden hergestellt. 1999 wurde sie nach Australien transportiert und beim ‚National Maritime Museum' in Sidney zur Besichtigung freigegeben. Heute liegt das Schiff wieder in Holland.

Der australische Filmregisseur Bruce Beresford produzierte 1973 den Film ‚The Wreck of the *Batavia'*. Überraschenderweise erfuhr dieser Film nur wenig Aufmerksamkeit.

Das war nach dem Unglück der *Batavia* und dem nachfolgenden Morden anders. Als die Nachricht Holland erreicht hatte, waren die Zeitungen und Journale voll mit Berichten der schrecklichen Havarie. Ich fand zum Beispiel noch Schriftstücke aus den Jahren 1628, 1629 und 1642. Damals war es über Jahre das Hauptthema!

Abb. 12-16:
Journal: Ongeluckige Voyagie van't Schip Batavia

Abb. 12-17:
Die erste Seite des Journals

13. Die Banda Inseln in den Wirren des 20. Jahrhunderts und der Bandanese Des Alwi

Nachdem das Deutsche Reich die Kolonie Deutsch-Neuguinea[279] im 19. Jahrhundert erworben hatte, wurden die Banda Inseln durch regelmäßige Schifffahrtsverbindung an die Außenwelt angebunden. Das Zeitalter der Dampfschifffahrt hatte begonnen. Nun kam Abwechslung in den eintönigen Alltag der Bandanesen. Die Holländer boten nun viele Schiffsverbindungen zwischen den Banda Inseln und benachbarten Gebieten an, zum Beispiel hatte die KPM[280] Banda Neira mit Ambon, Ceram und der Aru-Insel Wokan verbunden. Auch der holländische Postdampfer lief nun regelmäßig Banda Neira an.

Am 3. November 1884 wurde der Bismarck Archipel in Neuguinea unter den Schutz des Deutschen Reiches gestellt. Eineinhalb Jahre später lief das erste vom Deutschen Reich subventionierte Dampfschiff[281] nach Deutsch-Neuguinea aus. Der Norddeutsche Lloyd richtete 1893 eine regelmäßige Linienverbindung zwischen dem Friedrich-Wilhelmshafen in Deutsch-Neuguinea und Singapur ein. Alle vier Wochen – einmal auf der Hin-, und dann wieder auf der Rückreise – legte der Dampfer in Banda Neira an. Banda Neira lag ungefähr in der Mitte der langen Reise.

Abb. 13-1:
Der Reichspost-
dampfer Prinz
Waldemar[282]

---

279 Das Schutzgebiet Deutsch-Neuguinea umfasste das Kaiser-Wilhelm-Land, das Bismarck Archipel, die Karolinen- und Palau Inseln und die Marianen.
280 Koninklijke Paketvaart Maatschappij
281 Vermutlich die *‚Otilie'*
282 Das Schiff, mit dem der Maler Emil Nolde und der Tropenarzt Professor Dr. Leber 1910/11 auf ihrer Südseeexpedition nach Deutsch-Neuguinea reisten. Siehe Horst H. Geerken, *Der Ruf des Geckos,* S. 28 und 146, sowie *Hitlers Griff nach Asien,* Band 1, S. 116

Abb. 13-2: Werbeplakat des Norddeutschen Lloyds von 1898

Eine andere zweiwöchige Verbindung des Norddeutschen Lloyds ging von Friedrich-Wilhelmshafen über Banda Neira und Ambon nach Makassar[283]. Es gab noch die Hamburger Sunda- und die Kingsin-Reedereien, deren Schiffe ebenfalls in der Region fuhren. Sie liefen nur in unregelmäßigen Zeitabständen die Banda Inseln an. Es waren 31 Reichspostdampfer bis zum Beginn des Ersten Weltkriegs von Deutschland nach Ostasien und in Ostasien im Einsatz. Es scheint, dass die Banda Inseln damals besser an die Außenwelt angeschlossen waren als heute.

Ich kann mir aber kaum vorstellen, dass in Banda Neira viele Passagiere ein- und ausstiegen. Es waren sicherlich nur ein paar reiche Europäer oder Naturforscher, für die die abgelegene Inselwelt schon immer ein interessantes Gebiet war. In der Bandasee konnten immer noch neue Spezies entdeckt werden. Alle hier anlegenden Dampfer waren Kombischiffe, sie konnten außer den Passagieren auch Fracht – zum Beispiel die Muskatnuss – mitnehmen.

Hans Minssen war Kapitän des Reichspostdampfers *Manila,* der regelmäßig den Liniendienst zwischen Singapur und Neuguinea bediente. Auf der in dem Büchlein beschriebenen Reise, lief das Schiff, nachdem es Singapur verlassen hatte, zunächst Batavia an. Danach ging die Reise weiter über Pulo Laut[284] auf Borneo und Makassar nach Ambon. Der nächste Hafen war Banda Neira. Kapitän Minssen beschreibt Banda Neira in seinem Buch *Maschine Achtung – Leinen los* von 1944 wie folgt:

‚Banda ist eine Trauminsel, ein schlafendes Dornröschen, ein Stück Märchenwelt und – zu schade für Europäer, die daraus ein Geschäft für die Fremdenindustrie machen würden. Es ist daher ein Glück für alle, die hierherkommen, dass dieses Inselchen abseits liegt und in der großen Welt so gut wie unbekannt ist.

Das aber, was Banda seinen ‚Hafen‘ Banda Neira nennt, ist eine schmale Bucht, etwa so groß wie der Potsdamer Platz in Berlin, an drei Seiten vom Land umgeben. Die vierte Seite besteht aus einer gefährlichen Korallenbank; eine Einfahrt, schmaler noch als die ‚Manila‘ lang ist, bildet die einzige Passage, vor deren Mitte zu allem Überfluss noch ein mit Palmen bewachsener Sandhaufen liegt, der jedem Fremden die Einfahrt zu versperren scheint‘.

Kapitän Minssen beschreibt noch, wie schwierig das Ablege- und Wendemanöver für die *Manila* in der schmalen Wasserstraße zwischen dem Vulkan und Banda Neira sei. Von hier ging die Reise weiter nach Neuguinea. Komischerweise erwähnt er in seinen Aufzeichnungen über die Banda Inseln mit keinem Wort die Muskatnuss und die außergewöhnliche Geschichte dieser Inseln.

---

283 Auf Celebes, heute Sulawesi
284 Um Kohle zu bunkern

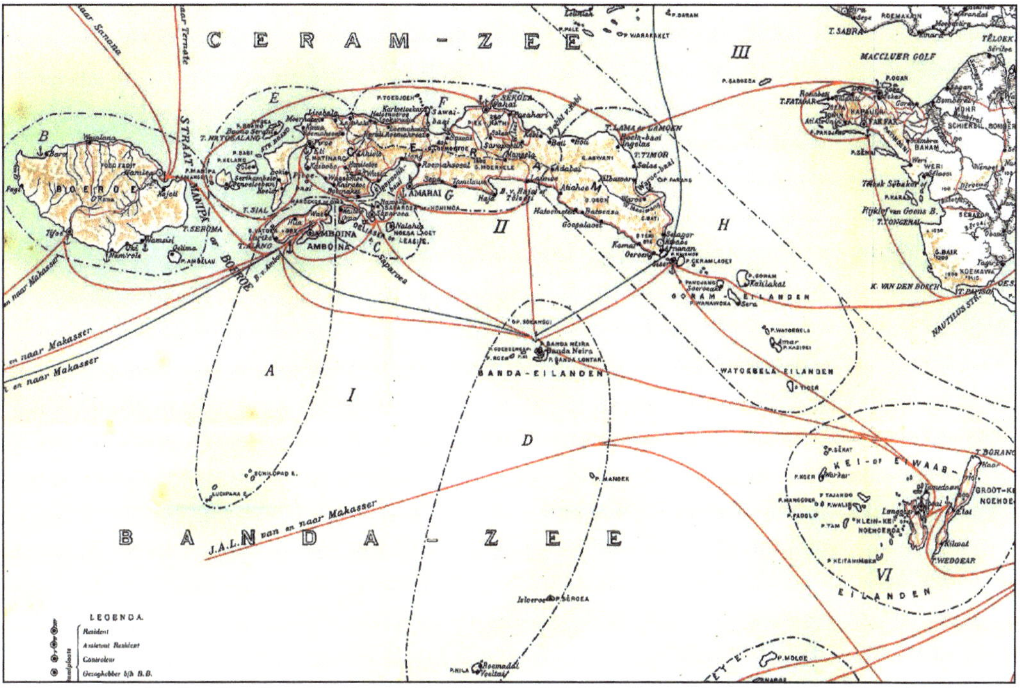

Abb. 13-3:
Holländische Landkarte der Schiff-
fahrtslinien der Region von 1915.
Der Erste Weltkrieg scheint noch nicht
in Südostasien angekommen zu sein.
Rot: Linien der holländischen KPM
Blau: Linien des Norddeutschen Lloyd

Abb. 13-4:
Büchlein über den ‚Reichspostdampfer
Manila: Zwischen Singapur und Neu-
Guinea' von Kapitän Hans Minssen[285]

285 Ausschnitt aus seinem Buch
Maschine Achtung – Leinen los,
Berlin 1944

Der Reichspostdampfer *Manila* war ein kombinierter Fracht- und Passagier-
dampfer des Norddeutschen Lloyd, mit einer Länge von 81 Metern, einer
größten Breite von 11,3 Metern und einer Reisegeschwindigkeit von acht
Knoten. Die Besatzung von 55 Mann setzte sich wie folgt zusammen:
11 Deutsche (Kapitän, Offiziere, Arzt, Obersteward)
15 Malayen (Bootsmann, Steuermann, Zimmermann, Matrosen)
25 Chinesen (Heizer, Köche, Wachleute, Gehilfen) und
6 Insulanern (Bootsgäste[286])
  Die *Manila* konnte die folgenden Passagiere mitnehmen:
30 Passagiere der I. Klasse,
16 Passagiere der II. Klasse und
maximal 120 Passagiere auf dem Deck. Deckspassagiere waren Einheimische, die sich an Bord selbst versorgen mussten. Nur Trinkwasser wurde
vom Schiff bereitgestellt.
  Das Schiff wurde 1904 in Dienst gestellt. Die Teilnehmer der zweiten
Südseeexpedition im Auftrag des Reichskolonialamtes reisten zwischen
1910 und 1911 Teilstrecken mit diesem Reichspostdampfer *Manila*. Die
Leitung dieser Expedition hatte Professor Dr. Alfred Theodor Leber[287]. Mit
von der Partie waren der Maler Emil Nolde mit seiner Ehefrau Ada.

Ich schätze alte Reisebücher oder Romane über die ostasiatische Inselwelt
von Joseph Conrad oder meinem englischen Lieblingsautor William Somerset Maugham. Vermutlich habe ich schon alle Bücher von beiden gelesen.
Manche sogar schon mehrfach. Auf meinen Reisen nach Indonesien habe
ich meist Romane oder Kurzgeschichten Somerset Maughams dabei. Ich
genieße es, bei den frühen tropischen Nächten in seine Geschichten der
kolonialen Vergangenheit einzutauchen, in denen er so treffend von Glücks-
rittern, romantischen Inseln und gescheiterten Kolonialbeamten schreibt.
In den 1920er Jahren besuchte Somerset Maugham anlässlich seiner Reise
durch die europäischen Kolonien in Südostasien auch die Banda Inseln.
Schon vor vielen Jahren hatte ich bei einer Reise nach Indonesien seinen
Roman *Der schmale Winkel*[288] dabei. Damals hatte ich mich noch nicht so
intensiv mit den Banda Inseln befasst, sodass mir beim Lesen der Lektüre
nicht klar war, dass die Geschichte auf Banda Neira spielt.
  Ich hatte den Roman diesmal wieder in meinem Gepäck. Gibt es einen
besseren Platz als hier, diesen Roman vor Ort zu lesen? Den kleinen ver-
träumten Ort Banda Neira nennt er literarisch verfremdet ‚Kanda Meria‘,

---

286 In der Seemannssprache sind das Mitglieder einer Bootsbesatzung, Matrosen.
287 Siehe Horst H. Geerken, *Hitlers Griff nach Asien,* Band 1, S. 114ff
288 Titel der Originalausgabe von 1932, *The Narrow Corner*‘

die Banda Inseln ‚Kanda Inseln‘ und die Bandasee ‚Kanda-Meer‘. Er beschreibt zum Beispiel die schmale Meeresstraße zwischen Banda Neira und dem Gunung Api, die Marmorpaläste der Holländer, oder das Fort und die Muskatnuss, aber mit keinem Wort erwähnt er das Massaker an den Bandanesen. Werden selbst solche Verbrechen mit der Zeit vergessen? Oder werden sie unwichtig?

In seinem Roman kommt die Hauptperson auf einem Segelschiff in einen schweren Sturm in der Bandasee. Das Schiff muss auf der entlegenen Insel Banda Neira Schutz suchen. Somerset Maugham beschreibt die Insel wie folgt:

‚Es ist sehr hübsch hier. Der romantischste Ort im ganzen Osten. Wir leben von unseren Erinnerungen, das ist es, was der Insel ihren Charakter verleiht. In früheren Zeiten gab es hier so viel Betrieb, dass der Hafen manchmal überfüllt war. Die alten holländischen Kaufleute waren hier zur Blütezeit des Gewürzhandels so reich, dass sie nicht wussten, was sie mit ihrem Geld anfangen sollten. Manchmal, im Winter, brachten die Schiffe nur eine Ladung Eis. Stellen Sie sich vor: Eis, den ganzen Weg von Holland bis hierher.‘

Somerset Maugham erkannte damals schon, dass die noch auf der Insel verbliebenen Nachkommen der holländischen Perkeniere einer idealisierten kolonialen Vergangenheit nachträumten. Ihm schien, die Zeit würde hier stillstehen. Man lebte auf den Bandas in einem anderen Zeitalter. Die Kolonialherren – nicht nur die niederländischen – sind nach dem Ersten Weltkrieg schwach geworden. Auch in Europa wuchs der Widerstand gegen die koloniale Herrschaft in den Niederlanden, im Vereinigten Königreich und in Frankreich.

Nach dem Ersten Weltkrieg hatte Deutschland seine Kolonien verloren und die Banda Inseln sanken in ihr verträumtes Dasein zurück. Sie waren wieder von der Außenwelt abgeschnitten und wurden vergessen. Erst durch die Verbannung führender indonesischer Nationalisten durch die Holländer gerieten die Bandas noch einmal in den Fokus der Weltöffentlichkeit.

Im Jahre 1927 wurde durch Sukarno, den späteren ersten Präsidenten Indonesiens, der Grundstein für die PNI, die Partai Nasional Indonesia, gelegt. Das Ziel der Partei war, so bald wie möglich die Fesseln der holländischen Kolonialmacht abzustreifen und ein unabhängiges Indonesien zu schaffen. Durch das Talent des charismatischen Sukarno, die Menschen – von den einfachsten Bauern bis zu den Intellektuellen aller Volksgruppen – zu begeistern, kam es zu einer Massenbewegung. Er wurde als Lehrer und Vater des Volkes geachtet und verehrt. Alle Indonesier betrachteten sich plötzlich als eine einzige große Familie, über alle kulturellen, religiösen und sprachlichen Unterschiede hinweg. Holland erkannte die Gefahr, die von der PNI ausging. Im Jahr 1930 steckten sie Sukarno und weitere Führer der PNI ins Gefängnis und die Partei wurde verboten.

1932 gründeten Mohammad Hatta[289] und Sutan Sjahrir[290] eine neue nationale Vereinigung mit anderem Namen, aber denselben Zielen. Sukarno kam 1933 kurz frei, wurde aber sofort wieder eingekerkert, als er mit Hatta und Sjahrir Kontakt aufnahm. Nun wurden auch Hatta und Sjahrir den Holländern zu gefährlich. Sie wurden 1934 verhaftet und ebenfalls eingekerkert. Wenig später wurden sie in dem berüchtigten holländischen Konzentrationslager Boven Digul[291] in den Sumpfgebieten von Papua Neuguinea eingekerkert. Dies war es die Hölle! Durch Krankheiten wie die Malaria, unzureichendes Essen und fehlende medizinische Versorgung haben unzählige indonesische Freiheitskämpfer dieses Konzentrationslager nicht mehr lebend verlassen können.

Im Jahre 1935 wurden Hatta und Sjahrir auf den einsamen und abgelegenen Banda Inseln interniert. Hier trafen sie auf den Mentor von Sukarno und Mitbegründer der PNI Tjipto Mangoenkoesoemo[292], der, nachdem er eine Revolte in der KNIL[293], der Königlich Niederländisch Indischen Armee, gegen die Holländer angezettelt hatte, bereits 1927 von den Holländern auf die Banda Inseln verbannt wurde. Die KNIL war eine Armee unter niederländischer Führung, die seit dem Ersten Weltkrieg zum größten Teil aus Einheimischen der Inseln Ambon zusammengesetzt war. Politisch wurde Mangoenkoesoemo auf Banda nicht mehr aktiv. Erst viele Jahre später, 1942, wurde er dort von den Japanern befreit. Kurz danach verstarb er.

Auch Iwa Koesoemasoemantri[294], ein weiterer Mitstreiter Sukarnos und Mitglied der PNI, haben die beiden Neuankömmlinge auf den Banda Inseln angetroffen. Da er sich für die Unabhängigkeit von den Niederlanden eingesetzt hatte, wurde er 1929 von den Holländern eingekerkert und 1930 nach Banda Neira verbannt. Nachdem Indonesien am 17. August 1945[295] seine Unabhängigkeit erklärt hatte, wurde er im ersten Kabinett

---

289 1902-1980, auch Muhammed Hatta, im Volksmund Bung Hatta (Bruder Hatta) genannt

290 1909-1980, auch Sutan Syahrir

291 Siehe hierzu auch Horst H. Geerken, *Der Ruf des Geckos*

292 1886-1943, auch mit neuer Schreibweise Cipto Mangunkusumo

293 Koninklijk Nederlandsch-Indisch Leger

294 Neue Schreibweise: Iwa Kusumasumantri, auch Iwa Kusuma Sumantri

295 Dieser 17. August wird nun jedes Jahr als Hari Raya Kemerdekaan, als Tag der Unabhängigkeit mit viel Fahnen, Blumen und Festen gefeiert. Dieser Unabhängigkeitstag wird allerdings bis heute nicht von der niederländischen Regierung anerkannt.

von Präsident Sukarno zum Minister für Soziale Fragen ernannt. Als die Niederländer in einem fast fünfjährigen Kolonialkrieg Indonesien als Kolonie zurückerobern wollten, war er vorübergehend Verteidigungsminister der indonesischen Streitmächte.

Hatta und Sjahrir wurden mehrfach von den Holländern eingekerkert. Nach den Monaten im Konzentrationslager Boven Digul muss den beiden Banda Neira wie ein Paradies vorgekommen sein, zumal sie dort auch mit den ihnen bereits bekannten Gesinnungsgenossen Dr. Tjipto Mangoenkoesoemo und Iwa Koesoemasoemantri, den Patrioten der älteren Generation, zusammengetroffen sind. Den Wohnhäusern nach zu urteilen, scheinen die Exilanten sehr komfortabel gelebt zu haben.

Abb. 13-5:
Das Haus, in dem
Tjipto Mangoen-
koesoemo inter-
niert war

Abb. 13-6:
Das Wohnzimmer

Abb. 13-7:
Hier war Tjipto
Mangoenkoesoemo
von 1928 bis 1940
interniert

Sehr zum Ärger der auf Banda Neira ansässigen rund einhundert Holländer durften sich Hatta und Sjahrir frei auf der Insel Banda Neira bewegen. Die Holländer fanden es skandalös, dass sie ihr Gedankengut von einem freien und unabhängigen Indonesien an die Jugend in Banda Neira weitergeben konnten. Im Haus von Kapitän Christopher Cole[296], der 1810 die Banda Inseln erobert hatte, richteten sie eine Schule ein. Einer der Schüler war Des Alwi, ein aufgeweckter, knapp neunjähriger Junge, der schon bei der Ankunft von Hatta und Sjahrir am 11. Februar 1936 in Banda Neira mit den beiden im Hafen von Banda Neira zusammengetroffen war.

Des Alwi wurde am 7. November 1927 auf Banda Neira geboren. Sein Vater kam aus dem Sultanat Ternate, der Gewürzinsel für Nelken in den nördlichen Molukken. Seine Mutter war eine Bandanesin aus der Familie der arabischstämmigen Baadillas. Das Familienoberhaupt der Baadillas war Said Baadilla, damals der reichste Mann der Region. Als Perlenfischer betrieb er eine Flotte von 80 Booten. Die Krone der englischen Königin schmücken über 100 Perlen, die von Said Baadilla und aus der Bandasee stammten. Des Alwis Vater war der Kapitän eines dieser Boote der Perlenfischer, die für Said Baadilla arbeiteten.

Des Alwi[297] verbrachte eine unbekümmerte Jugend auf den Inseln. Täglich lungerte er mit seinen Freunden im Hafen herum. Außer Schwimmen, Segeln oder Angeln gab es hier keine Abwechslung. Aber die Ankunft von zwei bleichen abgemagerten Herren, die von dem holländischen Konzentrationslager Boven Digul auf Neuguinea kamen, änderte sein Leben von Grund auf.

Die beiden Herren waren Mohammad Hatta und Sutan Sjahrir. Zunächst bezogen die beiden ein leerstehendes großes Haus mitten in der Ortschaft Banda Neira, das im Besitz eines ehemaligen Perkeniers war. Das Haus war im holländischen Kolonialstil mit mächtigen Säulen gebaut, mit großen überdachten Terrassen vor und hinter dem Haus. Wenige Monate später bezogen sie getrennte Quartiere. Nun konnten sie ungestört lesen, ihre Gedanken zu Papier bringen und mit bandanesischen Besuchern diskutieren. Beide waren sehr gebildet und sprachen neben Bahasa Indonesia und Holländisch noch fließend Englisch, Deutsch und Französisch. Bei den lernbegierigen bandanesischen Kindern waren die beiden besonders beliebt. Sie trafen sich nun regelmäßig bei ihnen zu Hause.

---

296 Siehe Kapitel 11
297 Sein voller Name ist Des Alwi Abubakar

Abb. 13-8: Das Haus, in dem Mohammad Hatta, der spätere Vize-Präsident Indonesiens, im Exil in Banda Neira lebte

Abb. 13-9: Das Wohnzimmer von Mohammad Hatta

Abb. 13-10: Das Arbeitszimmer von Mohammad Hatta mit der alten Schreibmaschine

Abb. 13-11: Das Haus in dem Sutan Sjahrir, der spätere Ministerpräsident Indonesiens, im Exil in Banda Neira lebte

Zu den Holländern im Ort Banda Neira – die immer noch sorglos ihre abendlichen Partys feierten – hatten sie kaum Kontakt. Die beiden fanden die ganze holländische Gesellschaft dekadent und eine gegenseitige Aversion existierte von Anfang an. Nach Sjahrir waren die Holländer und deren vermischte Nachkommen degeneriert. Schuld daran sei, sagte er, die Abgelegenheit der Inseln und die daraus resultierende Inzucht.

Zu den Einheimische hatte Sjahrir einen engen Kontakt. Er traf sich besonders gerne mit einer Gruppe von Fischern. Er war überrascht, zu erfahren, dass die Einheimischen immer noch an Geister und Vampire glaubten, obwohl sie Moslems waren.

Nach ihren Briefen hatten sie den einzigen freundschaftlichen engen Kontakt mit einem deutschen Geistlichen auf der Insel und einen offizielleren Kontakt mit dem holländischen Inspektor, der die beiden mehr oder weniger intensiv überwachen musste. Ich versuchte, mehr über den deutschen Geistlichen in Erfahrung zu bringen. Leider bisher ohne Erfolg.

Ein chinesischer Händler in Banda Neira besorgte Sjahrir unter der Hand ein kleines Kurzwellenradio, das ihn verbotenerweise in die Lage versetzte, während des Zweiten Weltkriegs über den Vormarsch der japanischen Truppen in Südostasien informiert zu sein und die lokale Bevölkerung auf dem Laufenden zu halten.

Direkt anschließend an das Haus von Sjahrir befand sich die Schule. Da sich Sjahrir ziemlich einsam fühlte, suchte er immer wieder das Gespräch mit Schülerinnen und Schülern. Dabei fiel ihm ein besonders intelligenter und aufgeschlossener Junge auf, mit dem er sich nun regelmäßig in seinem Haus traf. Es war Des Alwi. Schon bald brachte Des Alwi seine Schwester Lili und die noch nicht schulpflichtige Cousine Mimi mit. Die drei Kinder, die alle der einflussreichen bandanesischen Baadilla-Großfamilie entstammten, freundeten sich im Laufe der Zeit so eng mit Sjahrir an, dass er alle drei adoptierte.

Abb. 13-12:
Die Schule, in der auch
Mohammad Hatta und
Sutan Sjahrir bandanesi-
sche Kinder unterrichteten

Es war der 31. Januar 1942. Nur 30 Minuten, bevor japanische Luftstreit-
mächte die im Hafen von Banda Neira liegenden holländischen Schiffe zum
ersten Mal bombardierten, wurden Hatta und Sjahrir von der holländischen
Kolonialregierung mit einem Catalina-Wasserflugzeug nach Java ausgeflo-
gen. Die Holländer wollten nicht, dass die beiden von den Japanern befreit
wurden. Drei Kinder durften mitfliegen, die von Sjahrir adoptierten Kinder
Lili und Mimi, sowie ein drittes Kind der Baadilla-Familie, der kleine Ali,
der erst drei Jahre alt war. Der Flug ging bis Surabaya. Am nächsten Tag
ging es mit dem Zug weiter nach Sukabumi im bergigen Westjava, wo alle
zusammen wieder in ein Gefängnis mussten. Als die Japaner Java unter ihre
Kontrolle gebracht hatten, ließ sie der Gefängnisaufseher frei. Sjahrir, Hatta
und die drei Kinder schlugen sich bis Batavia, das nun Jakarta hieß, durch
und blieben nun im Umfeld von Sukarno.

Des Alwi reiste den beiden und den drei Kindern mit einem Schiff nach.
Im Gepäck hatte er zwei große und schwere Koffer mit der Büchersamm-
lung Sjahrirs, die dieser nicht mit dem Flugzeug mitnehmen konnte. In
Jakarta schloss er sich wieder Sjahrir und Hatta an. Da Des Alwi in den
Unabhängigkeitsbestrebungen Indonesiens und für die Banda Inseln in
der Zukunft eine außergewöhnliche Rolle spielte, werde ich mich mit ihm
nachfolgend nochmals näher befassen.

Die Banda Inseln wurden wenig später kampflos von den Japanern eingenommen. Die Holländer auf den Inseln waren bereits zuvor nach Java
geflohen. Kurz vor der Kapitulation Japans gab es noch einen bedauerlichen
Zwischenfall. Anfang 1945 versuchte ein amerikanischer Bomber, einen
Angriff auf die im Hafen von Banda Neira liegenden japanischen Schiffe zu
fliegen. Stattdessen traf die Bombe eine Hochzeitsgesellschaft in der Stadt.
Bei dem Angriff kamen mehr als einhundert bandanesische Hochzeitsgäste
ums Leben. Es war – wie die Amerikaner heute verniedlichend sagen – ein
Kollateralschaden. Der schreckliche Zweite Weltkrieg hatte kurz vor seinem
Ende nun auch noch die einsamen Banda Inseln erreicht und forderte auch
dort unschuldige Opfer.

Währen der japanischen Besetzung Niederländisch-Indiens herrschte auf
den Banda Inseln Mangel an Lebensmitteln. Die Lieferungen aus Java und
Ambon blieben aus, da sie bereits bei den Erzeugern von den japanischen
Streitkräften requiriert wurden. Auf den Bandas gab es wohl Muskatnüsse
und Macis im Überfluss, aber davon konnte man nicht satt werden. An
der Muskatnuss und Macis waren die Japaner nicht interessiert. Sie wurden
als Gewürze in der japanischen Küche nicht verwendet. Bekanntlich war
der Boden der Banda Inseln für Gemüseanbau nicht gut geeignet, aber es

mussten viele Muskatnussbäume gefällt werden, um wenigstens die Tapiokawurzel und die Kartoffel anpflanzen zu können. Durch diesen Kahlschlag von Muskatnussbäumen sank die Produktion auf rund 20 Prozent des Vorkriegswertes. Reis gab es nicht mehr und Sagobäume gab es nur sehr wenige. Es herrschte Hunger, besonders auf der Insel Run, die sich noch weniger selbst versorgen konnte als die anderen Inseln der Bandas.

Während der Japanischen Besetzung Niederländisch-Indiens lagen oft japanische Kriegsschiffe, aber auch Frachter in der Meerenge zwischen Banda Neira und dem Vulkan Gunung Api. Wie mir ältere Bewohner von Banda Neira erzählten, war ein ganz besonderes Erlebnis, als eines Tages ein Unterseeboot am Pier von Banda Neira anlegte. Ob es ein japanisches oder deutsches Unterseeboot war, konnte mir niemand sagen. Die meisten Erzähler hörten die Geschichte von ihren Vätern oder Großvätern. Es könnte durchaus sein, dass es ein deutsches Unterseeboot war, da diese auch in der Bandasee – wenn sie auf dem Weg nach Japan waren – operierten. Auch deutsche Frachter liefen am Anfang des Zweiten Weltkriegs noch Häfen in Nord-Sulawesi an, um dort Rohstoffe einzukaufen.[298]

Als Hatta und Sjahrir – wie Sukarno, der 16 Jahre lang von den Holländern eingekerkert oder exiliert war – nach der Okkupation Niederländisch-Indiens durch die Japaner wieder frei waren, stieß nun auch wieder der junge Des Alwi zu der Gruppe der Kämpfer für eine Unabhängigkeit von den Holländern. Von nun an lebte Sjahrir mit den Kindern zusammen und unterrichtete sie, bis der regelmäßige Schulbetrieb wieder aufgenommen wurde. Hier lernten die Kinder bereits früh die Kämpfer für die Unabhängigkeit Indonesiens kennen, neben den bekannten Gesichtern aus Banda Neira auch den späteren Präsidenten Sukarno.

Zwei Tage nach der japanischen Kapitulation rief Sukarno am 17. August 1945 die Indonesische Republik in den Grenzen der holländischen Kolonie aus, mit sich als erstem Präsident und Hatta als Vize-Präsident. Sutan Sjahrir, der dritte der großen Männer der Revolution, wurde Ministerpräsident. Indonesien war frei und unabhängig - aber nur auf dem Papier. Die Wirklichkeit sah anders aus, denn für Indonesien war der Zweite Weltkrieg noch lange nicht vorbei. Die Niederländer gaben Indonesien nicht ungestraft in die Unabhängigkeit frei und begannen einen fast fünfjährigen mörderischen Kolonialkrieg.

Die Niederländer kamen nach Ende des Zweiten Weltkriegs mit ihrer gesamten Streitmacht in das nun unabhängigen Indonesien zurück, um die ehemalige Kolonie wieder zu erobern und auszubeuten. Ein grausamer Ko-

298 Siehe hierzu Horst H. Geerken, *Hitlers Griff nach Asien,* Band 1 und Band 2

lonialkrieg begann, bei dem Hunderttausende Indonesier ihr Leben lassen mussten. In Europa wurden – Gott sei Dank – die Konzentrationslager geschlossen. Gleichzeitig wurden in Indonesien Tausende freiheitsliebende Menschen von den Niederländern in neu eröffneten Konzentrationslagern eingekerkert. Die Niederländer waren im und nach dem Zweiten Weltkrieg nicht nur Opfer, sie waren auch Täter. Allerdings ist es ihnen lange gelungen, die schwarzen Teile ihrer Geschichte unter den Teppich zu kehren.

Des Alwi beteiligte sich bereits als Teenager – er war nun bereits 18 oder 19 Jahre alt – am Unabhängigkeitskampf gegen die Holländer. Er war Mitglied der Jugendmiliz *Pemuda Republik Indonesia*. Bei der berühmt-berüchtigten Schlacht um Surabaya[299] Ende 1945, bei der die Engländer eine unrühmliche Rolle spielten, erledigte er Kurierdienste zwischen den indonesischen Einheiten und den nationalen Führern. Obwohl englische Truppen die Stadt eroberten, wurde dieser Kampf ein Symbol des nationalen Widerstandes und Surabaya die ‚Stadt der Helden‘.[300]

Über ‚Radio Pemberontakan‘, Radio der Rebellion, machte die Schottin ‚Surabaya Sue‘, die in Indonesien eher unter dem Namen ‚K'tut Tantri‘[301] bekannt ist, antikolonialistische Propaganda gegen England und die Niederlande. Mit großem Interesse lauschten internationale Journalisten in jenen Nachkriegsjahren ihren aktuellen Berichten direkt aus dem Zentrum der Unabhängigkeitskämpfer. Durch sie erregte der Unabhängigkeitskampf Indonesiens internationale Aufmerksamkeit. In der Zentrale des Untergrund-Rundfunksenders war auch Des Alwi aktiv. Er war für die Technik des Senders mitverantwortlich. Des Alwi erinnerte sich, dass ‚Surabaya Sue‘ eine dünne hohe Stimme hatte, die eigentlich für den Rundfunk ungeeignet war. *,Aber sie sprach Englisch'*, sagte Des Alwi, *,und da war sie gut!'* Immer wieder wiederholte sie ihren Appell an die englisch-indischen Truppen und forderte sie zur Aufgabe auf: *,You better go back to where you came from. Don't bring us the Dutch back!'*[302] Surabaya Sue wurde weit über Indonesien hinaus eine Legende des indonesischen Freiheitskampfes.[303]

Nachdem im Dezember 1949 die niederländischen Kolonialherren aus Indonesien endgültig vertrieben waren, arbeitete Des Alwi im Studio Yo-

---

299 Details hierzu siehe Horst H. Geerken, *Der Ruf des Geckos* und Horst H. Geerken, *Hitlers Griff nach Asien*

300 Siehe hierzu Horst H. Geerken, *Der Ruf des Geckos*, S. 159ff

301 Sie hatte sich mehr als 15 verschiedene Namen zugelegt. Vermutlich wurde sie am 18. Februar 1899 als Muriel Stuart Walker in Glasgow geboren. Sie starb am 27. Juli 1997 in Sydney. Entsprechend ihrem Wunsche wurde ihre Asche in Bali verstreut. Siehe auch K'tut Tantri: *Aufruhr im Paradies*, 1961

302 https://www.journal21.ch/surabaya-sue

303 Siehe auch Horst H. Geerken, *Der Ruf des Geckos*, S. 162

gyakarta der ‚Voice of Indonesia‘ für den staatlichen indonesischen Rundfunk. Danach schickte ihn sein Ziehvater Sutan Sjahrir zur Ausbildung nach England. Neben seinem Studium arbeitete er im Büro des Indonesischen Informationsbüros in London. Nach seiner Rückkehr im Jahre 1950 wurde er ein Jahr später – erst 24 Jahre alt – der indonesische Repräsentant bei der ‚International Telecommunication Union‘ in Genf. Ab 1952 diente er dem Indonesischen Außenministerium[304] als Presseattaché in London, Bern und Manila.

Da sich Des Alwi der PERMESTA[305]-Rebellion anschloss, fiel er bei Sukarno in Ungnade. Nord-Sulawesi, Nord-Sumatra und die Molukken waren die Zentren dieser Rebellion. Dabei ging es hauptsächlich um eine gerechtere Verteilung der Staatsfinanzen. Die genannten Regionen fühlten sich von der von Javanern dominierten Regierung benachteiligt. Als die Vereinigten Staaten von Amerika durch die CIA begannen, die PERMESTA-Rebellen massiv mit Kriegsmaterial zu unterstützen und selbst amerikanische Bomber und Kampfflugzeuge in die Region sandten, griff Präsident Sukarno mit seiner inzwischen gut ausgebildeten Streitmacht ein und zerschlug die Rebellion erfolgreich.[306] Des Alwi konnte nun nicht mehr in Indonesien bleiben. Er wurde in Malaysia von dem Premierminister Tengku Abdul Rahman und dem Vize-Premierminister Tun Razak freundlich aufgenommen, und wurde deren Berater in Fragen zu Indonesien. Die Drei waren seit ihrer gemeinsamen Ausbildungszeit in London befreundet. Es war nun die Zeit der *Konfrontasi,* der Konfrontation mit Malaysia. ‚*Ganyang Malaysia*‘, zerschlagt Malaysia, war nun in Indonesien in aller Munde.

Der Auslöser der Spannungen war, dass Großbritannien durch die Schaffung von Malaysia seinen Einfluss in der Region erweiterte. Borneo war in vier Teile gespalten, in die indonesische Provinz Kalimantan, in das Sultanat Brunei und die beiden britischen Kolonien Sarawak und Britisch-Nord-Borneo. British-Nord-Borneo wurde später in Sabah umbenannt. Bei dem Rückzug Großbritanniens aus seinen südostasiatischen Kolonien wollte Großbritannien alle seine Kolonien in Borneo und der malaiischen Halbinsel zu einem gemeinsamen Staat Malaysia vereinigen. Dies stieß auf massiven Widerstand der philippinischen Machthaber und von Präsident Sukarno in Indonesien.

Nach Verhandlungen der Briten mit den Philippinen und Indonesien erklärten sich alle drei Staaten bereit, nach einem Referendum der UNO[307]

---

304 Departemen Luar Negeri Indonesia
305 *Piagam Perjuangan Semesta*
306 Details hierzu siehe Horst H. Geerken, *Der Ruf des Geckos,* S.159ff
307 Der Vereinten Nationen

Malaysia anzuerkennen, falls eine Mehrheit der Bevölkerung für den Zusammenschluss stimmen würde. Als im September 1963 Großbritannien und Malaysia einseitig den Zusammenschluss der Staaten **vor (!)** der Veröffentlichung des Wahlergebnisses verkündeten, wertete dies Präsident Sukarno als Vertragsbruch und als ein weiteres Beispiel von britischem Imperialismus. Das ölreiche Sultanat Brunei in Borneo entschied sich allerdings von Anfang an gegen einen Beitritt in das Staatenbündnis und blieb britisches Protektorat. Singapur, das während der britischen Kolonialzeit ein Teil von Malaya auf der malaiischen Halbinsel war, ist später auch wieder aus dem Staatenbund Malaysia ausgeschieden, weil die Rechte der chinesischen Mehrheit nicht ausreichend berücksichtigt wurden. Die Spannungen wurden größer. Die Philippinen und Indonesien brachen die diplomatischen Beziehungen zu Malaysia und Großbritannien ab. Bei Unruhen in Jakarta wurde die Britische Botschaft abgebrannt.[308]

Zunächst begann ein Guerillakrieg mit Malaysia und die Schlagworte *Gerakan Ganyang Malaysia*[309] und *Konfrontasi*[310] dröhnten ununterbrochen aus den indonesischen Radios. Auch das Botschaftsgebäude von Singapur in Jakarta wurde nun demoliert und angezündet. Der Krieg entlang der Grenze auf Borneo eskalierte. Die britische Royal Navy entsandte Kriegsschiffe und Flugzeugträger, die Royal Air Force über 100 Kampfflugzeuge. 14 000 britische Soldaten waren bereits im Einsatz. Auch Australien entsandte nun Truppen. Die Situation eskalierte.

Da jeder Krieg auch ein Krieg der Worte ist, musste Indonesien schnellstmöglich einen leistungsstarken Kurzwellensender mit einer Richtantenne für Propagandasendungen gegen den Feind Malaysia anschaffen. Da ich Repräsentant eines großen deutschen Industriekonzerns war, der auch Großsendeanlagen herstellte, wurde ich zu Verhandlungen in den Palast von Präsident Sukarno gebeten. Ohne es zu wissen, wurde ich damals ein Gegenspieler von Des Alwi. Während Des Alwi von Kuala Lumpur aus versuchte, zwischen den gegnerischen Parteien zu vermitteln, versuchte ich, Sukarno eine Großsendeanlage zu verkaufen, die Propagandanachrichten nach Malaysia ausstrahlen sollte. Des Alwi versuchte unter einem Pseudonym in Rundfunksendungen aus Kuala Lumpur, die nach Indonesien ausgestrahlt wurden, die Situation zu beruhigen. Sukarno dagegen wollte von Jakarta aus über einen kraftvollen neuen 100 Kilowatt Sender die Stimmung weiter anheizen. Zu diesem Zeitpunkt waren mir der Name und die Person von Des Alwi allerdings noch nicht geläufig.

---

308 Siehe Horst H. Geerken, *Der Ruf des Geckos,* S. 177ff
309 Malaysia zerschmettern
310 Konfrontation

Die Vertragsverhandlungen zu dem Großsender-Projekt fanden im Palast von Präsident Sukarno am *Medan Merdeka*, dem Platz der Freiheit in Jakarta, mit den engsten Präsidentenberatern statt. Mein wichtigster Gesprächspartner war dabei ein General, der Chef von KOTI[311], dem höchsten Entscheidungsgremium, das direkt dem Präsidenten unterstellt war und somit für dieses Projekt der ausschlaggebende Entscheidungsträger und Geldgeber war. Wir wurden schnell handelseinig. Zum Glück hatte mein Konzern gerade eine komplette 100 Kilowatt Sendeanlage fertig verpackt im Hamburger Hafen stehen, die nach Togo in Westafrika geliefert werden sollte. Diese Anlage wurde nun nach Jakarta umgeleitet. Alles musste sehr schnell gehen.

Schon kurz danach begann die Montage der Großsendeanlage in Cimanggis, am Weg der alten Straße von Jakarta nach Bogor. Allerdings kam der Propagandasender für Sukarno nicht mehr zum Einsatz. Sukarno wurde 1965 von Suharto mit massiver Unterstützung durch die CIA gestürzt. Die Situation mit Malaysia wurde wieder beruhigt und der 100 Kilowatt Rundfunksender nun 1967 vom Nachfolger Sukarnos, Präsident Suharto eingeweiht. Von nun an strahlte der Sender für den staatlichen indonesischen Rundfunk RRI[312] seine nun friedlichen Sendungen als ‚Voice of Indonesia‘ in alle Welt aus.

Abb. 13-13: Einweihung des Rundfunksenders durch Präsident Suharto[313]

311 *Komando Operasi Tertingi*
312 *Radio Republik Indonesia*
313 Auf der linken Seite der Deutsche Botschafter Lüdde-Neurath mit seiner Ehefrau

Abb. 13-14: Präsident Suharto mit dem Informationsminister vor dem Sender

Nach seiner Rückkehr nach Indonesien arbeitete Des Alwi für den indonesischen Rundfunk RRI und wurde ein erfolgreicher Geschäftsmann. Auch ich war mit den leitenden Herren von RRI in engem Kontakt. Als ich den Auftrag für ein komplettes neues Studiohaus für Jakarta in den 1970er Jahren erhalten hatte und wenig später die Studios eingerichtet waren, traf ich mit Des Alwi zusammen, der sich für die Rundfunk- und die neue Studiotechnik interessierte. Wir sprachen schmunzelnd über die Zeit der *Konfrontasi*, während der wir damals unbewusst Gegenspieler waren. Die Zeiten hatten sich geändert! In einem nachfolgenden Kapitel, Kapitel 17 ‚Die Banda Inseln heute‘, werde ich über den weiteren Lebensweg Des Alwis berichten.

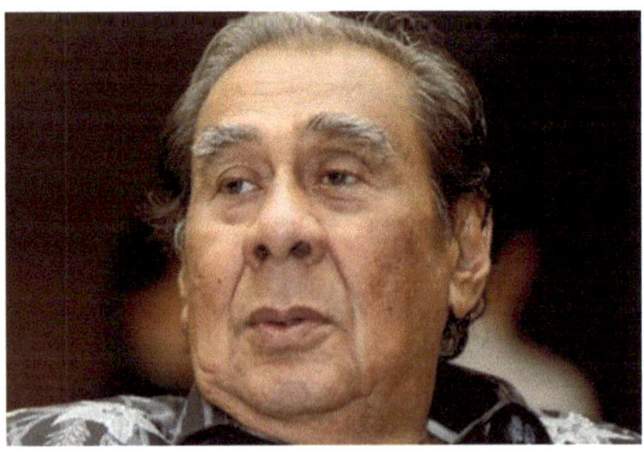

*Abb. 13-15:
Des Alwi*

14. Gunung Api[314]

Die Bandasee gehört mit einer Wassertiefe von bis zu 7440 Metern zu den tiefsten Meeren der Welt. Sie ist ausgesprochen wichtig für die Zirkulation der Meeresströmungen im Indonesischen Archipel von über 17 000 Inseln. Gleichzeitig gilt sie weltweit als die seismisch gefährlichste Zone. Durch die Bandasee verläuft der Ring of Fire, ein Vulkangürtel, der ganz Indonesien von Sumatra und Java bis zu den Molukken und weiter durchläuft. An der viele Tausend Kilometer langen Plattengrenze reiht sich Vulkan an Vulkan. Von den derzeit etwa 450 aktiven Vulkanen auf der Erde liegen 330 alleine in Indonesien. Und diese gehören zu den gefährlichsten. 90 Prozent aller Erdbeben geschehen in der Nähe des Feuerrings. In der Bandasee bebt die Erde fast täglich.

Von West nach Ost misst die Bandasee etwa 1200 Kilometer, von Nord nach Süd circa 600 Kilometer. Mitten in diesem Meer liegen die winzigen, einsamen und vergessenen elf Banda Inseln, von denen sechs bewohnt sind. Eine der Inseln ist der Vulkan Gunung Api.

Abb. 14-1: Der Vulkan Gunung Api sieht gefährlich aus[315]

---

314 Auch Api Banda und Gunung Api Banda
315 Die verbrannte Seite nach der Eruption von 1988

Abb. 14-2: Der Autor bei einer Umrundung des Vulkans

Abb. 14-3: Die Küste des Gunung Api ist rundum gesäumt von schwarzem Lavagestein

Es spielt keine Rolle, von welcher Richtung man sich den Banda Inseln nähert, als Erstes kommt immer der majestätische Vulkankegel des Gunung Api, der Feuerberg, in Sicht. Der Gunung Api ist die Spitze eines gewaltigen aktiven Vulkans, der hier vom 4000 Meter tiefen Meeresboden aufsteigt. Der perfekte Vulkankegel erhebt sich noch 640 Meter über den Meeresspiegel empor. Die fast kreisrunde Insel hat einen Durchmesser von drei Kilometern.

Der Gunung Api liegt im Mittelpunkt einer Caldera mit einem Durchmesser von sieben Kilometern. Die Inseln Banda Besar, Syahrir und Kapal sind ein Teil der südlichen und östlichen Calderawände. Nordöstlich davon schließt sich eine weitere überflutete, noch größere Caldera an. Diese Calderen zeugen von riesigen Eruptionen in der Vergangenheit.

Der Gunung Api ist einer der aktivsten Vulkane der Region. Obwohl er so einsam und abgelegen in der Bandasee liegt, ist der Gunung Api der Vulkan, dessen Geschichte von allen Vulkanen in Indonesien am frühesten und detailliertesten dokumentiert ist, nämlich seit 1586. Das liegt daran, dass die Banda Inseln schon zu diesem frühen Zeitpunkt regelmäßig der Gewürze wegen von Portugiesen, Spaniern, Engländern und Holländern besucht wurden, die über die Eruptionen Buch führten. Manchmal stößt er nur Asche aus, mal hat er nur Lavafontänen und ein andermal fließen Lavaströme bis ins Meer. Es gab schon mehrmals explosionsartige Eruptionen, die Lavabomben bis auf die Inseln Banda Neira und Banda Besar schleuderten. Der Gunung Api ist unberechenbar.

Alleine im 17. Jahrhundert gab es mehrere verheerende Ausbrüche mit Erdbeben und Flutwellen. 1629 wurde Banda Neira von einem Tsunami überflutet und zerstört. Nach so einer Katastrophe herrschte oft für Jahre danach großes Elend. 1778 wurde durch einen gewaltigen Vulkanausbruch mit Erdbeben und einer Flutwelle ein großer Teil der Muskatnussbäume vernichtet.

Immer wenn die Holländer mit ihren Schiffen zu den Banda Inseln kamen, gab es eine gewaltige Eruption. Heftige Eruptionen wurden in den hier aufgeführten Jahren vermerkt: 1586, 1598, 1609, 1614, 1615, 1632, 1635, 1683, 1690, 1694, 1696, 1712, 1722, 1749, 1762, 1765, 1773, 1775, 1778, 1816, 1820, 1824, 1825, 1835, 1855, 1890, 1901, 1988.

Durch den Ascheregen bei Vulkanausbrüchen kam es immer wieder zu erheblichen Schäden an den Muskatbäumen auf Banda Neira und Banda Besar. Die Spitzen der Bäume verbrannten. Durch die Nachpflanzung von neuen jungen Bäumen konnten größere Einbußen immer wieder schnell verhindert werden.

Abb. 14-4: Lithographie von 1846[316]

Abb. 14-5: Eruption des Gunung Api von 1988[317]

---

316 Lithografie von Louis le Breton. Entstanden während einer französischen Südpolexpedition. Wiki Gemeinfrei

317 Das Foto wurde mir von Herrn Ahmet Iskandar aus Banda Neira zur Verfügung gestellt.

Durch den Ascheregen bei Vulkanausbrüchen kam es immer wieder zu erheblichen Schäden an den Muskatbäumen auf Banda Neira und Banda Besar. Die Spitzen der Bäume verbrannten. Durch die Nachpflanzung von neuen jungen Bäumen, konnten größere Einbußen immer wieder schnell verhindert werden.

Der letzte große Ausbruch des Gunung Api war vom 17. bis 19. Mai 1988. Es begann mit einer explosionsartigen Eruption. Der Vulkan kam erst im August 1988 wieder zur Ruhe. Satellitenmessungen ergaben, dass die Eruptionssäule 16 Kilometer hoch war. Aus fünf Kratern flossen Lavaströme bis ins Meer. Glühende Steinbrocken flogen bis auf die Nachbarinseln. Die Bewohner der Inseln Banda Neira und Banda Besar wurden in das 200 Kilometer entfernte Ambon evakuiert. Als die Vulkanasche auch die weiter entfernte Insel Ai erreichte, flohen die Einwohner dieser Insel auf die Insel Run, die am weitesten von dem Vulkan entfernt ist.

Interessant ist, dass der Lavastrom, der 1988 ins Meer floss, heute, 30 Jahre danach, schon wieder von wunderschönen neuen Korallen aller Art überwachsen ist. Das Meer rund um die Banda Inseln ist noch gesund. Am Vulkan dagegen kann man die Narben, die der Lavastrom hinterlassen hat, immer noch erkennen.

Abb. 14-6: Gunung Api mit dem Lavastrom, der bis ins Meer floss

Schlimmer als bei den Vulkanausbrüchen waren Verwüstungen durch Erd- und Seebeben. Besonders starke Erdbeben gab es in den Jahren 1586, 1598, 1625, 1629, 1683, 1684, 1686, 1690, 1710, 1743, 1763, 1767, 1798, 1811, 1816, 1820, 1852 … und so geht es weiter, bis heute.

Die letzten großen Erdbeben waren in den Jahren 2009 und 2012, letzteres mit einer Magnitude von 6,3 auf der Richterskala. Kleinere Erdbeben sind fast wöchentlich zu spüren. Für die Einwohner der Banda Inseln gehören diese zur Normalität. Die letzten kleineren, die ich kürzlich mit einer Erdbeben-App registriert habe, waren am 27. April 2019 mit einer Stärke von 4,2, am 3. Mai von 3,2 und am 21. Mai 2019 mit einer Stärke von 3,7 auf der Richterskala.

Das Erdbeben von 1629 löste auf Banda Neira einen Tsunami mit einer 16 Meter hohen Flutwelle aus. Ein im Hafen liegendes Boot wurde mit der Flutwelle in den Innenhof von Fort Nassau gespült. Viele Menschen kamen ums Leben, aber laut Wurffbain[318] wurde in den Muskatplantagen nur wenige Schäden angerichtet.

1683 zerstörte ein sehr schweres Erdbeben viele Häuser in Banda Neira und sogar Teile von Fort Nassau. Dieses Erdbeben war der Grund dafür, dass der Gouverneur von Banda, der bisher im Fort wohnte, eine Residenz außerhalb des Forts bezog. Gleichzeitig mit dem Erdbeben brach der Gunung Api heftig aus. Die gesamte Vegetation auf der Insel Gunung Api wurde zerstört.

Im folgenden Jahr, 1684, war ein starkes Erd- und Seebeben. Der gleichzeitige Tsunami spülte die Frau des Gouverneurs[319] aus der neuen Residenz hinweg in den Tod.

Einer heftigen Eruption des Gunung Api im Jahre 1690 folgte ein so schweres Erdbeben, dass viele Häuser zerstört wurden. Daraufhin wanderten viele Bandanesen nach Ambon und Makassar aus. Auf den Bandas sahen sie für sich keine Zukunft mehr.

Im Jahre 1816 wurden das 1683 gebaute massive Haus des holländischen Gouverneurs und alle Verwaltungsgebäude auf Banda Neira vollständig zerstört. In manchen Dörfern blieb kein einziges Haus stehen.

1820 barsten bei einem Erdbeben die meisten Steinhäuser und Mauern in Banda Neira. Ganz schlimm soll jedoch das Erd- und Seebeben vom 26. November 1852 gewesen sein. Es begann mit einem Erdstoß, der die meisten Steinhäuser von Banda Neira und Banda Besar zum Einsturz brachte. Die Kirche verlor ihr Dach. Sträflinge, die im Kerker im Fort Nassau in Ketten lagen, wurden unter den Trümmern begraben. Das stabil gebaute

---

318 Siehe Kapitel 8
319 Van Zijl

Fort Belgica wurde verschont. Nach einer Viertelstunde folgte ein gewaltiges Seebeben. Der Unterschied zwischen niedrigstem und höchstem Wasserstand betrug neun Meter! 60 Menschen in der Nähe des Hafens wurden mit fortgerissen. Teile von Banda Neira wurden überspült und Muskatplantagen zerstört. Drei Tage lang folgten stündliche Erdbeben, begleitet von einem unterirdischen Grollen. Kein Haus war mehr bewohnbar.

Die Inseln Ai und Run blieben von solch schrecklichen elementaren Naturgewalten bisher verschont. Sie waren ja auch weiter von dem unberechenbaren Vulkan Gunung Api entfernt. Aber diese Inseln hatten vorwiegend Probleme mit den heftigen Stürmen in der Monsunzeit. 1778 fegte ein heftiger Orkan über die Inseln. Die Ernte von einem ganzen Jahr und viele Plantagen wurden vernichtet. Man lebt gefährlich auf den Banda Inseln.

Als ich im Dezember 2018 gegenüber von dem Vulkan wohnte, verhielt er sich sehr zahm. Nur ab und zu war eine Rauchwolke am Gipfel zu sehen oder ein tiefes Grummeln zu hören. Aber ein paar schwache Erdbeben spürte ich doch. Darüber regt sich jedoch auf den Banda Inseln niemand auf. Die gehören hier zum täglichen Leben.

An verschiedenen Stellen des Gunung Api gibt es unterhalb der Wasseroberfläche heiße Gebiete. Hier treffen sich zu bestimmten Zeiten tausende Seeschlangen aller Größen, um sich zu paaren. Obwohl einige der Seeschlangen giftig sind, sind sie nicht aggressiv. Dieses spektakuläre Ereignis zieht immer Taucher und Wissenschaftler aus aller Welt an. Im Frühjahr, nach dem Ende des Westmonsuns, ist das Wasser glasklar. Man kann unter Wasser bis zu 50 Meter weit sehen.

Hier in der Bandasee gibt es – wenn man Glück hat – im Juni, oder August oder manchmal auch im September ein ganz besonderes Phänomen zu beobachten. Es ist ein einmaliges Meeresleuchten, das die ‚weiße See‘ genannt wird. Die ‚weiße See‘ wird durch an der Wasseroberfläche schwimmende Mikroorganismen ausgelöst. Im Gegensatz zum üblichen Meeresleuchten, das nur durch Bewegungsreize der Kleinstlebewesen im Wasser ausgelöst wird und mehr oder wenige lange Lichtsignale aussendet, leuchtet die ‚weiße See‘ konstant.

Hans Minssen war 1904 als Kapitän auf dem deutschen Reichspostdampfer *Manila* in der Bandasee unterwegs auf dem Weg nach Banda Neira. Sein Endziel war Rabaul in Deutsch-Neuguinea. Damals hatte das Deutsche Reich noch selbst Kolonien in dieser Region der Welt. Kapitän Minssen stand um Mitternacht mit dem Steuermann auf der Brücke und blickt in die pechschwarze Nacht hinaus, als er zum ersten Mal eine ‚weiße See‘ erlebte. Er berichtet selbst wie folgt:[320]

‚Plötzlich taucht in Fahrtrichtung auf dem Wasser ein weißer Fleck auf, der – je näher das Schiff ihm kommt – umso größer und heller wird. Als die Entfernung zu ihm nur noch eine Seemeile beträgt, macht er den Eindruck eines kreisrunden, brandenden Riffs. Sofort wird die Deckswache alarmiert, um doppelten Ausguck zu halten und ständig die Wassertiefe zu loten. In diesem vulkanischen Gebiet muss man jederzeit mit der Neubildung unterirdischer Inseln und Riffe rechnen. Dieser brandende Kreis voraus wird wahrscheinlich ein neuer, unterirdischer Vulkan sein, dessen obere Öffnung gerade bis unter die Wasseroberfläche reicht.

Vorsichtig und nur mit halber Maschinenkraft wird das unerwartete Hindernis in einem großen Bogen umrundet und dann wieder der alte Kurs aufgenommen.

Zum Erschrecken des Kapitäns wird aber gleich darauf voraus ein neuer weißer Fleck ausgemacht, an Backbord ein zweiter und an Steuerbord ein dritter. Die ‚Manila‘ ist plötzlich in eine neu entstandene, unterseeische Kraterlandschaft geraten. ‚Maschine stopp!‘

Mit auslaufender Fahrt windet sich der Dampfer in Zickzackkursen zwischen den leuchtenden Kratern hindurch. Dabei stellt man auf der Brücke mit Erstaunen fest, dass der weiße Rand keine Brandung ist, sondern nur als silbrig glänzender Schein vom tiefen Schwarz des Wassers absticht. Aber nicht nur das. Jetzt entdeckt die immer erstaunter dreinblickende Schiffsbesatzung, dass die Farbe nach der Mitte dieses kreisrunden Flecks zu ins Goldflimmernde übergeht und im Zentrum ein waberndes, züngelndes Glutrot bildet, als wüte in einem abgrundtiefen Krater ein Riesenbrand. Dieses Leuchten ist so stark, dass die Bordwand des Dampfers hell angestrahlt wird. Selbst Brücke und Masten werden im Widerschein dieser unerklärlichen, geheimnisvollen, schreckerregenden Lichtquelle sichtbar. Alle starren wie gebannt nach unten, ohne die Herkunft dieses unheimlichen Feuers auf dem Meeresgrund erklären zu können.

Immer dichter liegen die Kreise beieinander, je weiter das Schiff fährt. Immer schmaler werden die nachtschwarzen Passagen dazwischen, so dass die ‚Manila‘ schließlich nicht mehr weiterkann. Sie muss es aber, denn sie muss ihren Fahrplan einhalten und darf sich nicht durch solchen Spuk davon abhalten lassen.

‚Loten!‘ befiehlt der Kapitän. Er muss sich gewaltsam von diesem grausigen, unerklärlichen Farbenschauspiel losreißen, denn er trägt die Verantwortung für Schiff und Passagiere.

---

320 Hans Minssen, *Reichspostdampfer ‚Manila‘, Zwischen Singapur und Neu Guinea,* 1944, Hrsg. Kapitän Fred Schmidt, Hamburg. Siehe auch Kapitel 13. Auf diesem Dampfer fuhr 1910/11 auch der Maler Emil Nolde während seiner Südseeexpedition

Ein geschickter Wurf mitten in die brandrote Farbenglut ergibt, dass die Tiefe hier bodenlos zu sein scheint. Die ganze Länge der Lotleine verschwindet, ohne Grund zu finden. Hingegen zeigen die ‚Kraterränder‘ normale Wassertiefen. ‚Gott sei Dank!‘ Mit einem Stoßseufzer der Erleichterung gibt Kapitän Minssen den Maschinenbefehl ‚Langsam voraus!‘

Behutsam setzt die ‚Manila‘ die Fahrt über die geheimnisvollen, unterirdischen Glutfelder fort. Ohne Schaden zu nehmen, gleitet der Schiffsrumpf mitten durch einen dieser Farbkreise, deren Durchmesser nicht größer ist, als die Länge des Schiffes beträgt. Die dabei vorgenommenen Messungen der Wassertemperatur, von der man allgemein glaubt, dass sie dem Siedepunkt nahe sei, zeigen seltsamerweise die normalen Grade und keinen Deut mehr.

Bislang waren die Farbflecke unbeweglich. Je näher nun aber der Dampfer der Vulkan-Insel kommt, umso lebendiger werden sie. Ganze Strahlenbündel schießen jetzt in auffallend gleichmäßigen Abständen und stets in der gleichen Richtung von Ost nach West aus dem Meeresboden in die Finsternis hinein, verschwinden wieder wie die Lichtstrahlen eines Leuchtfeuers, um an anderer Stelle mit neuen feurigen Pfeilen aufzuzucken. Das Ganze ist eine unbeschreibliche, unbegreifliche und aus den tiefsten Tiefen der Hölle kommende Orgie von lautlosen, schemenhaften Glutblitzen, die zu ergründen der menschliche Verstand einfach versagt.

In dieser Nacht schließt an Bord kaum noch jemand ein Auge. Die ‚Manila‘ hat längst den Lichtspuck hinter sich gelassen und steuert der Einfahrt zum Hafen zu, aber noch immer unterhält man sich erregt über das, was man gesehen hat, aber nicht zu begreifen vermag.

‚Was kann das nur gewesen sein?‘ Auf diese Frage, die hundertmal wiederkehrt, findet jedoch niemand eine Antwort. Nur die Malayen glauben es zu wissen: Die ‚Manila‘ ist über das geöffnete Tor zur Hölle gefahren. Sie wissen nun, wie es in diesem unterirdischen Jenseits aussieht und was ihrer wartet, wenn sie einstmals dorthin kommen sollten.

Kapitän Minssen war nicht der Erste, der das Phänomen der ‚weißen See‘ vor über 110 Jahren so detailliert beschrieben hat. Rumphius hat dieses Phänomen 1670 in der Bandasee beobachtet und *Mare album* genannt. Da er kein Mikroskop besaß, konnte er das Phänomen nicht selbst untersuchen. Auch der Erfurter Ernst Christoph Barewitz hat die ‚weiße See‘ in seinem 1751 erschienenen Buch ‚Ost-Indianische Reise-Beschreibung‘ erwähnt.[321] Es gibt wohl schon frühere Hinweise auf ein ‚Weißes Wasser‘, aber ohne genaue Beschreibung. Das Phänomen ist auch nicht jedes Jahr zu sehen. Außer in der Bandasee konnte dieses Phänomen noch in keinem anderen Meer beobachtet werden.

---

321 S. 428

Die Pflanzer der Banda Inseln waren bis Ende des 19. Jahrhunderts davon überzeugt, dass die ‚weiße See' die Ursache für das vorzeitige Aufplatzen der Muskatnüsse auf den Bäumen war. Erst später wurde klar, dass dafür eine plötzliche Temperaturänderung verantwortlich ist. Beide Phänomene treten nämlich immer gleichzeitig auf.[322]

Es gibt einen Pfad, um den Gunung Api zu besteigen. Der Vulkankegel ist ziemlich dicht bewaldet und aus der Ferne, von Banda Neira aus, sieht ein Aufstieg ziemlich harmlos und machbar aus. Ich, mit meinen 85 Jahren, wollte eine Gipfelbesteigung versuchen. Schon früh am Morgen ließ ich mich mit einem Ruderboot zum Vulkan bringen. Ich wollte mir Zeit lassen und die heiße Mittagssonne vermeiden. Anfangs ging es auch ganz gut. 640 Höhenmeter sind ja nicht die Welt, dachte ich mir. Aber je höher ich kam, desto steiler und schwieriger wurde der Aufstieg. Der Berg bestand nur noch aus Geröll und Asche. Bei jedem Schritt nach oben rutschte ich wieder fast an den Ausgangspunkt zurück. Ich hatte auch nicht die richtigen Schuhe für einen Aufstieg dabei. Als ich gut die Hälfte des Vulkans bestiegen hatte, kehrte ich wieder um und genoss anschließend den Blick auf den Gunung Api in einem Liegestuhl von der Terrasse des Cilu Bintang Estate aus bei einem kalten Bier Bintang.

Abb. 14-7: Blick vom Gunung Api (aus halber Höhe) auf Banda Neira mit der Landebahn. Im Hintergrund Banda Besar.[323]

322 Dr. O. Warburg, *Die Muskatnuss,* 1897, Fußnote 1, S. 418
323 Commons, Wikimedia

Wie ich später hörte, haben selbst jüngere Menschen Probleme, den Gipfel zu erreichen. Durch das rutschige Geröll und die Asche ist ein Aufstieg sehr anstrengend. Man muss sich praktisch an dem niedrigen Gestrüpp nach oben ziehen. Aber wenn man erst mal oben ist, soll der Blick über die Banda Inseln überwältigend sein.

Im Mai 1696 wollte zwei holländische Seeleute den Berg besteigen. Sie wollten – wie sie ihren Kameraden sagten – in den Krater schauen. Beim Aufstieg wurden sie von einer heftigen Eruption erfasst und durch einen glühenden Lavastrom getötet.

Die erste dokumentierte Besteigung des Gunung Api gelang dem deutschen Naturforscher und Botaniker Professor Kaspar Georg Karl Reinwardt[324] im Jahre 1821. Eine zweite Besteigung erfolgte durch M. S. Müller.[325]

Reinwardt wurde am 5. Juni 1773 in Lüttringhausen, einem Stadtbezirk von Remscheid, geboren. Er wurde Professor der Naturgeschichte an der niederländischen Universität in Harderwijk und sogar deren Rektor. 1810 wurde er von der Königlichen Kommission für die Kolonien als Direktor für Wissenschaft und Kunst eingesetzt. Im April 1816 traf er in Batavia ein. Bis Ende 1821 bereiste er den ostindischen Archipel, besonders eingehend die Molukken. In seinem letzten Jahr in Niederländisch-Indien bestieg er auch den Gunung Api der Banda Inseln. Als der gut 2200 Meter hohe Vulkan Gunung Guntur in der Nähe von Garut in West-Java 1818 seine aktivste eruptive Phase hatte, bestieg Reinwardt auch diesen Berg.

2006 wurde im Botanischen Garten in Bogor[326] auf Java ein Gedenkstein für Kaspar Georg Karl Reinwardt eingeweiht. Der Bau des weltweit berühmten Botanischen Gartens wurde ab 1817 nach Plänen von Reinwardt realisiert. Vielleicht gibt es am Gunung Api auch einmal einen Gedenkstein für die Erstbesteigung durch ihn.

Auch der Amerikaner Albert S. Bickmore[327] erreichte am 13. September 1865 den Kraterrand des Vulkans. Bickmore war Naturforscher und Gründer des ‚American Museum of Natural History‘ in New York. Als Naturforscher stand bei ihm jedoch nicht die Wissenschaft, sondern die Natur im Vordergrund. Seine Besteigung des Gunung Api war vermutlich die vierte Besteigung von einem Besucher aus dem Westen, denn er fand Schriftzeichen auf einem Lavablock, die bewiesen, dass einem Mitglied des *Steamers Etna* vor ihm auch eine Besteigung gelungen war. Unter der lokalen Bevöl-

---

324 1773-1854
325 Beide Naturforscher siehe: The Encyclopaedia Britannica, Ninth Edition, Volume III, S. 310 von 1875
326 Kebon Raya Bogor
327 1839-1914

kerung von Banda Neira wurde nur ein einziger Mann gefunden, der den Gunung Api bereits bestiegen hatte und der dann als Bergführer engagiert wurde.

Die Erlebnisse seiner Reisen hat Bickmore in seinem Buch ‚*Travels in the East Indian Archipelago*‘, das am 1. Januar 1867[328] veröffentlicht wurde, niedergeschrieben. 1869 folgte eine Ausgabe in Deutsch[329]. Im Band 12 seines Werkes, ‚*A Description of the Banda Islands*‘ von 1867 beschreibt er ausführlich seine Besteigung des Gunung Api, weshalb ich diese vermutlich erste Dokumentation des Abenteuers im Originaltext wiedergebe.

Wie man liest, ist die Besteigung des Gunung Api nicht einfach. Daran hat sich bis heute nichts geändert. Ich muss mir somit keinen Vorwurf machen, weil ich nach gut der Hälfte des Aufstiegs wieder umkehrte.

In dem hier wiedergegebenen Ausschnitt aus seiner Beschreibung der Banda Inseln berichtet er auch über die Erdbeben und Tsunamis, die auf den Bandas immer wieder größere Verwüstungen anrichten. Im Anhang II dieses Buches ist der gesamte Text seiner Beschreibung der Bandas zu finden. Der nachfolgende Originaltext in Englisch entspricht in Grammatik, Interpunktion und Schriftweise von Namen dem Stand von 1865:

A Description of the Banda Islands from 1865

[Anmerkung des Autors: Ausschnitt über Besteigung des Vulkans, Erdbeben und Tsunami]

By ALBERT S. BICKMORE, M.A.

The Governor having finished his inspecting duties, now proposed that we try to reach the top of Gunong Api. There was only one man – a native – who had ever been to the top, and ‘knew the way’, though, to judge from a distance, one part of the mountain was as dangerous as every other. He was engaged as our guide, and some ten others, whose duty it was to carry our lunch and a good supply of water in long bamboos. Early the next morning the coolies were ready. From the west end of the village we crossed the narrow ‘Strait of the Sun’ to the foot of the mountain. Some coolies who had preceded us had cleared a path up the steep declivity, but soon our only road was one of the many narrow tracks, where large masses of rocks and sand, which had loosened from some place high up the mountain, had shot down in a series of small land-slides, ploughing up the low shrubbery during its thundering descent. As long as we climbed among the shrubbery, although it was very difficult and tiring, it was not particularly

---

328 Eine 2. Auflage folgte 1868. Diese Jahreszahl wird fälschlicherweise oft für die Erstausgabe genannt

329 Albert S. Bickmore, *Reisen im Ostindischen Archipelago in den Jahren 1865 und 1866 bis 1869. Beschreibungen von Java, Sulawesi, Sumatra, Ambon, Banda, Seram und Buru*

dangerous until we came out on to the naked sides of the mountain; for this great elevation is not covered with vegetation more than two-thirds of the distance from its base to its summit. This lack of vegetation is caused by the frequent and wide land-slides, and by the great quantity of sulphur brought up to its top by sublimation, and washed down its sides by the heavy rains. Here we were obliged to crawl up on all fours among small, rough, black rocks of porous lava, and here all spread out until our party formed a horizontal line on the mountain side; so that when one man loosened the rocks, as every one was constantly doing, these might not come down and carry away some other man beneath him.

Our ascent now became slow and difficult, but we kept on, though sometimes the top of the mountain seemed as far off as the stars until we were within about 300 feet of the summit. Here we came to a horizontal band of loose, angular fragments of lava from two to six inches in diameter. The mountain here rose at least at an angle of 35°, and to us, in either looking up or down, it seemed almost perpendicular. This band of stones was about 200 feet wide, and so loose that, when one was touched, frequently half-a-dozen would go rattling down the mountain. I had got about half-way across this dangerous place, when the stones on which my feet were placed gave way! This of course threw all my weight on my hands, when at once the rocks which I was holding with the clenched grasp of death also gave way, and I began to slide downward. The natives on either side of me now gave a loud shout, but not one dared to seize me, for fear that I should carry him down the mountain with me. Among these loose rocks a few ferns grew up and spread out their leaves to the sunlight. As I felt myself going down I chanced to roll toward my right side and notice one particularly, and quick as a flash of light the thought crossed my mind that my only hope was to seize that fern. This I did with my right hand, burying my elbow among the loose stones with the same motion; and that, thanks to a kind Providence, was sufficient to stop me, otherwise in less than a minute, probably in thirty or forty seconds, I should have been dashed to pieces on the rough rocks beneath me. The whole certainly occurred in a less space of time than it takes to read two lines on this page. I found myself safe, drew a long breath of relief thanked God it was well with me, and, kicking away the loose stones with my heels, turned round, and kept on climbing. Above this band of loose stones the surface of the mountain was covered with a kind of crust formed chiefly of sulphur washed down by the rains. These rains had also formed many small grooves, and we made better progress here by crawling in these small gullies. At this moment the natives above us suddenly gave a loud cry, and I supposed of course that some one had lost his footing, and was going down to instant death. 'Look out ! Look out ! Great rocks are coming!' and the next instant several small blocks and one great flake of lava two feet in diameter bounded by us with the speed of lightning. 'Here is another!' It is coming straight for us, and it will take out one of our number to a certainty, I thought. I had stood up in the front of battle when shot and shell were flying and men were falling, but now to see the danger coming, and to feel that I was perfectly helpless, did, I must confess, make me quiver, and I crouched in the groove where I was climbing with the hope that it might bound over me and that instant a fragment of lava about a foot square leaped up from the side of the mountain and flew directly over the head of a coolie a few feet on my right, clearing him by not more than five or six inches. I then supposed that the mountain was suffering another eruption, and that in a moment we should all be shaken down its almost vertical sides; but soon the rocks ceased coming down and we continued our ascent, and in a few moments stood on the rim of the crater.

The mystery in regard to the source of the falling rocks was now solved. One of our number had reached the summit before the rest of us, and with the aid of a native had been tumbling off rocks, for the sport of seeing them bound down the mountain, having stupidly forgotten that we all had to wind partway round the mountain before we could get up on the edge of the summit, and not being able to lean over far enough to see that we were just beneath him.

The whole mountain is merely one great cone of small angular blocks of trachytic lava and black volcanic sand. The crater at its top is merely a conical cavity in this mass. The form of the summit is nearly elliptical, and is approximately given in the accompanying plan and section.[330]

The depth of the crater is about 80 feet. Its diameter we roughly estimated at from 100 to 150 yards. The area at the top is about 300 yards long, by 200 wide. This is composed of heaps of small lava-blocks, which are whitened on the exterior, and in many places quite encrusted with sulphur. Through these heaps of stones steam and sulphurous acid gas are continually rising, and we soon hurried round to the windward side to escape their suffocating fumes. In a number of these places we were glad to run, to prevent the shoes from being scorched on our feet by the hot rocks.

On the western side of the crater the rim is largely composed of sand, and in one place rises 120 feet higher than on the opposite eastern side. The top, therefore, partly opens out toward the east, and from some of the higher parts of Lontar one can see most of the area on the summit of this truncated cone. In this western part were many fissures, out of which rose sheets and jets of gas. When we had come to the highest point we looked over the north-west side down into the great crater, now active, one-fourth of the distance from the summit down to the sea. Dense volumes of steam and other gases were rolling up and only now and then could we distinguish the edge of the deep, yawning abyss beneath us. Here we rested and lunched, enjoying meanwhile a magnificent view over the whole of the Banda

330 Abbildung siehe gesamter Bericht in Anlage II

group, when the suffocating gases were not blown into our faces. Again we continued round the northern side, and came down to an old crater, where we found a large rock with the word 'Etna', the name of a Dutch warship, cut on one of its sides, and our Captain spent some time calving 'Telegraph,' the name of our yacht, beneath it. Great quantities of sulphur were seen here, more, the Governor said, than he had seen on any mountain in Java; for the great abundance of sulphur they yield is one of the chief characteristics of the volcanoes in this archipelago.

It was now time to descend. We called our guide, but he did not know where we ought to go, everything appeared so different when we looked down, from what it did when we looked upward. I chose a place where the vegetation was nearest the top, and asked him if I could go down there, to which of course he answered Yes, as most people do when they do not know what to say, and must give some reply. I had brought up with me a long stick or kind of Alpen-stock, curved at one end, and with this I reached down and broke places for my heels in the crust that covered the sand and small stones. For hundreds of feet beneath me the descent seemed perpendicular, but I slowly worked my way downward for more than a hundred feet, and had begun to congratulate myself on the good progress I was making – soon, I thought, I shall be down there, where I can lay hold of that bush and feel that the worst is past – when suddenly I was startled by a shout from my companions who were a short distance on my left. 'Stop! Don't go a step further, but climb up just as you went down.' I now looked round for the first time, and found to my surprise and alarm that I was on a tongue of land between two deep long holes or fissures, where great land-slides had recently occurred. I had kept my attention so fixed on the bush before me that I had never thought of looking to the right or left, generally a good rule in such perilous places.

To go on was simply impossible, so I turned round, climbed up again and passed round the head of one of these frightful holes. If at any time the crust had been weak and had broken beneath my heels, no earthly power could have saved me from instant death. As I broke place after place for my feet with the staff, I thought of Professor Tyndall's dangerous ascent and descent of Monte Rosa.

At last I joined my companions, who had found the way we had come up; and, after some slips and sprains and considerable bruising, we all reached the bottom and were glad to be off the volcano, and reaching Banda Neira, feel ourselves on terra firma once more.

For a few days I could scarcely walk or use my arms; but that lameness soon passed away – not so with the impressions made on my mind by the perils I had so narrowly escaped, and even now, when suddenly aroused from sleep, for a moment the past becomes the present, and I am once more on the tongue of land with a deep gulf on either hand, or I am saving myself again by grasping that fern.

The first European who reached the summit, so far as I am aware, was Professor Reinwardt in 1821; the second was M.S. Muller in 1828, and from that time till the 13th of September, 1865, when we ascended it, only one party had attempted this difficult undertaking, and that party was from the steamer Etna, whose name we had found on a large rock in the old crater.

The height of this volcano we found to be 707,5 metres[331], 2321 feet. Its spreading base occupies less space, 2 miles square. In size, therefore, it is insignificant compared to the gigantic mountains on Lombok, Java, and Sumatra; but when we consider the great amount of suffering, and the immense destruction of property that have been caused by its repeated eruptions, it becomes one of the most important volcanos in the archipelago.

From Valentyn and later writers we learn that eruptions have occurred in the following years: 1586, 1598, 1609, 1615, 1632, 1690, 1696, 1712, 1765, 1775, 1778, 1820, and 1824.

That of 1615 occurred in March, just as the Governor-General, Gerard Reynst arrived from Java with a large fleet to complete the war of extermination that the Dutch had been waging with the aborigines for nearly twenty years. For some time previous to 1820, many people lived on the lower flanks of Gunong Api, and had succeeded in forming large groves, or, as the Dutch prefer to name them, 'parks' of nutmeg-trees. On the 11th of June of that year, just before 12 o'clock, in an instant without the slightest warning an eruption began which was so violent that all the people at once fled to the shore and crossed in boats to Banda Neira. Out of the summit rose perpendicularly up a great mass of ashes, sand, and stones, heated until they gave out light like living coals. The latter hailed down on every side, and as the accounts say, 'set fire to the woods and soon changed the whole mountain into one great cone of flame.' This-happened unfortunately during the western monsoon and so great a quantity of sand and ashes were brought over to Banda Neira, that the branches of the nutmeg-trees were loaded down until they broke beneath its weight, and all the parks on the island were totally destroyed. Even the water became undrinkable from the light ashes that filled the air and settled in every crevice. This eruption continued incessantly for thirteen days, and did not wholly cease at the end of six weeks.

During this convulsion the mountain was apparently split through in a N.N.W. and S.S.E. direction. The large, active crater, which we saw beneath us on the north-west side of the mountain, from the spot where we lunched, was formed at that time, and another was reported higher up between the new crater and the older one on the top of the mountain. A stream of lava poured down the western side into a small bay and built up a tongue of land 180 feet long. This

---

331 Heute ist der Gunung Api gut 640 Meter hoch. Vermutlich wurde durch die zwischenzeitlich erfolgten Eruptionen etwas von seiner Höhe abgetragen.

fluid rock heated the sea within a radius of more than half a mile, and nearer the shore eggs were cooked in it. This lava stream is the more remarkable, because it is a great characteristic of the volcanos throughout the archipelago, that, instead of pouring out fluid rock, they only eject hot stones, sand, and ashes, or mud – that is, water mingled with sand and ashes – such materials are thrown up in those volcanos where the eruptive force is known to have attained its maximum and to be becoming weaker and weaker.

On the 22nd of April, 1824, while Governor-General Van der Capellen was entering the roads an eruption commenced just as had happened 209 years before, on the arrival of Governor-General Reynst. A great quantity of ashes again rose upward from its summit, accompanied by clouds of 'black smoke,' in which lightnings darted, while such a heavy thundering rolled forth that it completely drowned the salute from the forts on Neira, in celebration of the Governor's arrival. This was followed by a second eruption, succeeded by a rest of fourteen days, when the volcano again seemed to have regained its strength, and once more ashes and glowing stones were hurled into the air, and fell in showers on all sides.

But the people of Banda have suffered quite as much from earthquakes as from eruptions, though the latter are usually attended by slight shocks. Heavy earthquakes, without eruptions, have occurred in 1629, 1683, 1710, 1767, 1816, and 1852.

Almost the first objects that attract one's attention on landing at the village are the ruins of those houses that were destroyed by the last of these fearful phenomena. Many houses had their walls levelled to the ground, but others, that were built with especial care, suffered little injury. These walls are made of coral-rock or bricks. They are two or three feet thick, and covered with layers of plaster. At short distance along their outer side, sloping buttresses are placed against them, so that most of the houses in Banda look more like fortifications than private residences. The first warning that any one had of the coming destruction was that the water suddenly began to stream out of the enclosed bay, and this continued until the war brig Haai, which was at anchor in 8 or 9 fathoms touched the bottom. Then came in a great wave from the ocean that rose at least to a height of 25 or 30 feet over the low western part of the village, which is separated from Gunong Api by the narrow Sun Strait. Praus lying near this shore were swept up against Fort Nassau, which was so completely engulfed, that it was stated to me that one of these native boats was carried over the walls of the fort, and remained inside when the sea had receded to its usual level. The part of the village over which the floods swept contained many small houses, and nearly every one of them was carried away.

15. Meine Reise zu den Banda Inseln

Bereits vor 20 Jahren wollte ich die Banda Insel besuchen, die bei mir schon ein Traum aus Kindheitstagen waren. Ich wartete damals mehr als zwei Wochen vergeblich in Ambon auf ein Schiff, das mich zu den Banda Inseln bringen sollte. Nun wollte ich es erneut versuchen. Ich war Anfang Dezember 2018 wieder auf Bali, nur zwei Tage, um von dem langen Flug von Deutschland etwas auszuruhen und um meinen Koffer umzupacken, denn ich wollte nur mit leichtem Gepäck diese Reise antreten. Ich wusste ja nicht, ob und wie ich von Ambon aus diesmal weiterkommen würde. Im Gegensatz zu früheren Seefahrern weiß man heute genau, wo die Banda Inseln liegen, aber eine Reise dorthin ist immer noch ein Abenteuer ins Ungewisse. Es gibt heute wohl eine Flugverbindung mit einer kleinen Cessna dorthin, aber die soll genauso unzuverlässig sein wie die Schiffsverbindungen. Aber ich wollte es versuchen und das Glück war mir hold!

Es war eine äußerst interessante Reise zu den ‚vergessenen Inseln‘, den kleinen und ganz einsamen Banda Inseln in der Mitte der Bandasee. Wer kennt heute noch die einst so wichtigen Banda Inseln, so winzig, dass sie nur auf Spezialkarten mit großem Maßstab zu finden sind? Dabei haben sie vor über 300 Jahren Weltgeschichte geschrieben.

Wer zu den Banda Inseln reist muss viel Zeit, Geduld, gute Nerven und etwas Glück mitbringen. Diesmal hatte ich mehr Zeit und auch mehr Glück. Aber auch meine Reise dorthin war noch ziemlich abenteuerlich. Es war eine Reise mit den Schiffen der staatlichen indonesischen Schifffahrtsgesellschaft PELNI, die nur hartgesottenen Reisenden empfohlen werden kann.

Schon um 04:30 Uhr am Morgen ging es mit meinem Fahrer Murah zum Flughafen Ngurah Rai auf Bali. Der Abflug mit der Lion Air nach Makassar[332] auf Sulawesi[333] war pünktlich. Nach drei Stunden Wartezeit ging es mit einer Boeing 737 weiter nach Ambon, der Provinzhauptstadt der Molukken, mit rund 300 000 Einwohnern, auf der gleichnamigen Insel. Schon beim Abflug war ein heftiges Unwetter. Wir wurden kräftig durchgeschüttelt und bei jedem Fall in ein Luftloch schrien die Frauen im Flugzeug laut, andere baten Allah um Beistand. Kinder waren nicht mehr zu beruhigen und begannen sich zu übergeben. Es war ein schrecklicher Flug, zumal über Ambon auch ein heftiges Unwetter tobte und wir 45 Minuten lang

332 Früher Ujung Pandang
333 Früher Celebes

über Ambon kreisen mussten, bis wir endlich landen konnten. Was war ich froh, als ich wieder festen Boden unter meinen Beinen spürte!

Seit einigen Jahren gibt es auf der Hauptinsel Banda Neira einen kleinen Flughafen. Am Flughafen in Ambon erfuhr ich, dass es am nächsten Tag einen Flug der Susi Air mit einer kleinen Cessna für 12 Passagiere geben würde. Susi war die einzige Fluggesellschaft, die Banda Neira ab und zu ohne festen Flugplan anflog. Das fand ich im Internet heraus, aber buchen konnte man einen Flug nicht. Denn wie ich bald erfuhr, war ein- bis zweimal pro Woche – wie im Internet genannt – sehr optimistisch, manchmal flog die kleine Maschine wochenlang überhaupt nicht.

Das Büro der Susi Air war geschlossen, aber die Flughafen-Information gab mir die Auskunft, dass am nächsten Morgen um 06:15 Uhr ein Flug nach Banda Neira sei, aber er wäre schon hoffnungslos überbucht. Es gebe eine lange Warteliste. Also keine Chance, noch mitzukommen. Ich wollte es trotzdem versuchen und nahm mir ein Zimmer für die Nacht in einem ganz einfachen ‚Penginapan‘, einem Gästehaus, gleich neben dem Flughafen. Ich wollte schon ganz früh am Flughafen sein, um vielleicht doch noch einen Sitz in der Maschine zu ergattern.

Die Besitzerin des Gästehauses *Dahalia* war Ibu Hadji Nur, eine weißgekleidete Muslima, die schon mehrmals Mekka besucht hatte. Mit ihr unterhielt ich mich nett und angeregt über Gott und die Welt. Ibu Hadji Nur war schon der erste Glücksfall. Als ich ihr mein Reiseziel nannte, kontaktierte sie ihren guten Bekannten Pak Umar, der sei in allen Transportfragen ein ‚Hansdampf in allen Gassen‘. Das war der zweite Glücksfall nach meiner Ankunft in Ambon. Aber auch von ihm bekam ich einen negativen Bescheid. Es gäbe keine Chance, noch mit dem Flug am nächsten Morgen mitzukommen.

In der näheren Umgebung des Flughafens fand ich kein vertrauenswürdig aussehendes Restaurant. Bei dem immer noch heftigen Regen und Sturm wollte ich auch nicht zu weit laufen und suchen. Nach einem anstrengenden Tag legte ich mich, ohne etwas gegessen zu haben, am Abend beruhigt ins Bett und wollte am kommenden Morgen weitere Informationen einholen.

Ich konnte lange nicht einschlafen, zu viele Gedanken kreisten in meinem Kopf. Gegen 04:30 Uhr am Morgen klopfte es heftig an meine Zimmertüre. Es war Ibu Hadji Nur. Pak Umar hätte noch einen Platz für mich in der Maschine ergattern können. In 15 Minuten müsste ich mit meinem Gepäck am Flughafen sein. Die Maschine würde Punkt 06:00 Uhr abfliegen. Ich stürzte mich ungewaschen in Hose und Hemd und eilte mit meinem leichten Gepäck zum nahen Flughafen. Pak Umar erwartete mich bereits am

Eingang. Mit ihm ging es schnell zum Schalter der Susi Air. Ich bezahlte 400 000 Rupiah[334] für das Flugticket, das Gepäck wurde eingecheckt und ab zum ‚Gate Number One‘. Hier saß ich nun mit elf weiteren Fluggästen. ‚Was habe ich diesmal für ein Glück‘, dachte ich bei mir, ‚so schnell einen Transport nach Banda Neira zu finden‘.

Aber ich freute mich zu früh! Es wurde 7 Uhr, es wurde 8 Uhr und nichts geschah. Weit und breit war keine Maschine der Susi Air zu sehen. Es gab in der Zwischenzeit einen Flug zu den Kei Inseln. Dahin wollte ich auch schon immer mal, aber nun waren zunächst die Banda Inseln dran. Kurz nach 08:00 Uhr wurden wir Passagiere informiert, dass der Flug wegen schlechten Wetters ausfallen würde. Und wann wäre der nächste Flug? Das wäre der letzte Flug im Jahr 2018 gewesen und ein neuer Flugplan würde erst im Mai 2019 bekannt gegeben. Da die Subventionen der Regierung wegfallen würden, würde es dann allerdings neue und andere Konditionen geben. Dann würde ein Flugticket Rupiah 1,45 Millionen kosten, fast 100 Euros. Na, das ist eine gewaltige Preissteigerung. Aber bis zum nächsten Flug Anfang Mai 2019 wollte ich nicht warten, da wollte ich nämlich schon wieder zu Hause in Bonn sein.

Also zurück zum Susi-Schalter, mein Gepäck abholen, und dann wollte ich natürlich auch die 400 000 Rupiah zurückhaben. Aber ich erhielt nur 350 000. Der Rest wäre für die Administration! Zum Glück war noch Pak Umar in der Nähe, dann regelte sich auch dieses Problem.

‚Nun müssen wir aber schnell zum Hafen, ein Ticket besorgen‘, sagte Pak Umar. Am Abend fuhr nämlich die *KM Leuser*, ein Schiff der PELNI, der staatlichen Indonesischen Schifffahrtsgesellschaft, von Ambon zu den Banda Inseln. Wir fuhren in seinem Wagen zum Hafen, besorgten ein Ticket für das Schiff und dann half er mir noch, ein nahegelegenes Hotel zu finden, in dem ich ein Tageszimmer bekam, um etwas von dem in der Nacht versäumten Schlaf nachzuholen. Abfahrt der *KM Leuser* war 20:00 Uhr. Er würde mich am Abend rechtzeitig zum Schiff bringen und mir auf dem Schiff auch ein Bett besorgen. Pak Umar war mit allen Wassern gewaschen!

Ich kannte die *KM Leuser* von einer früheren Fahrt mit meiner Lebensgefährtin Annette. Wir fuhren vor 22 Jahren auf ihr zu den Inseln östlich von Timor. Damals gab es in der Ersten Klasse Platz für 14 Passagiere, für 40 in der Zweiten Klasse und in der Dritte Klasse wurden rund 920 Passagiere in Schlafsälen untergebracht. Die einzelnen Klassen waren strikt voneinander getrennt. In der Ersten Klasse fühlten wir uns wie auf einer Kreuzfahrt. Wir

---

334 Knapp 30,- Euro

hatten sogar ein eigenes Deck für die wenigen Passagiere der Ersten und Zweiten Klasse. Unsere Kabine hatte zwei Betten mit Bad. Im Speisesaal wurden wir von livrierten Kellnern bedient. Zum Mittag- und Abendessen gab es Live-Musik von einer Fünf-Mann-Kapelle, und man durfte nur mit geschlossenen Schuhen und anständig angezogen den Speisesaal betreten. Es herrschte noch Zucht und Ordnung. Am Abend konnten wir zu Live-Musik das Tanzbein schwingen. Es war Luxus pur!

Die *KM Leuser* ist ein Schiff der Meyer-Werft aus Papenburg und wurde 1994 an Indonesien geliefert. Damals war das Schiff noch gut in Schuss. Es war sauber, und vor allen Dingen wurde auf Disziplin geachtet. Mein Ticket zu den Banda Inseln kostete nun nur noch etwa sieben Euro. Ich war gespannt, was mich nun erwarten würde, denn es gab jetzt nur noch eine Ökonomie-Einheitsklasse.[335]

Pünktlich wurde ich von Pak Umar im Hotel abgeholt. Er brachte eine Taschenlampe mit, denn in ganz Ambon war wegen des Unwetters die Elektrizitätsversorgung zusammengebrochen. Die *KM Leuser* lag nur wenige Hundert Meter vom Hotel entfernt. Da ich bei Nacht halb blind bin, war ich für jeden Schritt dankbar, bei dem mich Pak Umar durch die stockdunkle Nacht begleitete. Auf den Gehsteigen gab es Löcher, Treppen und andere Stolperfallen. Menschenmassen strömten zum Schiff.

Schon 100 Meter vor dem Schiff begann ein unbeschreibliches Gedränge und Chaos. Das Schiff fasste in den Schlafsälen offiziell rund 920 Passagiere, und jeder wollte als Erster die schmale Gangway hoch. Nachdem wir es endlich auf das Schiff geschafft hatten, traute ich meinen Augen kaum. Überall, in den Gängen, auf den Decks, im Restaurant lagen Kisten, Säcke mit Reis oder Gemüse, Pakete und Taschen, und dazwischen die Leiber von Männern, Frauen und Kindern auf Sarongs oder Pappdeckeln. Das Schiff war total überladen. Ich schätze, es waren 2000 Menschen an Bord, und die nach menschlichen Ausdünstungen stinkende Schwüle war fast unerträglich. Es war das vollendete Chaos. Jeder kämpfte um ein Plätzchen für die Nacht und verteidigte sein Territorium lautstark. Selbst in dem ehemaligen Erste-Klasse-Speisesaal, in dem vor Jahren Annette und ich von livrierten Kellnern bei Live-Musik bedient worden waren, hatten sich Männer, Frauen und Kinder mit ihrem Gepäck auf dem Fußboden breitgemacht. Jeder Quadratzentimeter war belegt. Wo wollten diese Menschen alle hin? Wie ich später erfuhr, wollten sie nach Neuguinea, und zum Glück nicht auf die Banda Inseln.

---

335 Wie eine Schiffsreise vor 20 Jahren mit einem Schiff der PELNI war, damals mit der *KM Dobonsolo,* wird in meinem Buch: Annette Bräker und Horst H. Geerken, *Indonesien Gestern und Heute,* ab S. 138, ISBN 978-3-7392-0909-8, beschrieben.

Alle schrien durcheinander. Mütter versuchten, das Plärren ihrer Säuglinge zu stoppen, indem sie ihnen mit einem Stück Pappkarton den Mief zuwedelten. Um zum Büro des Pursers zu gelangen, mussten wir über unzählige Leiber und Kisten klettern. Jeder suchte ein freies Plätzchen, auf dem er die Nacht verbringen konnte. Der Purser sagte mir ein Bett zu, aber ich müsste warten, bis das Schiff die Leinen losgemacht hätte. Ich verabschiedete mich von meinem neuen Freund und dankte ihm mit einem anständigen Trinkgeld für seine Hilfe.

Ich wartete geduldig vor dem Büro des Pursers, bis die Schiffssirene dreimal tutete. Ein Zittern ging durch den Rumpf des Schiffes und wir legten ab. Der Purser teilte mir einen Mann zu, der mir meine Kabine und mein Bett zeigen würde. Es war eine Drei-Bett-Kabine, verdreckt und in einem Zustand, der jeder Beschreibung spottete. Alle Abdeckungen der Deckenleuchten und der nicht mehr funktionierenden Klimaanlage fehlten. An meinem Bett schauten an der Stelle, an der einmal eine Leselampe war, die blanken Drähte aus der Wand. Die Toilettenspülung funktionierte nicht mehr, die ganzen Innereien der Apparatur waren herausgerissen. Es ist unvorstellbar, wie in nur 20 Jahren das Schiff heruntergewirtschaftet wurde. Herrn Meyer, dem Eigentümer der Meyer-Werft in Papenburg, würden die Tränen kommen, wenn er dieses Übel sehen würde.

Kurz nachdem ich die Kabine betreten hatte, erschien der Purser bei mir und kassierte umgerechnet rund 20 Euro für das Bett, natürlich ohne Quittung. Das Geld verschwand in seinen privaten Taschen. Nebenbei erklärte er mir noch, dass ich mich vor dem Mann, den er mir persönlich zugeteilt hatte, in Acht nehmen müsse. Er würde klauen. Und das sagte er mir hinterher! Vermutlich steckten die beiden unter einer Decke, denn – obwohl ich sehr aufpasste – fehlten mir am Ende der Schiffsreise Geld und Medikamente. Mir ist ein Rätsel, wie sie an meine Tasche kamen. Nur auf dem Weg vom Büro des Pursers zu der Kabine hat der Mann durch die Menschenmenge auf den Gängen mein Gepäck getragen. Den Verlust bemerkte ich erst nach meiner Ankunft in Banda Neira. Während der Nacht hätte mir nichts gestohlen werden können, denn selbst im Schlaf hatte ich meine Tasche immer fest an mich geklemmt.

Es kamen noch zwei Indonesier in meine Kabine, von denen der Purser den gleichen Betrag wie von mir kassierte. Ich legte meinen Sarong auf das Bett, denn das Leintuch sah nicht sehr einladend aus. Nach der Farbe zu urteilen, hatten schon mehrere Dutzend Menschen vor mir darauf geschlafen. In dieser Nacht konnte ich trotz Bett wenig schlafen, denn ich musste feststellen, dass Indonesier sogar im Duett schnarchen können!

Abb. 15-1: Die KM Leuser, mit der ich nach Banda Neira fuhr

Abb. 15-2: Der Motorrad-Lastenesel des Cilu Bintang Estates

Pünktlich um 08:30 Uhr am nächsten Morgen legte die *KM Leuser* in Banda Neira an. Es war eine lange Anreise, zwei Flüge und ein Schiff. Nur wenige Passagiere stiegen aus. Das Schiff fuhr weiter zu den Inseln im Osten Indonesiens, bis nach Papua[336]. Als ich die Gangway herunterkam, wurde ich zu meiner ersten Überraschung schon am Pier erwartet. Es war Abba vom Cilu Bintang Estate. Auf dem Sozius seines Motorrads ging es in sein Hotel. Was für ein Service! Pak Umar hatte auch das organisiert. Er war schon ein Tausendsassa! Die zweite Überraschung war, dass Abba perfekt Deutsch sprach.

Falls mal mehr Gäste kommen sollten, ist Abba schon vorbereitet. Er würde sie mit seinem Motorrad-Lastenesel abholen.

---

336 Neuguinea

16. Das Cilu Bintang Estate

Mein freundlicher Kontakt zu Pak Umar in Ambon hatte sich ausbezahlt. Er hatte ohne mein Wissen Abba über meine Ankunft in Banda Neira informiert, und ich wurde – zu meiner Überraschung – von ihm mit seinem Motorrad vom Schiff abgeholt und in das Cilu Bintang Estate gefahren. Ich hatte auf den Banda Inseln nicht mit Luxus gerechnet, aber jetzt sperrte ich vor Überraschung Mund und Augen auf. Abba hatte einen kolonialen Prachtbau wiedererstehen lassen, der ein romantisches Flair ausstrahlte. Alles glitzerte, vom Marmor bis zum Kristall der Kronleuchter. Wie Somerset Maugham sagte, war Banda Neira eine Insel, die nach Muskat duftet und wo Marmorpaläste herumstehen.[337] Im Cilu Bintang Estate traf beides zu!

Schon immer liebte ich es, auf meinen Reisen in Asien in ehemaligen Kolonialhotels zu übernachten, zum Beispiel im Fallettis oder Lake Palace in Indien, dem Strand-Hotel in Myanmar[338] oder im Raffles in Singapur. Aber dass ich hier, am Ende der Welt, prächtig in einer luxuriösen Kolonialvilla wohnen konnte, übertraf natürlich alle meine Erwartungen. Eine weitere Überraschung war, dass Abba perfekt Deutsch mit mir sprach. Da vor den religiösen Unruhen von 1999 bis 2000 viele Deutsche auf die Bandas kamen, hatte er in Ambon Deutsch studiert und danach einige Zeit in Österreich gelebt. Sein Englisch hatte er in Bali gelernt, wo er einige Zeit als Perlenhändler und Touristenführer tätig war.

Abba Rizal Bahalwan, so sein voller Name, ist der Eigentümer des Cilu Bintang Estate, ein Mann im mittleren Alter, voller Tatendrang, immer aktiv und hilfsbereit und eine Schatzgrube der Geschichte der Banda Inseln. Kein Wunder, denn Abba ist Leiter der ‚Banda Neira Foundation‘. Schon als Jugendlicher führte er Touristen durch die Banda Inseln.

Abb. 16-1: Foto von Abba und mir

337 W. Somerset Maugham, *Der schmale Winkel,* S 188
338 Ehemals Birma oder Burma

Abbas Wurzeln liegen im Hadramaut im südlichen Jemen, in dem Ort Yaman. Seine Vorfahren kamen im 14. Jahrhundert als Gewürzhändler nach Java und ließen sich in Surabaya nieder. Als die Niederländer im 17. Jahrhundert die Kontrolle über die Banda Inseln ausübten, verlegte die Familie, die nun für die niederländischen Kolonialherren tätig war, den Schwerpunkt ihres Handels auf die Banda Inseln. Abba ist ein Nachkomme dieser bis heute einflussreichen bandanesischen Familie. Sein langer Stammbaum ist mehr als beeindruckend. Ich kann das beurteilen, da ich gerade ein Werk über meine Ahnen[339] fertiggestellt habe.

Im Hadramaut ist durch wirtschaftliche Verflechtungen mit Indonesien und durch enge familiäre Bindungen die malaiische und javanische Sprache ab und zu noch gebräuchlich. Anfang der 1960er Jahre waren fast alle Hotels in Jakarta noch in den Händen von Jemeniten aus dem Hadramaut. Durch sie bestehen enge Verbindungen zu Java, da auch viele Söhne reicher Geschlechter immer noch ihre Ausbildung auf Java genießen.

Abba verdiente sein Geld hauptsächlich mit dem Verkauf von Perlen aus der Bandasee an Touristen in Bali und Großhändler in Europa. 2009 baute er sein Gästehaus Mutiara, das im ehemaligen christlichen Viertel von Banda Neira liegt. Abba war zu der Zeit 35 Jahre alt. Nur zwei Jahre später, 2011, kaufte Abba ein großes Grundstück hinter dem Fort Nassau mit einer verfallenen kolonialen Villa, die vermutlich während der Kolonialzeit dem Holländer Pieter van den Broecke[340] gehörte. Nach der Erklärung der Unabhängigkeit Indonesiens im August 1945 wurde aller holländischer Besitz enteignet und fiel an den Staat.

Auf diesem Grundstück ließ Abba das Cilu Bintang Estate entstehen. Abba ließ das Haus abreißen und nach alten Plänen eine möglichst originalgetreue mondäne koloniale Villa entstehen, aber mit dem Komfort von heute. Ich wurde allerdings gleich zu Anfang gewarnt, dass das Wasser aus der Leitung – wie in ganz Indonesien – nicht trinkbar sei. Teilweise ist es Regenwasser, das in Zisternen gespeichert wird. Für mich war das natürlich klar. Es gibt aber immer wieder unwissende Touristen, die dann ganz schnell mit einer Magen- und Darmverstimmung im Bett liegen. Wenn man reist, wird man immer wieder daran erinnert, dass sauberes Trinkwasser aus der Leitung – wie in Deutschland – nichts Selbstverständliches ist.

Pieter van den Broecke war für die holländische Marine in Niederländisch-Indien eingesetzt. Er nahm 1619 an dem Kampf um Batavia teil. Anschließend wurde er von der VOC als Verwalter der Banda Inseln ernannt.

---

339 Horst H. Geerken, *Die Ahnen*
340 (1585-1640) In Kapitel 17 werden wir noch auf seine Nachkommen treffen.

Während seiner Zeit auf den Inseln wurde mit unglaublich drastischen Methoden das Handelsmonopol für die Muskatnuss durchgesetzt. Sein Sohn war Perkenier. Er erhielt große Muskatnuss-Plantagen auf den Inseln Ai und Banda Besar. Seine Nachfahren bewirtschafteten diese Plantagen bis zu der Enteignung nach der Unabhängigkeit Indonesiens

Abb. 16-2: Gemälde von Pieter van den Broecke[341] mit der Goldkette, mit der er anlässlich seiner Pensionierung geehrt wurde

341 Von Frans Hals, Original von 1633 im Kenwood House in London (English Heritage), gemeinfrei

Ich habe mein Zimmer in der Nähe der Küche. Hier sind die drei jungen Damen Tini, Ulfa und Vita vom Frühstück bis zum Abendessen am Werkeln. Den ganzen Tag höre ich das Gelächter der Drei. Sie sind Muslimas, Tina und Ulfa tragen einen Jilbab, Vita nicht. Die auf den Banda Inseln übliche Betonung des letzten Vokals des letzten oder vorletzten Wortes eines Satzes hört sich singend und sehr fröhlich an. Die Betonung klingt am Ende des Satzes von hoch nach niedrig wieder ab. Das Wort Vokal sagt eigentlich schon alles. Es kommt vom lateinischen ‚vocalis‘ und bedeutet ‚tönender oder singender Buchstabe‘. Zum Beispiel geht bei dem Wort ‚Terima Kasi‘ für Danke bei dem ‚a‘ von ‚kasi‘ der Ton nach oben und klingt bis zum ‚si‘ wieder ab. Wenn ich versuche, mich mit den drei Köchinnen in ihrem Dialekt zu unterhalten, nimmt ihr Lachen kein Ende. Ein holländischer Sprachenforscher bezeichnete bereits 1876 den Dialekt der Banda Inseln als ‚Banda Malaiisch‘.

Abb. 16-3: Der Autor mit den Köchinnen Tini und Vita vor der Küche

Ein australischer Sprachforscher erklärte mir, dass dieser singende Dialekt der Banda Inseln eine große Ähnlichkeit mit der portugiesischen Sprache habe. Es ist schon interessant, dass sich solche Eigenheiten bis heute erhalten haben, denn es sind schon Hunderte von Jahren vergangen, seit die Portugiesen auf den Banda Inseln Handel trieben.

In der Bahasa Indonesia gibt es jedoch noch viele Worte, die ihre Wurzel im Portugiesischen haben. Hier ein paar Beispiele:

Deutsch	Portugiesisch	Bahasa Indonesia
Schuh	sepato	sepatu
Tisch	mesa	meja
Butter	mantaige	mentega
Fenster	janela	jendela

Leider fand ich während meines Aufenthaltes keinen einzigen Ureinwohner der Banda Inseln. Ich hätte mich gerne mit einem unterhalten. Knapp 1000 Bandanesen gelang es, dem Massaker der Niederländer[342] von 1621 auf ihren Fischerbooten zu entfliehen. Ihre Nachkommen leben jetzt ausschließlich auf den rund 300 Kilometern entfernten Kei Inseln in zwei Dörfer, in Banda-Eli[343] und Banda-Elat[344] auf der Insel Kei Besar. Nur in diesen beiden Dörfern auf den Kei Inseln, die noch weiter im Südosten Indonesiens liegen, hat sich die bandanesische Sprache erhalten, die sich deutlich von den anderen Sprachen der Region unterscheidet.

Die drei Köchinnen zaubern jeden Tag fantastische Gerichte auf den Tisch, natürlich mit ganz viel frischem Fisch. Es gibt in der bandanesischen Küche geschmacklich riesengroße Unterschiede zu Bali oder Java. Wird auf Java und Bali die Chilischote zum Schärfen und Würzen benützt, so ist es auf den Banda Inseln der Pfeffer. Auf Java und Bali wird die Muskatnuss so gut wie nie zum Würzen einer Speise benutzt, hier ist die Muskatnuss in jeder Speise zu finden. Wird dort viel mit Santen[345] gekocht, so ist es hier eine Milch aus den Kenarinüssen[346]. Die Bäume der Kenarinuss gibt es hier zu Tausenden. Mit einer Höhe von bis zu 40 Metern dienen sie als Schattenspender für die Muskatnussbäume. In fast jedem bandanesischen Gericht findet man die Kenarinuss oder deren Mehl. Das in ganz Indone-

---

342 Siehe Kapitel 6
343 Auch Wadan El
344 Auch Wadan Elat
345 Eingedickte Kokosmilch
346 Einer Mandelart

sien bekannte Gericht Gado-Gado wird überall mit Erdnusssauce serviert, aber hier mit der Sauce der Kenarinuss. Auch andere Gemüse, wie gebratene Auberginen, werden mit dieser Mandelsauce gegessen.

Abb. 16-4: Dilla, die Ehefrau von Abba, ist eine hervorragende Köchin[347]

347 Mit freundlicher Genehmigung von Abba

Mehrmals in der Woche bereiteten die Köchinnen ein Buffetdinner zu mit bandanesischen Köstlichkeiten. Ein großer gegrillter Fisch, meist ein Thunfisch, war immer dabei. Es waren Gerichte, die zu den Besten gehören, die ich je in Indonesien gegessen habe. Die Gäste, reiche Bandanesen und westliche Besucher, sitzen an langen Tafeln. Auch wenn man in einem anderen Hotel wohnt, trifft man sich hier zu gutem Essen und interessanten Gesprächen.

Dilla, die Ehefrau von Abba, hat ein abgeschlossenes Studium der Betriebswirtschaft. Sie ist aber auch eine ausgezeichnete Köchin und entwickelt immer wieder neue Rezepte für bandanesische Köstlichkeiten.

Abba, ein Moslem, ist bis heute noch nicht nach Mekka zum Hadsch gepilgert. *,Dann könnte ich an meine Gäste keinen Alkohol mehr verkaufen'*, sagte er. Ja, das wäre schade, denn zum bandanesischen Essen passt für mich ein indonesisches Bier Bintang am besten!

Abb. 16-5:
Eine von Dilla gezauberte Köstlichkeit, ein Dip aus der Kenarinuss

Abb. 16-6:
Eine kleine Auswahl an Gerichten

Abb. 16-7:
dito

Mein Lieblingsgericht war eine Fischsuppe mit Thunfischbällchen. Ich durfte die Suppe zusammen mit Vita zubereiten, und sie erklärte mir das Rezept, damit ich es später nachkochen kann. Auf der Banda Inseln wird diese Suppe *Kuah Iso* genannt. Sie darf hier als Nationalgericht bei keiner Hochzeit fehlen.

Hier ist das Rezept der bandanesischen Hochzeitssuppe *Kuah Iso*, einer Suppe mit Klößchen aus Thunfischfilet nach dem Rezept von Vita.

Kuah Iso (Fischsuppe mit Thunfischbällchen)
Zutaten und Zubereitung:

- Eine Tasse voll Kenarinüsse (bandanesische Mandeln, man kann auch die in ganz Indonesien vorkommenden Kemirinüsse verwenden) in einem Mixer zerkleinern.
- Ebenso etwa 400 gr Thunfischfilet.
- Den pürierten Thunfisch mit den gemahlenen Nüssen und etwas klein geschnittenen Zwiebeln und Sellerieblättern zu einer festen Masse mischen. Mit Salz, Muskatnuss und Pfeffer würzen. Zum Verdünnen und Binden etwas geschlagenes Ei hinzufügen. Die Masse eine Zeitlang ruhen lassen.
- 1 Kartoffel und 1Karotte fein würfeln und in reichlich Wasser kochen.
- In einem Wok etwa 10 klein geschnittene Schalotten, klein geschnittenen Ingwer und Knoblauch in Kokosöl langsam anbraten. Immer wieder etwas Flüssigkeit von der Gemüsebrühe zugeben und einkochen lassen.

- Wenn die Zwiebeln glasig sind, die Gemüsebrühe mit den Kartoffeln und Karotten dazugeben. Mit Muskatnuss, Salz und weißem Pfeffer würzen.
- Aus der Masse mit dem Thunfisch kleine Bällchen formen und in die nicht mehr kochende Brühe geben. Etwa 15 Minuten ziehen lassen.
- Zum Schluss nochmals aufkochen und kurz grob geschnittenen Chinakohl, Weißkohl und Sellerieblätter hinzugeben.
- Wenn der Weißkohl *al dente* ist, ist das Gericht fertig.

Es ist eine leckere Fischsuppe, die ich im Cilu Bintang Estate sehr genoss und die ich in der Zwischenzeit schon mehrfach selbst in Deutschland zubereitet habe. Die dafür benötigten Kenarinüsse habe ich von den Bandas mitgebracht.

Abb. 16-10:
Das Bandanesische
Nationalgericht,
Kuah Iso

Abb. 16-11:
Die Gewürze in
der Küche des
Cilu Bintang
Estates[348]

---

348 Mit freundlicher Genehmigung von Abba

In der bandanesischen Küche gibt es viel Fisch. Außer Huhn gibt es kaum Fleisch. Schweinefleisch ist auf den islamisch geprägten Banda Inseln ohnehin tabu. Der Fischreichtum in der Bandasee rund um die Banda Inseln ist unglaublich. Selbst mir als ungeübtem Angler ist es gelungen, in kürzester Zeit mehrere Fische in der Nähe des Vulkans Gunung Api zu angeln.

Reis muss auf den Banda Inseln eingeführt werden. Auf dem hier vorhandenen speziellen vulkanischen Boden wachsen Gemüsesorten nur spärlich. Daher müssen Gemüse wie Tomaten oder Kohl mit dem Schiff aus Ambon oder Java importiert werden. Allerdings gedeihen auf den Inseln Süßkartoffeln, die Tapiokawurzel Singkong, Bananen und Avocados.

Der Name des Hotels, Cilu Bintang Estate, ist nicht auf das gute indonesische Bintang-Bier zurückzuführen, das natürlich auch hier – obwohl wir uns auf den Bandas unter Moslems befinden – eiskalt serviert wird. Cilu Bintang bedeutet ‚strahlender Stern‘ und ist der Name einer sehr einflussreichen Dame, die in bandanesischen Legenden eine wichtige Rolle spielt.

Abb. 16-12:
Die Bandanesin
‚Cilu Bintang‘[349]

Das Cilu Bintang Estate ist eine Schatzgrube für Antiquitäten. Abba ist ein Sammler. In jedem Raum findet man alte Kanonen aus der Kolonialzeit, frühere Navigationsinstrumente oder Porzellan aus der Zeit der Holländer. Abba handelt weiterhin mit Gewürzen. Man trifft überall auf Säcke mit Muskatnuss, Zimt und Gewürznelken, deren köstlicher Duft alle Räume erfüllt. Überall, an Stuhllehnen, auf den Tischen, selbst an meinem Bett findet man ins Holz geschnitzt die Muskatnuss.

---

349 Mit freundlicher Genehmigung von Abba

Abb. 16-13:
Muskatnuss, Zimt und Gewürznelken

Abb. 16-14:
Tischdekoration mit Muskatnüssen,
in dem Korb, mit dem sie gepflückt
werden[350]

Abb. 16-15:
Die Muskatnuss eingeschnitzt
in Tischen und …

Abb. 16-16: … an meinem Bett

Wenn die Bauern der Banda Inseln ihre Felder bestellen, oder Sporttaucher im Meer unterwegs sind, finden sie selbst heute noch Schätze aus der holländischen Kolonialzeit, wie Münzen, Musketen- und Kanonenkugeln oder Porzellan. Die Finder bringen ihre Stücke meist ins Museum der Insel, oder zu Abba, der diese Schätze sammelt und verwahrt. Man lebt im Cilu Bintang Estate wie in einem Museum, in dem man sich tagelang aufhalten kann und immer wieder etwas Neues entdeckt. Die Wände hängen voll mit alten Stichen, alten Bildern und Fotografien. Und wer hier noch nicht genug gesehen hat, der kann noch in Abbas nahegelegenes erstes, älteres und billigeres Hotel, das Mutiara Guesthouse, gehen. Dort findet man genauso viele antike Schätze.

---

350 Mit freundlicher Genehmigung von Abba

Wie sich Abba und seine Ehefrau Dilla für die Erhaltung der Geschichte der Banda Inseln engagieren, ist beispielhaft. Alleine der Nachbau des alten Kolonialhauses von Perkenier Pieter van den Broecke ist schon bemerkenswert und kann nicht hoch genug geschätzt werden.

Abba hat das Kolonialhaus detailgetreu – aber entsprechend den heutigen modernen Standards – nachgebaut. Trotzdem fühlt man sich in diesen Gemäuern in die vergangene Kolonialzeit zurückversetzt. Allerdings werden heute die Einheimischen – im Gegensatz zu früher – als gleichwertige Menschen behandelt.

Abb. 16-20: Das Cilu Bintang Estate mit dem langgestreckten roten Dach. Davor das Fort Nassau[351]

Abb. 16-21: Das Cilu Bintang Estate vom Fort Belgica aus gesehen[352]

351 Mit freundlicher Genehmigung von Abba
352 Mit Teleobjektiv aufgenommen

Abb. 16-22: Der Eingang zum Cilu Bintang Estate.[353] Vorne, im Fußweg eingelassen, ein Grundriss von Fort Belgica

353 Mit freundlicher Genehmigung von Abba

---

354 Mit freundlicher Genehmigung von Abba

Abb. 16-25: Detail der wunderschönen orientalischen Einlegearbeit

Abb. 16-26: Mein Zimmer ‚Viat' im Cilu Bintang Estate.[355] Davor mein Frühstückstisch auf der Terrasse.[356]

355 Mit freundlicher Genehmigung von Abba
356 Anmerkung des Autors: Die hübsche Dame im linken Fenster ist – leider – nicht bei mir eingezogen. Sie war nur das Fotomodell.

Als ich meine Reise auf die Banda Inseln plante, und da ich von den Schwierigkeiten, dorthin zu kommen, wusste, machte ich mir wegen einer angemessenen Unterkunft keine großen Hoffnungen. Umso mehr war ich überrascht, dank Pak Umar so eine luxuriöse Unterkunft wie das Cilu Bintang Estate in Banda Neira gefunden zu haben. Das machte bei mir Lust auf mehr, und ich bin mir sicher, dass ich Ende 2019 die Banda Inseln nochmals besuchen werde.

17. Die Banda Inseln heute

Wenn ich durch die beiden kleinen Hauptstraßen von Banda Neira schlenderte, kam mir immer wieder eine Wolke von Muskat, Nelke oder Zimt in die Nase. Was für ein Erlebnis. Die Schwefeldämpfe des Vulkans Gunung Api dringen momentan nicht bis hierher nach unten. Wie aber die vielen hunderte Jahre alten Kanonen – denen man hier auf Schritt und Tritt begegnet – vermuten lassen, war es eher der Pulverdampf, den man in früheren Zeiten hier gerochen hat. Hier wurden schlimme Kämpfe zwischen den Holländern und der bandanesischen Bevölkerung, sowie den Holländern mit anderen westlichen Kolonialmächten ausgetragen. Es wurde viel Blut vergossen!

Alle Banda Inseln zusammen haben heute etwa 14 000 Bewohner. Genau weiß das keiner. Mir wurde Zahlen zwischen 8 000 und 15 000 genannt. Der Hauptort Banda Neira ist ein kleines verschlafenes Dorf, dem man ansieht, dass es einmal bessere Zeiten erlebt hat. Ehemals prachtvolle Villen mit massiven Säulen und repräsentativen Terrassen fallen ins Auge. Auf Schritt und Tritt werden Jahrhunderte alte Kanonen zur Schau gestellt, die einen an die inhumane holländische Kolonialherrschaft erinnern. Auf zum großen Teil restaurierte holländische Kolonialarchitektur trifft man auf Banda Neira noch überall. Die Häuser sind stabil gebaut mit dicken Wänden und massiven Säulen. Da man sagt, dass Häuser Gesichter wie Menschen haben, habe ich den Eindruck, dass ihre Gesichter zeigen, dass sie der Unberechenbarkeit des Vulkans nebenan trotzen wollen. Als ich vor einem besonders protzigen kolonialen Haus stand und mir über das alte Namensschild mit der Aufschrift ‚Schelling‘ Gedanken machte, wurde ich von einem bandanesischen Einwohner angesprochen. In dieses Haus solle ich nicht hineingehen, es wäre leergeräumt. Aber darin würde es noch spuken. Geheimnisvolle Gestalten aus der Kolonialzeit würden darin immer noch ihr Unwesen treiben.

Auf Banda Neira werden die alten Kolonialhäuser gepflegt. Sie sind ein Anziehungspunkt für den Tourismus. Auf den andern Inseln der Bandas scheint die alte holländische Kolonialarchitektur zu verfallen.

Abbildungen nächste Seite:
Abb. 17-1: Altes Kolonialgebäude in der Hauptstraße
Abb. 17.2: Das schon etwas verfallene Gebäude ‚Societeit Harmonie‘, das ehemalige Clubhaus der Holländer

Abbildungen vorige Seite:
Abb. 17-3:
Der ehemalige Palast ,Istana Mini' des holländischen Gouverneurs

Abb. 17-4:
Am Eingang zum Palast brüllt immer noch der Löwe

Abbildungen diese Seite:
Abb. 17-5:
Im Hinterhof des Palastes entdeckte ich noch eine Büste von Wilhelm III., König der Niederlande und Großherzog von Luxemburg

Abb. 17-6:
Ein schönes Haus im kolonialen Stil. Davor warten Rikscha[357]-Fahrer auf Kunden.

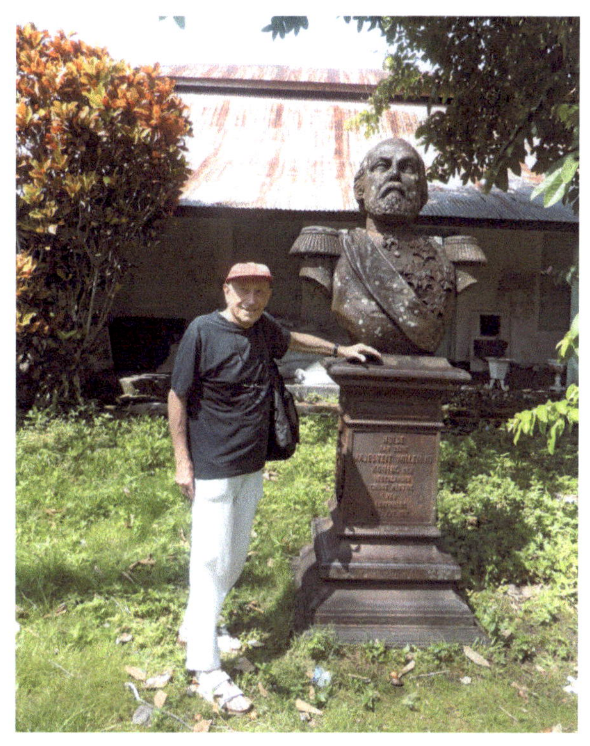

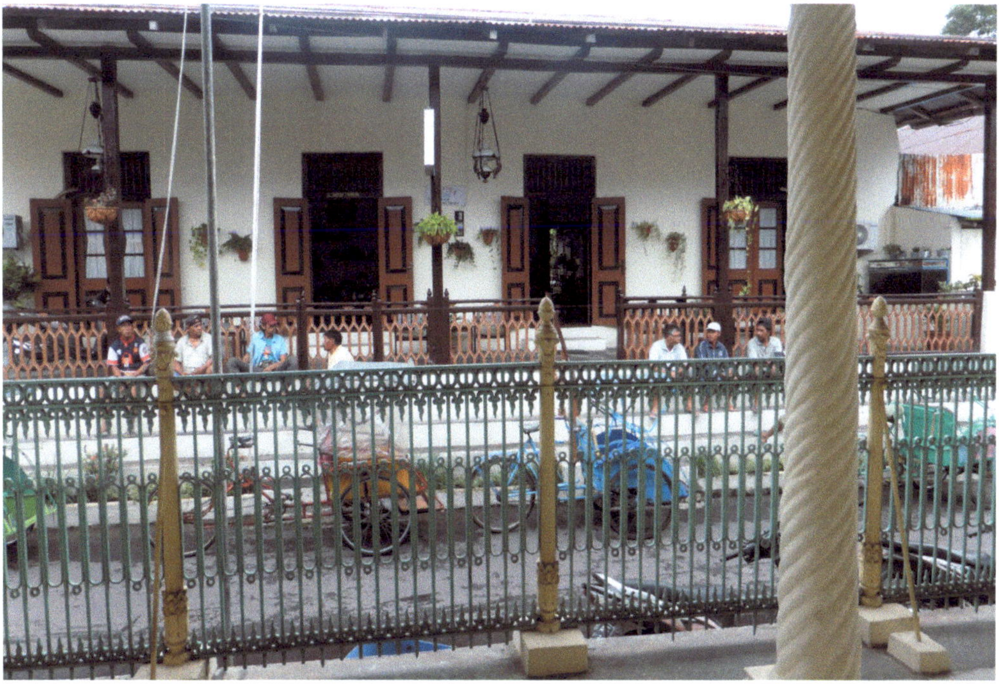

357 In Indonesien ,Betjak' genannt

Abb. 17-7: Abseits der Hauptstraße. Im Hintergrund der Vulkan Gunung Api.

Der Höhepunkt eines Rundgangs durch Banda Neira ist das kleine Museum *Rumah Budaya Banda Neira*. Dafür wurde von Des Alwi in der ehemaligen Villa eines Kolonialherren der Grundstein gelegt. Das Haus hat eine große Terrasse mit mächtigen Säulen. In den Räumen des Museums wird alles gesammelt, was mit der Geschichte der Banda Inseln zu tun hat, Münzen, Säbel, Musketen, Kanonen, alte Möbel und Porzellan der VOC. Neben vielen alten Landkarten können hier auch Gemälde bewundert werden. Besonders ins Auge fällt ein großes Gemälde, das das Massaker der Holländer an den Bandanesen von 1621 zeigt. Des Alwi und die Bürger Banda Neiras haben die Erstausstattung für das Museum beigesteuert. Heute ist es wesentlich umfangreicher und wird noch laufend mit neuen Exponaten erweitert.

Neben einer Sammlung von antiken Grammophonen mit Trichterlautsprechern sind eine Menge alter Schelllack-Schallplatten aus den 1920er und 1930er Jahren mit Swing und anderer Tanzmusik erhalten geblieben. Die Sammlung zeigt, dass hier um diese Zeit noch ‚High Life‘ war. Es ist bewundernswert, dass es in Banda Neira ein Museum gibt, das sich um den Erhalt der bandanesischen Geschichte kümmert. Die meisten Mitarbeiter arbeiten hier ehrenhalber.

Die Menschen sind ausgesprochen freundlich. Als Erstes werde ich immer gefragt, woher ich komme, und wenn ich sage, ich komme aus Deutschland, hellen sich regelmäßig die Gesichter auf. Bei jedem Spaziergang durch Banda Neira werde ich überall mit einem Lächeln freundlich begrüßt. Schon nach dem dritten Tag bin ich hier bekannt wie ein bunter Hund. Alle wollen mit dem *Orang Jerman,* dem Deutschen, der so gut Bahasa Indonesia spricht, ein Schwätzchen halten. Wenn ich etwas einkaufe, muss ich nirgends handeln. Ich bekomme gleich den Preis für ‚Einheimische‘. Ich spüre, dass ich überall geachtet werde. Wegen meines hohen Alters? Weil ich so gut Bahasa Indonesia spreche? Oder weil ich Deutscher bin? Vielleicht von jedem etwas.

Abb. 17-8: Im Meer gefundene Schiffsglocken

Abb. 17-9: In diesen Gefäßen wurde auf den Segelschiffen die Nahrung aufbewahrt

Ich war überrascht, dass die Menschen auf diesen weit abgelegenen und einsamen Inseln überhaupt Deutschland kennen. Ich habe viele Bandanesen angetroffen – auch junge –, die etwas Deutsch reden. Alle, von Jung bis Alt, kennen die Fußballspieler der deutschen Bundesliga. Das Internet und das Fernsehen machen das möglich.

Sie freuen sich die, wenigen Worte oder Sätze in Deutsch, die sie in der Schule gelernt haben, an den Mann zu bringen. Ja, Deutsch wird hier an der Schule unterrichtet! Wenn ich frage, was der Grund ist, weshalb die Deutschen hier so beliebt und angesehen sind, bekomme ich immer die gleiche Antwort:

,*Ihr habt unsere schlimmsten Feinde, unsere Kolonialherren, die Niederländer, bekämpft und besiegt. Damit habt ihr mit dazu beigetragen, dass wir endlich die langersehnte Freiheit und Unabhängigkeit erringen konnten!*‘

Wenn ich diese Menschen an das Unrecht, das im Dritten Reich geschah, erinnere, bekomme ich immer die Antwort:

,*Für uns zählt nur das Ende der Kolonialherrschaft, und dabei hat uns Deutschland geholfen!*‘

Abb. 17-10: Überall fallen die T-Shirts mit deutschen Logos auf. Von Jung …
Abb. 17-11: … bis Alt

Die Niederländer haben es nicht so einfach. In Ambon traf ich in meinem Hotel ein junges Paar aus Holland, die quer durch Sumatra gereist waren. Sie wurden schon in Medan angefeindet. Um allen Problemen aus dem Wege zu gehen, haben sie sich auf der weiteren Reise als Deutsche ausgegeben. Dann lief alles glatt.

Dass sich andere Nationen als Deutsche ausgeben, habe ich Mitte der 1960er Jahre, in der Zeit des Putsches von General Suharto und den Unruhen danach, schon einmal erlebt. Die Deutschen mussten ihre Nationalität durch eine Fahne oder einen Wimpel am Auto zeigen, um nicht belästigt zu werden. Der Handel mit deutschen Fahnen nahm daher enorm zu, weil auch Firmenvertreter anderer Nationen das deutsche Erkennungszeichen nutzten, so dass auch dieses bald nicht mehr allzu wirkungsvoll war.

Auf den Banda Inseln gibt es Grundschulen und auf Banda Neira auch weiterführende Schulen. Neben Englisch wird auch Deutsch unterrichtet. Ich wollte der Deutschlehrerin, Ibu Ayu, einen Besuch abstatten. Das hat leider nicht geklappt. Sie war gerade für ein paar Tage nach Ambon gereist.

Die Straßen auf Banda Neira sind schmal, meist nur mit Motorrädern befahrbar. Während der drei Wochen, die ich auf den Banda Inseln verbrachte, habe ich nur ein einziges Automobil gesehen, das sich in dem Ort Banda Neira bewegt hat. Es gehörte dem Direktor der einzigen Bank der Inseln. Weitere Autos sollen die Polizei, der Arzt und das kleine Krankenhaus besitzen. Viel mehr als in dem Dorf Banda Neira und ein paar hundert Meter weiter kann man mit einem Auto auch nicht fahren. Mit einem Verkehrsstau ist hier also nicht zu rechnen. Auf den anderen bewohnten Inseln gibt es nur Motorräder, keine Autos. Abba hat für sein Cilu Bintang Estate ein kleines praktisches Dreirad angeschafft, einen Motorroller mit einer größeren Ladefläche[358].

Abb. 17-12:
Straße in Banda Neira

358 Siehe Abb. 15-2

Abbildungen diese Seite:
Abb. 17-13:
Kleine Kaffeestube am
Straßenrand

Abb. 17-14:
In den Kiosken werden
Produkte der Gewürz-
inseln angeboten

Abbildungen nächste Seite:
Abb. 17-15:
Hier ist die Betjak, die
Fahrradrikscha, noch ein
übliches Verkehrsmittel

Abb. 17-16:
Kandierte Muskatschale,
Zimt oder Muskatnusssaft
gibt es überall

Abb. 17-17: In engen Gässchen kommt man nur noch zu Fuß durch

Durch die zwangsweise Ansiedlung von Sklaven aus vorwiegend islamischen Ländern durch die holländischen Kolonialherren ist die Bevölkerung auf den Banda Inseln in erster Linie islamisch geprägt. 95 Prozent der Bevölkerung sind Moslems, 5 Prozent – oder nun vermutlich wesentlich weniger – sind Christen oder gehören einer anderen Religionsgemeinschaft an. Mehrmals täglich dröhnen die Lautsprecher auf den Minaretten der Moscheen mit stark arabisch angehauchter Musik und Aufrufen zum Gebet durch alle Ortschaften der Inseln. Wenn ich jedoch durchs Dorf ging und die Musik hörte, die aus den offenen Fenstern der Häuser auf die Straße drang, erinnerte mich der Musikstil stark an den Fado, den ich auf den Kapverdischen Inseln kennengelernt habe.

Auf den Banda Inseln gibt es eine neue Mittelschicht. Viele Frauen sind unabhängig geworden und gehen eigenen Geschäften nach. Man ist sich sicher, dass dafür eine gute Ausbildung ausschlaggebend ist. Sie sparen, um ihre Kinder einmal auf eine höhere Schule oder Universität schicken zu können. Andererseits orientieren sich immer mehr Muslimas am strengen Glauben des Islams und verhüllen ihr Haar mit einem Jilbab. Für mich ist das ein Widerspruch.

Im Januar 1999 begannen christlich-muslimische Auseinandersetzungen in Ambon. Tausende fanatische Islamisten aus Java kamen auf die Molukken, um die dort lebenden Moslems gegen die Christen zu unterstützen. Die Lage eskalierte. Teilweise beteiligten sich selbst die vorwiegend islamisch geprägte Polizei und das Militär an den Kämpfen. Etwa 10 000 Menschen, vorwiegend Christen, wurden getötet. Sie wurden getötet, nur weil sie Christen waren. Der Penis von mehreren tausend Männern, die nicht dem Islam angehörten, wurde mit einfachsten und unsauberen Werkzeugen von fanatischen Moslems zwangsbeschnitten. Viele starben an Infektionen.

Die Ausschreitungen drohten auch auf die Banda Inseln überzuschwappen. Die schon seit Generationen auf den Banda Inseln lebenden Christen wurden evakuiert. Des Alwi, selbst ein Moslem, organisierte ein Schiff der indonesischen Marine, das die bandanesischen Christen in Sicherheit, in das christliche Dorf Suli auf Ambon, brachte. Die Wenigsten kamen auf die Bandas zurück.

Moslems auf den Bandas sagten mir, die Christen wären in Sicherheit gebracht worden. In der Stadt Ambon sprach ich mit Christen, die damals und schon seit Generationen auf den Bandas lebten. Sie behaupteten, sie wären von den Moslems gezwungen worden, die Inseln zu verlassen. Es sei eine Deportation gewesen. Es kommt immer auf die Sichtweite an!

Ob bei den Ausschreitungen auch Christen auf den Bandas zu Schaden kamen, konnte ich nicht in Erfahrung bringen. Niemand, kein Moslem und auch kein Christ, wollte darüber mit mir reden. Über den Vorfällen liegt ein Tuch des Schweigens. Selbst der Pastorin der einzigen Kirche in Banda Neira konnte ich nichts entlocken. Sie erzählte nur, dass die Kirche in Banda Neira vor den Ausschreitungen immer voll gewesen sei.

Obwohl ich kein Kirchgänger bin, besuchte ich am Heiligen Abend und am ersten Weihnachtsfeiertag 2018 den Gottesdienst in der Kirche von Banda Neira. Ich zählte als Teilnehmer der Gottesdienste jeweils zwölf Schäfchen[359]. Während des Gottesdienstes patrouillierte bewaffnetes Militär, die Maschi-

---

359 Aus alten Dokumenten erfuhr ist, dass um 1850 noch rund 1500 Christen auf den Bandas lebten, darunter 500 Europäer.

nenpistolen im Anschlag, rund um die Kirche. Ein Soldat machte ein Video von allen Kirchenbesuchern. Als ich fragte, welchen Zweck das haben soll, wurde mir gesagt, es wäre zu unserer Sicherheit, zur Sicherheit der Christen. Wie es scheint, ist die Situation immer noch angespannt. Aber niemand will darüber reden. Es blieben Fragen offen. Wo sind die Christen der Bandas geblieben? Wurden die Christen alle vertrieben? Oder blieben sie aus Angst vor Übergriffen selbst bei einem Weihnachtsgottesdienst zu Hause?

Allerdings ist mir etwas aufgefallen. Wenn an Sonntagen die kleine Glocke auf der alten Kirche zum Gottesdienst ruft, beginnt regelmäßig auch der Muezzin in der Hauptmoschee seinen lauten Singsang, mit Lautsprechern verstärkt, die in alle Richtungen dröhnen. Die kleine Glocke hat da wenig Chancen, durchzudringen. Ist es ein Wettstreit der Religionen? Sind die Spannungen zwischen Moslems und Christen auf den Bandas doch noch nicht beigelegt? Oder haben sie erst richtig begonnen? Wenn ich durch die Ortschaften der Inseln ging, spürte ich nichts davon. Alle Bandanesen waren ausgesprochen höflich und freundlich zu mir. Dies ist beispiellos, wenn man bedenkt, welch schreckliche Zeit ihre Vorfahren unter der holländischen Kolonialherrschaft – von Christen! - erfahren mussten.

Abb. 17-18: Die alte holländische Kirche in Banda Neira von 1873

Abb. 17-19:
Zeugnisse der holländischen Kolonial-
herrschaft, eingemeißelt in steinerne
Grabplatten im Fußboden der Kirche

Abb. 17-20: ibid.

Abb. 17-21: ibid.

Abb. 17-22: Das Logo der VOC, ‚The Sign of Hate', wie mir ein Bandanese sagte

Abb. 17-23: Der nur schwach besuchte Weihnachtsgottesdienst

Es ist mir dann doch noch gelungen von einem bandanesischen Moslem – der mich bat, seinen Namen nicht zu nennen – einige Einzelheiten über die Ausschreitungen von 1999 zu erhalten. Er erzählte, dass nach Ausbruch der Unruhen auf Ambon die Banda Inseln zunächst von religiösen Konflikten verschont blieben. In der Nacht vom 19. auf 20. April 1999 hätten jedoch junge fanatische Moslems die Familie eines ehemals holländischen Plantagenbesitzers auf Banda Besar ermordet. Daraufhin brachen alle Schranken der Zurückhaltung. Ein Mob von randalierenden Moslems zog durch die Straßen. Die Häuser von bandanesischen Christen und den meist christlichen Chinesen brannten lichterloh. Zwei Tage später wären die Christen auf Veranlassung von Des Alwi auf die unbewohnte Insel Hatta und nach Ambon evakuiert worden. Nun war mein Interesse geweckt, und ich wollte mehr über den Nachkommen eines holländischen Perkeniers in Erfahrung bringen.

Der Holländer, der noch auf Banda Besar lebte, war Pongky van der Broecke. Er war ein Nachkommen des holländischen Perkeniers Pieter van den Broecke, dessen Portrait im Museum von Banda Neira und im Mutiara Guesthouse hängt.[360] Obwohl nach der Unabhängigkeit Indonesiens der gesamte holländische Besitz verstaatlicht wurde, durfte der Vater von Pongky auf der Insel Banda Besar verbleiben. Er bewirtschaftete dort mit seinen Arbeitern – die nun alle staatliche Angestellte waren – erfolgreich seine Plantage. Pongky van der Broecke wurde dort 1956 geboren. Seine Mutter und Großmutter waren Muslimas. Durch sie ist auch er zum Islam übergetreten. Da er ein Nachkomme der Kolonialherren war, galt er – selbst bei moderaten Moslems – als nicht zugehörig zu ihrer Gemeinschaft. 1990 übernahm Pongky die Farm von seinem Vater

Nun wurde die Familie von ihrer holländischen Vergangenheit eingeholt. Als der Mob sein Haus stürmte, wurden der Vater von Pongky, seine Ehefrau und die beiden anwesenden Kinder ermordet. Das Haus wurde geplündert und angezündet. Pongky und ein Kind überlebten das Massaker, da die beiden zu diesem Zeitpunkt zufällig auf Java weilten.

Über den weiteren Lebensweg von Pongky konnte ich nichts erfahren. Von dem ehemals herrschaftlichen Herrenhaus stehen heute nur noch ein paar angesengte Steinmauern.

Wie mein Informant erzählte, brannten auch in Banda Neira fast alle alten Kolonialhäuser. Davon ist heute nichts mehr zu sehen. Nichts mehr erinnert an die Ausschreitungen vor 20 Jahren. Die Christen sind nach der Evakuierung nicht mehr auf die Bandas zurückgekehrt. Sie mussten ihre Grundstücke und Häuser in bester Lage weit unter Preis verschleudern.

---

360 Siehe Kapitel 16

Heute leben auf den Banda Inseln die Nachkommen der Sklaven aus Java, Neuguinea, Timor, Indien und Ostafrika, sowie von verurteilten Verbrechern aus Makassar. Alle wurden von den holländischen Kolonialherren hierher verschleppt. Auch Europäer haben hier ihre Gene hinterlassen, zunächst die Portugiesen mit den Ureinwohnern, dann die holländischen Perkeniere und deren Nachkommen. Nicht zu vergessen sind die Händler aus Arabien und China. Alle Hautfarben von hell bis dunkel, und tiefschwarze Haare von glatt bis kraus sind vertreten. Die Banda Inseln sind ein menschlicher und kultureller Schmelztiegel. Dabei ist ein bemerkenswerter Anteil arabischstämmiger Menschen unübersehbar. Sutan Sjahrir schrieb schon 1936 während seiner Zeit im Exil nach Hause an seine Frau: *,... Jeder Mensch hier hat eine eigene Geschichte seiner Mischung, wobei neben anderen Vorfahren, immer etwas Arabisches gefunden werden kann. ... Die Araber wurden Bandanesen. Einige von ihnen sprechen immer noch Arabisch und es gibt welche, die noch ab und zu mit einem roten Fez auf dem Kopf herumlaufen ...'.*

Neben sonnenverbrannten Holländern mit ihren dicken, teilnahmslosen Frauen sind Somerset Maugham bei seinem Besuch der Banda Inseln in den 1920er Jahren auch besonders die Araber aufgefallen. Er schreibt[361]:
,Es gab eine ganze Anzahl von Arabern, einige in schmucken Tarbuschen[362] und sauberen weißen Leinenanzügen, andere in weißen Mützen und Sarongs; sie waren dunkelhäutig, hatten große glänzende Augen und das semitische Aussehen der Kaufleute von Tyrus und Sidon.[363] Dann sah man Malaien, Papuas und Halbweiße.'

Durch diese exotische Mischung aus mehreren Rassen gibt es viele ausgesprochen hübsche Frauen auf allen Inseln, aber besonders ist mir dies auf der am weitesten abgelegenen Insel Run aufgefallen. Haben hier die Engländer ihre Spuren hinterlassen? Es ist bekannt, dass einige Seeleute der englischen Expeditionen sich mit einheimischen Frauen vermählten und dauerhaft auf der Insel blieben.

Ich habe versucht, mehrere Menschen über ihre Vorfahren auszufragen. Kaum einer wusste etwas Genaues. Es waren vielleicht gerade noch die Großeltern, an die man sich erinnerte. Eine Ausnahme bilden hier die arabischstämmigen, meist wohlhabenden Familien. Sie haben detaillierte Stammbäume, die oft Hunderte Jahre zurückreichen.

---

361 W. Somerset Maugham, *Der schmale Winkel*, S. 134
362 Rote orientalische Filzkappen
363 Tyrus (auch Tyros) und Sidon waren in der Antike die wichtigsten Handelsstädte der Phönizier im östlichen Mittelmeer.

Abb. 17-24 und Abb. 17-25: Menschen auf den Banda Inseln

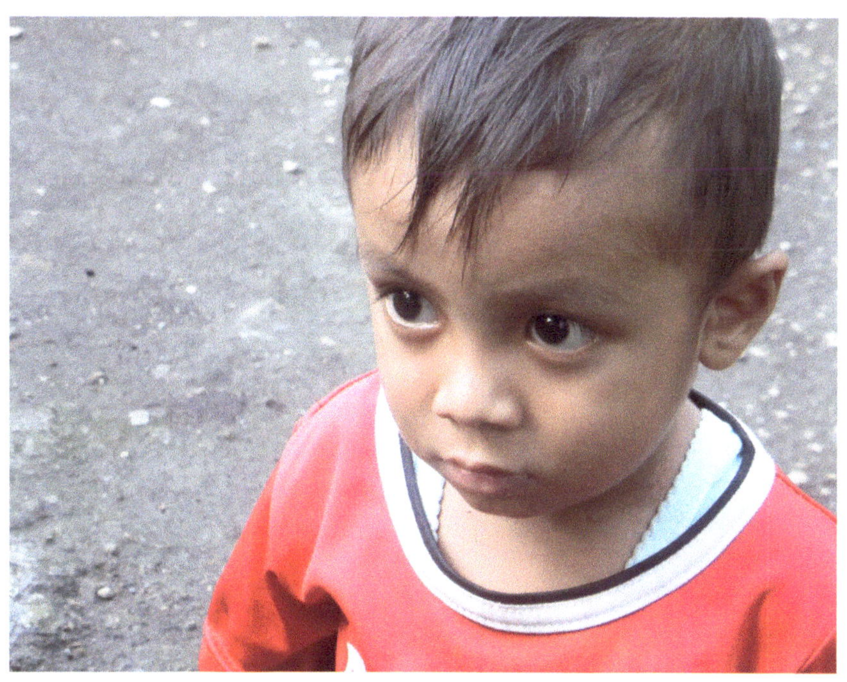

Abb. 17-26 und Abb. 17-27: *Ein fröhliches Kind*

Abb. 17-28 und
Abb. 17-29:
Menschen auf den
Banda Inseln

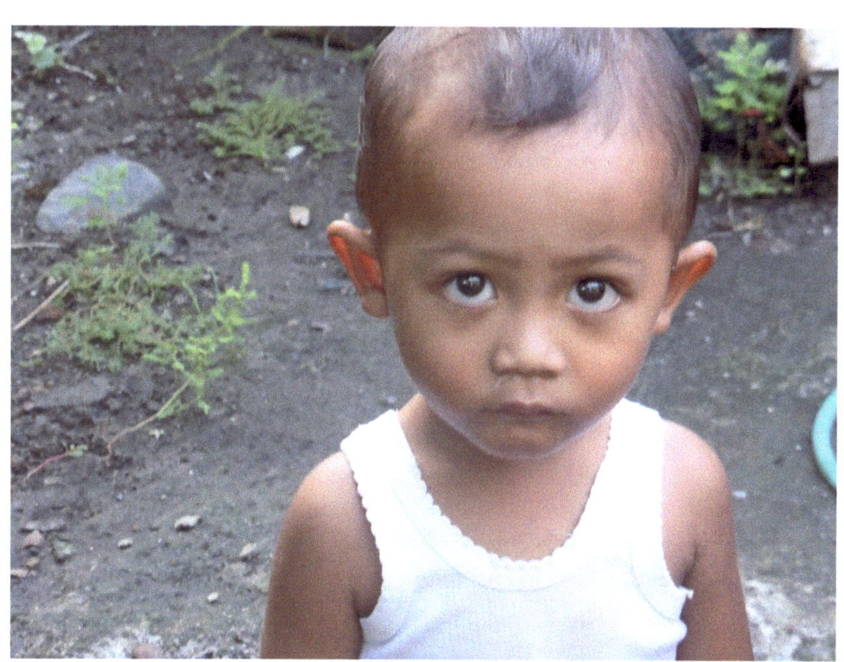

Erst gegen Ende meines Aufenthaltes traf ich einen Einheimischen, der etwas mehr über seine Vorfahren wusste. Er hatte eine ziemlich helle Haut und offensichtlich europäisches Blut in den Adern. Ich sprach ihn an, und er erzählte mir stolz, dass sein Urgroßvater ein holländischer Beamter gewesen sei. Er hätte vier Frauen gehabt und unzählige Kinder. Wie viele Kinder, das wusste er nicht.

Banda Neira hat ein kleines Krankenhaus mit einem Arzt. Es ist ausgesprochen sauber und ich konnte mich mit dem freundlichen Personal unterhalten. Ich wollte nämlich meinen Blutdruck kontrollieren lassen. Zur Enttäuschung der Krankenschwestern war er normal. Sie hätten noch Betten frei, sagten sie, und sie hätten mich gerne aufgenommen.

Größere Operationen können hier nicht durchgeführt werden. Nicht einmal ein im heutigen Indonesien üblicher Kaiserschnitt. Mir wurde erzählt, dass jedes Jahr zwei bis drei Mütter sterben müssten, da ihr Kind nicht durch einen Kaiserschnitt zur Welt gebracht werden kann. Für Notfälle ist Ambon zu weit. Bei der unregelmäßigen Schiffsverbindung und schlechtem Wetter kann ein Weg dorthin bis zu zwei Wochen dauern. Der Arzt des Krankenhauses besucht auch regelmäßig die Nachbarinsel Banda Besar. Auf Pulau Ai und Pulau Run gibt es nur noch einen Sanitäter mit einer Krankenschwester. Man bleibt also besser gesund, wenn man auf die Banda Inseln reist.

Schon immer besuche ich gerne die Fischmärkte, wenn ich in der Welt herumreise. So natürlich auch den Fischmarkt am Hafen von Banda Neira. Fast täglich beobachtete ich, was die Fischer an Land brachten. Natürlich Thunfische in allen Größen. Beliebt scheint in Ambon ein kleinerer Fisch, eine Art Hering, zu sein, der kistenweise mit Eis dorthin verschifft wird. Seit die Muskatnussproduktion zurückging, wurde die Fischerei immer wichtiger.

Ein Fischer bot mir einen Thunfisch an, als er gerade von der See zurückkam. Der Fisch hatte ein Gewicht von etwa zwei Kilogramm. Dafür wollte er umgerechnet drei Euro. Aber was sollte ich mit zwei Kilogramm Fisch machen? Im Cilu Bintang Estate gab es immer ein frisches Thunfischsteak.

In der Nähe des Hafens spielten nackte Kinder im glasklaren Wasser, und nur wenige Meter vor der Küste hatten Fischer mit breitrandigen Hüten von ihren Booten aus die Angeln ausgeworfen. Es war eine friedliche Idylle.

Abb. 17-30 und Abb. 17-31: Auf dem Fischmarkt in Banda Neira

Abb. 17-32:
Ein Fischer bringt
seinen Fang nach
Hause

Abb. 17-33:
Das meiste Gemüse
wird aus Ambon
oder Java importiert

Banda Neira ist ein Ort der kurzen Wege. In wenigen Minuten kann man alle Sehenswürdigkeiten zu Fuß erreichen. Wenn man durch die Straßen bummelt, kommt man neben kleinen Restaurants unweigerlich an historischen Gebäuden mit massiven Säulengängen vorbei. Verrostete Kanonen stehen am Straßenrand. Im Zentrum liegen die Häuser, in denen Mohammad Hatta und Sutan Sjahrir im Exil gewohnt haben. Die Häuser wurden liebevoll restauriert und sind für interessierte Besucher zugänglich. Die Einrichtungen der Häuser sind von den Esstischen bis zur Schreibmaschine noch original erhalten geblieben, als wenn die beiden Nationalhelden erst gestern ausgezogen wären. Es ist schon bemerkenswert, wie Indonesien seine neuere Geschichte pflegt. Die Indonesier neigen nämlich dazu, ihre Geschichte erst nach der Erklärung der Unabhängigkeit im Jahre 1945 und dem darauffolgenden blutigen Kolonialkrieg gegen die Niederlande beginnen zu lassen. Ihre Geschichte vor der Unabhängigkeit wird ausgeklammert. Sie sind bis heute *malu,* sie schämen sich, dass sich ihr riesengroßes Reich des Malaiischen Archipels 350 Jahre lang von einem – verglichen damit – europäischen Zwerg, den Niederlanden, unterdrücken ließ. Die Aggressoren hatten einfach die besseren Waffen.

Viel der Gästehäuser sind eigene kleine Museen. Ein Beispiel ist das Gästehaus Mutiara, das auch im Besitz von Abba ist und 2007 eröffnet wurde. Es ist mehr als üppig dekoriert mit alten Schätzen aus der Kolonialzeit. Alte Porzellanteller der VOC stehen neben unzähligen Münzen und Musketen. Hier hängt neben vielen alten Landkarten auch ein Gemälde, das den holländischen Perkeniers Pieter van den Broecke, über den ich bereits in Kapitel 16 berichtet habe, zeigt. Neben unzähligen Antiquitäten hat Abba hier eine umfangreiche Bibliothek mit Büchern über die Bandas eingerichtet.

Zum Glück gibt es auf den Banda Inseln noch keinen Massentourismus, aber man hat sich bereits auf einen zukünftigen Touristenstrom eingestellt. Die Kulturtouristen sind noch selten, trotz des riesigen Angebots an kulturellen Höhepunkten. Meist sind es jugendliche Reisende, die zum Tauchen nach Banda Neira kommen. Auf jeder der bewohnten Inseln gibt es einige einfache Gästehäuser. Diese werden auch immer wieder von Tauchern frequentiert, die die einmalig schönen Korallenbänke an den Steilwänden im Meer bewundern wollen. Alle Inseln, außer Banda Neira, haben auch weiße feinsandige Strände, die fast immer einsam und verlassen sind. Auf Banda Neira gibt es eine ganze Anzahl von guten Hotels und wirklich zumutbaren Gästehäusern.

Über Des Alwi, der von Präsident Sukarno ins Exil gedrängt wurde, habe ich bereits in Kapitel 13 berichtet. Nach dem Putsch von 1965 und der Machtübernahme durch Präsident General Suharto kehrte er aus Kuala Lumpur nach

Indonesien zurück. Als Unabhängigkeitskämpfer, Historiker, Schriftsteller, Diplomat und Filmemacher spielte er eine tonangebende Rolle in dem nun Indonesien genannten Land. Besonders auf den Banda Inseln, seinem Geburtsort, war er sehr aktiv und ist eine legendäre Person, die bis heute verehrt wird. Er heiratete in Banda Neira Anna Marie Mambu, eine Enkelin des reichen Perlenfischers und Muskatnusshändlers Said Baadilla. Aus der Ehe gingen drei Kinder hervor, die Des Alwi überlebten, die Töchter Mira und Tanya, sowie der Sohn Ramon Alwi. Des Alwi veröffentlichte etliche Bücher und fertigte mehrere Filme an, meist Dokumentationen, zum Beispiel auch eine über den Vizepräsidenten Mohammad Hatta. Durch verschiedene Geschäfte wurde er ziemlich vermögend und investierte sein Geld auf den Bandas.

Des Alwi kehrte Anfang bis Mitte der 1970er Jahre permanent nach Banda Neira zurück. Das von ihm in den 1980er Jahren im pseudokolonialen Stil erbauten Hotels Maulana, das heute einen morbiden Charme ausstrahlt, ist immer noch im Besitz der Familie, wie das Hotel Baba Lagoon. Beide Hotels liegen in der Nähe des Hafens direkt am Meer.

Des Alwi war ein mustergültiger Naturschützer. Er jagte lokale Fischer mit seinem Schnellboot, wenn er hörte, dass sie irgendwo mit Dynamit oder Karbid fischten. Hörte er irgendwo eine Motorsäge, setzte er sich noch im Alter von 80 Jahren auf sein Motorrad und suchte den Übeltäter im Wald. Des Alwi, der ungekrönte ‚König der Banda Inseln‘, verstarb kurz vor seinem 83. Geburtstag. Sein Verdienst für die Entwicklung der Inselgruppe ist unbestritten.

Die Tradition des Umweltschutzes wird von der Familie im Sinne von Des Alwi fortgeführt. Sie haben für ein Tauchzentrum[364] neben dem Hotel Baba Lagoon ein deutsches Ehepaar engagiert. Tuta ist ein erfahrener Tauchmeister und seine Ehefrau Mareike eine promovierte Marinebiologin. Seit Jahren beobachtet sie verschiedenen Korallenarten, um eine mögliche Veränderung schon frühzeitig festzustellen.

Beide sind Gründungsmitglieder des Vereins Banda Sea e.V., dessen Sitz in Bonn ist. Das Ziel des Vereins ist, den Gesundheitszustand von Meeres- und Küstenlebensräumen in der Bandasee wiederherzustellen, beziehungsweise nachhaltig zu schützen.

In den 1990er Jahren gab es auf den Bandas noch so gut wie kein Plastik. Nun ist auch hier Plastik ein Problem geworden. Dem Plastikmüll im Meer hat die Meeresbiologin Mareike den Kampf angesagt und bereits in Banda Neira eine Müllabfuhr eingerichtet. In ihrem Auftrag werden Kinder auf Banda Neira und anderen Inseln mit der Problematik von Plastikmüll konfrontiert und sensibilisiert. Man kann nur wünschen, dass ihre Bemühungen langfristigen Erfolg haben werden.

---

364 Bluemotion Dive Center Banda

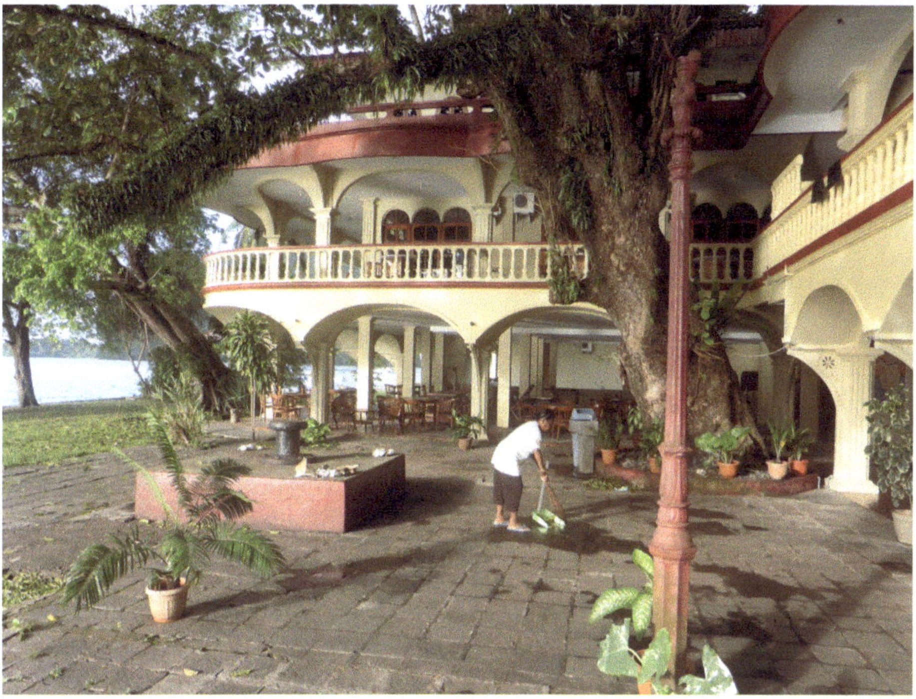

Abb. 17-34:
Im Hotel Maulana

Abb. 17-35:
Auch hier zielt noch eine einsame Kanone aufs Meer

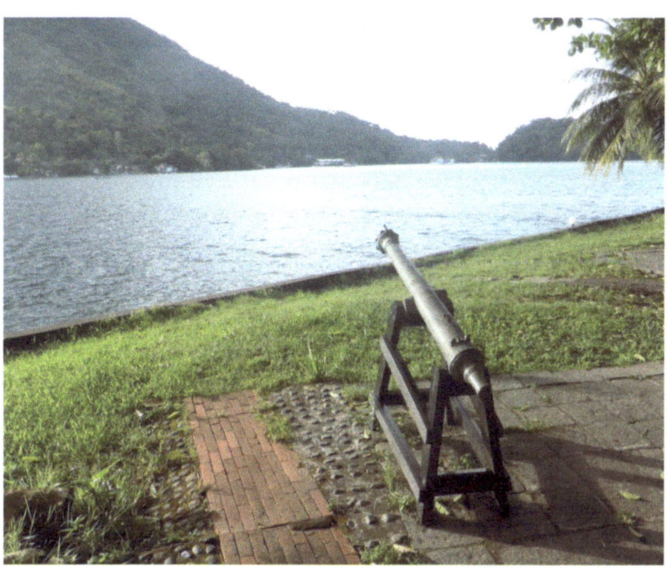

Man glaubt es kaum, aber in der Vergangenheit zählten an diesem weltabgeschiedenen Ort schon weltbekannte Persönlichkeiten zu den Gästen von Des Alwi. Die Prinzessin von Wales, Lady Diana, war 1994 Gast im Hotel Maulana und blickte über die schmale Wasserstraße zum Vulkan Gunung Api. Im Foyer des Hotels hängt noch ein schon verblasstes Portrait von Lady

Diana mit ihrer Widmung. Das Portrait, das sie Des Alwi gewidmet hat, soll ein Künstler aus Jakarta während ihres Aufenthaltes in Banda Neira gemalt haben.

Auch Mick Jagger, der britische Musiker, Sänger und Frontmann der Rockgruppe ‚The Rolling Stones‘, oder Sarah Ferguson, die geschiedene Ehefrau des britischen Prinzen Andrew, genossen im Hotel Maulana die Einsamkeit der Banda Inseln.

Was hat diese Prominenten damals in diese Weltabgeschiedenheit gezogen? Waren es die einsamen Inseln? Hier konnten sie sich unerkannt und unbeschwert bewegen. Bei Jacques-Yves Cousteau, der mit seinem eigenen Schiff in Banda Neira war, kann man einen Besuch der Bandas verstehen. Er forschte und filmte hier im Meer, denn die Korallenriffe um die Banda Inseln gehören zu den schönsten der Welt mit einer überwältigenden Vielzahl an Meerestieren, die schon Rumphius – über den ich noch berichten werde – begeistert hat. Aber die andern? Spielte vielleicht auch Nostalgie eine Rolle? Schließlich waren ja die Engländer viele Jahrzehnte lang Verbündete der Bandanesen auf den Inseln Run und Ai, und zählten – im Gegensatz zu den Holländern – zu ihren Freunden.

Heute hat Banda Neira einen kleinen Flughafen, der von einer zwölfsitzigen Cessna ab und zu von Ambon aus angeflogen wird. Einen geregelten Flugplan gibt es nicht. Es ist Glücksache, wenn man einen Flug nach Banda Neira erwischt. Die Landebahn erstreckt sich über die ganze Breite der Insel und musste sogar noch ins Meer durch Aufschüttungen verlängert werden. Da es auf der ganzen Insel keine ebene Fläche gab, die für eine Landebahn groß genug gewesen wäre, wurde sie bergauf angelegt. Ganz egal, woher der Wind weht, gelandet wird immer bergauf und gestartet bergab. Ich hatte noch nicht das Vergnügen, hier zu landen, aber ich hoffe – falls ich nochmals wiederkomme – einen Flug zu bekommen. Ich kenne ja nun den Tausendsassa Umar auf Ambon.

Abb. 17-37: Die Landebahn, aber keine Flugzeuge. Ich versuchte, abzuheben. Vergeblich!

Abb. 17-38: Die schmalen Sträßchen in die Dörfer der Insel Banda Neira

Auf dem Sozius des Motorradtaxis von Saudara Iskandar erkundigte ich die Insel Banda Neira. Die meisten Sträßchen waren zu eng für ein Auto. Ich besuchte auch Saudaras Familie im Dorf Mangko Batu im Norden der Insel und genoss einen Zimttee unter einem Muskatbaum in seinem Garten. Bei meiner Rundfahrt ist mir aufgefallen, dass außerhalb der Hauptansiedlung Banda Neira[365] Zeugnisse der holländischen kolonialen Vergangenheit verrotten. Dies habe ich auch auf allen andern Banda Inseln festgestellt. Besonders ist mir dies auf den Friedhöfen der Holländer aufgefallen. Teilweise werden sie als Müllkippen verwendet. Auf der Suche nach dem Namen ‚Van der Smissen‘, einem meiner holländischen Vorfahren[366], der mit Niederländisch-Indien – besonders mit Gewürzen – Handel trieb, fand ich noch Hunderte Grabsteine von Holländern, die hier zwischen den 17. und 19. Jahrhundert bestattet wurden. ‚Van der Smissen‘ war nicht unter den gefundenen Namen. Alte holländische Kindergräber ohne Namensangaben fand ich besonders häufig. Die Überlebenschancen waren auf den Banda Inseln vor einigen Jahrhunderten nicht besonders groß. Alle ehemaligen holländischen Friedhöfe waren bei meinen Besuchen total von Unkraut überwuchert. Oft lag ein einsames Grab irgendwo in einem unaufgeräumten Hinterhof.

Abb. 17-39: Ein von Unkraut überwucherter holländischer Friedhof

365 Die Insel wie auch deren Hauptort werden als Banda Neira bezeichnet.
366 Van der Smissen war der Schwiegervater meines Urururgroßonkels, des Mennoniten Johann Wilhelm Mannhardt.

Abb. 17-40:
Die Grabsteine
sind oft schwie-
rig zu finden

Abb. 17-41:
Diese Grabsteine fand
ich in einem Hinterhof
im Norden der Insel
Banda Neira

Abb. 17-42:
Alte namenlose
Kindergräber
auf einer Müll-
kippe in Banda
Neira

Ich hatte das Glück, während meines Aufenthaltes auf Banda Neira ein außerplanmäßiges *Kora Kora*-Rennen der langgestreckten Drachenboote erleben zu dürfen. Normalerweise findet nur einmal im Jahr ein *Kora Kora*-Fest statt, das auf eine Initiative Des Alwis zurückgeht. Dabei treten Drachenboote aller bewohnten Banda Inseln gegeneinander an. Jedes der schmalen Boote ist etwa 25 Meter lang und in knalligen Farben bemalt, eines gelb, ein anderes blau und ein drittes rot. Wie ich in Erfahrung bringen konnte, waren alle drei Boote von der Insel Banda Neira, und das Rennen fand nur zum Spaß der Paddler statt. In jedem Boot saßen etwa 30 Paddler mit nacktem Oberkörper. Im Boot waren noch ein Kapitän, ein Steuermann, zwei Männer, die nur das Wasser aus dem Boot schöpften und zwei Musiker. Einer der Musiker war ein Trommler, der den Takt vorgab, der andere schlug zwei verschieden klingende Gongs. Die Paddler machten zu dem Rhythmus der Trommel und der Gongs immer mehrere Schläge, dann stellten sie für ein paar Sekunden ihre Paddel senkrecht nach oben und ließen ihr Boot durch das Wasser gleiten, bis alles wieder von vorne begann. Der Kapitän stand in der Mitte des Bootes am mittleren Flaggenpfosten und gab Kommandos. Es war ein wunderschönes Bild, wie die Boote mit wehenden Fahnen über das Wasser jagten. Es sind Bootsrennen, wie sie auch in Neuseeland und überall auf den Inseln im Pazifik stattfinden.

Vorige Seite:
Abb. 17-43:
Die Kora Kora
Drachenboote.
Bereit zum Start

Diese Seite:
Abb. 17-44:
Der lustige Tauch-
meister Nyello vom
Bluemotion Dive
Center in Banda
Neira gibt das
Kommando

Abb. 17-45:
Ich wurde einge-
laden, mitzurudern,
habe aber dankend
abgelehnt

Abb. 17-46: Photovoltaik-Solaranlage zur Stromerzeugung auf Banda Neira

Das Telefon und das Internet sind nun auch auf der Insel Banda Neira angekommen. Elektrifizierung gibt es erst seit den 1990er Jahren. Es gibt heute sogar eine Photovoltaik-Solaranlage zur Stromerzeugung auf Banda Neira. Ich war mehrmals dort, habe aber nie jemand dort angetroffen. Mein Eindruck war, dass die Anlage nicht mehr – oder noch nicht – in Betrieb war. Vielleicht ist es auch eine Notstromanlage. Es hätte mich schon interessiert, da ich schon vor über 40 Jahren Dörfer auf der Insel Sumba in NTT[367] durch Anlagen dieser Art mit Elektrizität versorgte.[368] Leider habe ich keine Person gefunden, die mir eine kompetente Auskunft hätte geben können.

Ich war überrascht, wie stabil und schnell die Internetverbindung war. Wie mir erzählt wurde, ist ein Unterwasser-Glasfaserkabel von Ambon nach Banda Neira gelegt worden. In Sachen Telekommunikation und WiFi belegt Indonesien eine Spitzenstellung in der Welt und ist in vielen Feldern der Digitalisierung Deutschland weit voraus. Aber ob das mit dem Glasfaserkabel stimmt? Bei der enormen Wassertiefe? Ich habe da meine Zweifel. Hauptsache ist, dass es eine gute Verbindung gibt.

367 NTT = Nusa Tenggara Timur, südöstlich von Bali gelegen
368 Siehe Horst H. Geerken, *Der Ruf des Geckos*, S. 384ff

Und das sieht man an jeder Straßenecke. Hauptsächlich die Jugend sitzt herum und schaut nur noch angestrengt auf ihre Smartphones. Hatten früher die Bandanesen die Sorge ums Überleben, so fragen sie heute nur noch, wo ist WiFi? Wo kann ich mein Smartphone aufladen? Habe ich etwas auf Facebook verpasst? Die Banda Inseln sind im 21. Jahrhundert angekommen!

Im Cilu Bintang Estate wohnte in der Zeit, in der ich dort residierte, vorübergehend ein schwäbisches Ehepaar, der Journalist und Bestseller-Autor verschiedener Bücher Gunter Haug[369] mit seiner Ehefrau Karin. Wir verstanden uns von Anfang an prächtig und hatten uns viel zu erzählen. Als Gunter wieder zu Hause in Stuttgart war, verfasste er einen Artikel über mich, der am 31. Januar 2019 in der Stuttgarter Zeitung erschienen ist. In Kapitel 25, Anlage I, kann dieser Artikel in voller Länge nachgelesen werden.

In meinen Büchern habe ich schon früher über die Mystik, die den ersten Präsidenten Sukarno bis heute umgibt, berichtet.[370] Sukarno wird bis heute in ganz Indonesien geschätzt und hoch verehrt. Schon zu Sukarnos Lebzeiten schworen Leute, Sukarno könne gleichzeitig an zwei verschiedenen Plätzen sein. So wurde er, als er von den Holländern eingekerkert war, oft gleichzeitig auf öffentlichen Straßen gesehen. Die Dorfbewohner von Tampaksiring hören noch regelmäßig die Stimme Sukarnos aus seinem Palast auf Bali. Oder es wird erzählt, dass, als im Januar 1984 das von ihm in Auftrag gegebene Bali Beach Hotel niederbrannte, als einzige die seinerzeit für ihn reservierten und von ihm oft bewohnten beiden Zimmer unversehrt blieben. Oder dass er 1963 wenige Tage vor den Ausbruch des Vulkans Gunung Agung auf Bali durch das Militär alle Menschen rund um den Vulkan evakuieren ließ und dadurch Tausende Leben rettete. ‚Oder‘, es gibt so viele Geschichten, die dem Mythos Sukarnos weiteren Auftrieb geben.

Überrascht war ich, zu erfahren, dass das Magische von Sukarno selbst bis zu den Banda Inseln reicht. Im Ort Lonthoir auf der Insel Banda Besar lebt ein Mystiker, dem immer noch regelmäßig der erste Präsident Indonesiens, Sukarno, erscheint. Dieser Mystiker träfe sich – nach seinen Aussagen – regelmäßig mit ihm. Er ist sich ganz sicher, dass Sukarno bis heute auf der Insel Banda Besar lebt. Sukarno sei einfach *moksa*, unsterblich! Vielleicht lebt noch Sukarnos ‚zweites Ich‘ auf Banda Besar, obwohl er die Banda Inseln nie besucht hat. Den Mystiker, mit dem ich mich gerne unterhalten hätte, habe ich auf Banda Besar leider nicht angetroffen. Vielleicht klappt es bei meinem nächsten Besuch!

---

369 https://www.gunter-haug.de/
370 Siehe Horst H. Geerken, *Der Ruf des Geckos,* ab S. 191 (z.B. S. 198ff, S. 202f)

Die imposantesten Bauwerke auf den Banda Inseln sind bis heute das historische Fort Nassau und das renovierte und auf einem Hügel gelegene Fort Belgica. Beide sind – nahe beisammen – auf der Insel Banda Neira. Besonders Fort Belgica ist ein beliebtes Ausflugsziel für die Einheimischen der Banda Inseln oder von Besuchern von den Molukken. Ausländische Touristen habe ich in den Forts nie angetroffen. Da beide Forts beeindruckende Zeugnisse der holländischen Kolonialzeit auf den Bandas sind, werde ich hier noch einige Fotos von 2018 zeigen. Die beiden Forts machen – wie alle Straßen und Vorgärten auf den Banda Inseln – einen sehr gepflegten und sauberen Eindruck. Im Fort Belgica wird regelmäßig gefegt und der Rasen wird regelmäßig gepflegt. Bei den wenigen ausländischen Touristen und den beschränkten Finanzen ist dies äußerst lobenswürdig.

Abb. 17-47: Ein alter Brunnen vorne, die Außenmauer von Fort Nassau und im Hintergrund das Cilu Bintang Estate

Abb. 17-48: Im Innenhof von Fort Nassau mit Eingangstor

Abb. 17-49: Fort Belgica auf dem Hügel

Abb. 17-50: Der Innenhof von Fort Belgica

Abb. 17-51: Der Vulkan Gunung Api ist immer präsent

Abb. 17-52: Das Fort Belgica ist nur durch die schmale Meeresstraße vom Vulkan getrennt

Abb. 17-53: Schulkinder möchten immer wieder, dass der Fremde ein Foto von ihnen macht

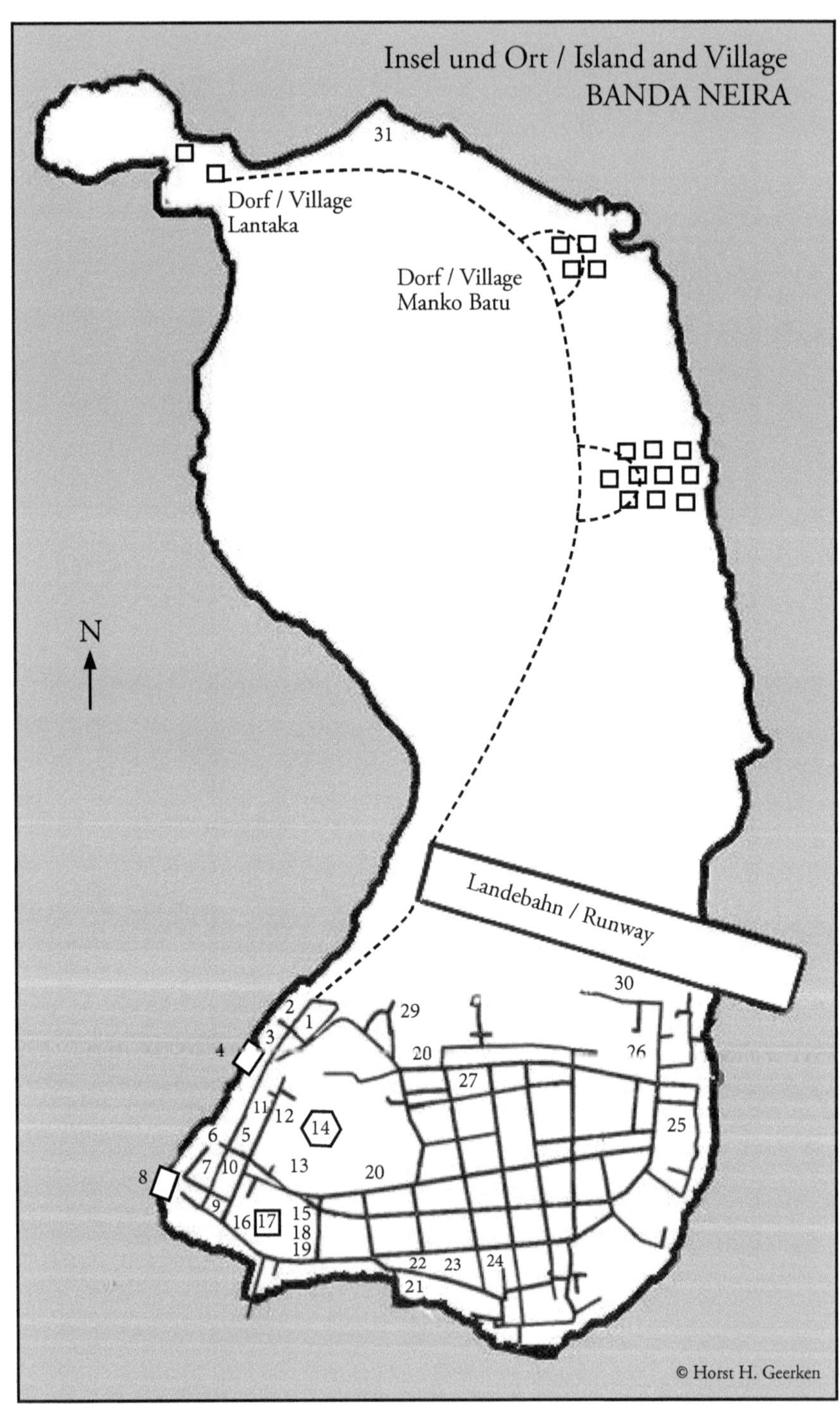

Insel und Ort / Island and Village
BANDA NEIRA
Dorf / Village Lantaka
Dorf / Village Manko Batu
Landebahn / Runway
N
31
© Horst H. Geerken

1 Tankstelle
2 Bluemotion Dive Center
3 Maulana Hotel
4 Hafen/Pier
5 Chinesischer Tempel
6 Fisch-Markt
7 Traditioneller Markt
8 Boote zu den anderen Inseln
9 Bank Rakyat Indonesia/ATM
10 Die alte Kirche
11 Museum/Rumah Budaya
12 Wohnhaus von Kapitän Christopher Cole
13 Mutiara Guesthouse
14 Fort Belgica
15 Cilu Bintang Estate
16 Bürgermeisteramt
17 Fort Nassau
18 Hospital
19 Postamt
20 Haus von Hatta
21 Büro der Schifffahrtsgesellschaft PELNI
22 Palast des VOC Gouverneurs
23 Polizei
24 Haus von Dr. Tjipto Mangoenkoesoemo
25 Aviastar Airline Büro
26 Islamischer Friedhof
27 Armee Hauptquartier
28 Christlicher Friedhof
29 Chinesischer Friedhof
30 Flughafen
31 Malole Strand

18. Die Insel Banda Besar

Auf der Insel Banda Besar werden die Muskatnuss und die Kenarinuss noch intensiv bewirtschaftet. Das wollte ich sehen. Abba organisierte ein Boot, und schon am nächsten Morgen ging es mit Gunter und Karin, den beiden Schwaben, los. Die Sonne schien, die See war blau und ruhig. Entlang der vulkanischen Insel Gunung Api säumten schwarze Lavabrocken die Küste. Es war eine kurze Seereise. Nach nur 30 Minuten Fahrt legten wir in Banda Besar an.

Die Muskatnuss-Plantagen erinnern mich an eine gepflegte Parkanlage. Es ist Genuss, unter den Muskatnussbäumen und den doppelt so hohen Bäumen der Kenarinuss zu wandern. Die Plantagen sind meist Mischkulturen von Muskatnuss-, Kenarinuss-, Zimt- und vereinzelten Gewürznelkenbäumen. Die Nelkenbäume sind hier nicht heimisch, sie wurden von den Nordmolukken importiert. Ein zarter süßlicher Duft begleitete mich, als ich langsam durch eine Plantage wanderte. Im grünen, kurz geschorenen Gras und durch welke Blätter läuft man zwischen den Bäumen wie auf einem Teppich. Beeindruckend sind die riesigen Kenaribäume, die als Schatten- und Windschutz für die Muskatbäume dienen. Die Wurzeln dieser Riesen sind beachtlich. Sie entspringen etwa zwei bis drei Meter oberhalb des Stammes, bevor die Brettwurzeln in der Erde verschwinden. Zwischen den Baumstämmen hindurch sieht man immer wieder flüchtig das Blau der Bandasee. Je länger ich mich hier aufhielt, desto mehr hatte ich das Gefühl, in einem Märchenwald zu sein. Helle Sonnenstrahlen, die durch die Blätter drangen, warfen vielfältige Lichtmuster auf den Boden. Das üppige Grün der Muskatbäume wirkte wie poliert. Hier herrschte eine friedliche und anmutige Stille. Man kann kaum glauben, dass hier früher Terror, Mord und Ausbeutung durch die Holländer täglicher Brauch war und der Boden mit Blut getränkt wurde.

Abb. 18-3:
Viele bunte Stufen
führen in den oberen
Teil des Dorfes

Abb. 18-4:
Eine Muskatnuss-
Plantage, ein
Märchenwald

Nächste Seite:
Abb. 18-5:
Rast in der
Plantage, neben mir
Karin, die Ehefrau
von Gunter Haug

Abb. 18-6:
Mit einer langen
Stange und einem
daran befestigten
Korb werden die
reifen Früchte vom
Baum geholt

Abb. 18-7: Am Fuß eines Baumes der Kenarinuss, einer Mandelart

Die Muskatnuss kann man das ganze Jahr über ernten. Immer wieder trifft man auf einen Farmer, der mit einem Korb an einer langen Stange die reifen gelben Früchte vom Baum pflückt. Die Muskatnuss der Banda Inseln ist immer noch die intensivste und teuerste Muskatnuss von allen, die heute auf der Welt wachsen. Die Nüsse sind aber meist etwas kleiner. Nirgendwo auf der Welt kann man Muskatnüsse kaufen, die ausschließlich von den Banda Inseln kommen. Heute bekommt man immer nur eine Mischung von Muskatnüssen aus verschiedenen Anbaugebieten.

Bevor die Fruchtschale aufgeplatzt ist, erinnerte mich die gelbe Muskatfrucht an eine große reife Aprikose. Alles von der Frucht ist essbar. Ein Waldarbeiter holte mit eine schon reife, aufgeplatzte Frucht vom Baum. Die Fruchtschale hatte ein festes Fleisch und schmeckte mit einem intensiven Aroma nach Muskat leicht süßlich. Die gesüßte Muskatmarmelade aus dem Fruchtfleisch, die ich jeden Morgen zum Frühstück bekam, war mir lieber!

Der Waldarbeiter sammelte auch die von den riesigen Kenaribäumen gefallenen Nüsse auf. Das wuchtige Wurzelwerk dieser Bäume ist besonders beeindruckend. Die Nüsse in einer schwarzen Schale gehören zu der Art der Mandeln, sind jedoch wesentlich milder im Geschmack. Ich mochte sie gerne und brachte auch eine ganze Menge davon mit nach Deutschland. Auf den Banda Inseln ist die Kenarinuss ein fester Bestandteil in der bandanesischen Küche und man findet sie in fast jedem lokalen Gericht.

Interessant ist die Gewinnung von Zimt. Zimt ist die Rinde des Kayu-Manis-Baumes, des Baumes mit dem ‚Süßen Holz'. Man schält ein Stück der Rinde ab und legt es zum Trocknen in die Sonne. Dabei rollt sich die Rinde auf. Ich habe natürlich auch das frische Holz versucht. Es schmeckt süß und intensiv nach Zimt. Exportiert wird die getrocknete Rinde. In Europa wird diese dann zu Zimtpulver und anderem weiterverarbeitet.

Bei dieser Gelegenheit erfuhr ich, dass Muskatnuss und andere Gewürze vor Fisch immer noch die wichtigsten Exportartikel der Banda Inseln sind. Die Muskatnüsse von hier sollen ausschließlich nach Europa gehen.

Von einem Erzeuger habe ich einen Sack mit 1 Kilogramm Muskatnüsse gekauft. Das sind mehrere hundert Nüsse und dafür habe ich nur knapp 4,- Euro bezahlt!

Natürlich stattete ich auch dem alten Fort Hollandia auf Banda Besar einen Besuch ab, das etwa 50 Meter über dem Meer auf einem Hügel liegt. Das Fort, anfänglich Fort Lonthoir[371] genannt, wurde 1624 – drei Jahre nach dem Massaker durch Jan Pieterzoon Coen – von Sklaven errichtet. Schon bald danach wurde es 1743 durch ein starkes Erdbeben zerstört. Der Gouverneur Francois van Boeckholtz ordnete den Wiederaufbau an. Das Fort hat seither viele Erdbeben und Vulkanausbrüche erlebt. Daher ist es heute ziemlich verfallen und verwahrlost. Aber von hier aus hat man eine wunderschöne Aussicht über das Meer auf den nahegelegenen Vulkan Gunung Api.

---

371 Benteng Lonthoir

Abb. 18-8: Das Fort Hollandia ist schon ziemlich verfallen

*Abb. 18-9: Man hat von hier einen herrlichen Rundblick über das Meer auf den Vul-
kan Gunung Api und auf den unteren Teil des Dorfes*

Überall entlang der Wege im Dorf liegen Muskatnüsse und Macis auf Bast-
matten zum Trocknen in der Sonne. Waren es früher große Plantagen, die
von den holländischen Perkeniers mit ihren Sklaven bestellt wurden, so sind
es heute Kleinbauern, die abgesteckte Teile einer Plantage bewirtschaften
und ihre Früchte auf eigene Rechnung verkaufen.

Abb. 18-10: Vor den Häusern und entlang der Wege liegen Muskatnüsse und …
Abb. 18-11: … Macis zum Trocknen in der Sonne

19. Fahrt nach Pulau Ai und Pulau Run

Im Dezember 2018 bemühte ich mich, ein Boot zu finden, das mich zu den Inseln Ai und Run bringen konnte. Eine Überfahrt ist nicht ungefährlich, da knapp 20 Kilometer über die offene und raue Bandasee zurückgelegt werden müssen. Die Regenzeit hatte begonnen und das Meer war unberechenbar geworden. Durch Stürme war der Seegang immer wieder so hoch, dass eine Überfahrt nicht gewagt werden konnte.

Mehrere Tage streifte ich durch den Hafen und begutachtete die dort liegenden Boote und unterhielt mich mit Bootsführern und Fischern. Meine Wahl fiel auf ein Boot mit drei starken Außenbordmotoren. Das große Holzboot, das normalerweise als Fähre zwischen den Inseln eingesetzt ist, war in einem guten Zustand und der Bootsführer Ibrahim sah auch vertrauenswürdig aus. Ich trat in Verhandlungen mit ihm und wir wurden uns einig. Sobald es der Seegang zulassen würde, würde er mich kontaktieren. Er würde noch einen Mechaniker für die Motoren und drei Bootsmänner mitnehmen. Wie man mir empfohlen hatte, suchte ich ein Holzboot aus und keines aus Glasfaser. Die Fischer erzählten mir, dass durch plötzlichen hohen Seegang immer wieder Boote zwischen den Inseln kentern würden. An einem Holzboot könne man sich noch festhalten, ein Glasfiberboot würde sofort im Meer versinken. Ich überprüfte noch, dass auch genügend Schwimmwesten an Bord waren. Nun konnte eigentlich nichts mehr schiefgehen.

Es war ein sonniger Morgen mit blauem Himmel. Ich saß noch beim Frühstück auf der Terrasse vor meinem Zimmer. Der Blick auf den nahen Vulkan Gunung Api war wieder überwältigend. Um 08:15 Uhr klingelte mein Telefon. Es war Ibrahim, das Boot wäre klar und die Bandasee einigermaßen ruhig. Es könnte losgehen! Ich solle zum Hafen kommen. Vom Cilu Bintang Estate aus waren es zu Fuß nur gut fünf Minuten zum Hafen. Ich packte mein restliches Frühstück ein. Eine Omelette und Toast mit einer großen Flasche Trinkwasser waren nun mein Reiseproviant.

Das Boot lag vollgetankt mit der gesamten Mannschaft an Bord am Pier. Ich musste nur noch zusteigen und es ging los. Was für ein Aufwand, für mich alleine ein Kapitän und vier Mann Besatzung. Wie sich später herausstellte, war dies auch nötig, denn es wurden viele Hände gebraucht. Ich suchte mir den Logenplatz auf dem Dach des Bootes aus. Vor mir stand der Boy für den Ausguck. Er musste auf eventuell treibendes Holz achten und später das Boot durch die Riffe lenken.

Abb. 19-1:
Logenplatz auf dem
Dach des Bootes in
einem alten Autoreifen

Abb. 19-2:
Wir nähern uns
Pulau Ai.
Der Ausguck warnt
vor Untiefen und
Korallenbänken.

Abb. 19-3: Menschenleere Sandstrände umsäumen die Insel Ai

Ganz nahe ging es vorbei am Vulkan Gunung Api. Die Vulkaninsel hat einen Durchmesser von drei Kilometern. Nun sah ich auf der anderen Seite des Berges auch die riesigen schwarzen Felder von Lavaströmen, die alle das Meer erreichten. Die bis heute sichtbaren Narben stammen noch von der heftigen Eruption im Jahre 1988. Der Gunung Api liegt im Mittelpunkt einer weitgehend vom Meer überfluteten Caldera. Wenn man bedenkt, dass der Vulkan von einem 4000 Meter tiefen Meeresboden aufsteigt und über der Meeresoberfläche noch 640 Meter aufragt, ist das schon ein gewaltiger Brocken, in dem noch unbändige Kräfte schlummern.

Wir fuhren zunächst zur Insel Ai, die wir nach einer Stunde erreichten. Früher benötigten die Segelschiffe für diese Strecke bei gutem Wind mindestens einen ganzen Tag. Bis hierher war die See noch relativ ruhig. In alten Analen ist verzeichnet, dass man die Gewürze der Banda Inseln – wenn man sich ihnen mit den Segelbooten näherte – immer schon riechen konnte, ehe man sie sah. Das ist heute nicht mehr so. Die Auspuffgase der Außenbordmotoren schwängern die Luft.

Mein Bootsführer Ibrahim war auf der Insel Ai zu Hause. Wir besuchten zunächst die Überreste des alten Forts Revenge. Anfang des 17. Jahrhunderts errichteten die Engländer hier ein Fort, das die Holländer 1615 bis 1616 gegen heftigen Widerstand der Engländer und der Einwohner der Insel Ai eroberten. Die Holländer bauten das Fort weiter aus und nannten es von nun an Fort Revenge. Die Engländer behielten aber weiterhin den wirtschaftlichen und politischen Einfluss auf der Insel. Heute ist Fort Revenge nur noch eine Ruine.

Auch auf der Insel Ai hat der Generalgouverneur der VOC, Jan Pieterzoon Coen, schrecklich gewütet. Die gesamte Bevölkerung wurde getötet oder versklavt. Für die Arbeit auf den Muskatplantagen wurden auch hier Sklaven auf die Insel gebracht.

Abb. 19-4:
Die Hauptstraße
im Dorf Ai

Abb. 19-5:
Das Eingangstor
zum Fort Revenge

Abb. 19-6: Im Innenhof von Fort Revenge

Abb. 19-7: Verliese im Fort Revenge

Weitere Attraktionen der Insel sind die großen Muskatnuss-Plantagen unter den hohen Bäumen der Kenarinuss, die weißen Sandstrände und besonders das noch unbeschädigte Korallenriff rund um die Insel mit einem üppigen Fischreichtum. Das Korallenriff stürzt an seinem Abbruch Hunderte Meter senkrecht in die Tiefe. Für mich war es beängstigend, als ich im zwei Meter tiefen Wasser des Korallenriffs schnorchelte und von einem Meter auf den nächsten in eine unergründliche und unheimliche Tiefe schaute.

Rumphius[372] beschrieb die Insel Ai vor über 300 Jahren wie folgt:
,Die schönsten Nusswälder findet man auf Poelo-Ay, welches eine Insul ist, so über 2000 Schritt, doch flach und durchgehends von Muscaten-Nussbäumen besetzt … so vergnüglich anzusehen, auch plaisirlich durchzugehen sind. Sie werden so schön unterhalten, dass die gantze Insul ein durchgehender Garten zu seyn scheint, welcher an der See-Seite mit kleinen Hügelein und wilden Sträuchern umgeben ist. … Diese Insul hat zwar großen Mangel an süssem Wasser, doch wohnen allda viele Bürger und Gärten-Besitzer, die ihre Nothdurfft aus Cisternen schöpffen.‘

Seit Rumphius’ Zeiten hat sich nicht viel geändert. Es gibt immer noch dichte und prächtige grüne Muskatnussgärten. Die Luft von Pulau Ai ist nicht so feucht wie auf Banda Neira und Banda Besar. Wegen des gesunden Klimas wurde die Insel Ai von den Holländern *Oud mannen huis,* ,Haus des alten Mannes‘ genannt. Außer den Muskatbäumen findet man hier nur noch wenig andere Nutzpflanzen.

Es gibt nur ein Dorf auf der Insel, auf der rund 1000 Menschen vom Fischfang und dem Anbau der Muskatnuss leben. Auf schmalen Pfaden gingen wir durch das Dorf. Frauen saßen vor ihren Häusern auf den Veranden. Alle grüßten mich freundlich. Ich hatte den Eindruck, dass ich etwas Abwechslung in ihr eintöniges Leben brachte. Überall entlang der Pfade trockneten Muskatnüsse auf geflochtenen Matten in der Tropensonne.

Wie mir Ibrahim erzählte, lebte auf der Insel Ai 22 Jahre lang ein Italiener. Er war mit einer einheimischen Muslima verheiratet. Vor fünf Jahren verstarb er in einem Krankenhaus in Ambon und er wurde auch dort beigesetzt. Seine Witwe lebt immer noch auf Pulau Ai in einem wunderschönen gepflegten Haus direkt am Strand. Mit den Besitztümern der ehemaligen holländischen Perkeniere geht man hier nicht so pfleglich um. Ibrahim zeigte mir etliche alte Villen. Man lässt sie einfach verrotten.

Ai wird täglich – wenn es der Seegang zulässt – mit Booten mit Banda Neira und der Insel Run verbunden. Auf der Insel gibt es keine Wasserquelle, Regenwasser wird gesammelt oder Wasser mit Booten von anderen Inseln gebracht.

---

372 Siehe Kapitel 21

Abb. 19-8: Verrottete ehemalige holländische Villa

Abb. 19-9: Dorfstraße auf der Insel Ai

Abb. 19-10: Teepause mit der Mutter und der Ehefrau meines Bootsführers Ibrahim

Abb. 19-11: Es geht weiter! Der Vulkan Gunung Api im Hintergrund

Ibrahim lud mich bei sich zu Hause zu einem Tee ein, wo ich seine Frau und seine Mutter kennenlernte. Schon bald brachen wir wieder auf. Dunkle Wolken zogen auf und das Wetter verschlechterte sich. Ibrahim wollte die Insel Run noch am Vormittag erreichen.

Es war wieder eine Fahrt von einer guten Stunde. Ich machte es mir erneut auf dem Dach des Bootes auf einem alten Autoreifen als Sitzkissen bequem. Aber sobald wir auf offener See waren, wurde es ungemütlich. Der Seegang wurde immer höher und ich musste mich links und rechts festhalten, um nicht vom Dach ins Wasser zu purzeln. Das Boot schaukelte in den hohen Wellen immer mehr. Es wurde mir zu gefährlich. Ein Bootsmann half mir, in den unteren Teil des Bootes zu kommen. Der Ausguck stand wieder vorne auf dem Dach des Bootes. Nun musste er sich fest an den Mast klammern, um nicht ins Meer zu fallen. Immer wieder jagte eine große Welle von Gischt über das Deck. Auch die anderen beiden Bootsmänner traten nun in Aktion. Wenn das Boot krängte, schwappte immer wieder ein Brecher ins Boot und die beiden mussten ununterbrochen von Hand schöpfen, damit das Boot nicht volllief. Nun wurde mir klar, warum Ibrahim für nur einen Passagier so eine große Mannschaft mitnahm.

Die Insel Run ist von einem gefährlichen Riff umgeben, an dem schon unzählige Schiffe zertrümmert sind. Was für eine Herausforderung muss es für die damaligen Seeleute gewesen sein, ihre Segelschiffe ohne Seekarte und nur mit dem Wind durch diese Riffe zu navigieren. Selbst heute, mit Seekarten und erprobten Bootsführern, ist dies oft nicht möglich. Besonders beim Westmonsun in der Regenzeit kann die Insel oft wochenlang nicht angefahren werden. Der Wind bläst dann von Oktober bis März von Westen. In der Trockenzeit von April bis Oktober gibt es weniger Wind, mehr Sonnenschein und es ist sehr viel heißer.

Der Westwind war zu heftig und der Seegang zu hoch, um im Hafen an der Westküste der Insel Run anzulegen. Wir mussten im Windschatten der Insel, im unbewohnten Osten, vor dem Korallenriff ankern. Es war gerade Ebbe und das Boot konnte nicht näher als etwa 100 Meter vom trockenen Strand entfernt anlanden. Diese 100 Meter musste ich im knietiefen Wasser über Korallenbänke durchschreiten. Und was für Korallen, sie leuchteten in allen Farben, blau, rötlich, grün, gelb, in allen Größen. Was für eine Pracht! Die Korallenbleiche hat sich noch nicht bis hier ausgebreitet. Ich musste ganz vorsichtig zum Strand waten und immer genau prüfen, wo ich meinen Fuß für den nächsten Schritt aufsetzen konnte. Ich wollte natürlich keine Koralle verletzen. Meine bandanesischen Begleiter waren nicht so vorsichtig. Der Pionier der Meeresforschung Jacques-Yves Cousteau war mit seinem Boot

Calypso ebenfalls schon hier und tauchte rund um die Banda Inseln, auch hier bei der Insel Run. Die Inseln sind bis heute ein Paradies für Taucher.

Abb. 19-12: Eine stürmische Überfahrt
Abb. 19-13: Ununterbrochen wurde Wasser aus dem Boot geschöpft

Abb. 19-14: Links die Spitze der Insel Run, rechts Nailakka

Abb. 19-15: Im Windschatten der Insel Run

Nachdem wir den Strand erreicht hatten, führten mich meine beiden Begleiter vom Boot zu einem schmalen, kaum erkennbaren Pfad, der durch den Urwald über den Bergrücken der Insel zu dem Dorf auf der anderen Seite der Insel führte. Es ging immer bergauf. Bei der Hitze war das ziemlich anstrengend, denn die Berge hier sind bis zu 200 Meter hoch. Anscheinend benützen nicht viele Menschen diesen Pfad, denn teilweise war er zugewachsen. Bei Westmonsun bleiben die Fischer und Bewohner der Insel in ihrem Dorf und warten geduldig auf besseres Wetter, oft wochenlang.

Der Marsch durch den Urwald war anstrengend. Die Insel ist zwar nur einen Kilometer breit, aber durch die vielen Windungen über den steilen Berg zog sich der Weg in die Länge. Früher war die ganze Insel nur von Muskatnussbäumen bewachsen, aber durch die zerstörerische Abholzung und Entfernung von Setzlingen durch die Holländer und Engländer in den vergangenen Jahrhunderten sah ich nur noch vereinzelte Muskatnuss- und Kenaribäume. Aber man beginnt wieder mit der Aufforstung von Muskatnussbäumen. Ich entdeckte immer wieder junge Bäume, die noch keine Früchte trugen.

Abb. 19-16: Ein schmaler Pfad führt durch den Urwald über den Hügel zum Dorf Run

Abb. 19-17:
Zum Glück hatte
ich Hilfe von einem
Bootsmann, denn …

Abb. 19-18:
… manchmal war
ein Fußpfad nicht
mehr zu erkennen

Nach den Angaben des Zeitzeugen Wurffbain[373] soll die Insel Run vor der
Zerstörung aller Muskatnussbäume durch die Holländer die schönsten, besten und dicksten Nüsse der ganzen Inselgruppe produziert haben. Nach der
Abholzung soll die Insel nur noch mit Buschwerk bewachsen gewesen sein.
Die Holländer verboten die neue Besiedelung, trotzdem wohnten im 18.
Jahrhundert einige Fischer an der Küste. Diese wurden im 19. Jahrhundert
durch Seeräuber vertrieben, sodass die Insel eine Zeit lang unbewohnt war.
1840 wohnten wieder 20 Personen dort, die anscheinend wegen des schlechten Wassers nur Palmwein tranken.[374] Durch die von Tauben verbreiteten
Muskatsamen wuchsen wieder vermehrt Bäume. Heute gibt es wieder einige Muskatnuss-Plantagen. Arcadie und Eldorado sind die größten. Zum
Glück hat sich die Vegetation bei dem tropischen Klima in der Zwischenzeit
wieder schnell erholt. Der schmale Pfad war oft zugewachsenen und musste
freigehauen werden. Er wurde offensichtlich nicht oft frequentiert.

Der Aufstieg auf den Hügel und der Abstieg ins Dorf dauerte eine Stunde. Endlich kam das Dorf Run an der Westküste in Sicht. Die Sonne spie-
gelte sich in den metallenen Dächern von vielen Moscheen. Beim Dorf begann man, einen schmalen betonierten Pfad für Motorräder zu bauen, der
irgendwann mal an der Ostküste der Insel enden soll. Falls ich hierher nochmals hierherkommen sollte, hoffe ich, dass der Pfad fertiggestellt ist und ich
auf einem Motorradtaxi die Strecke zurücklegen kann, oder dass die See so
ruhig ist, dass man am Pier im Hafen anlegen kann.

Ich streifte durch das Dorf, hielt hier ein Schwätzchen, dort ein Schwätzchen. Es versammelten sich immer mehr Menschen um mich herum. In
der Eintönigkeit ihres Tagesablaufs war ich plötzlich die Attraktion, ein
Fremder – und einer, der noch ihre Sprache sprach – war schon etwas ganz
Besonderes. Ich entdeckte ein einfaches kleines Gästehaus. Es war sauber
und wirklich zumutbar. Ich beschloss, wenn ich nochmals wiederkommen
sollte, einige Nächte hier – an einem der abgelegensten Orte der Welt – zu
verbringen. Verhungern müsste ich hier nicht. Frische Fische und anderes
Meeresgetier gibt es in Mengen.

Dann wollte ich auch die winzige Nachbarinsel Nailakka besuchen, die
man bei Ebbe sogar zu Fuß erreichen kann. Welche historische Bedeutung
dieses von Korallenriffen umgebene unbewohnte Inselchen mit nur 200
Metern Durchmesser hatte, erwähnte ich ja bereits zuvor. Hier gab es ein
kleines Fort der Engländer, das damals mit drei Schiffskanonen ausgerüstet
war. Die Engländer zogen sich hierher zurück, wenn ein Angriff der Hollän-

373 Siehe Kapitel 8
374 Dt. O. Warburg, Die Muskatnuss, 1898, S. 153

der drohte. Auf Nailakka gibt es keinen Brunnen. Die Engländer hatten nur
Regenwasser als Trinkwasser und konnten einer Belagerung sicherlich nicht
lange standhalten. Allerdings ist der Fischreichtum rund um diese Insel gewaltig. An frischem Fisch hat es ihnen bestimmt nicht gefehlt.

*Abb. 19-19:
Das Pier,
an dem ich
eigentlich
anlegen
wollte*

*Abb. 19-20:
Das Dorf
Run mit
dem Hafen*

Bei dieser Reise war eine Anlandung an der Insel Nailakka wegen starkem Seegang nicht möglich. Außerdem wurde ich vor großen Schlangen auf der Insel gewarnt. Da wollte ich in dieser Weltabgeschiedenheit ohnehin kein Risiko eingehen.

Die Insel Run[375] ist rund drei Kilometer lang und weniger als einen Kilometer breit. Sie hat nur knapp 1000 Einwohner, die meisten davon wohnen im Dorf. Es gibt keine Autos, die Straßen sind schmal, nur für die wenigen hier verfügbaren Motorräder geeignet. Nur selten verschlägt es hierher einen westlichen Besucher. Und in der derzeitigen Regenzeit schon gar nicht. Die Insel Run ist selbst für Indonesier am Ende der Welt. Sie ist – wie alle Banda Inseln – zwei Zeitzonen von Jakarta entfernt. Elektrizität wird nur wenige Stunden am Abend geliefert. Aber fast jedes Haus hat Fernsehen über Satellit.

Interessant sind die Menschen. Auf allen Banda Inseln sehe ich immer wieder einen arabischen Einschlag in den Gesichtern, aber hier besonders. Seit einiger Zeit ist die Insel nun auch ans Telefonnetz und das Internet angeschlossen. Indonesien ist in dieser Beziehung sehr fortschrittlich, und ich denke – was WiFi betrifft –, Deutschland weit voraus.

Außer Singkong[376] und der Süßkartoffel wächst hier kaum Gemüse. Das Angebot an Obst und Gemüse auf dem Markt ist begrenzt. Es wird von Ambon und den anderen Banda Inseln geliefert. Bei Westmonsun kann manchmal wochenlang kein Boot die Insel erreichen. Dann müssen die Einwohner mit dem vorliebnehmen, was die Insel hergibt, aber von Muskatnuss alleine kann man nicht leben.

Die Engländer haben 1649 auf Insel Run ein kleines Fort Swan gebaut, das mit drei Schiffskanonen bestückt war. Aber schon bald wurde das Fort verlassen und verfiel zur Ruine. Es war zur Verteidigung gegen die Holländer gedacht. Die Engländer benötigten kein Fort, um sich zurückzuziehen. Sie hatten ja freundliche Beziehungen zu den Eingeborenen und wurden als deren Beschützer betrachtet.

Aber auf der Insel gab es anscheinend noch ein *Rumah Besi,* ein Eisernes Haus, der Engländer. Irgendwo im Süden der Insel soll es sein und man kann es nur zu Fuß erreichen. Das wollte ich mir nach meinem Marsch durch den Dschungel nicht auch noch antun. Ich musste ja auch wieder über den Berg zurück zur Ostküste, wo das Boot vertäut lag. Mir wurde erzählt, es wäre ein Haus aus Eisen mit einem Aufenthaltsraum und einem Badezimmer. Hier sollen die Engländer ihre Feste gefeiert haben. Aber wa-

---

375 Landkarten der Insel Run siehe Kapitel 5
376 Tapioka

rum ein eisernes Haus? War es aus Sicherheit vor Angriffen der Holländer? Ich habe es nicht selbst gesehen.

Ich habe da allerdings meine Zweifel. Kann ein Haus aus Eisen in der salzhaltigen Seeluft mehre Hundert Jahre überstehen? Ich denke nein! Es müsste längst verrottet sein. Und nach den Beschreibungen der Dorfbewohner ist nur noch ein eisernes Gerippe mit Dach vorhanden. Vermutlich handelt es sich bei dem Eisernen Haus um eine verfallene Fabrik- oder Lagerhalle und die Dorfbewohner haben darüber eine eigene Geschichte erfunden, um die Insel Run um eine Attraktion reicher zu machen.

Was mich allerdings wieder nachdenklich stimmt, ist die Tatsache, dass die Expeditionsschiffe, mit denen James Lancaster im Februar 1601 England verließ, nach den noch vorhandenen Frachtpapieren Blei- und Eisenblech geladen hatte. Für welchen Zweck? Es bleibt ein Rätsel!

Ibrahim drängte zum Aufbruch. Er wollte so schnell wie möglich zurück nach Banda Neira. Er erwartete Sturm. Der Rückweg zum Boot war etwas einfacher, da der Pfad vom Dorf bergauf bereits einige 100 Meter betoniert war.

Es war eine stürmische Rückfahrt, bei der sogar meine geliebte rote Mütze ins Meer geweht wurde und in der Bandasee verschwand. Ich war froh, als wir im Hafen von Banda Neira anlegten. Falls ich nochmals diese Fahrt machen sollte, suche ich mir besseres Wetter aus!

Abb. 19-21: Es geht zurück nach Banda Neira

Abb. 19-22: Die Insel Nailakka. Bei Ebbe kann man – wie man sieht - über das Riff und den Strand bis nach Run gehen

Abb. 19-23: Wir nähern uns wieder dem Vulkan Gunung Api

20. Die Insel Ambon und das Massaker von Amboyna[378]

Vor meiner Rückreise nach Bali wollte ich noch einige Tage auf der Insel Ambon verbringen. Ich wollte noch die alten holländischen Forts Victoria und Amsterdam besuchen, sowie Erkundigungen über den deutschen Naturforscher und Biologen Rumphius einholen.

Nachdem ich bereits zwei Wochen auf den Banda Inseln war und schon viele Informationen gesammelt hatte, ging ich täglich in das Büro der PELNI[379], um mich nach einem Schiff zu erkundigen, das mich zurück nach Ambon bringen konnte. Das Büro befand sich in einem Häuschen, nur zehn Gehminuten vom Cilu Bintang Estate entfernt. Schon eine Anfrage war eine Herausforderung, denn an einer mit Reklame und alten Fahrplänen vollgeklebten Glaswand befanden sich zwei Löcher in Höhe des Bauchnabels, durch die man sich mit einer im dunklen Hintergrund nicht sichtbaren Dame unterhalten konnte. Durch diese Löcher ging auch der Kauf von Tickets vonstatten. Um verstanden zu werden und um die Dame im Hintergrund verstehen zu können, musste ich in die Knie gehen und mein Kreuz im rechten Winkel abbiegen. Und das in meinem Alter! Es war eine Herausforderung.

Hier erfuhr ich, dass am 30. Dezember die *KM Pangrango* der PELNI in Banda Neira anlegen würde. Das nächste Schiff wäre erst zwei Wochen später nach Banda Neira gekommen. Das war mir dann doch zu spät und ich kaufte ein Ticket der Einheitsklasse für die *KM Pangrango* für nur knapp sieben Euro. Ich wäre – nach meiner Erfahrung mit dem total überfüllten und chaotischen Schiff bei der Reise hierher – lieber geflogen. Aber leider – es gab wohl einen Flugplatz, aber keine Flugzeuge! Mehrere Monate nicht! Die Landebahn wird tagsüber von Jugendlichen als Spielplatz und Motorradrennbahn benützt.

Die *KM Pangrango* ist ein kleineres Schiff, ein Kombischiff für Fracht und Passagiere, das 1995 in Dienst gestellt wurde. Mit nur zwei Schlafsälen ist es für rund 500 Passagiere ausgelegt. Das Schiff macht regelmäßig die Route durch die Molukken und beliefert viele kleine Inseln. Ungefähr alle drei bis vier Wochen kommt die *KM Pangrango* nach Banda Neira, einmal auf der Route nach Ambon, dann wieder von Ambon kommend.

---

378 Früher Amboyna, heute Ambon
379 Pelayaran Nasional Indonesia, Staatliche Indonesische Schifffahrtsgesellschaft

Abb. 20-1: Am Büro der staatlichen Schifffahrtsgesellschaft PELNI

Abb. 20-2: Ein Ticketkauf ist gleichzeitig Rückengymnastik

Abb. 20-3: Die Landebahn auf Banda Neira. Der Vulkan Gunung Agung ist immer in der Nähe.

Abb. 20-4: Die KM Pangrango …

Abb. 20-5: … liegt vor dem Hotel Maulana am Pier

Das Schiff legte schon am Morgen am Kai von Banda Neira an, sodass ich bereits da das Schiff betreten konnte. Es war genauso verdreckt und heruntergekommen wie die *KM Leuser*. Ich kam mit dem Schiffskoch ins Gespräch und wir wurden handelseinig. Er vermietete mir seine Kabine für eine Nacht für knapp 20 Euro, denn in einem Schlafsaal mit mehreren Hundert Menschen wollte ich die Nacht nicht verbringen. Er versprach auch, das Bett frisch zu überziehen und mich mit Essen zu versorgen. Um 14 Uhr ging ich an Bord und fand alles wie versprochen vor. Ich war glücklich, ein sauberes Bett und eine Kabine für mich alleine zu haben.

Aber wo blieben die Passagiere? Das Schiff kam leer an und nun kamen auch nur zwei Einheimische an Bord. Meine Bedenken, dass das Schiff wieder übervoll sein würde, trafen diesmal nicht zu. Pünktlich um 16 Uhr legte das Schiff ab.

Nach dem Ablegen begab ich mich auf die Brücke. Der sehr freundliche Kapitän lud mich zum Kaffee ein und bot mir an, jederzeit auf die Brücke kommen zu dürfen, bei Tag und bei Nacht. Als wir die schmale Wasserstraße zwischen Banda Neira und dem Vulkan Gunung Api verlassen hatten, begleiteten uns fliegende Fische. Immer wieder durchbrachen sie die Oberfläche des Wassers und flohen vom Schiff weg. Bis zum Sonnenuntergang blieb ich auf der Brücke. Wie in den Tropen immer, war die Dämmerung sehr kurz. Bei einem Rundgang durch das Schiff zählte ich nur sieben Passagiere, natürlich alles Einheimische. Die Schlafsäle waren gähnend leer. Was für ein Unterschied zur Herreise mit der *KM Leuser.*

Abb. 20-6: Die Schlafsäle waren gähnend leer

Abb. 20-7: Meine Kabine, vier Betten für mich alleine

328

Abb. 20-8: Auf der Brücke

Abb. 20-9: Ein letzter Blick auf Banda Neira …

Abb. 20-10: … dann ging es – vorbei an vulkanischem Gestein – in die weite Bandasee

Abb. 20-11: Als Letztes entschwand der Gunung Api meinen Blicken

Abb. 20-12: Ein kleiner Junge an Bord schaut verängstigt den ,Fremden' an

Das Schiff war noch nicht einmal 25 Jahre alt und bereits in einem schrecklichen Zustand. Es war nicht nur verdreckt, es war auch sehr vernachlässigt. Verrostete Eisenteile wurden einfach überstrichen und die vergammelten Stahlseile, an denen die Rettungsboote aufgehängt waren, ließen darauf schließen, dass die Boote schon jahrelang nicht mehr bewegt worden waren. Man konnte nur hoffen, dass es keinen Notfall gab. Am Schiffsrumpf sah ich aufgeplatzte Schweißnähte, die nicht repariert wurden. Es war ein richtiger Seelenverkäufer!

Schon bald zog ich mich in meine Kabine zurück. Es war ein Vorteil, die Kabine des Schiffkochs zu haben, denn ich wurde köstlich mit gebratenem Reis, Gemüse und gebratenem Hähnchen versorgt. Ich konnte gar nicht alles essen. Später brachte mir der Koch noch zum Nachtisch Pudding und einen Obstsalat. Der Koch war ein wuseliger hagerer Typ. Ungewöhnlich mager für einen Koch. Er kümmerte sich um mich wie um einen Sohn. Ob ich noch Hunger hätte? Noch ein Hähnchen? Noch ein Wunsch? Nein, ich wollte nun meine Ruhe haben! Ich legte mich früh schlafen. Durch das Schaukeln des Schiffes schlummerte ich auch schnell tief ein.

Plötzlich wurde ich durch einen lauten Knall, der das ganze Schiff erzittern ließ, aus dem Tiefschlaf gerissen. Es war kurz nach Mitternacht. Was war passiert? Motorschaden! Der Schiffskoch kam und teilte mir mit, dass sich die Kolben des Schiffsdiesels festgefressen hätten. Das kann ja lustig werden, dachte ich, denn in der Zwischenzeit war die See ziemlich rau geworden. Nun tänzelte das Schiff stundenlang führerlos in der rauen See. Die Maschinisten versuchten den Schaden zu beheben. Ich machte mir keine Sorgen, denn die Indonesier sind große Meister im Improvisieren. Bald schlief ich wieder ein.

Die Sonne war schon aufgegangen, als der Motor laut klopfend wieder ansprang. Tiefschwarzer Rauch qualmte aus dem Schornstein. Mit geringer Kraft und nur drei statt zehn Knoten Geschwindigkeit näherten wir uns langsam Ambon. Wie mir der Kapitän sagte, war dies die erste Fahrt nach einer Generalüberholung der Maschine! Hunger musste ich trotz einer Verspätung von über zwölf Stunden nicht leiden. Der Schiffskoch versorgte mich am Morgen mit gebratenen Nudeln und anderen Köstlichkeiten. Und die Verspätung störte mich auch nicht. Was sind schon zwölf Stunden! Früher, mit den Segelbooten, war man für diese Strecke oft zwölf Tage und länger unterwegs!

Sicherheitshalber hatte ich noch keinen Flug zurück nach Bali gebucht. Trotzdem war ich froh, als wir endlich Ambon erreicht hatten. Ich mietete mir am Hafen eine Betjak[380] und ließ mich zu einem netten Hotel bringen, das mir Abba empfohlen hatte. Es war herrlich, nach der Schiffsreise wieder ein sauberes Badezimmer zu haben. Die Sonne war schon wieder am Untergehen.

1511 waren die Portugiesen die ersten Europäer, die Ambon erreichten. 1609 wurden sie von den Holländern vertrieben. Ambon ist 51 Kilometer lang und hat rund 230 000 Einwohner. Verglichen mit Banda Neira ist Ambon eine viel größere Insel. Von den Banda Inseln kommend war ich schockiert, hier so viel Abfall und Plastik in den Abwasserkanälen der Stadt und an den Stränden zu sehen. Schrecklich!

Ich wollte noch das Fort Victoria in der Stadt Ambon und das Fort Amsterdam im Ort Hila am nördlichen Ende der Insel besuchen. Aber hauptsächlich wollte ich mehr über den deutschen Naturforscher und Botaniker Georg Eberhard Rumpf in Erfahrung bringen, der sein ganzes Leben hier wirkte und der bis heute auf den Gewürzinseln tiefe Spuren hinterlassen hat. Wie bei dem deutschen Maler und Musiker Walter Spies, dessen Name auf Bali fast jedes Kind kennt, der aber in Deutschland nur in Fachkreisen bekannt ist, so ist es auch bei Rumpf, genannt Rumphius. Auf der Insel Ambon wird sein Andenken in Ehren gehalten und die Ambonesen verehren ihn bis heute sehr. Auch auf den Banda Inseln ist er bekannt. Nach

380 Fahrradrikscha

seinen Aufzeichnungen muss er mehrmals die Inselgruppe besucht haben. Er konnte rund um die Banda Inseln viele bisher unbekannte Fischarten spezifizieren. Doch dazu mehr im nächsten Kapitel.

Zunächst wollte ich das alte holländische Fort Victoria in Ambon besuchen, in dem im Frühjahr 1623 ein grausames Massaker der Holländer an den hier lebenden Engländern verübt wurde. Das Fort Victoria ist das älteste Fort auf der Insel Ambon. Es wurde 1576 von den Portugiesen erbaut. 1580 wurde es verstärkt und mit vier Bastionen erweitert. Es wurde von den Portugiesen ‚Forte de Nossa Senhora da Anunciada' getauft. Von der einheimischen Bevölkerung wurde es *Kota Laha* genannt.

Abb. 20-13: Ansicht von Ambon nach einer Gravur von 1655[381]

Abb. 20-14: Ansicht von Ambon nach einem Stich von ca. 1725[382]

381 Public Domain, Wikipedia
382 Public Domain, Wikipedia

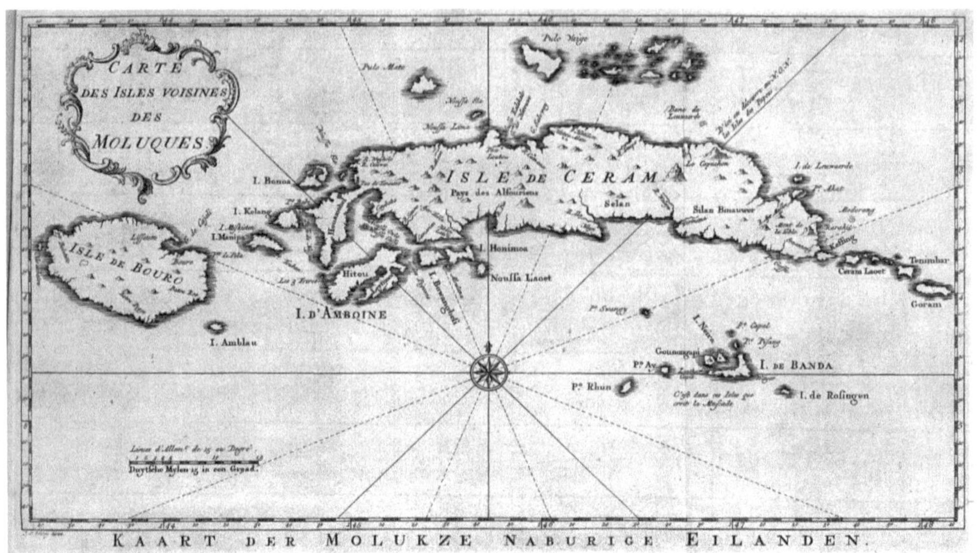

Abb. 20-15:
Alte Karte von 1753[383]

Abb. 20-16:
Niederlage der Portugiesen vor Ambon, Abbildung von 1645[384]

Als die Holländer am 23. Februar 1605 das Fort einnahmen, tauften sie es um in Fort Victoria. Das Fort wurde das Verwaltungsgebäude der VOC. In den folgenden Jahren wurde das Fort mehrfach verstärkt und vergrößert. Nach verheerenden Erdbeben in den Jahren 1643, 1672, 1673 und weiteren danach, wurde das Fort regelmäßig wieder ausgebessert. Es wurden noch drei zusätzliche Bastionen hinzugefügt und der mit Seewasser gefüllte Graben rund um das Fort erweitert.

Die schlimmsten Beschädigungen erlitt das Fort durch ein Erdbeben im Jahre 1898 und durch Bombenangriffe der US-Luftwaffe im Zweiten Weltkrieg. Heute sind noch die dem Meer zugewandten Teile des Forts gut erhalten. Das Tor des Forts wurde bereits mehrfach restauriert.

383 Atlas of Mutual Heritage and the Koninklijke Bibliotheek, Public Domain
384 Public Domain, Wikipedia

Als ich mich bei der freundlichen Besitzerin meines Hotels nach dem Weg und der Entfernung vom Fort Victoria zum Hotel erkundigte, bot sie mir sofort an, mich dorthin zu Fuß zu begleiten. Das Fort war auch nicht weit vom Hotel entfernt. Es ist heute ein Teil eines Militärkomplexes der Armee und wird streng bewacht. Ich wollte vom Eingangstor eine Aufnahme mache, wurde aber sofort von zwei bewaffneten Soldaten harsch daran gehindert. Es wäre streng verboten, hier in der Nähe des Forts zu fotografieren, erklärten sie in einem rauen militärischen Befehlston. Wenn ich eine Aufnahme machen würde, müssten sie mir die Kamera abnehmen. Dieses Risiko wollte ich natürlich nicht eingehen. Trotzdem wagte ich noch eine Aufnahme aus der Hüfte. Wir mussten unverrichteter Dinge wieder abziehen. Schade, ich hätte das Fort gerne von innen besichtigt.

Der holländische Generalgouverneur Jan Pieterszoon Coen fuhr, nachdem das Massaker auf den Banda Inseln vollendet war, weiter nach Ambon. Hierher verlegte er seinen Hauptsitz, solange Batavia noch nicht befriedet war. Vom Fort Victoria aus sollte der Schiffsverkehr zu den Banda Inseln überwacht werden. Es war ein stark befestigtes Fort direkt hinter dem Hafen mit großen, weitreichenden Geschützen. Es konnte mindestens 200 holländische Soldaten beherbergen. Über 400 Söldner, darunter japanische Scharfrichter, waren außerhalb des Forts untergebracht. Im Hafen vor dem Fort lagen immer einige holländische Schiffe, um ausländische Konkurrenten und einheimische Schmuggler abzuschrecken.

Abb. 20-17: Verbotene Aufnahme vom Eingangstor zum Fort Victoria

Abb. 20-18:
Eingang zum Fort Victoria von der Seeseite, Aufnahme von 1899[385]

Abb. 20-19:
Eine Bastion des Forts Victoria, Aufnahme von 1921[386]

Auf der Insel Ambon lebten damals über zwanzig Engländer, die meisten im Ort Ambon, wo sich eine englische Faktorei befand. Weitere Faktoren lebten in den Dörfern Hitu und Larike. Von London, von der English East India Company, bekamen sie kaum Unterstützung. Ihre Geschäfte mit den hier geernteten Gewürznelken liefen schlecht, und sie waren eigentlich nur eine geringe Handelskonkurrenz für die Holländer. Es bahnte sich sogar ein freundschaftliches Verhältnis zwischen den beiden Nationen an. Die Engländer konnten nach der Fertigstellung des Forts Victoria dort nach Belieben ein- und ausgehen.

Generalgouverneur Coen betrachtete die Engländer jedoch weiterhin mit großem Misstrauen. Bevor er Ambon verließ, um nach Holland zurückzukehren, schärfte er dem Gouverneur von Ambon, Herman van Speult, ein, bei dem kleinsten Verdacht gegen die Engländer mit äußerster Härte durchzugreifen. Alle Engländer waren Coen ein Dorn im Auge. Er wollte sie loswerden.

---

385 Collectie Tropenmuseum Amsterdam, Free Wipipedia
386 Wikimedia Commons

Ab der Nacht vom 10. auf den 11. Februar 1623 schlug das bisher gute Verhältnis zwischen den Holländern und Engländern schlagartig in das Gegenteil um. Es wurde ein japanischer Söldner[387] festgenommen, von dem angenommen wurde, er würde das Fort ausspionieren. Da die Holländer den japanischen Söldnern grundsätzlich misstrauten, wurden diese auch außerhalb des Forts untergebracht. Für den Gouverneur van Speult war dies eine gute Gelegenheit, sich nun auch der Engländer auf der Insel Ambon zu entledigen. Dies war nämlich die letzte Bastion der Engländer auf den Molukken.

Der Japaner beteuerte immer wieder seine Unschuld, aber er wurde so lange mit Brandeisen gefoltert, bis er ein ‚Geständnis‘ ablegte. Von den Vernehmungsbeamten wurde ihm in den Mund gelegt, er hätte im Auftrag der Engländer das Fort ausspioniert. Diese hätten vor, das Fort durch einen Überraschungsangriff zu erobern. Weitere Japaner wurden so lange gefoltert, bis auch ihnen dieses soufflierte ‚Geständnis‘ abgepresst wurde. Die Engländer hatten keine Ahnung von den ‚Geständnissen‘ und gingen wie gewohnt ihrer täglichen Arbeit nach. Sie fühlten sich sicher. Wie hätten sie, mit nur 20 Mann, die Garnison im Fort Victoria mit mindestens 200 bewaffneten holländischen Soldaten übernehmen können? Als Waffen hatten sie nur drei Schwerter und zwei Musketen.

Der holländische Gouverneur Herman van Speult bestellte nun den Leiter der englischen Faktorei, Towerson, sowie die englischen Offiziere und alle englischen Kaufleute unter dem Vorwand einer geschäftlichen Angelegenheit ins Fort Victoria ein. Ohne eine Anklage wurden alle festgenommen und aneinander gekettet eingekerkert. Nun wurden auch die Engländer, einer nach dem andern, mit unvorstellbarer Grausamkeit gefoltert, bis auch sie – als sie die Folter nicht weiter ertragen konnten – vor den Vernehmungsbeamten ein erpresstes ‚Geständnis‘ ablegten. Die englischen Lagerhallen wurden geplündert und die privaten Gegenstände der Engländer konfisziert.

Die Engländer wurden im Fort Victoria mit auseinander gezerrten Händen und Füßen an einer Wand hochgezogen. Mit Brenneisen wurden ihnen die Achselhöhlen bis auf die Knochen verbrannt, die Fußsohlen wurden so lange mit Feuer versengt, bis das aus den Wunden herauslaufende Fett die Kerzen auslöschte. Immer wieder fielen sie vor Schmerz in eine erlösende Ohnmacht. Am Abend wurden die Gefolterten ohne ärztliche Hilfe wieder in den Kerker geworfen. Schon nach wenigen Tagen waren die Wunden voll Eiter und dicker Maden. Aber die meisten Engländer beteuerten weiterhin ihre Unschuld.

---

387   http://tei.it.ox.ac.uk/tcp/Texts-HTML/free/A27/A27176.html, nach dieser Transkribtion einer später genannten Broschüre von 1624, war es ein Holländer.

Abb. 20-20: Die Folterung der Engländer[388]

Jeden Morgen ging Gouverneur Speult mit seinen Folterknechten in die Kapelle des Forts zum christlichen Gottesdienst, dann ging die Folter weiter. Nun wurde auch noch die ‚Wassermarter‘ angewendet. Dabei wurde den Engländern ein Segeltuch wie ein Trichter um den Hals gebunden. Dieser Trichter wurde nun mit Wasser gefüllt, bis Mund und Nase vom Wasser bedeckt waren. Die Delinquenten mussten trinken, um wieder atmen zu kön-

---

388 Gravierung ca. 1700, Wikipedia Public Domain

338

nen. Diese Tortur wurde so
lange fortgesetzt, bis ihnen das
Wasser aus Augen und Oh-
ren drang. Die so Gefolterten
waren durch das viele Wasser
derart aufgedunsen, dass sie
das Doppelte ihres Körperge-
wichtes wogen. Schwanden die
Sinne, wurde das Segeltuch
schnell entfernt, aber nur so
lange, bis der Gefolterte wieder zu sich kam. Dann begann
die Tortur erneut.

Abb. 20-21: Ein Engländer erleidet die ‚Wassermarter'[389]

Diese unmenschliche Tortur erinnert an die durch US-Präsident George W. Bush angeordnete Foltermethode des Waterboardings, die der amerikanische Geheimdienst CIA regelmäßig in Guantanamo und während des Krieges im Irak und in Afghanistan angewendet hat. Und das noch im 21. Jahrhundert! Die US-amerikanischen Geheimdienste sind schon oft durch menschenrechtswidrige und gewalttätige Foltermethoden aufgefallen. Durch das Waterboarding kann jeder Widerstand gebrochen werden.

Als die letzten Engländer immer noch nicht gestanden hatten, was man ihnen soufflierte, wurden ihnen die Fußzehen gespalten. Später wurden ihnen sogar noch Glieder an Händen und Füßen mit Schießpulver abgesprengt. Es war eine unmenschliche, unvorstellbare Brutalität, mit der die Holländer vorgingen. So ging es Tag für Tag, eine ganze Woche lang, bis auch der letzte Engländer ein ‚Geständnis' abgelegt und das Schuldgeständnis einer Verschwörung gegen die Holländer unterzeichnet hatte. Die meisten Männer mussten nach der Folter in den Kerker getragen werden, da sie nicht mehr selbst auf den Füßen stehen konnten. Alle Engländer und eine ganze Anzahl Japaner wurden nun der Verschwörung beschuldigt.

Zwei Tage blieben die Engländer noch im Kerker. Wer auf Mitleid der Holländer gehofft hatte, wurde bitterlich enttäuscht. Das Urteil lautete für Towerson, den Leiter der englischen Faktorei, Enthaupten und Vierteilen, die anderen verurteilten Engländer und Japaner sollten nur enthauptet werden. Nur zwei Engländer erhielten die Freiheit. Obwohl alle Schriftstücke

---

389 Ausschnitt aus Gravierung ca. 1700, Wikipedia Public Domain

der Verurteilten von den Holländern konfisziert wurden, sind doch noch einige schriftliche Unschuldsbeteuerungen bis nach London gelangt.

Der Tag der Hinrichtung wurde in Ambon wie ein Festtag mit Trommeln und Musik gefeiert. Man feierte den Triumph Hollands über England. Als die Kunde von dem Massaker London erreichte, war die Empörung groß. Die beiden Nationen waren am Rande eines Krieges. Der Hass auf die Holländer wurde immer größer. Täglich erreichten neue Flugblätter und Broschüren die Bevölkerung, in denen die Grausamkeiten der Holländer bis in alle Einzelheiten beschrieben wurden. In allen Landesteilen Englands wurde das Thema heiß diskutiert.

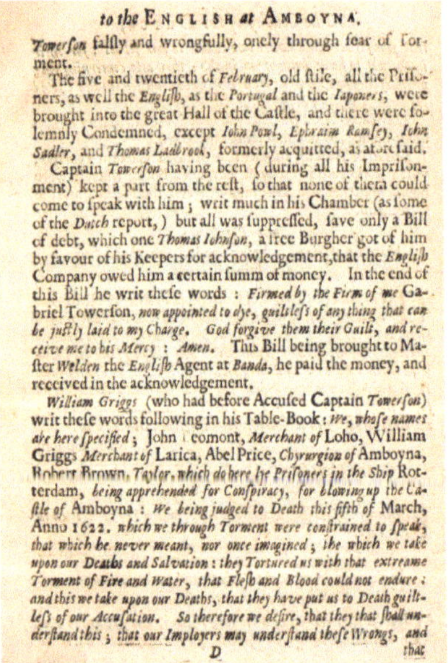

Waren diese grausamen Holländer Menschen und dazu noch Christen aus einem zivilisierten Land? Man kann es kaum glauben! Wenn man die 1624 erschienene Broschüre ‚*A True Relation oft he Unjust, Cruel and Barbarous Proceedings against the English at Amboyna*' liest, möchte man sie wegen diesen unmenschlichen Gräueltaten so schnell wie möglich wieder zur Seite legen.[390] Auf der Website der University of Pittsburgh kann die gesamte Broschüre im Original nachgelesen werden.

A TRUE
RELATION
OF THE
UNJUST,
CRUELL,
AND
Barbarous Proceedings against the
ENGLISH
AT
AMBOYNA:
In the EAST-INDIES, by the
Neatherlandish GOVENOUR, and COUNCIL there.

The Third Edition.

London, Printed by Tho. Mabb, for William Hope, at the Anchor over against St Bartholomew's Church near the Royal Exchange, 1665.

to the ENGLISH at AMBOYNA.

Towerson falsly and wrongfully, onely through fear of Torment.

The five and twentieth of February, old stile, all the Prisoners, as well the English, as the Portugal and the Iaponers, were brought into the great Hall of the Castle, and there were solemnly Condemned, except John Powl, Ephraim Ramsey, John Sadler, and Thomas Ladbrook, formerly acquitted, as aforesaid.

Captain Towerson having been (during all his Imprisonment) kept a part from the rest, so that none of them could come to speak with him; writ much in his Chamber (as some of the Dutch report,) but all was suppressed, save only a Bill of debt, which one Thomas Iohnson, a free Burgher got of him by favour of his Keepers for acknowledgement, that the English Company owed him a certain summ of money. In the end of this Bill he writ these words: Firmed by the Firm of me Gabriel Towerson, now appointed to dye, guiltless of any thing that can be justly laid to my Charge. God forgive them their Guilt, and receive me to his Mercy: Amen. This Bill being brought to Master Welden the English Agent at Banda, he paid the money, and received in the acknowledgement.

William Griggs (who had before Accused Captain Towerson) writ these words following in his Table-Book: We, whose names are here specified; John Beomont, Merchant of Loho, William Griggs Merchant of Larica, Abel Price, Chyrurgion of Amboyna, Robert Brown, Taylor, which do here lye Prisoners in the Ship Rotterdam, being apprehended for Conspiracy, for blowing up the Castle of Amboyna: We being judged to Death this fifth of March, Anno 1622. which we through Torment were constrained to speak, that which he never meant, nor once imagined; the which we take upon our Deaths and Salvation: they Tortured us with that extreame Torment of Fire and Water, that Flesh and Blood could not endure: and this we take upon our Deaths, that they have put us to Death guiltless of our Accusation. So therefore we desire, that they that shall understand this; that our Imployers may understand these Wrongs, and

D that

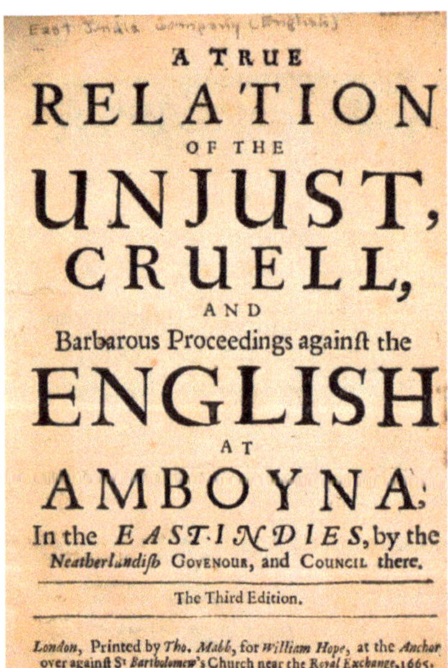

Abb. 20-22: Die Broschüre von 1624, 3. Auflage[391]
Abb. 20-23: Eine Seite der Original-Broschüre

390 Im Internet findet man einige Transkriptionen dieser Broschüre.
391 Quelle: University of Pittsburgh, USA, http://www.archive.org/stream/truerelationofun00east/truerelationofun00east_djvu.txt

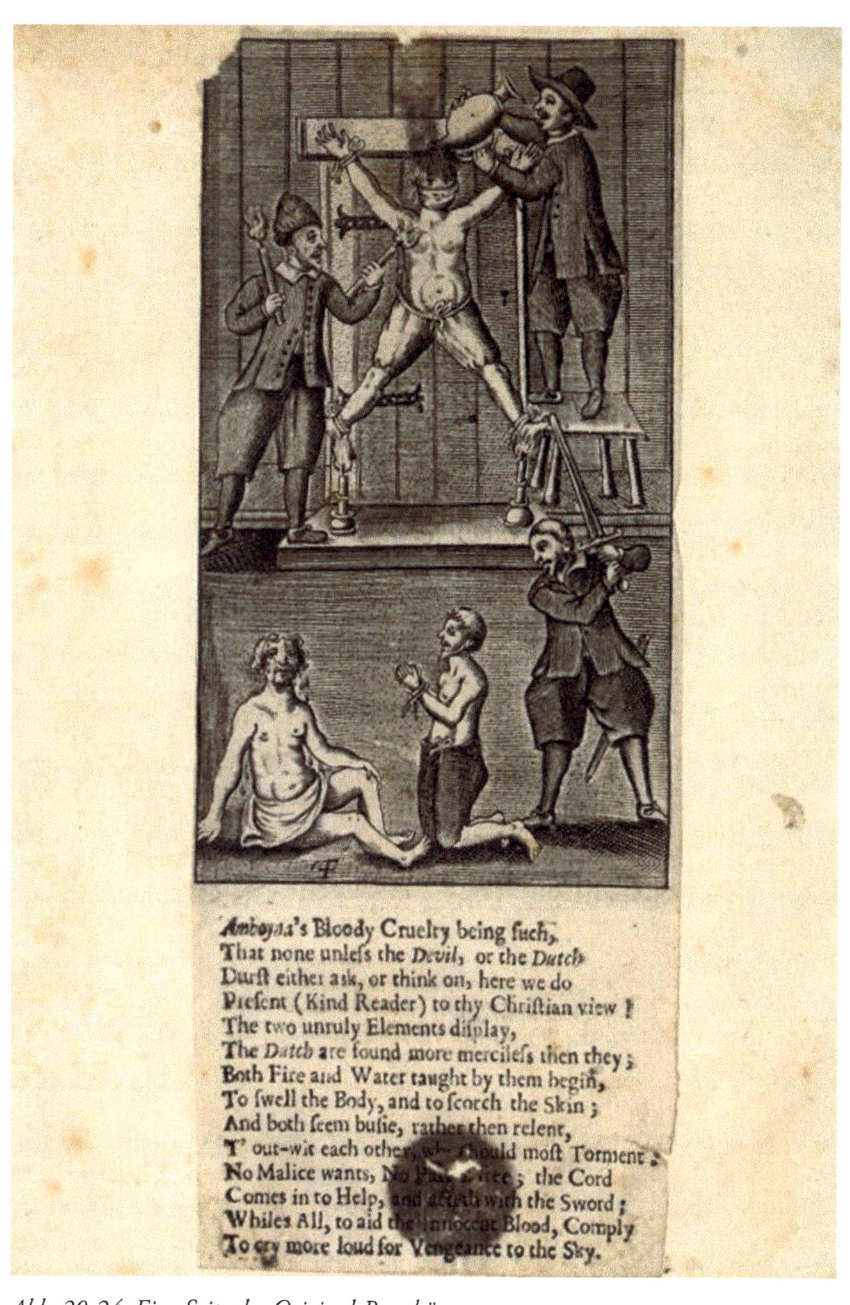

Abb. 20-24: Eine Seite der Original-Broschüre

50 Jahre nach dem Massaker beschäftigte das Thema immer noch die englische Öffentlichkeit. 1673 veröffentlichte der einflussreiche englische Dichter, Literaturkritiker und Dramatiker John Dryden sein Bühnenstück *,Amboyna, or, The Cruelties oft the Dutch to the English Merchants, A Tragedy'*. Das Stück war eine Propagandaattacke gegen die Holländer.

Die English East India Company gab 1625 dem englischen Künstler Richard Greenbury den Auftrag, für ihr Verwaltungsgebäude in London ein Monumentalgemälde über das Massaker in Ambon zu malen. Darauf sollten auf Wunsch der Company auch der Gouverneur Speult und der Fiskal, der die Verhöre leitete, zu sehen sein. Die Details der Folterungen müssen so detailliert und grausam dargestellt worden sein, dass die Ehefrau eines der Opfer beim Anblick des Gemäldes in Ohnmacht fiel. Um die ohnehin schon aufgeheizte Stimmung gegen die Holländer nicht noch weiter anzufachen, wurden manche Szenen auf Wunsch der Regierung etwas abgeschwächt. Leider ist es mir nicht gelungen in Erfahrung zu bringen, ob dieses Gemälde noch irgendwo in England existiert. Ebenso konnte ich im Internet nirgends eine Abbildung des Bildes finden.

Die Spannungen zwischen Holland und England spitzten sich immer weiter zu. Um den Sachverhalt des Massakers aufzuklären, wurde von holländischer Seite ein Sondergericht eingesetzt. Der Gouverneur van Speult wurde zur Befragung nach Amsterdam zitiert, aber er verstarb bevor er dort ankam.

Nach der Befragung von Beteiligten, die an den Verhören der Engländer durch die Holländer und deren Folter beteiligt waren, konnte den Engländern keine Verschwörung nachgewiesen werden. In England kam ein Ausschuss zu dem Ergebnis, dass das Massaker aus reiner Profitgier der Holländer eingefädelt und angeordnet wurde, um die Engländer für immer aus dem Gebiet der Gewürzinseln zu vertreiben.

In Holland dagegen kam nach monatelanger Beratung ein Sondergericht zu einer anderen Auffassung *,Das Gericht sah keinen Grund, die Beschuldigten für etwas zu bestrafen, was sie in der Überzeugung getan hätten, zum Wohle des Landes zu handeln.*[392]

Die holländische Justiz hat bereits damals, wie auch bis heute, mit zweierlei Maß gemessen. Wie selbst der niederländische Historiker Lou de Jong in seinem Standardwerk *,Das Königreich der Niederlande im Zweiten Weltkrieg'* schreibt, seien *,Kriegsverbrechen in Indonesien in weit höherem Ausmaß begangen worden als bisher öffentlich bekannt. Morde und Massenmorde, systematischer Terror, Folterung, Vergewaltigung, Internierung von Bürgern unter*

---

392 Giles Milton, *Muskatnuß und Musketen*, S. 366

*unmenschlichen Umständen, Plünderungen und Zerstörungen, grausam vollzo-
gene Hinrichtungen waren an der Tagesordnung.*[393]

Auch im Falle des Untergangs des KPM[394] Schiffes *Van Imhoff* im Jahr 1942[395] mit über 400 deutschen Opfern hat die niederländische Justiz mit zweierlei Maß gemessen. Beide niederländischen Kapitäne H. J. Hoeksema und M. L. Berveling hätten wegen Verstoßes gegen die Genfer Konvention und die internationale Search & Rescue Convention verurteilt werden müssen. Aber beide Kapitäne wurden in den Niederlanden nie zur Rechenschaft gezogen. Das Verbrechen wurde verschleiert.

Es kam zu Spannungen zwischen den Regierungen von Deutschland und den Niederlanden. Aber laut niederländischer Justiz lag kein Grund für die Untersuchung eines Fehlverhaltens der beiden Kapitäne vor. Erst 2017 wurde das Kriegsverbrechen in den Niederlanden in einer dreiteiligen TV-Dokumentation mit meiner Beteiligung aufgearbeitet und ein Kriegsverbrechen auch von holländischer Seite anerkannt.[396] Auch in der niederländischen Presse wurde nach 75 Jahren dieses Verbrechen endlich aufgearbeitet.[397]

Aber nun, nach dem Ausflug in die neuere Geschichte, zurück ins 17. Jahrhundert. Nachdem die Holländer jegliche Mitschuld an dem Massaker abgestritten hatten, kontrollierte die englische Flotte den Ärmelkanal in der Nordsee und drohte jedes ein- oder auslaufende holländische Schiff aufzubringen. England verlangte eine angemessene Entschädigung für die seinen Bürgern angetanen Verbrechen. Wie sah wohl diese Entschädigung aus? Den Engländern wurde die Insel Run zurückgegeben!

Aber die Insel Run war wertlos geworden. Die Holländer hatten alle Muskatnussbäume gefällt, um die Insel unfruchtbar zu machen. Auch wollten sie eine Überproduktion verhindern, um den Preis der Muskatnuss möglichst hoch zu halten. Die Bewohner der Insel wurden dadurch ihrer Einkommensquelle beraubt und verarmten. Aber England hatte nun ein wertvolles Pfand in der Hand, eine Insel in den Bandas, die gegen Manhattan getauscht werden konnte.[398]

---

393 Der Spiegel 4/1988
394 Koninklijke Paketvaart Maatschappij
395 Siehe *Hitlers Griff nach Asien*, Kap. 16, S. 206ff
396 *De Ondergang van de Van Imhoff* wurde im Dezember 2017 an drei aufeinanderfolgenden Sonntagen auf Kanal 2 ausgestrahlt. Die Version in Englisch hat den Titel *The Doom oft the Van Imhoff*
397 De Telegraaf vom 2. Dezember 2017
398 Siehe Kapitel 8, *Der Tausch der Insel Run gegen Manhattan*

In Kapitel 25, Anlage IV, habe ich die Einträge über Ambon aus der
,Encyclopaedia Britannica, Band 1 von 1875, in dem auch über das Massa-
ker an den Engländern berichtet wird und aus dem ,Pierers Konversations-
Lexikon', Band 1 von 1888 beigefügt.

Wie auf den Banda Inseln, gab es auch in Ambon laufend Kriege zwischen
den europäischen Kolonialmächten. Nachdem sich die ersten Portugiesen
bereits 1512 auf der Insel Ambon niedergelassen hatten und mit den Einheimischen Handel trieben, wurden sie 1605 von den Holländern vertrieben.
1615 eroberten die Engländer die Insel. Sie bauten mehrere Handelsstationen auf. Bei dem Massaker der Holländer an den Engländern im Jahre
1623 wurden diese Handelsstationen geplündert und zerstört. Wie bereits
berichtet, wurden die englischen Kaufleute gefoltert und getötet. Wie in
der ,Encyclopaedia Britannica' von 1888 berichtet wird, erhielten die Engländer als Kompensation für die begangenen Gräueltaten eine Summe von
300 000 englischen Pfund und eine kleine Insel.[399] In anderen Dokumenten
habe ich keinen Hinweis über eine Kompensations-Zahlung gefunden.

1796 wurde Ambon erneut von den Engländern unter Admiral Rainier
zurückerobert, aber bereits 1802 wieder an die Holländer zurückgegeben.
1810 besetzte England Ambon erneut, gab die Insel aber 1814 wieder an die
Holländer zurück. Ambon hat – wie die Banda Inseln – eine wechselvolle
Geschichte. Auch hier floss viel Blut, nicht nur durch die Kriege zwischen
den europäischen Kolonialmächten, der Boden Ambons ist getränkt vom
Blut von Hunderttausenden Einheimischen, die nichts Anderes wollten als
ihre Selbstbestimmung.

Von 1814 an blieb Ambon bis zum Ende des Zweiten Weltkriegs und der
Unabhängigkeitserklärung Indonesiens vom 17. August 1945 in holländischer Hand. Aber es war noch ein langer und schwerer Weg in die Unabhängigkeit. Die Holländer kamen mit ihrer ganzen Militärmacht zurück,
um ihre ehemalige Kolonie wieder zu erobern und auszubeuten.[400] Auf den
Molukken gab es aber – wie wir nachfolgend noch sehen werden – noch
zusätzliche Probleme, die religiös begründet waren.

Dass ich doch noch einige Aufnahmen von dem Fort Victoria erhalten
konnte, verdanke ich einem glücklichen Umstand. Bei dem Gespräch mit
einem Ambonesen erfuhr ich, dass dieser in der Militärverwaltung arbeitet
und freien Zugang zum Fort hat. Er erklärte sich bereit, für mich heimlich
einige Aufnahmen zu machen. Wir gingen in die Nähe des Forts, ich über-

399 Siehe Kapitel 25, Anlage IV
400 Siehe dazu Horst H. Geerken, *Der Ruf des Geckos'*, S. 132ff

344

gab ihm meine Kamera und er ging los. Als der Mann nach einer Stunde immer noch nicht zurück war dachte ich bei mir, nun ist die Kamera mit all meinen Bildern von den Banda Inseln weg, entweder gestohlen oder konfisziert! War ich zu gutgläubig und leichtsinnig? Aber meine Sorgen waren umsonst. Fröhlich lächelnd erschien mein Fotograf und sagte strahlend, das Vorhaben wäre geglückt! Hier sind nun einige heimlich gemachte Aufnahmen, die mein fremder Begleiter, dessen Namen ich hier nicht nennen möchte, innerhalb des Forts gemacht hat.

Abb. 20-25: Das schon mehrfach restaurierte Tor

Abb. 20-26: Die Außenmauer des Forts Victoria

Abb. 20-27: Eine Ecke des Forts

Mein Fotograf erzählte, dass es innerhalb des Forts viele Gedenktafeln aus holländischer Zeit gäbe. Er hätte von einigen gut erhaltenen Tafeln Aufnahmen gemacht, besonders von den Tafeln, die auf die Gründung und Vergrößerung des alten portugiesischen Forts hinweisen. Er erwähnte, dass diese Erweiterung des Forts von einem deutschen Baumeister, Hans Ernst von Wagner, geplant und überwacht wurde. Der Name Hans Ernst von Wagner ist als Baumeister auf vielen Gedenktafeln zu finden. Sein Name lässt auf eine deutsche Herkunft schließen, aber eine Bestätigung fand ich nicht.

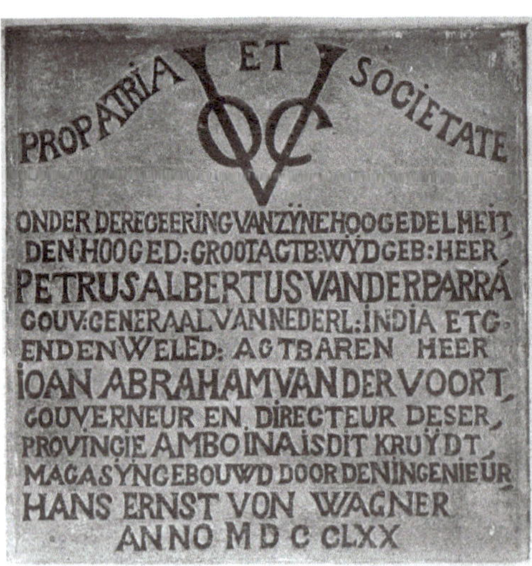

Abb. 20-28:
Gründungstafel im
Fort Victoria, anno 1770

346

Abb. 20-29:
Gedenktafel, anno 1770

Abb. 20-30:
Gedenktafel, anno 1771

Aber warum wird das alte Fort so streng bewacht, dass nicht einmal ein Foto des Eingangstores gemacht werden darf? Seit den Unruhen in den Jahren 1999 und 2000 herrscht auf den Molukken eine gewisse Unsicherheit und angespannte Ruhe. Die Spannungen zwischen den religiösen Lagern der Christen und Moslems ist sicherlich geschichtlich bedingt.

Durch die portugiesische Präsenz im 16. und 17. Jahrhundert war die Bevölkerung von Ambon vorwiegend christlich. Das störte niemand, nicht die Holländer, die die Portugiesen vertrieben und nicht die Engländer, die Ambon 1796 besetzten und die Holländer vertrieben. 1802 gaben die Engländer die Insel Ambon wieder an Holland zurück, besetzten sie aber erneut von 1810 bis 1814. Danach war die Insel wieder holländische Kolonie. 1942 besetzten japanische Truppen Ambon. Auch sie hatten kein Interesse an einer Missionierung. Es herrschte der Zweite Weltkrieg!

Der weitaus überwiegende Teil im malaiischen Archipel, rund 90 Prozent, ist bis heute islamisch. Das lag an der Einstellung der holländischen Kolonialherren gegenüber den Einheimischen, denn sie schätzten sich selbst als Teilhaber einer höherwertigen Religion und Zivilisation ein. Um die Einheimischen weiter im Zustand ihrer – angeblichen - Minderwertigkeit halten zu können, verhinderten sie auch weitgehend eine Missionierung durch die christlichen Kirchen, denn christlichen Indonesiern gegenüber hätten sie dem christlichen Gleichheitsgebot Rechnung tragen müssen.

Dies aber hätte ihre kolonialen Interessen grundlegend beeinträchtigt. Das Christentum hat sich Anfang des 20. Jahrhunderts auch auf den umliegenden Inseln, wie Ceram, verbreitet. Dies geschah nicht durch die holländischen Kolonialherren, sondern durch indonesische Missionare aus Ambon.

Als der erste Präsident Indonesiens, Sukarno, am 17. August 1945 die Unabhängigkeit in den Grenzen des niederländischen Kolonialreichs ausrief, gab es die ersten Unruhen auf den Molukken. Holland wollte der jungen Indonesischen Republik den Start in die Unabhängigkeit so schwer wie möglich machen. Mit Unterstützung Den Haags gründeten hollandfreundliche Politiker der Insel Ambon im April 1950 eine unabhängige Republik, die *Republik Maluku Selatan*[401]. Dies war ein Staat im Staate und wurde vom Ausland offiziell nicht anerkannt. Die Ambonesen, die seit der frühen Missionierung durch die Portugiesen sehr christlich waren und sich den Holländern dadurch näher fühlten, waren schon während der Kolonialzeit immer auf Seiten der Holländer und hatten auch mit ihnen während des Unabhängigkeitskrieges gegen Sukarno paktiert. Der größte Anteil von einheimischen Soldaten, die in der holländischen Kolonialarmee KNIL[402] diente, kam aus Ambon. Es waren gegenüber den Holländern loyale Soldaten, die von der vorwiegend islamischen indonesischen Armee abwertend *Belanda Hitam*[403] genannt wurden. In der Kolonialarmee kämpften sie immer in vorderster Front, auch bis Dezember 1949 im Unabhängigkeitskrieg Indonesiens gegen Sukarnos Truppen.

Sukarnos Aversion gegen die Ambonesen war also verständlich. Natürlich war er auch bestrebt, jegliche Sezessionsbestrebungen der noch jungen Republik im Keime zu ersticken.

Er entsandte indonesische, nun islamische, Truppen nach Ambon, die die Unabhängigkeitsbewegung auf Ambon bereits im November 1950 blutig niedergeschlagen hatten. Es war ein Krieg Moslems gegen Christen. Die Fronten sind seither verhärtet. In den Augen Sukarnos waren die Ambonesen, die in der KNIL dienten, der Abschaum der holländischen Handlanger, und sie wurden nun von seinen islamischen Truppen mit aller Macht verfolgt. Da nun christliche Molukker um ihre Leben fürchteten, kam es zu einer Massenevakuierung. Zehntausende mussten in die Niederlande fliehen, um einer Verurteilung zu entgehen. Bis heute existieren dort große Kolonien mit ambonesischen Familien und eine Exilregierung. Für die Niederlande ist dies bis heute ein Problem. Sie hatten den Ambonesen die Unabhängigkeit versprochen, aber das Versprechen nicht halten können. Es ist traurig

---

401 Republik der Südmolukken
402 Koninklijk Nederlandsch Indisch Leger
403 Schwarze Holländer

mit ansehen zu müssen, wie die europäischen Kolonialmächte in Indonesien, in Indien und Pakistan, im Nahen Osten und anderswo Unruheherde hinterlassen haben, die bis heute nachwirken.

Die Spannungen zwischen Christen und Muslimen in den Molukken verschärften sich von Jahr zu Jahr weiter. Ein weiterer Grund weshalb die Spannungen zwischen den beiden Religionsgruppen zunahmen, war auch ein Programm der indonesischen Regierung, durch das Hunderttausende muslimische Malayen aus Sulawesi und Java in die Molukken umgesiedelt wurden. Dadurch hatte sich das Verhältnis der Religionszugehörigkeit von bisher mehrheitlich christlich zu Gunsten der Muslime verschoben. Es kam zwischen den beiden Religionsgruppen immer wieder zu Anschlägen und bürgerkriegsähnlichen Zuständen.

Im Jahr 1999 begannen wieder heftige und blutige Krawalle. Hunderte Häuser wurden angezündet. Moscheen und Kirchen gingen in Flammen auf. Weite Teile der Stadt Ambon wurden zerstört. Jede Partei bezichtigte die andere, mit den Ausschreitungen begonnen zu haben. Die aus Java entsandte vorwiegend islamische Armee konnte – oder wollte? – die Lage nicht beruhigen. Es gab sogar Teile der Armee, die sich auf die Seite der Moslems schlugen und gegen die Christen kämpfte. Es gab Soldaten, die den Moslems Waffen lieferten.

Das indonesische Militär spielte eine fatale Rolle und ließ Tausende von Kämpfern des islamistischen *Laskar Jihad* ungehindert auf ihrem Weg von Java zu den Molukken passieren. *Laskar Jihad* ist eine islamistisch-fundamentalistische und antichristliche Vereinigung, deren Anführer von den *Mujahadeen* in Afghanistan ausgebildet wurden.

Während der Unruhen geschahen schreckliche Dinge. Auf Schiffen der staatlichen Schifffahrtsgesellschaft PELNI wurden zum Beispiel die mitreisenden Christen – die immer in der Minderheit waren – einfach über Bord ins Meer geworfen. Die PELNI änderte daraufhin ihren Routenplan. Es gab Schiffe, die nur noch Inseln mit vorwiegend christlichen Bewohnern anliefen, und andere Schiffe mit einer Route für die Inseln mit vorwiegend islamischen Bewohnern.

Im April 1999 wurden alle Christen der Banda Inseln mit einem Schiff, das Des Alwi durch seine Beziehungen zu den indonesischen Streitkräften von der Marine anforderte, evakuiert. So wurde mir in Banda Neira erzählt. Laut Berichten im Internet – und so wurde mir auch in Ambon erzählt – wurden sie ausgewiesen. Wem soll man nun glauben? Zurückgekommen auf die Banda Inseln sind die Geflüchteten nicht. Beim Weihnachtsgottesdienst 2018 traf ich in der Kirche von Banda Neira nur noch eine Handvoll

Christen an. Der Gottesdienst fand zur Sicherheit unter Bewachung von bewaffneten Soldaten statt.

Ich wollte mehr darüber erfahren, aber niemand in Banda Neira wollte mit mir über die damaligen Vorkommnisse reden. Zum Beispiel wollte ich wissen, wieviel Christen damals auf den Bandas lebten und wieviel heute, wo sie sich niedergelassen haben, ob welche bei den Unruhen umgekommen sind und so weiter. Aber es scheint, über diese Zeit wird ein Tuch des Schweigens gehüllt.

Nur der letzte noch auf Ambon lebende holländische Pastor, Cornelis J. Böhm MSC, sprach offen mit mir. Nach seinen Angaben mussten bei den Unruhen in Ambon 9000 bis 10 000 Menschen ihr Leben lassen, zum weitaus größten Teil Christen. Während meines Aufenthalts auf den Banda Inseln und auf Ambon herrschte immer noch angespannte Ruhe, aber Vieles trägt dazu bei, dass unter dem Mantel des Schweigens der Konflikt weiter brodelt.

Das war sicherlich auch der Grund dafür, dass die Wachsoldaten vor dem Fort Victoria so aufgeregt reagierten, als sie mich mit der Kamera in der Hand entdeckten. Vielleicht dachten sie, ich wäre ein Journalist, und Journalisten sind derzeit auf Ambon unerwünscht.

Mit Pak Umar machte ich eine Rundreise durch die Insel Ambon, wo mich besonders der Ort Hila im Norden der Insel interessierte. Hila ist etwa 35 Kilometer von der Stadt Ambon entfernt. Bei Hila besuchte ich zunächst die älteste Kirche der Molukken, die ‚Geredja[404] Immanuel‘, die 1659 von den Portugiesen[405] errichtet wurde. Die erste Moschee der Molukken wurde erst 200 Jahre später gegründet. Sie liegt ganz in der Nähe der Kirche.

Bei den Unruhen von 1999 bis 2000 wurde die Kirche ‚Geredja Immanuel‘ von fanatischen Moslems angezündet und teilweise zerstört. Dabei gingen – wie mir erzählt wurde – alte Fenster und Wandmalereien unwiederbringlich verloren. 2011 wurde die Kirche von der indonesischen Regierung wiederaufgebaut und – so gut es ging – restauriert.

Ganz in der Nähe der Kirche findet man das alte Fort Amsterdam. Anfangs war es eine portugiesische Handelsstation. 1637 wurde es von der VOC in ein Verteidigungsfort umgebaut. Ab 1656 wurde es Fort Amsterdam genannt. Das Fort hat drei Stockwerke. Im Erdgeschoss befand sich das Lager für die Munition und ein Gefängnis. Die Außenmauern sind etwa 52 mal 52 Meter lang, der Grundriss des Gebäudes ist 16 mal 16 Meter. Der deutsche Biologe Rumphius lebte und wirkte hier von 1660 bis 1670. Im nächsten Kapitel werde ich näher auf ihn eingehen.

---

404 Damalige Schreibweise
405 Manche Quellen sagen, es waren die Holländer, die die Kirche errichtet haben.

Abb. 20-31: Die älteste Kirche auf den Molukken, die Geredja Immanuel von 1659

Abb. 20-32: Der nun schmucklose und schlichte Innenraum der Kirche

1991 wurde das Fort von der indonesischen Regierung komplett saniert und restauriert. Vom obersten Stockwerk hat man eine herrliche Aussicht auf die Nachbarinsel Ceram. Selbst die alte Kirche Geredja Immanuel ist von hier oben zu sehen.

Vorige Seite: Abb. 20-33: Das Fort Amsterdam in Hila
Abb. 20-34: Der Eingang zum Fort

Diese Seite: Abb. 20-35: Das Fort Amsterdam mit dem Brunnen[406]

Von Hila ging es an der Küstenstraße entlang zurück in die Stadt Ambon. Nach einem erfüllten Tag genoss ich den Abend mit einem kalten Bier und chinesischem Essen in einem Restaurant in der Nähe des Hotels.

Pak Umar besorgte mir ein Flugticket nach Bali für den folgenden Tag. Zunächst machten wir noch eine Besichtigung der Stadt Ambon und der näheren Umgebung. Schockierend waren der Abfall und der Plastikmüll in den Kanälen der Stadt. Selbst im Meer, wenn man an den stadtnahen Stränden im Meer baden wollte, musste man sich durch im Wasser schwimmende Plastikflaschen und Plastiktüten hindurch kämpfen. Da konnte ich mir ein Bad im Meer verkneifen. Was für ein Unterschied zu den umweltbewussten Banda Inseln!

Im Stadtzentrum von Ambon, am Medan Pelita, führte mich Pak Umar noch zum 34. Weltfriedensgong. Der Gong mit zwei Metern Durchmesser wurde am 22. November 2009 von Präsident Susilo Bambang Yudhoyono eingeweiht. Schon zuvor, am 31. Dezember 2002 hat die damalige Präsiden-

---

406 Wikipedia, Public Domain

tin Indonesiens, Megawati Sukarnoputri, im *‚Cultural Village Kertalangu‘* bei Denpasar auf Bali den größten Friedensgong der Welt mit fünf Metern Durchmesser zum ersten Mal angeschlagen.

Der Ursprung dieser Bewegung geht zurück auf die Zerstörung Hiroshimas durch eine Atombombe der Vereinigten Staaten. Während des Zweiten Weltkriegs wurden Glocken für Kanonen eingeschmolzen. Aber bereits am 6. August 1947, am zweiten Jahrestag der Zerstörung Hiroshimas, wurde dort die erste ‚Peace Bell‘[407] aufgestellt und eingeweiht. Inzwischen gibt es über 200 Weltfriedensglocken und Weltfriedensgongs, die immer am 1. September jeden Jahres, dem Weltfriedenstag, angeschlagen werden.

Der *‚Gong Perdamaian Dunia‘*, der Weltfriedensgong in Ambon, wurde als Mahnmal gegen religiösen Unruhen zwischen Christen und Moslems errichtet. Die erzwungene Abdankung von Präsident Suharto, die Abwertung der indonesischen Währung und die allgemeine ökonomische Krise in Südostasien werden als Auslöser des Bürgerkrieges von 1999 bis 2001 genannt. Durch das Symbol des Friedens sollte eine dauerhafte Versöhnung erreicht werden. Ob das wohl gelingt? Ich habe da meine Zweifel!

Der indonesische Präsident Susilo Bambang Yudhoyono sagte in seiner Rede:

‘Ambons past racial conflict had suffered many casualties. But not anymore. Ambon has been transformed into a city of peace. The proof is the World Peace Gong Monument in Ambon...

The Peace Gong was erected to remind the people of Maluku and the visitors of a fundamental need for peace and security. On the surface of the gong, national flags of all countries around the world and the symbols pertaining to religions, including Christianity, Islam, Judaism, Buddhism, Hinduism and others have been printed. Above all, there is also a symbol of Pancasila, the symbol of the nation of Indonesia. The World Peace Gong has been set up in the Maluku provincial city of Ambon instead of Indonesia`s capital city Jakarta, because peace and security has been restored in the province after a three-year sectarian violence.’

Zusammen mit Pak Umar besuchte ich den Markt von Ambon. Das Angebot an Früchten und Gemüse war überwältigend.

Bilder nächste Seite:

Abb. 20-36: Der Weltfriedensgong ‚Gong Perdamaian Dunia‘ in Ambon
Abb. 20-37: Tropische Früchte

---

407 Friedensglocke

Abb. 20-38: Die in ganz Indonesien beliebte Stinkfrucht Durian

Abb. 20-39: Gemüse und Gewürze

356

Abb. 20-40: Frische Fische

Ich besuchte noch das in mehreren Gebäuden untergebrachte ‚*Museum Siwalima*‘ in Ambon. Es wurde im März 1977 offiziell eröffnet. Ein Besuch lohnt sich! Hier kann man sich in den verschiedenen Abteilungen einen ganzen Tag aufhalten und findet immer wieder etwas Neues. Beim Eintreffen im Museum wurde ich von einer leitenden Angestellten freudig begrüßt. Man überreichte mir ein Buch und andere Kleinigkeiten. Ich war mehr als überrascht. Ging es allen Besuchern so gut? Nein, mein Besuch war am 2. Januar 2019 und ich war der erste Besucher im neuen Jahr!

Abb. 20-41: Ich war der erste Besucher des Museums im Jahr 2019

Abb. 20-42:
Der Katalog des
Museums

Ich war besonders an Hinweisen zu Georg Eberhard Rumphius interessiert und war überrascht, dass mir Rumphius in fast allen Abteilungen begegnete. Er war ein Allroundgenie und ich werde mich in dem nachfolgenden Kapitel ausführlich mit ihm beschäftigen.

21. Georg Eberhard Rumpf, genannt Rumphius[408]

In Ambon begegnete ich auf Schritt und Tritt dem deutschen Rumpf, genannt Rumphius. Es gab einen Rumphius-Gedenkstein, einen Rumphius-Garten, eine Rumphius-Bibliothek, eine Vereinigung ‚*Kumunitas Rumphius Ambon*‘ und im Museum *Siwalima* in Ambon und dem Fort Amsterdam in Hila sind ganze Wände mit Zeichnungen von Rumphius geschmückt. Fast jedes Kind in Ambon kennt den Wissenschaftler. Dieser Mann interessierte mich und ich wollte mehr über ihn erfahren, zumal er auch auf den Banda Inseln geforscht hatte.

Georg Eberhard Rumpf wurde 1622 in den Wirren des 30jährigen Krieges in Wölfersheim in Hessen in der Rathausgasse 1 geboren. Der Deutsche war Botaniker, Naturforschen und Verwaltungsbeamter in Diensten der holländischen Kolonialregierung. Die Großmutter Rumpfs war Holländerin, weshalb er von Jugend an mit Deutsch und Holländisch aufgewachsen war. Er betrachtete beide Sprachen als seine Muttersprachen und beherrschte sie fließend.

Auf Ambon hatte ich die Ehre, Pastor Cornelis J. Böhm kennenzulernen. Er ist der letzte holländische Pastor, der noch auf den Molukken lebt. Seit vielen Jahrzehnten forscht er über das Leben von Georg Eberhard Rumpf und gilt als der große Experte, wenn es um diesen außergewöhnlichen Menschen geht. Von ihm und vielen anderen erhielt ich eine Menge Informationen über Rumpf. Aber bevor ich mehr über Rumpf berichte, möchte ich zunächst Pastor Böhm zu Wort kommen lassen.

Dies ist eine freie Übersetzung[409] eines Vortrags, den Pastor Cornelis J. Böhm, MSC, im November 2018 anlässlich des ‚*7. Borobudur Writers & Cultural Festivals*‘ in Malang auf der Insel Java über Rumphius in Bahasa Indonesia gehalten hatte.[410]

Rumphius, ein Biologe, der sich auf der Insel Ambon einen Namen gemacht hat

Der Name Rumphius wird unter Biologen und Wissenschaftlern bis heute mit großer Hochachtung ausgesprochen. Georg Eberhard Rumpf (alias Georg

---

408 1627-1702, auch Georgius Everhardus Rumphius
409 Freie Übersetzung durch den Autor
410 Mit freundlicher Erlaubnis zur Verwendung und Veröffentlichung. Erteilt am 2. Januar 2019 von Pastor Cornelis J. Böhm, STPAK St. Yohanes Penginjil Ambon, Jl. Pakatora Pohoh Mangga Kole, Poka – Rumahtiga, Ambon.

Everhardus Rumphius) war ein Deutscher, der 1627 in Wölfersheim in Hessen/Deutschland, geboren wurde. Sein Vater August Rumpf war Ingenieur und Unternehmer. Der Mädchenname seiner Mutter war Elisabeth Keller. Ihre Mutter, also die Großmutter von Rumpf, war Holländerin. Das wird auch der Grund dafür gewesen sein, weshalb Rumpf fließend Holländisch sprach und auch viele seiner wissenschaftlichen Arbeiten in Holländisch verfasste. In seiner Jugend erhielt er eine gute Schulbildung auf einem Gymnasium. Seine Religion war streng kalvinistisch ausgerichtet.

1645, im Alter von 18 Jahren, wurde er Opfer von Menschenhandel. Er wurde mit falschen Versprechungen überredet, der Armee beizutreten. Als er nach Kreta geschickt werden sollte, um dort die Türken von der Insel zu vertreiben, verließ er die Truppe und bewarb sich nun bei der holländischen ‚West-Indische Companie‘. Dies war eine Organisation, wie es die VOC war, die aber ihren Handelsschwerpunkt auf den West-Indischen Inseln in Amerika hatte. Rumpf segelte mit dem Schiff De Swarte Raef[411] in Richtung Brasilien, wo sich die Niederländer und die Portugiesen um den Besitz einer Region stritten.[412] Aber aus einem unbekannten Grunde kam das Schiff dort nie an. Rumpf und alle anderen Passagiere mussten in Portugal an Land gehen. Dort blieb Rumpf ungefähr drei Jahre lang. Der Wissenschaftler W. Buijze hat 2002 eine Schrift veröffentlicht, die Details seines Aufenthaltes in Portugal beschreibt. Er schreibt, dass Rumpf von der Botanik in Portugal fasziniert war. Seine ganze Aufmerksamkeit galt Pflanzen aller Art.

Im Jahre 1649 kehrte er nach Hanau in Deutschland zurück, um seinem Vater in dessen Geschäft zu helfen. Da er von den Geschichten, die über die Molukken erzählt wurden und von dem Anbau von Gewürzen fasziniert war, bewarb er sich bei der VOC in Amsterdam. Bei dieser Gelegenheit gab Rumpf einen anderen Namen an, so dass es eher im Stil der niederländischen Sprache klang, nämlich Rumph.

Am 26. Dezember 1652, im Alter von nun 25 Jahren, stach er mit dem Schiff Muijden in Richtung Batavia[413] in See. Unterwegs legte das Schiff im Hafen Harapan in Südafrika einen Zwischenstopp ein. Rumphius machte von verschiedenen Pflanzen Skizzen, die er dort bewunderte. Es zeigt sich, dass das Interesse an Botanik zu dieser Zeit bereits zu einem wichtigen Teil seines Lebens geworden war. Im Monat Juli 1653 kam Rumphius in Batavia an und im Januar 1654 erreichte er endlich Ambon. Die Reise von Amsterdam nach Ambon hat ein ganzes Jahr gedauert.

---

411 Der Schwarze Rabe
412 Vermutlich meint Pastor Böhm hier das nördlich von dem heutigen Brasilien liegende Surinam, damals Holländisch Guyana.
413 Heute Jakarta

Abb. 21-1: Die holländische Siedlung Batavia, Zeichnung von 1665[414]
Abb. 21-2: Plan von Ambon von 1718 mit Fort Victoria (unten, Mitte)[415]

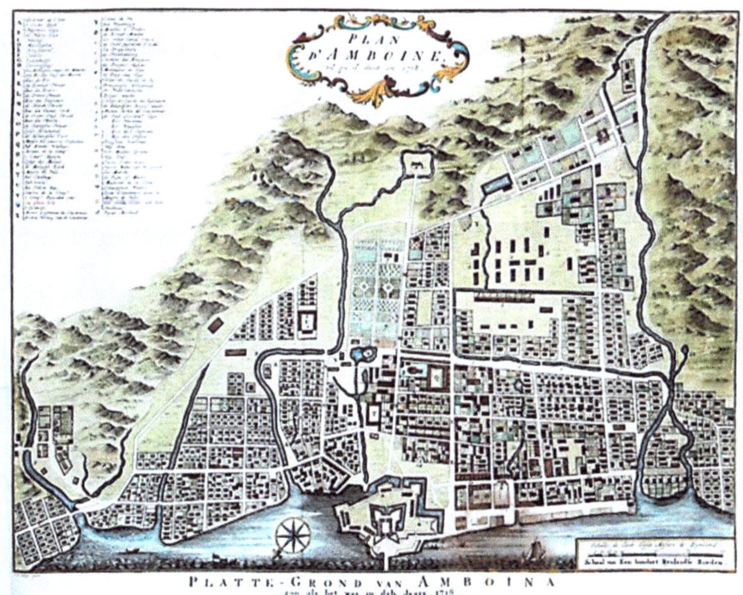

414 Wiki Commons, Public Domain
415 ibid.

Die Insel Ambon

Die Insel Ambon ist relativ klein. Sie wurde von der VOC als Hauptsitz für ihren Handel in den Molukken ausgewählt, weil sie relativ leicht gegen Angriffe der Konkurrenten aus Portugal und England verteidigt werden konnte. Die Insel besteht aus zwei Teilen, die durch einen schmalen Landweg bei dem Dorf Passo verbunden sind. Die nördliche Halbinsel heißt Jazirah Lei-Hitu und sie besteht zum größten Teil aus üppigen Wäldern. Die meisten Einwohner dieses Gebietes sind Moslems. Das Hauptdorf ist Hitu. Eine der bekanntesten Persönlichkeiten in diesem Dorf hieß Rijali. Er rebellierte regelmäßig gegen die VOC. Die südliche Halbinsel heißt Jazirah Lei-Timur. Sie ist kleiner, aber dichter bevölkert. Hier sind die meisten Einwohner Christen. Zwischen den beiden Halbinseln liegt eine zauberhafte Bucht.

Die ersten westlichen Menschen, die Ambon erreichten, waren 1512 die Portugiesen. Im Jahr 1605 erbeuteten die Soldaten der VOC das in Jazirah Lei-Timur aufgebaute portugiesische Fort ‚Nossa Senhora da Anunciada‘ und übernahmen die Kontrolle über die gesamte Insel Ambon. Das Fort erhielt nun den neuen Namen ‚Fort Victoria‘.

Abb. 21-3: Eine alte Karte von Ambon

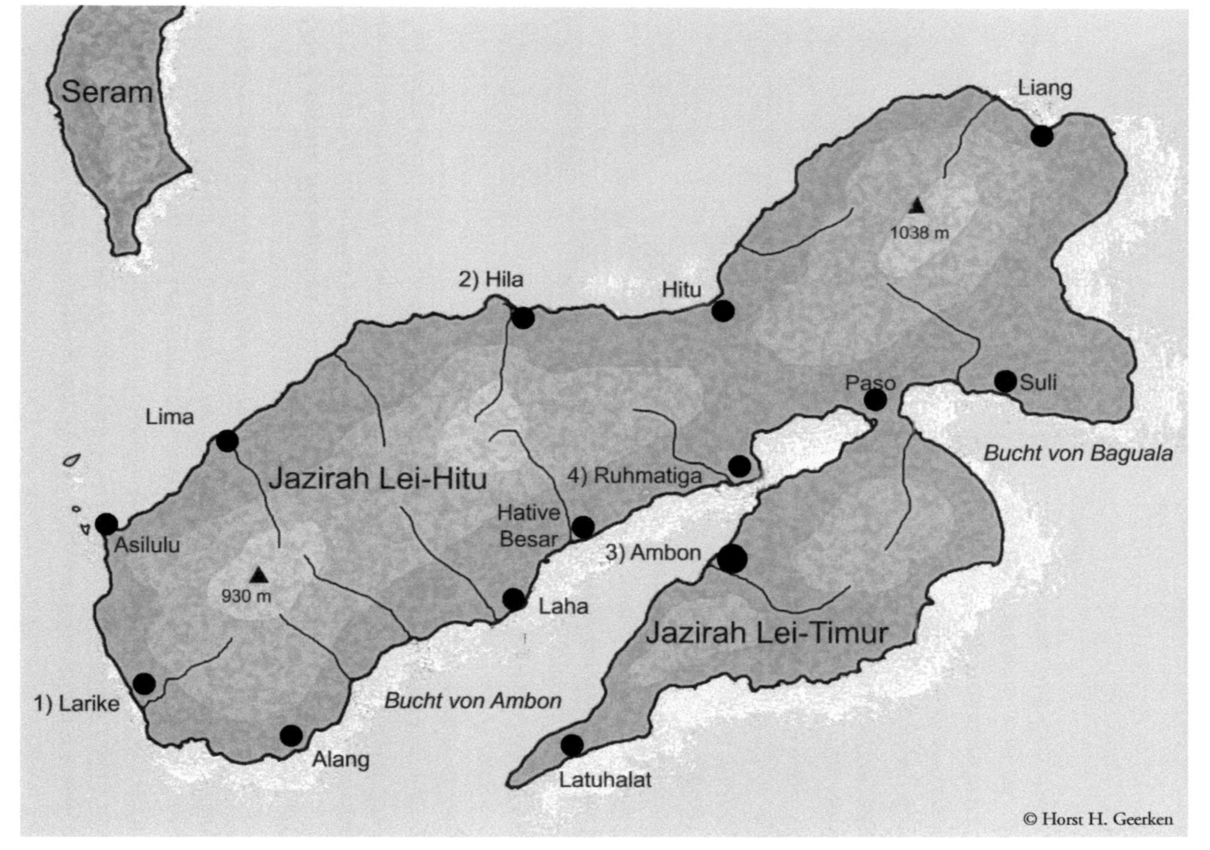

Abb. 21-4:
Die Insel Ambon
1) Rumphius lebte als Händler im Dorf Larike
2) In Hila forschte Rumphius von 1660 bis 1670
3) Ambon war der letzte Wohnsitz von Rumphius von 1670 bis 1702
4) Der Rumphius-Garten ist in Rumahtiga

Rumphius war nach seiner Ankunft auf Ambon mit Planungsarbeiten beschäftigt. Es gab eine Überlegung, das Fort Victoria nach Laha, auf die andere Seite der Bucht zu verlegen. Hinter dem Fort erhebt sich nämlich ein Hügel, von dem aus das Fort leicht eingenommen werden konnte. Aber Rumphius argumentierte, dass es auf Jazirah Lei-Timur viel mehr Gewürznelken und Muskatnüsse geben würde als auf der anderen Seite der Bucht. Daraufhin wurde der Plan einer Verlegung des Forts fallengelassen.

Die Familie Rumphius

In Ambon hat Rumphius eine junge Dame mit dem Namen Suzanna geheiratet. Man weiß nicht, wann sie geboren wurde, man kennt nicht einmal ihren Familiennamen. Man kennt den Namen ‚Suzanna' seiner Ehefrau nur, weil er in Erinnerung an sie einer seltenen weißen Orchidee den Namen Flos Suzannae[416] gegeben hatte. Dem Erstgeborenen gaben die Eheleute den Namen Paul August. Danach kamen noch zwei oder drei Mädchen, von denen wir nicht einmal den Namen wissen. Unglücklicherweise wurden seine Ehefrau und das jüngste Mädchen bei einem Erdbeben 1674 getötet. Sie wurden von einer einstürzenden Mauer erschlagen. Erst 1690 oder 1691 heiratete er nochmals, diesmal eine Witwe mit dem Namen Isabella Ras. Das einzige Porträt, das von Rumphius existiert, ist das von seinem Sohn Paul August gemalte.

Abb. 21-5:
Georg Eberhard Rumphius bei seiner Arbeit. Es ist das einzige Portrait, das von ihm existiert. Es wurde zwischen 1695 und 1696 von seinem Sohn Paul August als Kupferstich hergestellt.[417]

416 Pectelis susannae
417 Wikipedia, Public Domain

Seine zweite Ehefrau und die Kinder halfen Rumphius beim Sammeln und Trocknen von Pflanzen. Von Groß bis Klein half ihm die lokale Gemeinde bei dieser Arbeit. Außerdem ließ er sich von den lokalen Heilern informieren, welche Pflanzen bei der Verwendung als Medizin eine Rolle spielen. In der Tat hat er herausgefunden, dass bestimmte Pflanzen zur Heilung von Krankheiten beitragen können. Alle Menschen aus der Umgebung von Rumphius halfen ihm gerne, da er eine sanfte Art hatte, mit den Eingeborenen umzugehen. Er hatte immer ein offenes Ohr für die Probleme dieser Menschen.

Als Rumphius später in die Stadt Ambon umgezogen war, hatte er sich auch dort intensiv für das Wohlergehen der ambonesischen Bürger engagiert. Sein ganzes Leben lang, bis kurz vor seinem Tode war er Mitglied der politischen Vereinigung ‚Politieke Raad van Ambon‘. Er war auch der Vorsitzende der Behörde ‚Dewan Urusan Perkawinan dan Perkara Judicial Kecil‘[418].

Die Karriere von Rumphius

Im Jahre 1655 beteiligte sich Rumphius an dem 5. Ambonesischen Krieg, der hauptsächlich in den südlichen Teilen der Insel Ceram stattfand. Der Kommandant der Truppen der VOC war De Vlaming[419], ein Mensch, der sehr grausam gegen die Einheimischen vorging. Rumphius war mit den Grausamkeiten und dem Blutvergießen durch die Holländer nicht einverstanden. Er verließ das Militär und ließ sich im Dorf Larike[420] als Händler nieder. Gleichzeitig erhielt er eine neue Position innerhalb der VOC. Anscheinend war man mit seiner Arbeit sehr zufrieden, denn schon bald danach wurde ihm die Überwachung des Küstenmeeres beim Dorf Hila in Jazirah Lei-Hitu anvertraut. [Anmerkung des Autors: ‚Da er ein nüchterner Mann war und mit den Ambonesen gut umgehen, arabische Schrift lesen und schreiben konnte und in vielen Dingen gelehrt war.‘][421]

Ab 1660 lebte Rumphius im Dorf Hila. Er baute sich ein Haus direkt neben dem Fort Amsterdam. Das Fort nahm einen strategisch wichtigen Platz ein. Das Fort Amsterdam wurde 1993 restauriert. Außerhalb des Forts kann man immer noch den Brunnenschacht sehen, dessen Wasser Rumphius mit Sicherheit verwendet hat.[422]

Von Anfang an war Rumphius von der tropischen Natur auf der Insel Ambon fasziniert. Ihn begeisterte die außergewöhnliche Fauna und Flora, deren Schönheit er bewunderte. Ihm war bewusst, dass diese Schönheit bisher noch

---

418 Behörde für Ehefragen und kleinere gerichtliche Angelegenheiten
419 Auch Vlamingh, über seine Rachefeldzüge habe ich in Kapitel 8 berichtet.
420 Auch Larika
421 Heuken SJ, Adolf, *… dahin, wo der Pfeffer wächst,* S.49
422 Siehe Abb. 20-35

nicht wissenschaftlich untersucht und schriftlich festgehalten wurde. Er begann, alle bisher unbekannten Pflanzen zu studieren. Ehrgeizig spezifizierte und katalogisierte er alle Pflanzen, die er auf der Insel Ambon finden konnte. Ab 1660 begann er systematisch mit der Umsetzung dieser Arbeit. Zum Glück war der Generalgouverneur in Batavia, Joan Maetsuycker, ein Rechtsgelehrter, der an allen Wissenschaften interessiert war. Er gab daher Rumphius die Erlaubnis, seine ganze Aufmerksamkeit der Flora und Fauna der Insel Ambon und der Bandasee zu widmen.

Rumphius war sich aber bewusst, dass sein Wissen in der Botanik noch begrenzt war. Er hatte bisher noch keine Gelegenheit, sich auf dem Gebiet der Biologie und Botanik weiterzubilden. Dazu benötigte er Bücher und Werkzeuge, wie zum Beispiel ein Vergrößerungsglas. Er bat seine besten Freunde in Holland um Unterstützung, um all dies für ihn zu beschaffen. Zum Glück kamen die gewünschten Bücher und benötigten Werkzeuge gut in Ambon an. Wenn er die Sachen über die VOC in Amsterdam bestellt hätte, wäre sein Gehalt um diese Kosten gekürzt worden. Rumphius erhielt im Laufe der Zeit noch viele weitere Bücher, sodass er schon bald über eine reichhaltige Bibliothek verfügen konnte. Die Sprachen, die er für seine Bücher verwendete, waren außer Latein auch Deutsch und Holländisch. Daneben beherrschte er noch die Sprachen Malaiisch, Französisch, Spanisch, Portugiesisch, [Anm. des Autors: Arabisch] und Italienisch. Rumphius war ein Sprachgenie, aber von der englischen Sprache hatte er keine Ahnung. Neben Fachbüchern für Biologie sammelte er auch Bücher über die verschiedensten Staaten und Regionen der ganzen Welt. Fast alle seine Bücher wurden in Antwerpen in Belgien oder in Amsterdam gedruckt. Unglücklicherweise brach 1687 in der Stadt Ambon – in diesem Jahr wohnte Rumphius dort – ein großes Feuer aus, das den größten Teil seiner Bibliothek vernichtete.

Zum Glück gab es einen Niederländer, der sich eingehend mit dem Leben von Rumphius beschäftigt hatte. Er war bereits einige Jahre vor dem großen Feuer gestorben. Er hatte ein Buch über alle Werke von Rumphius und über seine Bibliothek geschrieben. Es war ein dickes Buch mit über 400 Seiten. Daraus kann man ersehen, dass Rumphius mit vielen Menschen in Kontakt kam, besonders mit Biologen und Wissenschaftlern anderer Fachrichtungen aus Europa.

Rumphius hat die Molukken nie mehr verlassen, sodass er seine Briefpartner nie von Angesicht zu Angesicht getroffen hatte. Natürlich hat eine Korrespondenz mit Briefen, die mit Segelschiffen transportiert wurden, eine lange Zeit in Anspruch genommen. Rumphius hat jedoch fleißig und regelmäßig geschrieben. Alle Bücher und Korrespondenzen haben ihm sehr dabei geholfen, dass er im Laufe der Zeit ein professioneller und berühmter Botaniker wurde, dessen Name bis heute im fernen Europa in Fachkreisen bekannt ist. Im Jahr 1681 wurde er sogar Mitglied der Leopoldina, der kaiserlichen Institution ‚Academia Naturae Curiosorum‘ in Wien, Österreich.

Bis zum Jahr 1670 lebte und arbeitete Rumphius in Hila, im Norden der Insel Ambon. Dort erhielt er von der VOC ein Grundstück, das sein privates Eigentum wurde. Das Grundstück lag neben dem Fort Amsterdam. Das Geschenk nahm er gerne an, und er hat das Grundstück gleich dazu benutzt, einen ‚Versuchsgarten‘ anzulegen, in dem er verschiedene Sorten von Pflanzen für seine Arbeiten züchtete. Die VOC gab ihm immer noch die Gelegenheit, seine Untersuchungen auf dem Gebiet der Biologie durchzuführen. Sie stellte ihm sogar einen Zeichner, einen Sekretär und eine ganze Anzahl Diener zur Verfügung. Rumphius begann nun, seine Entdeckungen zu spezifizieren und in Ambonesisch, Malaiisch und Lateinisch zu benennen. Er gab seinen Zeichnern und Schreibern immer wieder die Anweisungen, sorgfältig und gründlich zu arbeiteten. Rumphius selbst war ein guter Zeichner.

Katastrophe um Katastrophe

1670, im Alter von 43 Jahren, sah Rumphius alles milchig. Er litt an der Augenkrankheit Glaukom, die nicht geheilt werden konnte. Es dauerte nicht lange, dann war er ganz blind. Er selbst glaubte, dass seine Blindheit auf die intensiven Sonnenstrahlen zurückzuführen sei, da er sich davor nicht genügend geschützt hatte. Er war bei seinen Arbeiten, beim Suchen von Korallen oder Pflanzen immer dem Sonnenlicht ausgesetzt gewesen. Er selbst nannte seine Augenkrankheit ‚Suffosio‘ oder ‚Cataracta Nigra‘. Regelmäßig kamen Leute zu ihm und brachten verschiedene Pflanzen als Medizin für die Augen mit. Alle waren nutzlos. Zu diesem Zeitpunkt hatte er schon sehr viele Proben gesammelt, besonders von Pflanzen, Schnecken und Korallen, die nun nach einem System bestimmt werden mussten. Zum Glück sorgte die VOC für zusätzliche Schreiber und Zeichner. Vermutlich waren die Holländer im 17. Jahrhundert auf den Gebieten des Schreibens und Zeichnens besonders talentiert. Einer der Zeichner war sein eigener Sohn, Paul August. Weil die Schreiber kein Latein verstanden, wurden alle Texte, die er in Latein verfasst hatte, ins Holländische übersetzt.

Obwohl er nun völlig erblindet war, setzte er fleißig seine Forschungen und Bemühungen an vielen Pflanzen und Seetieren fort, um ihre Art zu bestimmen. Seine Blindheit hinderte ihn nicht daran, seinen Beobachtungsbereich zu erweitern, nämlich alle Arten von Schalentieren in den Gewässern von Ambon zu spezifizieren. Er hörte sich auch die Geschichten der Einheimischen über die Muscheln an und diktierte dann seinem Sohn oder einem Schreiber, was er dazu zu sagen hatte. Aufgrund seiner Freundlichkeit halfen ihm viele Ambonesen bei seinen Untersuchungen. Er befühlte seine Objekte nicht nur mit den Fingern und den Lippen, er war auch ein besonders guter Zuhörer.

Er zog mit seiner Familie von Hitu nach der Stadt Ambon. Er wurde immer noch großzügig von seinem Arbeitgeber, der VOC, in Batavia unterstützt und erhielt ein Gehalt sowie Unterstützung durch Schreiber und Zeichner. Auch seine Ehefrau und alle seine Kinder halfen ihm zehn Jahre lang von morgens bis abends bei seiner Arbeit.

Es kam jedoch erneut zu einer Katastrophe. Ein verheerendes Erdbeben erschütterte Ambon am 17. Februar 1674. Dieses Erdbeben tötete die Menschen, die er am meisten liebte, nämlich seine Frau und seine jüngste Tochter – zwei Menschen, die immer bei ihm waren, Tag und Nacht, die ihn bei jedem Schritt außerhalb des Hauses führten, die ihm die Wunder Ambons nahebrachten. Das Erdbeben tötete 2322 Einwohner von Ambon. Es gelang Rumphius jedoch, noch im selben Jahr sein Manuskript mit dem Titel ‚Sejarah dan Geografi Pulau Ambon‘[423] fertigzustellen. Nachdem er das Buch seinen Vorgesetzten vorgelegt hatte, blieb das Buch bei der VOC in Batavia unter Verschluss. Es wurde befürchtet, dass die Konkurrenten der VOC daraus Vorteile ziehen könnten. Später, nach dem Tod von Rumphius, wurde das Buch von dem Priester Francois Valentijn entdeckt. Er bearbeitete den Text geringfügig und veröffentlichte das Buch unter seinem eigenen Namen.

Am 11. Januar 1687 traf Rumphius und Ambon erneut eine Katastrophe. Ein großer Teil der Stadt Ambon wurde durch ein schreckliches Feuer zerstört. Dem Feuer fielen viele Bücher der Rumphius-Bibliothek und Bilder für seine Pflanzenbücher zum Opfer. Auch seine getrockneten Pflanzen und die Sammlung seiner Muscheln, sowie Manuskripte und Konzepte für neue Bücher gingen verloren. Es waren Arbeiten, an denen er 15 Jahre lang sorgfältig gearbeitet hatte. Glücklicherweise wurde sein Skript über die Pflanzenwelt Ambons gerettet. Die Führung der VOC unterstützte Rumphius bei seinen Bemühungen, alle verbrannten Dokumente und Zeichnungen neu zu erstellen. Rumphius gab nicht auf. Durch seine liebenswerte Art hatte er viele Freunde in Ambon, die ihm bei dieser schwierigen Aufgabe halfen. Wenn er sie brauchte, waren sie für ihn da.

Sein Haus wurde wiederaufgebaut und von Rumphius bewohnt. Es war ein stabiles Haus, das bis zum 24. August 1944 erhalten blieb und besichtigt werden konnte.[424] Im Zweiten Weltkrieg flogen Flugzeuge der alliierten Streitkräfte einen Angriff auf die Stadt Ambon. Ambon war zu der Zeit von japanischen Streitkräften besetzt. Bei diesem Angriff fiel das Haus von Rumphius in Trümmer.

---

423 Geschichte und Geographie der Insel Ambon
424 Siehe Abb. 21-6

Wissenschaftliche Veröffentlichungen von Rumphius

Rumphius arbeitete ein Jahr an der Zusammenstellung eines Buches, das er ‚Ambonese Historie' nannte. Im Jahr 1679 vollendete er die Arbeit, aber seine Vorgesetzten hielten das Manuskript unter Verschluss, da es zu viele Informationen enthielt, die für die englische Konkurrenz von Wichtigkeit sein konnten. Es waren jedoch bei Freunden von Rumphius einige Exemplare im Umlauf, sodass das Buch erhalten blieb. Schließlich, nach 231 Jahren, wurde das Buch 1910 in Den Haag veröffentlicht.

Zwischen 1724 und 1727 veröffentlichte der Priester Francois Valentijn eine Reihe von Büchern über Niederländisch-Indien, in denen er viel Material aus den Handschriften von Rumphius verwendete, allerdings ohne seinen Namen zu erwähnen.

Im Jahre 1672 wurde Rumphius von der VOC gebeten, eine Landkarte von der Stadt Ambon mit ihrer Umgebung anzufertigen. Die Arbeit wurde 1678 zur vollsten Zufriedenheit der VOC abgeschlossen. Aus strategischen Gründen wurden die Landkarten und die dazugehörigen Beschreibungen jedoch geheim gehalten. Erst 323 Jahre später erfolgte im Jahr 2001 unter der Leitung von W. Buijze eine Aufarbeitung dieser Unterlagen und ein Druck. Die Arbeit beinhaltet verschiedene Karten, viele Zeichnungen und Erklärungen.

Im Jahre 1690 wurde das Meisterwerk von Rumphius in 12 Bänden vollendet. Es war ein gigantisches Werk, an dem er über 20 Jahre gearbeitet hatte. Er gab dem Buch den Titel ‚Herbarium Amboinense alias Het Amboinsche Kruidboek'. Dieses wissenschaftliche Werk sandte er an den Generalgouverneur der VOC in Batavia. Seine Arbeit wurde jedoch erst 1697 nach Holland weitergeleitet. Generalgouverneur Johannes Camphuys, ein Amateurastronom, studierte das Buch zunächst selbst. Es enthielt 1200 Pflanzenarten. Camphuys war von dem Buch begeistert. Sieben Jahre lang dauerte es, bis es kopiert war. Dann schickte er das Original endlich nach Europa. Das holländische Schiff wurde von einer französischen Armada angegriffen und mit dem Originalmanuskript versenkt. Zum Glück gab es nun noch die in Batavia angefertigte Kopie des Werkes, die auch später sicher in Holland ankam. Dort wurde Joannes Burmannus beauftragt, das gesamte Werk ins Lateinische zu übersetzen. Es war ein riesiges Werk, aber Burmannus schaffte die Übersetzung, sodass das Gesamtwerk nun in zwei Sprachen, Latein und Holländisch, veröffentlicht wurde. 44 Jahre wurde an dem Buch gearbeitet und übersetzt, bis es endlich in den Jahren 1741, 1743 und 1747 gedruckt und veröffentlicht wurde. Aus den ursprünglich zwölf Bänden wurde nun ein Werk mit sechs, allerdings dickeren Bänden. Im Jahr 1755 erschien noch ein Band Nummer sieben unter dem Titel ‚Auctuarium‘ mit einer Reihe von bisher unbekannten Pflanzen, die Rumphius noch vor seinem Tod spezifiziert hatte.

Die Verzögerung bei der Veröffentlichung war auf die übermäßige Vorsicht der VOC vor der Konkurrenz zurückzuführen und man hatte auch Zweifel, ob für das Buch genügend Interesse bestand. Erst im Jahre 2011 wurde eine Ausgabe in Englisch von E. M. Beekman herausgebracht. Rumphius stellte ein Buch über die verschiedenen Wildtiere Ambons zusammen. Das Manuskript ist mit einem Schiff auf der Reise nach Europa untergegangen. Eine Kopie des Buches gab es leider nicht.

Seit seiner Ankunft auf der Insel Ambon hatte Rumphius die Angewohnheit, alles Mögliche zu sammeln und zu katalogisieren. Seine große Sammlung bestand aus Schnecken, Muscheln, Korallen, Fossilien, Seeigeln, Seesternen, Mineralien, Kristallen, Eiern, Insekten, Meteoriten und so weiter. Selbst ungewöhnlich geformtes Treibholz war in seiner Sammlung. Alles, was er als Rarität bezeichnete, schickte er 1682 in sechs großen Truhen nach Amsterdam.

Im Jahr 1699 war sein Buch mit dem Titel ‚D'Amboinese Rariteitkamer‘ fertig, in dem alle diese Gegenstände besprochen wurden. Sein besonderes Augenmerk lag auf Muscheln und Krabben, die im Meer rund um Ambon vorkamen. Das Buch war unverfälscht und wurde in Europa besser aufgenommen als die vorherigen. Diesmal hat Rumphius das Manuskript direkt nach Holland an einen Freund mit dem Namen Dr. Hendrik D'Acquet in Delft geschickt, der es 1705 veröffentlichte. Bei dem bisherigen Weg seiner Bücher über den VOC gab es nicht nur Verzögerungen, aus Angst vor der englischen Konkurrenz wurden auch ganze Passagen durch die VOC gestrichen oder geändert. Rumphius selbst hat kein einziges Buch selbst veröffentlicht. Er starb 1702 in seinem Haus an der Olifantstraat[425] in der Stadt Ambon, einer Hauptstraße, die heute Jalan Pattimura[426] heißt.

---

425 Elefantenstraße
426 Jalan Pattimura, benannt nach einem indonesischen Freiheitskämpfer, der 1817 von den Holländern zum Tode verurteilt wurde.

Gedenkstätten

Er ist so gut wie sicher, dass Rumphius neben seinem Haus in der Olifantstraat begraben wurde. Sein Grab schmückte anscheinend ein Grabstein aus Marmor. Während der britischen Herrschaft[427] wurde der Grabstein um 1800 zerstört. [Anmerkung des Autors: 1810 wurde das Grab von britischen Soldaten geöffnet, da sie darin Schätze vermuteten.] Im Jahr 1824 wurde auf Initiative von Generalgouverneur Godert van der Capellen an derselben Stelle, im Garten des Hauses von Rumphius in Ambon, ein neues Denkmal errichtet.

Abb. 21-7: Einweihung des Denkmals durch Generalgouverneur Godert van der Capellen, 1824[428]
Abb. 21-8: Der Gedenkstein für Rumphius
Abb. 21-9: Kranzniederlegung am 1. 11. 1927 anlässlich des 300. Geburtstags von Rumphius durch Generalgouverneur Cornelis Dirk de Graeff und Gouverneur van Sandick[429]

---

427 1796-1803 und 1810-1817
428 Collectie Tropenmuseum Amsterdam,
429 Wikipedia, Public Domain

Das Denkmal wurde 1944 bei der Bombardierung von Ambon durch die Alliierten im Zweiten Weltkrieg erneut zerstört. Am 22. April 1996 wurde eine Kopie des Denkmals auf Initiative von Monseigneur Sol und W. Buijze hergestellt und im Rahmen einer Veranstaltung vom Gouverneur der Molukken eingeweiht. Das Denkmal steht nun auf einem Grundstück an der Ecke der Jalan Pattimura vor dem Xaverius Gymnasium.

Abb. 21-10:
Neues Rumphius-Denkmal von 1996

Abb. 21-11:
Detail der Schrift

Der Name Rumphius lebt in Ambon weiter, auch durch eine Rumphius-Bibliothek, die von dem niederländischen Bischof Andreas Sol[430] *gegründet wurde. Später wurde dieser indonesischer Staatsbürger. Während seiner Amtszeit als Bischof der Diözese Amboina interessierte er sich sehr für die Geschichte und Kultur der Molukken. So sammelte er Bücher und Artikel, mit einem besonderen Augenmerk auf die Entwicklung der katholischen Kirche in der Region. Die Sammlung seiner Bücher erweiterte sich auch auf andere Regionen Indonesiens. Als seine Sammlung bereits über 5000 Bücher umfasste, gründete er 1984 die ‚Rumphius Library‘. Der Stolz der Sammlung sind Originale von Rumphius und Valentijn. Am 11. Oktober 2012 erhielt Monseigneur Sol als Gründer dieser Bibliothek eine ganz besondere Auszeichnung, nämlich den Orden ‚Ngurah Jasadarma Pustaloka‘. Dies ist die höchste Auszeichnung, die die Indonesische Nationalbibliothek für Verdienste bei der Entwicklung von Bibliotheken vergibt. Wir sind optimistisch, dass eines Tages ein würdiger Nachfolger von Sol gefunden werden wird, der diese Bibliothek weiterhin bewahren und weiterent-*

---

430 1915-2016

wickeln kann. Das Erbe des außergewöhnlichen Wissenschaftlers und Literaten Georg Everhardus Rumphius muss erhalten bleiben. Er wird hier weiterhin als ein ‚Held der Molukken' verehrt werden.

Neuere Literatur über G.E. Rumphius

- W. Buijze, Leven en Werk van Georg Everhard Runohius, Den Haag 2006
- W. Buijze, Rumphius's reis naar Portugal, Den Haag 2002
- W. Buijze, Georg Everhard Rumphius, Hidupnya dan Tugu, Ambon
- W. Buijze, Rumphius, Bibliothek op Ambon 1654-1702, Den Haag 2004
- W. Buijze, Georg Everhard Rumphius, Een Duitse Botanicus in Dienst van de VOC, Magazin Indische Letteren, 22 (2007), S. 98-133
- W. Buijze, Die Bibliothek von Rumphius auf Ambon, in der Reihe Bibliothek und Wissenschaft, S. 151-163, Verlag Harrassowitz, Wiesbaden

Soweit der Vortrag von Pastor Böhm über das Leben von Rumphius. In der Rumphius-Bibliothek gibt es über 700 Bücher von Rumphius und über Rumphius.

Es gab noch weitere Ehrungen für Rumphius. Zum Beispiel taufte die staatliche holländische Schifffahrtsgesellschaft KPM[431] eines ihrer Schiffe, das im Linienverkehr zwischen den Niederlanden und Java, aber auch zwischen den Inseln Niederländisch-Indiens eingesetzt war, auf den Namen *SS Rumphius*.

Abb. 21-12:
Die SS Rumphius, 1929 in der Sunda-Straße vor dem noch kleinen Vulkan Anak Krakatau [432]

Abb. 21-13:
Die SS Rumphius auf einem Werbeprospekt der KPM

---

431 Koninklijke Paketvaart Maatschappij
432 Collectie Tropenmuseum Amsterdam

Rumphius hat seit seiner Ankunft in Ambon im Januar 1654 die Molukken nie mehr verlassen. Sein fester Wohnsitz war die Insel Ambon, aber er besuchte auch die Inseln Ternate und Tidore in den nördlichen Molukken. Nach Auskunft von Pastor Cornelis J. Böhm, dem Rumphius-Experten, besuchte Rumphius mindestens einmal die Banda Inseln. Dies wird belegt durch seine Beschreibungen der Flora und Fauna verschiedener Inseln.[433] Leider habe ich in seinen Dokumenten keinen Hinweis darauf gefunden, wie lange er und wie oft er auf den Bandas war. Er hatte auch bereits das Geheimnis des Mysteriums der Bandasee, des ,Weißen Wassers'[434] aufgelöst, das über 100 Jahre später wieder Rätsel aufgab, als Kapitän Minssen des Reichspostdampfers *Manila* in ein ,Weißes Wasser' geriet. Rumphius schrieb schon damals: ,Das ,Weiße Wasser' entsteht bei Vollmond durch massenweise Fortpflanzung der auf Riffen lebenden Borstenwürmer (Polychäten), die Ei- und Samenzellen zusammen an der Wasseroberfläche abscheiden'.[435] Das Wissen von Rumphius war verloren gegangen!

Rumphius sandte eine Sammlung der schönsten Muscheln und Muster von 400 verschiedenen tropischen Holzsorten an den Großherzog von Toskana, Cosimo de Medici III.[436] Teile dieser Sammlung sind heute noch im Naturkundlichen Museum[437] in Florenz zu sehen.

Rumphius wird in Fachkreisen oft als der ,Der blinde Seher von Ambon' bezeichnet, da er trotz seiner Blindheit mit Hilfe seines Sohnes umfangreiche Sammlungen aus der Pflanzen- und Tierwelt erstellen und dokumentieren konnte. Er war ein Meister des Beobachtens, und nach seiner Blindheit, des Fühlens.

Er wurde aber auch als ,Der blinde Dichter von Ambon' bezeichnet. Das hängt damit zusammen, dass Rumphius zum Beispiel die systematischen Beschreibungen in der *,D'Amboinsche Rariteit Kamer'* mit Anekdoten würzte, oder dass er als Wissenschaftler die Poesie bei der Beschreibung von Pflanzen und Tieren in die Botanik brachte. Er musste für die von ihm gesammelten Raritäten laufend neue Namen in Holländisch, Deutsch und Lateinisch erfinden. Wenn ich durch die Werke von Rumphius blättere, springen mir laufend Namen ins Auge, die Titel von Gedichten oder Kurzgeschichten sein könnten. So liest man zum Beispiel bei Pflanzen

,Das Farn des Schriftstellers', oder

,Der nackte Baum', oder

,Die blaue Klitoris', oder

433 Siehe Kapitel 19, Pulau Ai
434 Auch ,Weiße See' genannt
435 Heuken SJ, Adolf, …*dahin wo der Pfeffer wächst*, S. 49f
436 1642-1723
437 Museo di Storia Naturale La Specola

‚Das Haar der Nymphe‘, oder
‚Der Baum des wilden Trommelschlägers‘, oder
‚Saturns Bart‘, oder
‚Die Pflanze mit dem Gedächtnis‘.

Bei der Tierwelt ist es ebenso. Hier liest man
‚Das kleine Horn der Träume‘, oder
‚Die Beerdigung der Prinzessin‘, oder
‚Die Harfe der doppelten Venus‘, oder
‚Der blaue Seemann‘, oder
‚Die Dorfmusikanten‘.

Jeder Name dieser Spezies könnte die Überschrift oder der Anfang eines Gedichtes sein. Es waren aber nicht nur poetische Namen, die er seinen Spezies gab. Bis ins kleinste Detail beschrieb er die Struktur, die Form, die Farbe und so weiter. Bei jeder Pflanze beschrieb er die Struktur der Wurzeln, die Anordnung der Blätter und die Möglichkeiten der Verwendung, zum Beispiel für medizinische Zwecke. Aber etwas Romantik war immer dabei! Er beschrieb selbst die geheimsten Kenntnisse ambonesischer Frauen über Kräuter, die das Verlangen nach Liebe steigern, oder einen von ihnen gewünschten Jüngling gefügig machen sollten.

Hier sind einige Beispiele der Arbeiten von Rumphius:

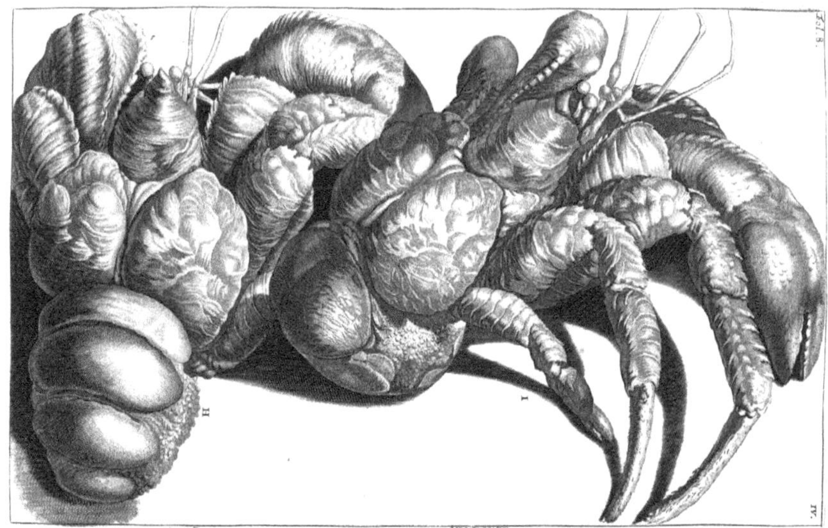

Abb. 21-14: Die Kokosnuss-Krabbe

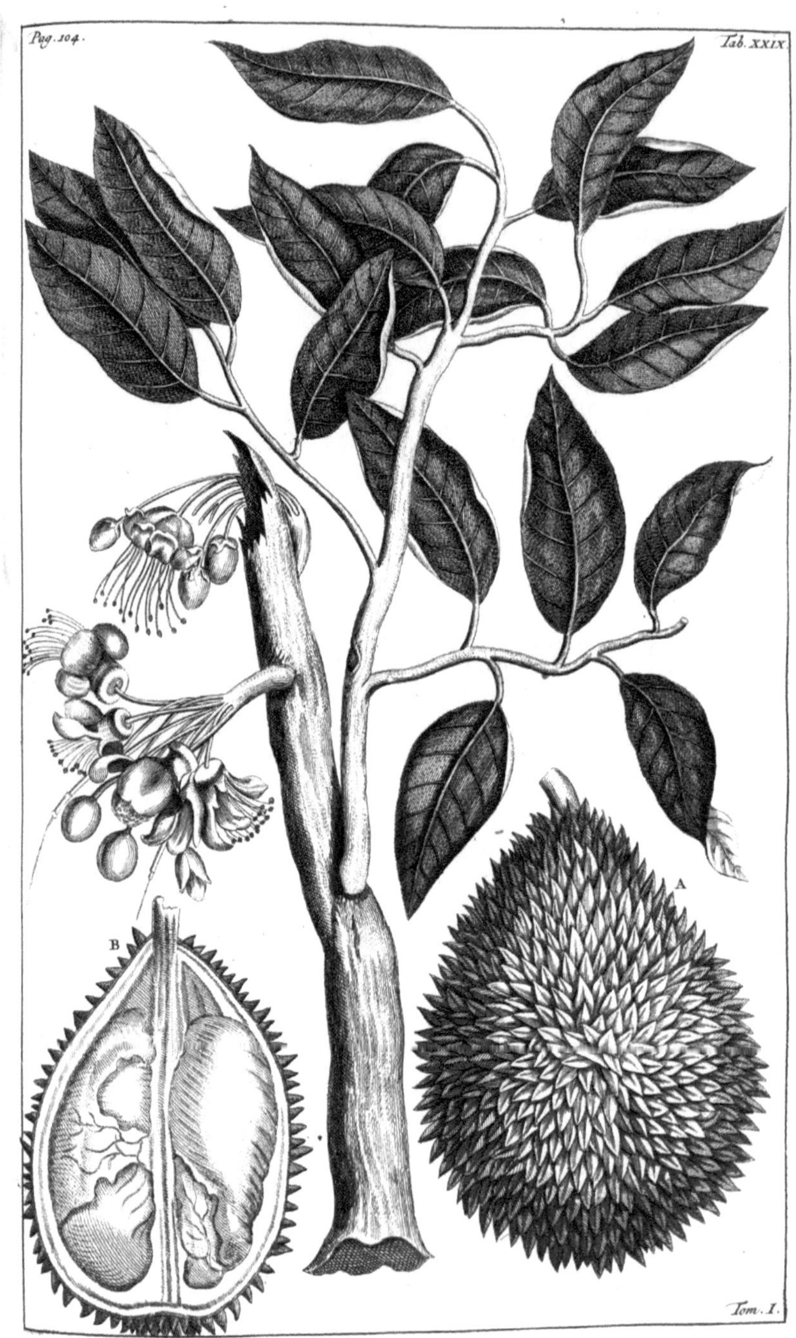

Abb. 21-15: Die Stinkfrucht Durian

376

Abb. 21-16: Muscheln

377

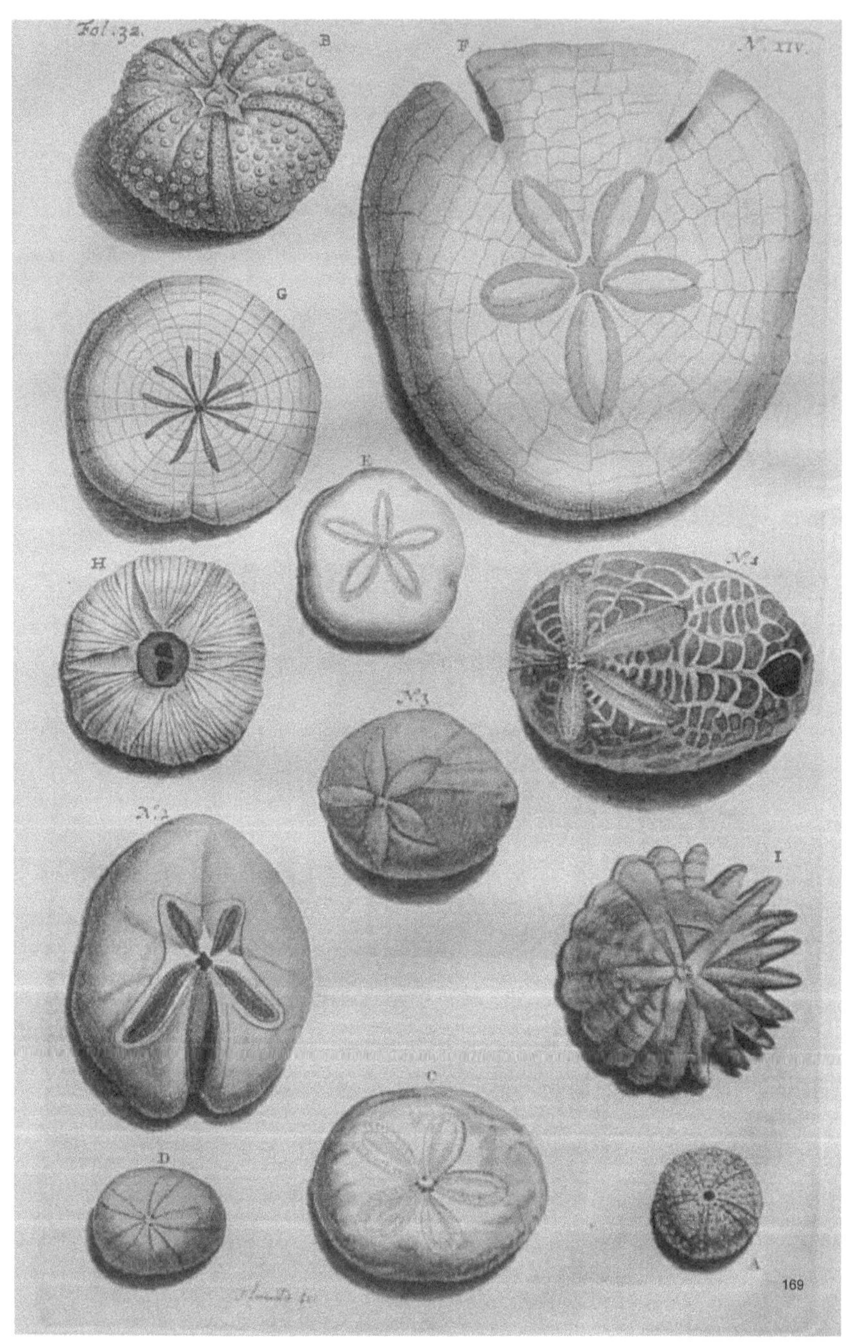

Abb. 21-17: Skelette von Seeigeln

378

Abb. 21-18: Seesterne

In neuerer Zeit gab es einige Expeditionen, die auf den Spuren von Rumphius in den Molukken forschten. Zum Beispiel war da die Expedition von David Fairchild, der noch 1940, während des Zweiten Weltkriegs, Ambon besuchte und nur einen Tag vor dem Einmarsch deutscher Truppen in die Niederlande am Gedenkstein von Rumphius Blumen niederlegte. Fotos und Berichte darüber liegen heute im Archiv des ‚Fairchild Tropical Botanic Garden' in Miami/Florida.

Im November/Dezember 1990 gab es eine ‚*Rumphius Biohistorical Expedition*' der Universität in Leiden/Niederlande. Sie hatte die Aufgabe, die heutige Situation der Meere in den Molukken mit der vor 300 Jahren zu vergleichen. Rumphius hatte bereits damals rund 40 Prozent der heute bekannten Spezies in den Molukken beschrieben. Mit den damals noch beschränkten Mitteln und der einfachen Ausrüstung ist dies eine ganz außergewöhnliche Leistung für einen blinden Wissenschaftler.

Im Museum *Siwalima* in Ambon wird Rumphius ein ganz besonderer Platz eingeräumt. Ganze Wände sind geschmückt mit seinen Zeichnungen von Pflanzen, Muscheln, Schnecken und Fischen. Hier hängt eine große Wandtafel, auf der alle 528 Fische aufgeführt sind, die er in den Molukken und der Bandasee spezifiziert hat.

Darunter gibt es einen *Ikan Banda,* einen Banda-Fisch. Ob wohl der bekannte Kinofilm ‚Ein Fisch namens Wanda'[438] von diesem Fisch inspiriert wurde?

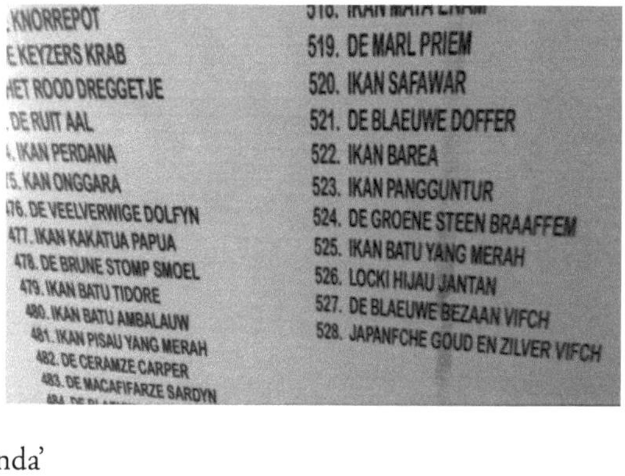

Abb. 21-19:
Tafel im Museum Siwalima mit den Namen von 528 Fischen, die Rumphius in Ambon und den Banda Inseln spezifiziert hat.

---

438 Englischer Titel ‚A Fish Called Wanda'

Auch im Fort Amsterdam in Hila sind die Wände mit Kopien der Zeichnungen von Rumphius geschmückt. Leider war im Innern des Forts die Batterie meiner Kamera leer, sodass ich davon nur die hier gezeigte Aufnahme habe.

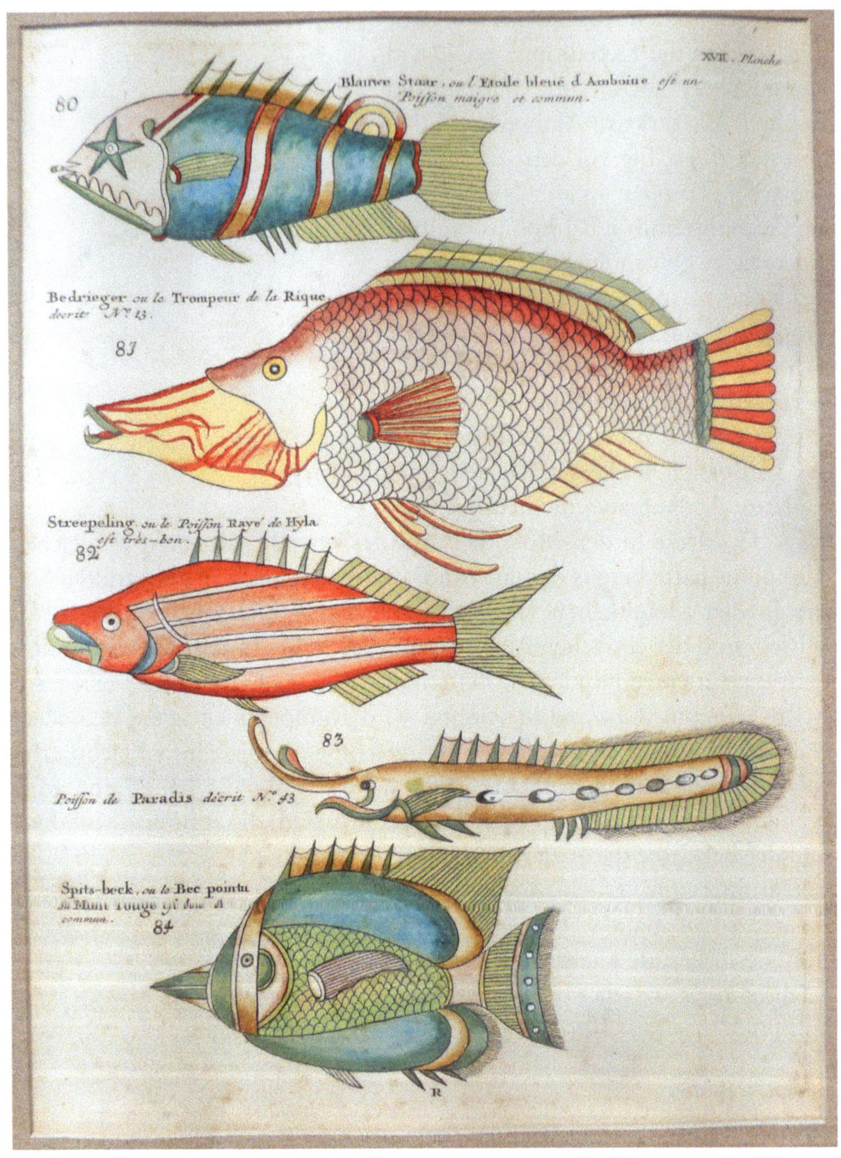

Abb. 21-20: Exotische Fische, gezeigt im Fort Amsterdam

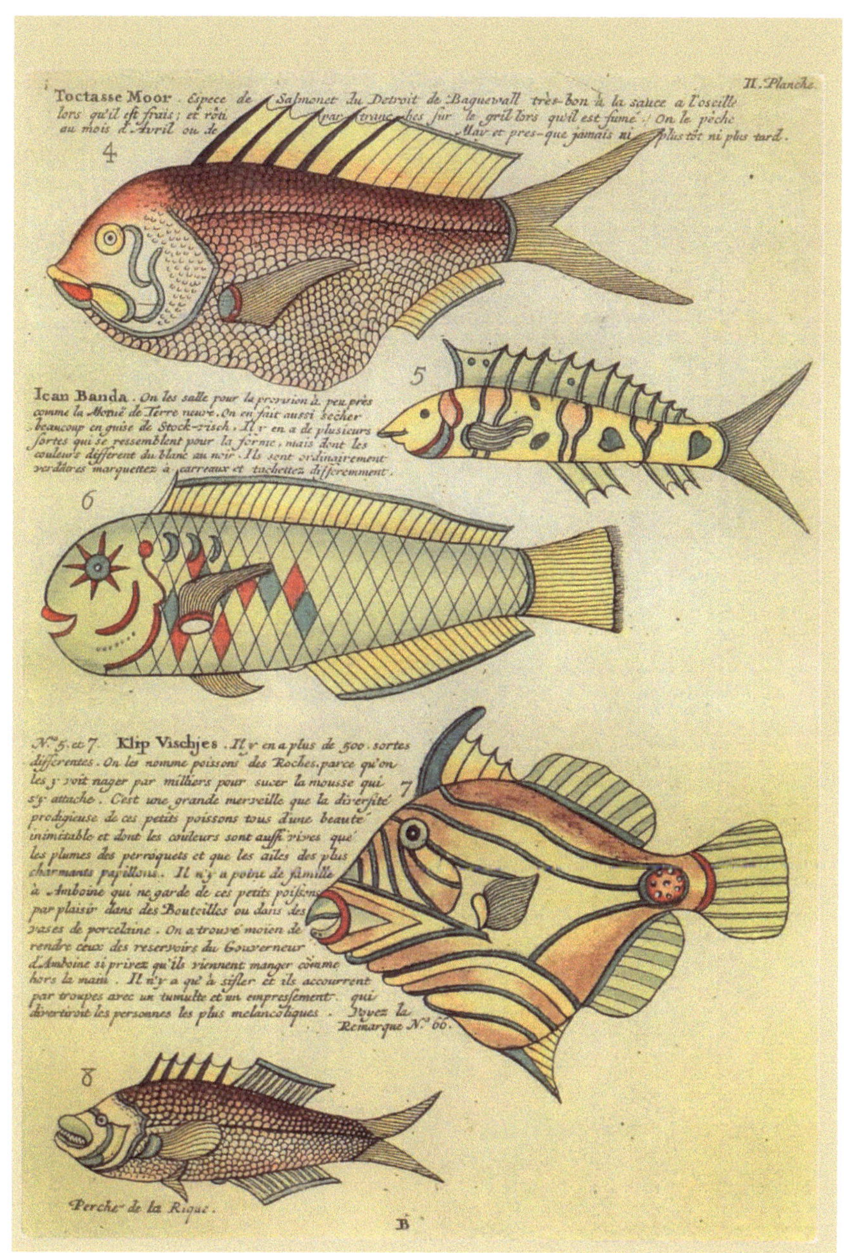

Abb. 21-20: Ein Bild mit dem ‚Ikan Banda‘, dem Banda-Fisch (Nummer 5)

Abb. 21-22: Die Muskatnuss von Rumphius

382

Es gibt auch noch einen *Kebun Rumphius'*, einen Rumphius-Garten in der Stadt Ambon. Er befindet sich im Stadtteil *Poka-Rumahtiga*, in der Nähe der evangelischen St. Yohanes-Kirche. Hier machte Rumphius Versuche mit Setzlingen verschiedener Bäume. Außer dem Brunnen, mit dessen Wasser er seine Setzlinge pflegte und dem Namen der Anlage ist hier nichts mehr zu sehen, was an ihn erinnern könnte.

Das Tropenmuseum in Amsterdam ist in einem wunderschönen alten Gebäude untergebracht. Hier gibt es eine Dauerausstellung über Rumphius. Er wird sogar als Wachsfigur dargestellt, wie er gerade Objekte mit den Händen untersucht. Wenn man sich für die Geschichte der Kolonialzeit oder die Sklaverei interessiert, ist dieses Museum sehr zu empfehlen. Über den Massenmord der Holländer an den Bandanesen oder das Massaker von Ambon an den Engländern habe ich allerdings nichts gefunden. Auch im Museum Boerhaave in Leiden wird der Wissenschaftler Rumphius mit einer Dauerausstellung und einer Wachsfigur geehrt

Abb. 21-23:
Wachsfigur von
Rumphius im
Tropenmuseum
in Amsterdam[439]

---

439 Tropenmuseum Amsterdam, Foto Ester Helena Arens

In den Archiven und Museen der Niederlande schlummern eine Unmenge von Dokumenten und Material, deren Auswertung viele Bücher füllen würde. Man scheint sich nun verstärkt um das Leben von Rumphius zu kümmern. Auch in der Universität in Köln beschäftigt sich die Arbeitsgruppe *Indisch-Nederlandse Letterkunde* mit seinem Leben und seiner Arbeit.

Selbst im fernen Singapur wurde Rumphius anlässlich des ,Singapore Garden Festivals' im Jahre 2008 mit einer Nachbildung seiner Gestalt in Wachs und einer Ausstellung seiner Werke geehrt.

In Wölfersheim in Hessen, der Geburtsstätte von Georg Eberhard Rumpf, wird mit einer Gedächtnistafel an diesen außergewöhnlichen und bewundernswerten deutschen Wissenschaftler erinnert.

Die Werke von Rumphius sind bis heute für die Wissenschaft von unschätzbarem Wert. Der berühmte Mediziner, Zoologe, Philosoph, Maler und Literat Ernst Heinrich Philipp August Haeckel[440], der 1901 fünf Monate lang in dem Malaiischen Archipel[441] forschte, hat Rumphius mit den folgenden Worten geehrt: ,Georg Everhard Rumphius, der im Malaiischen Archipel die Lebensverhältnisse und Formen der Korallentiere sorgfältig beobachtete, war einer der ersten Naturforscher, welcher die animale Natur dieser Pflanzentiere richtig erkannte.'

Abb. 21-24: Rumphius-Gedächtnistafel in Wölfersheim

---

440 1834-1919
441 Haeckel, Ernst, *Malayische Reisebriefe*

22. Rezepte

Schon im 14. Jahrhundert wird im *Buch von guten Speisen* neben der ‚Muskatblume' auch Ingwer, Pfeffer und Gewürznelke genannt. Diese Gewürze konnten aber nur den Vornehmen und Reichen vorbehalten sein. Muskat und Macis waren noch eine teure Spezialität. 1511, bei der Vermählung des Herzogs Ulrich von Württemberg und 1575, bei der von Ludwig von Württemberg kamen die Festessen mit Muskatnuss und Macis auf den Tisch. 1526 wurde bei einem Festmahl des Kurfürsten von Sachsen im Reichstag zu Speyer *‚suppe mit ganzem ingber, muskatenblumen und zibeben'*[442] serviert.

Nach der Entdeckung des Seewegs zu den Gewürzinseln durch die Europäer wurde die Bedeutung der Gewürze größer und sie wurden nun auch von der Mittelschicht zum Verfeinern von Gemüse, Kompott oder Backwerk verwendet. Nun konnten sich auch einfache Bürger die Muskatnuss leisten, und sie wird nun in allen Kochbüchern jener Zeit erwähnt. Im 19. Jahrhundert wurden Muskat und Macis immer häufiger verwendet. Im Preußischen Kochbuch von 1805 findet man in jeder Suppe, bei allen Fischgerichten, bei Geflügel und Pasteten, in Saucen und sogar im Glühwein fast immer eines der beiden Gewürze. Interessant ist, dass in allen alten Kochbüchern auch die scharfe Galgantwurzel[443] als Gewürz – aber auch als Heilpflanze – Verwendung findet. In asiatischen Gerichten findet man diese Wurzel heute noch in fast jedem Gericht, aus der europäischen Küche ist sie jedoch ganz verschwunden.

Heutzutage ist Muskat etwas aus der Mode gekommen. Macis wird vorwiegend noch in Großbritannien verwendet, die Kontinentaleuropäer ziehen die Nuss vor. Auf den Banda Inseln habe ich in jedem Gericht Muskat herausschmecken können.

Ich erinnere mich, dass meine Mutter die schwäbischen Spätzle immer mit einer Prise im Mörser zerriebener Macis zubereitet hat. Woher hatte meine Mutter das Gewürz, das vor und nach dem Zweiten Weltkrieg in Deutschland praktisch unbekannt und nirgends zu erhalten war? Vermutlich hatte sie es immer von ihren Besuchen bei unseren holländischen Verwandten aus Amsterdam mitgebracht, da dort aus alter Tradition das Macis noch besser bekannt war. Oder ist es ein weiterer Hinweis darauf, dass die holländische Verwandtschaft meiner Mutter doch eine Verbindung zu den Banda Inseln hatte?

---

442 Suppe mit Ingwer, Muskatblüten und Rosinen oder Korinthen
443 Gehört zur Familie der Ingwergewächse

Im Kochbuch meiner Mutter habe ich als Zutaten für Spätzle die folgenden
Zutaten gefunden. Ich bereite Spätzle immer noch nach diesem Rezept zu:
• 500 Gramm Mehl
• ½ Tasse Weizengrieß
• 6-7 Eier
• Etwas Wasser, nach Bedarf
• 1 Prise Salz
• 1 Prise gemahlenen Macis oder auch Muskatnuss
Der Teig wird so lange ‚geschlagen‘, bis er Fäden zieht.

Obwohl meine Mutter in meiner Jugend fast täglich Macis verwendete, hatte ich dieses Gewürz ganz vergessen. Erst bei meinem Aufenthalt auf den Bandas kam die Erinnerung an dieses wertvolle Gewürz zurück. Nachdem ich Macis von den Banda Inseln mitgebracht hatte, wollte ich dieses Gericht damit ausprobieren. Bisher verwendete ich immer nur eine Prise Muskatnuss. Die Spätzle schmeckten feiner, als wenn sie mit Muskatnuss gewürzt worden wären. Kein Wunder, dass auf den Banda Inseln Macis die ‚feinere Schwester der Muskatnuss‘ genannt wird. Am besten schmecken die Spätzle, wenn sie von einem Brett geschabt werden.

Auch zu Quittenkompott, Kartoffelpüree, Aufläufen, Kartoffelknödel, Maultaschen, zu Fisch oder für einen Hefezopf und Apfelkuchen verwendete meine Mutter Macis. Ein weiteres altes Rezept meiner Mutter sind Weckklöße mit Muskatnuss. Wie sie sagte, war dies ein altes Rezept aus Kriegszeiten, das sie von ihrem Vater – der während seiner Militärzeit im Offizierskasino in der Küche angestellt war – übernommen hatte:

Weckknödel
Zutaten und Zubereitung:
• 10 alte Brötchen oder trockenes Weißbrot in kleine Würfel schneiden
• Eine Handvoll Brotwürfel wegnehmen und den Rest mit ca. 150 ml heißer Milch übergießen
• 1-2 Zwiebeln kleinschneiden und in viel Butter bei kleiner Hitze glasig braten
• Zwiebeln zu dem eingeweichten Brot hinzugeben, ebenso 1 Tasse Weizengrieß und 1 Ei. Mit Salz, Pfeffer, frischer Petersilie und einem halben Teelöffel geriebener Muskatnuss würzen
• Alles kräftig durchmischen und ½ Stunde ruhen lassen
• Die restlichen Brotwürfel mit etwas Knoblauch in Butter knusprig anbraten
• In der Hand Knödel mit einem Durchmesser von etwa 5 cm formen und in die Mitte jeweils einige der gerösteten Brotwürfel einfügen

- In reichlich Salzwasser die Knödel etwa 30 Minuten ziehen lassen. Das Wasser darf nicht kochen!

Allen, die diese schmackhaften Knödel nachmachen, wünsche ich einen guten Appetit.

Über das Gericht *Kuah Iso,* eine Fischsuppe mit Thunfischbällchen, habe ich bereits in Kapitel 16 berichtet und auch das Rezept dafür beigefügt.

Ein weiteres bandanesisches Gericht, das im Cilu Bintang Estate serviert wurde, ist *Tuna Rujak.* Dieses hervorragende Gericht möchte ich meinen Lesern nicht vorenthalten. Freundlicherweise wurde mir das Rezept aus der Küche vom Cilu Bintang Estate zur Verfügung gestellt:

Tuna Bumbu Rujak (Menge für 4 Personen)

Zutaten:

- 500 Gramm Thunfisch Filet (der Thunfisch muss sehr frisch sein, da er roh gegessen wird! Auf den Bandas kein Problem!)
- 7 Schalotten (oder entsprechend rote Zwiebeln)
- 5 Knoblauchzehen
- 10 rote große lange Chilischoten (nicht scharf)
- 1 cm Ingwer
- 1 cm Galgant Wurzel (im Asia Laden zu erhalten)
- 1 Tasse Kenarinüsse (notfalls Mandeln oder indonesische Kemirinüsse)
- 3 Löffel Kokosnussöl
- 5 Löffel süße Soyasauce
- 1-2 Teelöffel weißen Essig oder Zitronensaft
- 3-4 Löffel Tamarindsauce, oder 1 Löffel Tamarindpaste (vom Asia Laden)
- 300 ml Wasser
- 1 Stange (5 cm) Zimt
- 6 Gewürznelken
- 1 Muskatnuss (in der Mitte geteilt)
- etwas Shrimp Paste (im Asia Laden, oder Lachspaste)
- ½ Teelöffel Meersalz
- 1 Löffel Palmzucker (oder brauner Zucker)

Zubereitung:

1. Schalotten und Knoblauch fein hacken und kaltstellen
2. Chilis, Shrimp Paste, Ingwer, Galgant und Salz in einem Mörser zu einer feinen Paste zerreiben
3. Thunfisch fein hacken und zu der Paste hinzufügen

4. Die Kenarinüsse, Zimt, Gewürznelken und Muskatnuss in einem Mixer
   zu einem groben Pulver zerkleinern und mit dem Zucker der Paste hinzufügen
5. Nun auch Schalotten und Knoblauch (Punkt 1), Essig oder Zitronensaft,
   Tamarinde, Soyasauce und Wasser nach Bedarf hinzufügen und gut
   mischen
6. 1-2 Stunden kaltstellen und mit Reis oder Weißbrot kalt servieren.
Auf Wunsch gibt es auch noch einige dünne Scheiben rohen Thunfischs
dazu, wie auf der Abbildung, aber nur von frisch gefangenem Thunfisch.

Abb. 22-1:
Tuna Bumbu
Rujak,[444] *wie das*
Gericht im Cilu
Bintang Estate
serviert wird

Abb. 22-2:
Die Kürbissuppe
Sup Labu[445]

---

444 Mit freundlicher Genehmigung von Abba
445 ibid.

Das Gericht *Tuna Rujak* erinnerte mich ein wenig an Ceviche, ein Gericht mit rohem Fisch, welches überall in Südamerika serviert wird, allerdings mit einer anderen Gewürzmischung. Wenn frischer Thunfisch – oder ein anderer frischer Seefisch – erhältlich ist, ist *Tuna Rujak* eine ganz hervorragende Vorspeise. Anstelle von Reis kann man auch Weißbrot reichen.

Ein weiteres typisches Gericht der Banda Inseln ist eine Kürbissuppe. Hier ist das Rezept, wie die Suppe im Cilu Bintang Estate zubereitet wird:

Sup Labu (Menge für 4 Personen)
Zutaten:
- 1 kg Kürbis
- ½ Liter Wasser
- ½ Teelöffel geriebene Muskatnuss
- 1-2 Stückchen zerhackter Mace
- ½ Teelöffel gemahlener weißer Pfeffer
- ½ Teelöffel gemahlener Zimt
- 1 Teelöffel Salz
- Zerkleinerte Sellerieblätter

Zubereitung:
1. Kürbis schälen. Samen entfernen und in 1,5-2 cm Stücke schneiden
2. Mindestens 20 Minuten im Wasser kochen, oder bis der Kürbis weich ist
3. Im Mixer alle Kürbisstücke zu einem Mus verarbeiten
4. Mit den Gewürzen mischen und nochmals 10 Minuten leicht köcheln
5. Mit den Sellerieblättern garnieren und servieren

Wie man sieht, fehlt in bandanesischen Gerichten die scharfe Chilischote oder das scharfe Sambal, wie es auf Java oder Bali verwendet wird. Auch die Kokosnuss, die in Gerichten auf Java und Bali nicht fehlen darf, wird hier nur selten verwendet. Dafür ist in fast jedem Gericht die Muskatnuss, Macis, Zimt, die Kenarinuss und Pfeffer zu finden. Die Kürbissuppe *Sup Labu* ist sehr einfach und schnell zubereitet. Alle meine Gäste, die schon das Vergnügen hatten, sie zu versuchen, waren begeistert.

Zu allen bandanesischen Gerichten passt natürlich das indonesische leichte Bier *Bintang* ganz hervorragend. Sollte jemand Tee bevorzugen, so kann ich den bandanesischen Zimt-Tee wärmstens empfehlen.

Teh Kayu Manis/Cinnamon Tea[446]

Zutaten:

- 1 Zimtstange
- 1 Teelöffel Schwarztee
- 1 Liter Wasser
- Zucker nach Wunsch

Zubereitung:

1. Wasser mit der Zimtstange langsam erhitzen. 5 Minuten leicht sieden lassen, dann Topf vom Feuer nehmen.
2. 15 Minuten ruhen und ziehen lassen
3. Nochmals bis zum Siedepunkt erhitzen. Schwarztee hinzugeben.
4. 3 Minuten ruhen lassen
5. Durch ein Teesieb in die Tassen gießen.

Der Tee kann heiß oder kalt getrunken werden. Dieser Tee gehört zu den Spezialitäten im Cilu Bintang Estate.

Abb. 22-3: Der Zimttee

446 Indonesisch: Teh Kayu Manis

23. Zurück nach Bali

Pünktlich um fünf Uhr am nächsten Morgen holte mich Pak Umar von meinem Hotel ab. Es hieß ‚Clean & Comfort Homestay‘ und machte seinem Namen alle Ehre, wenn auch die Lage des Hotels nicht die Beste war. Pak Umar brachte mich zum Flughafen. Ich versprach ihm, im Dezember wiederzukommen. Dann wird es sicherlich einfacher werden, denn nun kannte ich ja ihn. Über Makassar ging es wieder zurück nach Bali, diesmal ohne Turbulenzen in der Luft. Hier, auf Bali, ist das Leben weniger aufregend.

Es war eine interessante Reise, bei der ich viele neue Eindrücke sammeln konnte. Es ist immer wieder beeindruckend, wieviel verschiedene Kulturen und Geschichten das Land der 17 000 Inseln zu bieten hat. Die Inselgruppe der Bandas hat in Sachen Geschichte ganz besonders viel zu bieten.

In Bali habe ich sofort begonnen, die noch frischen Eindrücke zu Papier zu bringen. Zurück in Deutschland habe ich intensiv daran gearbeitet, die vielen erhaltenen Informationen zu sortieren und in Buchform zu bringen. Ich habe fest vor, im Dezember dieses Jahres die Banda Inseln trotz der schwierigen Anreise nochmals zu besuchen. Obwohl ich in den vergangenen mehr als 55 Jahren schon viel von der indonesischen Inselwelt gesehen habe, hat mich diese Inselgruppe ganz besonders fasziniert.

Ich werde alles versuchen, dieses Buch über die Bandas bis zu der kommenden Reise im Dezember 2019 fertigzustellen. Es wäre doch eine einmalige Gelegenheit, das neue Buch direkt auf den Banda Inseln vorzustellen.

24. Epilog

Ich habe viele Ereignisse der Vergangenheit in meinen Büchern immer aus der Sicht der Indonesier geschrieben. So auch in diesem Buch. Meine Informationen basieren zum überwiegenden Teil auf Gesprächen mit Indonesiern und auf indonesischen Archiven. Die beschriebenen Ereignisse sehen die Indonesier natürlich oft anders als die ehemaligen niederländischen Kolonialherren. In den Niederlanden werden viele Gräueltaten an den Eingeborenen, von dem Massaker im Jahre 1621 bis zu dem schlimmen Kolonialkrieg von 1945 bis Dezember 1949, von offizieller Seite verschwiegen oder verniedlicht. Indonesier haben die ihnen zugefügten Gräueltaten während und nach der Kolonialzeit jedoch nicht vergessen. Hier auf den Banda Inseln spüre ich dies bei älteren Menschen besonders stark. Ich war trotzdem verblüfft, als mir ein gebildeter Bandanese sagte: *,Dies ist ein Zeichen des Hasses!'* und dabei auf das im steinernen Fußboden eingemeißelte Emblem der VOC in der Kirche in Banda Neira zeigte.

Mir gegenüber haben die Indonesier die Gräueltaten ungeschönt und ohne die ihnen angeborene höfliche Zurückhaltung erzählt, wie sie es gegenüber einem Holländer in dieser Deutlichkeit nie tun würden. Die indonesische Sichtweise ist somit eine völlig andere als die holländische, und je tiefer das Vertrauensverhältnis ist, desto klarer wird, dass es für die Indonesier während der fast 350jährigen Kolonialzeit wenig Gutes und viel Schlechtes gab.

Ich bin immer wieder überrascht, wenn ich mich in Indonesien mit jungen Niederländern unterhalte. Meist haben sie keine Ahnung von den Verbrechen, die ihre Vorfahren an den Indonesiern verübten. Sie landen, wenn sie nach Bali kommen, auf dem Flughafen Ngurah Rai und wissen nicht einmal, dass Colonel I Gusti Ngurah Rai ein balinesischer Freiheitskämpfer war, der 15 Monate **nach** (!) der Unabhängigkeitserklärung Indonesiens, mit seinen Mitstreitern von niederländischen Truppen niedergemetzelt wurde. Das Thema der Gräueltaten während der Kolonialzeit, der Genozid an den Bandanesen und andere Kriegsverbrechen werden in den Niederlanden ausgeblendet. Die Jugendlichen erfahren hierüber nichts im Schulunterricht. Die schwarzen Seiten der Kolonialzeit werden ausgeklammert. Es gibt nur wenige Länder, die ihre Verbrechen aufgearbeitet haben. Den Niederländern steht das – wie auch die Anerkennung der Unabhängigkeit Indonesiens vom 17. August 1945 – noch bevor!

Wenn ich die Menschen auf den Banda Inseln fragte, was ihnen von den früheren Händlern und Kolonialherrn zuerst einfällt, antworteten sie in Bezug auf die Portugiesen, dass in der Bahasa Indonesia viele Worte einen portugiesischen Ursprung haben. Außerdem erinnert der auf den Banda Inseln gesprochene Dialekt an das Portugiesische. Bei den Engländern antworteten sie zuerst, dass die Engländer in freundlicher Absicht zu den Banda Inseln kamen.[447] Dann ist natürlich auch der Tausch der Insel Run mit Manhattan noch vielen geläufig. Bei den Holländern fiel ihnen nur das Massaker an den Bandanesen ein. Selbst Schulkindern des zweiten und dritten Schuljahrs, mit denen ich auf der Insel Banda Besar Fußball spielte, war dieser Völkermord bereits bekannt.

Dass die winzige Insel Run letztendlich so wertvoll wurde, dass sie gegen das viel größere Manhattan getauscht werden konnte, ist letztendlich einem einzigen Mann zu verdanken. Es war Nathaniel Courthope, der durch sein heldenhaftes Ausharren auf der Insel Run jahrelang allen Angriffen und Anfeindungen der Holländer standhielt und seinen Mut mit dem Tode bezahlen musste. Als ich in England nach seinem Namen recherchierte, musste ich leider feststellen, dass heute der Name Nathaniel Courthope vergessen ist. Wie sah er wohl aus, dieser Held? Nicht einmal ein Bild von ihm konnte ich finden. Nathaniel Courthopes Beeinflussung der Geschichte ist heute in England genauso wenig bekannt wie die außergewöhnlichen Forschungen des Biologen Georg Eberhard Rumpf, genannt Rumphius, in Deutschland.

Bisher kommen nur vereinzelt Menschen auf die Banda Inseln, die primär am Tauchen interessiert sind und weniger an der Kultur. Die Korallenriffe sind aber auch einmalig schön und noch unzerstört. Selbst der Lavastrom, der sich bei dem Ausbruch des Gunung Api im Jahr 1988 ins Meer ergoss, ist nun wieder von neuen Korallen überwachsen. Das Meer ist hier noch gesund! Aber wie viele Besucher verträgt ein gesunder Naturschutz? Durch die schwierige Anreise ist der Tourismus bis heute – zum Glück – noch sehr begrenzt.

Bis heute sind die Banda Inseln noch ein unverdorbenes Paradies. Aber wie lange noch? Nun war bereits das erste Kreuzfahrtschiff hier, die deutsche *Albatros*. Ein weiteres Kreuzfahrtschiff aus Deutschland, die ‚Grand Lady‘ *Artania* war erst kürzlich in Banda Neira. Das Schiff ist in Deutschland aus der Fernsehserie ‚Verrückt nach Meer‘ bekannt, in der auch eine

---

447 Das war natürlich nicht überall so. Zum Beispiel war England ab 1830 der größte Drogendealer der Welt, als es den Widerstand des chinesischen Kaiserreichs durch Opium brechen wollte. Siehe auch Opiumkriege. Oder als England in Indien 1857 den Sepoy-Aufstand blutig niederschlug.

Sendung über die Banda Inseln ausgestrahlt wurde. Wenn dieser Besuch eines Kreuzfahrtschiffes Schule macht, ist das Paradies bald dahin! Wie schon so viele. Die Banda Inseln sind eines der letzten Paradiese dieser Welt! Ist das der Anfang vom Ende des Paradieses?

Am letzten Abend vor meiner Abreise wurde ich nochmals daran erinnert, dass man im Schatten des Gunung Api gefährlich lebt. Der Berg grummelte nochmals tief in seinem Innern und die Erde schwankte leicht für wenige Sekunden. Ich hatte das Gefühl, dass sich der Vulkan von mir verabschieden wollte.

Als ich die Banda Inseln verließ, ging ich mit einem Gefühl der Wehmut. Die Inseln ziehen mich magisch an und ich werde – wenn dieses Buch fertiggestellt ist und es Gott will – nochmals versuchen, hierher zu kommen. Ich grüße die Inseln mit
  ‚Sampai berjumpa lagi‘,
  ‚Bis wir uns wiedersehen‘!

I: Artikel in der Stuttgarter Zeitung vom 31. Januar 2019 von Gunter Haug

24 REPORTAGE

Das Gold der Bandas

Abenteuer Der 85-jährige Stuttgarter Horst Geerken erforscht die Geschichte der legendären Inselgruppe. *Von Gunter Haug*

Grüß Gott, i bin dr Horscht!" Der ältere Mann in dem gelben Poloshirt streckt lächelnd seine Hand zum Gruß entgegen. „Wo genau kommsch denn du her?" Eigentlich ist das ja kein ungewöhnlicher Gesprächsauftakt zwischen zwei Schwaben. Doch an diesem Ort, beinah am Ende der Welt, klingt das grottenbreite Schwäbisch doch komisch.

Horst Geerken lebt zurzeit auf einer exotischen indonesischen Insel, die heute so gut wie niemand mehr kennt, noch nicht einmal die Indonesier selbst. Das liegt an der versteckten Lage der vulkanischen Banda Inseln unterhalb des Äquators, im hintersten Winkel der gleichnamigen Bandasee, irgendwo zwischen den Molukken und der Nordküste von Australien.

Die Anreise ist schwierig und langwierig. Auch wenn Banda Neira, die Hauptinsel von knapp zwei Handvoll ähnlich winziger Eilande, sogar einen sogenannten Flughafen mit geteerter Landepiste aufweist, ist das mit dem stressfreien Hierherkommen so eine Sache. Denn ob eine der kleinen zweimotorigen Propellermaschinen von Ambon aus, einer Provinzhauptstadt auf den Molukken, die Bandas heute oder morgen anfliegen wird, das ist tagtäglich genauso unsicher zu beantworten, wie die Frage, ob der Insel-Vulkan Gunung Api (der „Feuerberg") demnächst wieder ausbricht oder seit der letzten Eruption im Mai 1988 endgültig zur Ruhe gekommen ist, nachdem er in den 400 Jahren zuvor seine Lava 20 Mal turmhoch in den Tropenhimmel schleuderte. Weder das eine noch das andere ist sicher. Wobei es eher wahrscheinlich ist, dass die Maschine der regionalen „Susi Air" den Boden nicht verlässt.

Verrostete Schiffsungeheuer

Und deshalb bleibt Reisenden, die unbedingt die legendenumwobenen Gewürzinseln besuchen wollen, nichts anderes übrig, als von Ambon aus ein Ticket der staatlichen indonesischen Fährgesellschaft Pelni zu buchen. Das ist zwar spottbillig, aber jedem, der seinen Nerven schon eine Überfahrt mit den beeindruckend verrosteten, hoffnungslos überbuchten Schiffsungeheuern namens „Pangrango" und „Leusser" zugemutet hat, sträuben sich in Erinnerung an die neun- bis zwölfstündige Passage die Nackenhaare. Und an die Rückfahrt mit einem dieser grausigen Seelenverkäufer mag man lieber gar nicht denken.

Horst Geerken beherrscht, wie sich bald herausstellt, nicht nur ein wunderschönes Schwäbisch und Hochdeutsch, sondern auch Englisch, Hoch-Indonesisch, dazu die eine oder andere indonesische Regionalsprache. Zudem verfügt er über einen respektablen Grundwortschatz an Japanisch und Malayisch. Das alles gewürzt mit seinem unschlagbaren schwäbischen Slang.

Er wirkt wie Mitte 60, ist in Wahrheit jedoch bereits 85 Jahre alt. Während einem hier bei gut 35 Grad im Schatten und gefühlten 100 Prozent Luftfeuchtigkeit der Schweiß in wahren Sturzbächen herunter strömt, bleibt Geerken immer cool.

Der gebürtige Stuttgarter absolvierte in den USA sein Ingenieursstudium und lebte von 1963 bis 1981 als Resident von Telefunken in Jakarta. In diesen Pionierjahren war er genauso am Flughafenbau auf Bali beteiligt wie beim Errichten eines 100 Kilowatt Kurzwellensenders, dem größten in Indonesien, sowie am Bau einer Wasserversor-

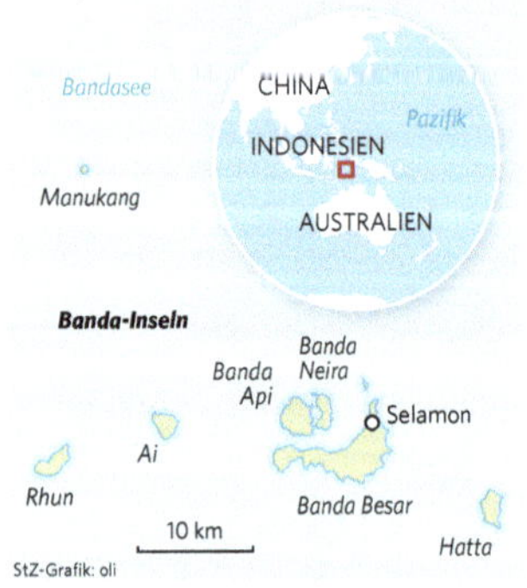

StZ-Grafik: oli

gung auf der Insel Sumba, deren Pumpen er mangels Stromnetz mit einer 35 Kilowatt-Solaranlage betrieben hat.

Im Alter von 48 Jahren konnte er sich dann „zur Ruhe setzen", wie er sagt, um fortan die Hälfte des Jahres in Deutschland und die anderen sechs Monate in Ubud auf Bali zu leben. Seitdem schreibt er Bücher über die Liebe seines Lebens: Bücher über Indonesien, die selbstredend auch auf Indonesisch erscheinen. Über die Geschichte, die Kultur, die Landschaften und die Menschen dieses riesigen Archipels mit seinen mehr als 17 500 Inseln, der sich vom Norden Sumatras über 5000 Kilometer bis nach Neuguinea erstreckt. Höchstwahrscheinlich hat niemand so viele Bücher über Indonesien geschrieben wie Horst Geerken. Und er schreibt fleißig weiter. Natürlich hat er längst alle Winkel Indonesiens bereist, früher geschäftlich, später aus Neugierde und aus Begeisterung.

Nur die Bandas kannte er bis vor kurzem noch nicht. Vor zwei Jahren nahm er schon mal einen Anlauf, wartete aber in Ambon vergeblich auf ein Flugzeug, und ein Schiff lief wegen der stürmischen See nicht aus. So musste er nach zwei Wochen Wartezeit unverrichteter Dinge wieder abreisen.

Jetzt ist er doch noch auf den Inseln gelandet. „Es hat es mich schon immer hierher gezogen, denn die Bandas mitsamt ihrer tragischen Historie waren einst weltberühmt. Über die wollte ich schon immer schreiben", sagt er. Geerken recherchiert emsig die Geschichte der einst legenden-

umwobenen Inseln, von denen es heißt, dass schon Christoph Kolumbus bei seiner Entdeckung Amerikas in Wahrheit zur Suche nach den Bandas aufgebrochen sei, die er freilich ebenso wenig gefunden hat, wie Ferdinand Magellan und viele weitere europäische Seefahrer.

Ihnen allen ging es darum, den einzigen Ort auf dieser Erdenscheibe zu finden, an dem die sündhaft teuren Muskatnüsse wuchsen, mit denen arabische Kaufleute einen florierenden Handel trieben. Erst im Jahr 1512 gelang es schließlich dem Entdecker Alfonso de Albuquerque, diese Eilande aufzuspüren und nunmehr eine für Portugal höchst einträgliche Geschäftsbeziehung mit den Einheimischen zu beginnen, die sich „Orang Kaya" – „die glücklichen Menschen" – nannten.

Der erbitterte Kampf um die Nuss

Dieses Glück endete freilich jäh, als europäische Ärzte plötzlich behaupteten, Muskatnuss sei ein sehr wirksames Heilmittel gegen die Pest. Die ohnehin schon hohen Preise für das Gewürz schossen durch die Decke. Gewinne von bis zu 60 000 Prozent waren an der Tagesordnung. Die Muskatnuss wurde wertvoller als Gold.

Und so begann ein erbitterter Kampf um die Nuss, den schließlich die Holländer für sich entscheiden konnten, indem sie nicht nur die Engländer und die Portugiesen von den Bandas vertrieben, sondern auch das gesamte Volk der Orang Kaya, etwa 8000 Menschen, ermordeten. Nur die

Nachfahren der einstigen Sklaven, die von der Niederländischen Ostindienkompanie anstelle der ausgerotteten Orang Kaya hierher verschleppt wurden, bewahren die Erinnerung an die grausame Geschichte und sorgen dafür, dass sie zumindest auf den Bandas noch jedes Schulkind kennt.

Auch Horst Geerken will in seinem Buch die Geschichte der Muskatnuss und der einstmals glücklichen Menschen für die Nachwelt erhalten. Natürlich wird dabei auch erwähnt, dass eine andere Banda, die Insel Rhun, eine ganz besondere Rolle in der Weltgeschichte spielte. Die drei Kilometer lange und ein Kilometer breite, westlichste Bandainsel war lange zwischen Holland und England umstritten, bis man sich im Jahr 1667 im „Frieden von Breda" darauf verständigte, die Gebietsansprüche der Engländer an Rhun mit einem Stückchen Land in Nordamerika zu kompensieren. Das Ländchen der Holländer hieß Manhattan, ein unscheinbares Eiland an der Mündung des Hudson River. Damals angesichts der enormen Weltmarktpreise für die Muskatnuss ein guter Tausch.

Seitdem es jedoch den Franzosen Ende des 18. Jahrhunderts gelang, Muskatnusssetzlinge herauszuschmuggeln und die circa zehn Meter hohen Bäume in anderen tropischen Gebieten zu kultivieren, war das Monopol dahin, und die Gewinne der Händler sanken ins Bodenlose. Bis heute wird das wirtschaftliche Leben auf den Bandas neben dem Fischfang und dem Anbau von Gewürznelken von der

Muskatnuss dominiert: Es ist ihr größter Schatz, den die Nachfahren der einstigen Sklaven auf ihren Plantagen sorgsam hüten. Sei es die als „Macis" besonders teuer gehandelte „Muskatblüte", bei der es sich in Wahrheit um die schwarz-rote Haut handelt, die den Kern umhüllt. Sei es die Nuss als solche. Oder aber der Muskatnusssaft und die Muskatmarmelade, die von der pfirsichartigen Schale gewonnen werden.

Das Müllproblem

Ein staunenswertes Stückchen Welt irgendwo im Nirgendwo. „Wenn sie hier jetzt noch das Plastikproblem in den Griff bekommen, dann wäre eine Reise auf die Bandas wie ein Ausflug ins Paradies", sagt Horst Geerken. „Aber der allgegenwärtige Plastikmüll ist ja in ganz Indonesien ein riesiges Thema. Ich glaube fast, darüber werde ich demnächst auch einmal ein Buch schreiben müssen."

In den nächsten Tagen wird der schwäbische Abenteurer für einen Kurzstopp zuhause in Bali auf der berüchtigten Pelni-Fähre in einer auf verschlungenen Wegen für umgerechnet 20 Euro gemieteten extra Kajüte mit eigenem Bett zurückschippern.

Beim letzten Mal tat es mitten in der Bandasee „einen Mordsschlag", dann drang nur noch dicker schwarzer Qualm aus dem Schornstein: Maschinenschaden. Das bringt Horst Geerken nicht aus der Ruhe. Schon gar nicht, wenn ihn der Smutje, während das Schiff stundenlang auf dem Ozean dümpelt, „beschtens bekocht".

ADDITIONAL NOTICES.

(Printed by order of Council.)

1. *A Description of the Banda Islands.* By ALBERT S. BICKMORE, M.A.

ON the 5th January, 1865, I sailed from Boston for Batavia, with the hope of being able to reach the Moluccas, and re-collect the shells figured in Rumphius' 'Rariteit Kamer.' On the 1st of May I arrived at Batavia, where I was honoured, by his Excellency the Governor-General of the Netherlands India, with an order to all the officers in the Dutch possessions in the East to receive me kindly and aid me in every possible manner. Thence I proceeded along the north coast of Java to Macassar, the capital of Celebes, and thence southward through Sapi Strait between Sumbawa and Flores, and eastward to Kupang, at the southern end of Timur. From Kupang I passed northward along the western shore of Timur, and crossing the Banda Sea arrived at Amboina, the capital of the Spice Islands, or Moluccas.

Here, thanks to the privileges secured to me by the order of the Governor-General, and to the kind assistance offered me by every official, in three months I accomplished all, and even more than I had dared to plan, and was prepared to visit some other part of the Archipelago, and turn my attention to some other branch of natural history.

During all the time I had been gathering, arranging, and packing my collections, Mr. Arriens, the governor of those islands, had frequently honoured me with a visit. He now called again, this time to give me a pleasant surprise. He had a fine steam yacht of 300 or 400 tons. It was necessary that he should go to Banda, and he took it for granted that I would accompany him; and when we returned, the yacht would take me through a large part of the Archipelago north of Amboina,—a royal programme.

On the 7th of September we steamed down the magnificent bay of Amboina for Banda. Our company consisted of the Governor, who was on a tour of inspection, myself, and an "officer of justice" and lieutenant, with a detachment of soldiers, who had in custody a native of Java, that was sentenced to be hung as soon as we should reach our destined port.

The worst of the rainy season along the south coast of Ceram was now over, and the evening was cool, clear, and delightful. Early the next morning Banda, or more properly the Bandas, were in full view. They are ten in number; the largest, Lontar, or Great Banda, is a crescent-shaped island, about six miles long and a mile-and-a-half wide in its broadest parts. Its eastern horn curves towards the north, and the other points to the west. In a prolongation of the former lie Pulo Pisang, "Banana Island," and Pulo Kapal, "Ship Island." The first is only about two-thirds of a mile long and half as wide, and the last is merely a high rock, resembling the poop of a ship, hence its name. Within the circle of which these islands form an arc, lie three other islands. The highest and most remarkable is the Gunong Api,* or "Burning Mountain," apparently attaining a very considerable elevation, because its sides rise so abruptly up from the sea. Between the Gunong Api

---

* This Gunong Api must not be confounded with another similar volcano, of the same name, north of Wetta, and still another near the western end of Sumbawa, at the northern entrance of Sapi Strait.

and the northern end of Lontar lies Banda Neira, about two miles long and less than a mile broad. North-east of the latter is a small rock called Pulo Krakka, or "Women's Island." The centre of the circle of which Lontar is an arc, falls in Sun Strait, a narrow passage separating Gunong Api from Banda Neira. The diameter of this circle is about six miles. Without this another concentric circle may be drawn, which will pass through Pulo Ai (Wai), "Water Island," on the west, and Rosengain on the south-west; and outside of this a third concentric circle, which will pass through Pulo Swangi, "Sorcery," or "Spirit Island" on the north-west, Pulo Run (Rung), "Chamber Island," on the west, and the reef of Rosengain on the south-west. The total area of the whole group is only 17·6 geographical square miles.

The first European who reached these beautiful and long-sought islands was d'Abreu, a Portuguese; but he cannot properly be called their discoverer, for the Arabs and Chinese, and probably the Hindus, had been trading here for years before his arrival, and De Barros informs us that "d'Abreu (while on his way from Malacca) touched at Gresik, in the eastern part of Java, to procure Javanese and Malay pilots, who had made this voyage." Barros further adds:* "every year there repair to Sutatam (Lontar) Javanese and Malays to load cloves, nutmegs, and mace, for this place being in the latitudes most easily navigated, and where ships are most safe, and as the cloves of the Moluccas are brought to it by vessels of the country, it is not necessary to go to the latter in search of them. In the *five* islands now named—Lontar, Rosengain, Ai, Run, and Neira—grow all the nutmegs consumed in every part of the world. A proof of the correctness of Barros' statements is seen in the names of the different islands mentioned above, for they are all of Malay or Javanese origin. The aboriginal population at that time is given at 15,000, which, if correct, would have made this group far more densely peopled than any other island or number of islands in the whole archipelago at the present day.

Our fast yacht rapidly brought us nearer over the quiet, glassy sea. This is Pulo Ai on our right. It is only from 300 to 400 feet high, and, as we see from the low cliffs on its shores, is mostly composed of coral rock. This is also said to be the case with the other islands outside of the first circle, and we notice that they are all comparatiely low.

We now change our course to east, and steam up under the high, steep Gunong Api. On its N.N.W. side, about one-fourth of the distance from its summit down to the sea, there is a deep wide gulf, out of which rise thick, opaque clouds of white gas, that now, in the still clear air, are seen rolling grandly upward in one gigantic expanding column to the sky. On the top, also, thin clouds occasionally gather, and then slowly float away like cumuli, dissolving in the pure ether. These cloud masses are chiefly composed of steam and sulphurous acid gas, and, as they pour out, indicate what an active laboratory there is within the bowels of this volcano.

The western horn of crescent-shaped Lontar is before us. Its shore is composed of a series of nearly perpendicular crags, 200 or 300 feet high; but on the north side the luxurious vegetation of these tropical islands does not allow these rocks to remain naked, and from their horizontal crevices and upper edges hang down thick wide sheets of a bright green unfading verdure. The western entrance to the harbour, through which we are now passing, is between the abrupt magnificent coast of Lontar on the right, and the high, overhanging peak of Gunong Api on the left, and, as we advance, these separate and open to our view the steep lofty wall that forms Lontar's northern shore. This is completely covered with one dense matted mass of vegetation, out of which rise the erect columnar trunks of palms, from whose crests, as

---

* *Vide* "Barros" in Crawfurd's complete and accurate work, 'Dictionary of the Indian Islands.'

from sheaves, long feathery leaves hang over, and slowly and gracefully oscillate to and fro in the slight air which we can just perceive fanning our faces. Now Banda Neira is in full view. It is composed of hills, which gradually descend to the shore of this little bay. On the top of one near us is Fort Belgica, in form a regular pentagon. At the corners are bastions surmounted by small circular towers, so that the whole exactly resembles an old feudal castle. Its walls are white and almost dazzling in the bright sunlight, and beneath is a broad neatly clipped glacis, forming a beautiful, green, descending lawn.

Below this defence is Fort Nassau, which was built by the Dutch when they first arrived in 1609, only two years before the foundations of Belgica were laid, and both fortifications have existed, much as they are now, for more than two centuries and a half. To the right and left of this fort extends the chief village, Neira, with rows of pretty shade-trees on the bund, or front street bordering the bay. Its population is about 2000, and that of the whole group between 6000 and 9000.

In the roads were a number of praus from Ceram; odd-shaped vessels, high at the stern and low at the bow, and, instead of a single mast, a tall tripod, which can be hoisted or lowered at pleasure. They were all poorly built, and it seemed a wonder that such awkward boats could live any time in a rough sea. A number of Bugis traders were also at anchor near by. They are mostly hermaphrodite schooners, carrying a square-sail or foresail, a fore-topsail, and a fore-royal, and evidently designed like the praus to sail only before the wind. They visit the eastern end of Ceram and the western and south-western parts of New Guinea, the Arru group, and all the thousand other islands between Banda, Timur, and Australia. When the mail steamer that took me to Amboina touched here, a merchant of this place, who joined us, brought on board four large living specimens of the *Paradisea apoda*, or Great Bird of Paradise, which he had purchased a short time before from one of these traders, and was taking with him to Europe.* They were all very sprightly and in superb condition, and their colours had a bright, living hue, incomparably richer than the most magnificent specimens I have ever seen in any museum.

At our main truck a small flag slowly unfolds, and displays to those on shore a red ball. This indicates that the Governor is on board, and soon a boat comes off to take us to the village; but as business is not very pressing, as is usually the case here in the East, we prefer to conform to the established custom in these hot lands, and quietly enjoy a siesta instead of obliging our good friends on shore to come out in full dress and parade in the scorching sunshine.

Our first excursion was to the western end of the opposite island, Lontar, —the Malay name of the Palmyra palm, *Borassus flabelliformis*, whose leaves were used to write upon over all the archipelago before the introduction of paper by the Arabs or Chinese; and in some places even at the present time. Lontar, as already noticed, has the form of a crescent. Its inner side is a steep wall, bordered at the base with a narrow band of low land.

On its outer side, from the crest of the wall many radiating ridges descend to the sea, its south-western shore is a series of little points separated by small bays. The whole island is merely one continuous forest of nutmeg and *canari*-trees. The nutmeg-tree, *Myristica moschata*, belongs to the order *Myristicaceæ*. A foot above the ground the trunk is from 6 to 10 inches in diameter. It branches somewhat like the laurel, and its topmost sprays are frequently 50 feet high. It is diœcious, that is, the pistils and the stamens are borne on different trees, and of course some trees never bear fruit. The fruit, or *drupe*, before it is fully ripe, in size and form very closely resembles a

---

* I afterwards learned that two of them were still living when he reached France.

peach that has not yet been tinged with red: but this exterior is only a thick fleshy rind (*epicarp*) which soon opens into two equal parts; and within is seen a spherical, black, polished nut, surrounded by a finely branching aril—the " mace "—of a bright vermilion. In this condition it is probably by far the most beautiful fruit in the whole vegetable kingdom. It is now picked by means of a small basket fastened to the end of a long bamboo. The outer part being removed, the mace is carefully taken off and dried on shallow bamboo baskets in the sun. During this drying process its bright colouring changes to a dull yellow. It is now ready to be packed in casks and sent to market.

The black, shining part seen between the ramifications of the vermilion mace is really a shell, and the nutmeg is within. As soon as the mace is removed, these black nuts are taken to a room and spread on shallow trays of open basket-work. A slow fire is then made beneath them, and here they remain for three months. By the end of this time, the nutmeg has shrunk so much that it will rattle in its black shell. The shells are now broken, and the nutmegs sorted and packed in large carefully-made casks of *jati*-wood, and a brand is placed on the head, giving the year the fruit was gathered and the name of the plantation or " park " where it grew.

From Neira a large cutter took us swiftly over the bay to Selam,—a small village containing the ruins of the old capital occupied by the Portuguese during the sixteenth and early part of the seventeenth centuries, while their rights remained undisputed by the Dutch. This western end of Lontar is about 400 feet high, and is composed of coral rock of very recent date. Walking eastward we next came to a conglomerate containing angular fragments of lava. This was succeeded on the shore of the bay by a fine-grained, compact lava, somewhat stratified, and this again by trachytic and basaltic lavas. Indeed nearly this whole island is composed of such eruptive rocks, and Lontar may be regarded as merely a part of one immense crater about 6 miles in diameter, if it were circular, though it may have been more nearly elliptical. Pulo Pisang and Pulo Kapal, already noticed as falling in this circle, are two other fragments of the old crater walls—all the rest have disappeared beneath the sea. Here then, is another, enormous crater, greater even than that seen among the Zeugger Mountains on the eastern end of Java, whose minor and major axes severally measure *three miles and a half* and *four miles and a half*, and whose floor of naked sand is well named by the Malays " the Sandy Sea." Banda Neira represents the extinct craters rising in that Sandy Sea, and Gunong Api has a complete analogue in the still active Bromó. The enclosed bay, where vessels now anchor in 8 or 9 fathoms, is the bottom of this old crater, and, like that in the Zeugger Mountains, is composed of volcanic sand.

The radiating ridges on the outer side of Lontar represent the similar ridges on the sides of every volcano that is not building up its cone by frequent eruptions at its summit.

Lastly, the islands crossed by the second and third circles are so many cones on the flanks of this great volcano. True, those parts of some of them now above the sea are largely composed of coral rocks, like the west end of Lontar; but undoubtedly the polyps began to build their massive walls on the shores of islands of lava rock. They are doing this at the present moment. Every island in the group is now belted with a fringing reef, except at a few places where the shore is a perpendicular precipice, and the water of great depth. The western entrance through which we came to the roads is already quite closed up by a broad reef of living, growing coral.

A stroll through these beautiful groves, particularly at such a time, would be one of the richest pleasures a traveller could enjoy. All the nutmeg-trees were loaded down with fruit, which is chiefly gathered during this month, September, and again in June, though some is obtained from time to time throughout the year. It seemed surprising to me that the trees could be so loaded with fruit season after season; but the official reports show that, contrary to what has been true of the clove, there has been but little variation in the annual yield of the nutmeg for the last thirty years.

An average crop for the last twenty years has been about 580,000 Amsterdam lbs. of nuts, and 137,000 lbs. of mace. The whole number of trees on Lontar, Neira, and Ai, the only three islands where they are cultivated, is in round numbers 450,000, of which only two-thirds bear fruit. As the Governor remarked to me while I was wondering at the abundance of fruit on every side, it is indeed strange that the income from all this produce does not equal the expenses of the Government in this residency. For this cause the Government proposes to give up the monopoly. Beneath these trees is spread a carpet of green grass, while high above them the gigantic canari-trees stretch out their gnarled arms and shield the valuable trees entrusted to their care from the strong winds which strive in vain to make them cast off their precious fruit before it is ripe. Such good service do the tall canaris render in this way that they are planted everywhere, and when the island is seen from a distance their tops quite hide the nutmeg-trees from view. The roots of this tree are remarkable. They spring off from the trunk above the ground in great vertical sheets, which are frequently 4 feet broad where they leave the tree. These wind back and forth for some distance before they disappear beneath the earth, so that the lower part of one of these old trees might well be fancied to be a huge bundle of enormous snakes struggling to free themselves from the Titanic hands that held them firmly for ever. As we leisurely passed along the crest of Lontar, with a thick foliage over our heads that effectually shut out the direct rays of the sun, we occasionally caught distant glimpses of the blue sea breaking into white, sparkling surf on the black rocks, far, far beneath us.

Soon we came to the "Look-out," known here, however, by the Malay name Drang datang, "the People Come;" for it is a peculiarity of that language, instead of naming a place like this *subjectively*, as we do, that is, from one's own action, to name it *objectively*, that is from the result of that action. This is placed on the edge of the interior wall, and is about 600 feet above the sea. From this point most of the Bandas can be distinctly seen in a single glance; and this view is undoubtedly one of the finest among all the isles of the sea. Before us was Banda Neira, with Neira, its pretty village, and left of this the dark, smoking volcano, and beyond both, on the right, Banana Island, where the lepers live in solitary banishment, and still further seaward Ship Rock, with the swell chafing its abrupt sides, while on our right in the distance were Pulo Ai and Pulo Run. All these rose out of the blue sea, which was only ruffled here and there by light breezes, or flecked by shadows of white fleecy clouds that slowly crossed the sky.

The next day we again went over to Lontar, and walked westward along the narrow band of low land between the base of the old crater-wall and the bay, visiting a number of the residences of the "Perkenniers," or "Park-keepers." Each of these consists of a rectangular area of about a quarter of an acre, enclosed by a high wall. The side next the sea is formed by the proprietor's house, and on the other three sides of the great open yard are rows of store-houses, and the houses of the natives who work on that plantation. Near the place at which we landed was a small area where all the mace is *white*, when the fruit is ripe, instead of red. From the west end of the island we followed most of the distance round its outer shore, and then crossed to our landing.

The Governor having finished his inspecting duties, now proposed that we try to reach the top of Gunong Api. There was only one man—a native—who had ever been to the top, and "knew the way;" though, to judge from a distance, one part of the mountain was just as dangerous as every other. He was engaged as our guide, and some ten others, whose duty it was to carry our lunch and a good supply of water in long bamboos. Early the next morning the coolies were ready. From the west end of the village we crossed the narrow "Strait of the Sun" to the foot of the mountain. Some coolies who had preceded us had cleared a path up the steep declivity, but soon our only road was one of the many narrow tracks, where large masses of rocks and sand, which had loosened from some place high up the mountain, had shot down in a series of small land-slides, ploughing up the low shrubbery during its thundering descent. As long as we climbed among the shrubbery, although it was very difficult and tiring, it was not particularly dangerous until we came out on to the naked sides of the mountain; for this great elevation is not covered with vegetation more than two-thirds of the distance from its base to its summit. This lack of vegetation is caused by the frequent and wide land-slides, and by the great quantity of sulphur brought up to its top by sublimation, and washed down its sides by the heavy rains. Here we were obliged to crawl up on all fours among small, rough, black rocks of porous lava, and here all spread out until our party formed a horizontal line on the mountain side; so that when one man loosened the rocks, as every one was constantly doing, these might not come down and carry away some other man beneath him.

Our ascent now became slow and difficult; but we kept on, though sometimes the top of the mountain seemed as far off as the stars, until we were within about 300 feet of the summit. Here we came to a horizontal band of loose, angular fragments of lava from two to six inches in diameter. The mountain here rose at least at an angle of 35°, and to us, in either looking up or down, it seemed almost perpendicular. This band of stones was about 200 feet wide, and so loose that, when one was touched, frequently half-a-dozen would go rattling down the mountain. I had got about half-way across this dangerous place, when the stones on which my feet were placed *gave way!* This of course threw all my weight on my hands, when at once the rocks which I was holding with the clenched grasp of death also gave way, and I began to slide downward. The natives on either side of me now gave a loud shout, but not one dared to seize me, for fear that I should carry him down the mountain with me. Among these loose rocks a few ferns grew up and spread out their leaves to the sunlight. As I felt myself going down I chanced to roll toward my right side and notice one particularly, and quick as a flash of light the thought crossed my mind that my only hope was to seize *that fern*. This I did with my right hand, burying my elbow among the loose stones with the same motion; and that, thanks to a kind Providence, was sufficient to stop me, otherwise in less than a minute, probably in thirty or forty seconds, I should have been dashed to pieces on the rough rocks beneath me. The whole certainly occurred in a less space of time than it takes to read two lines on this page. I found myself safe, drew a long breath of relief, thanked God it was well with me, and, kicking away the loose stones with my heels, turned round, and kept on climbing. Above this band of loose stones the surface of the mountain was covered with a kind of crust formed chiefly of sulphur washed down by the rains. These rains had also formed many small grooves, and we made better progress here by crawling in these small gullies. At this moment the natives above us suddenly gave a loud cry, and I supposed of course that some one had lost his footing, and was going down to instant death. "Look out! Look out! Great rocks are coming!" and the next instant several small blocks and one great flake of lava two feet in diameter bounded by us with the speed of lightning. "Here is another!" It is coming straight for us, and it will take out one of our number to a certainty, I thought. I had stood up in the front of battle when shot and shell were flying and men were falling, but now to see the danger coming, and to feel that I was perfectly helpless, did, I must confess, make me quiver, and I crouched in the groove where I was climbing with the hope that it might bound over me; and that instant a fragment of lava about a foot square leaped up from the side of the mountain and flew directly over the head of a coolie a few feet on my right, clearing him by not more than five or six inches. I then supposed that the mountain was suffering another eruption, and that in a moment we should all be shaken down its almost vertical sides; but soon the rocks ceased coming down and we continued our ascent, and in a few moments stood on the rim of the crater.

The mystery in regard to the source of the falling rocks was now solved. One of our number had reached the summit before the rest of us, and with the aid of a native had been tumbling off rocks, for the sport of seeing them bound down the mountain, having stupidly forgotten that we all had to wind partway round the mountain before we could get up on the edge of the summit, and not being able to lean over far enough to see that we were just beneath him.

The whole mountain is merely one great cone of small angular blocks of trachytic lava and black volcanic sand. The crater at its top is merely a conical cavity in this mass. The form of the summit is nearly elliptical, and is approximately given in the accompanying plan and section.

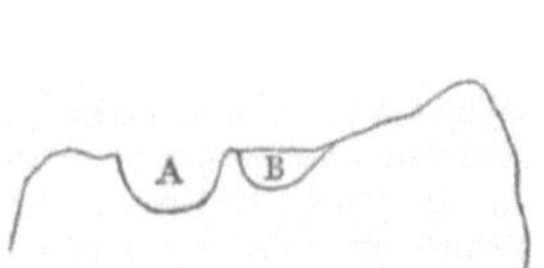

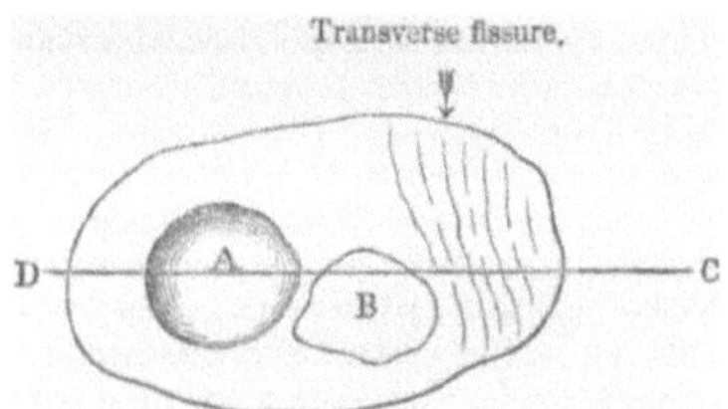

<table>
<tr><td>Vertical section along the line C D,
i.e., North-west and South-east.</td><td>Plan of the area on the summit of the Gunong Api
of Banda.
A, "the summit" crater. B, "old" crater.</td></tr>
</table>

The depth of the crater is about 80 feet. Its diameter we roughly estimated at from 100 to 150 yards. The area at the top is about 300 yards long, by 200 wide. This is composed of heaps of small lava-blocks, which are whitened on the exterior, and in many places quite encrusted with sulphur. Through these heaps of stones steam and sulphurous acid gas are continually rising, and we soon hurried round to the windward side to escape their suffocating fumes. In a number of these places we were glad to run, to prevent the shoes from being scorched on our feet by the hot rocks.

On the western side of the crater the rim is largely composed of sand, and in one place rises 120 feet higher than on the opposite eastern side. The top, therefore, partly opens out toward the east, and from some of the higher parts of Lontar one can see most of the area on the summit of this truncated cone. In this western part were many fissures, out of which rose sheets and jets of gas. When we had come to the highest point we looked over the north-west side down into the great crater, now active, one-fourth of the distance from the summit down to the sea. Dense volumes of steam and other gases were rolling up, and only now and then could we distinguish the edges of the deep, yawning abyss beneath us. Here we rested and lunched, enjoying meanwhile a magnificent view over the whole of the Banda group, when the suffocating gases were not blown into our faces. Again we continued round the northern side, and came down into an old crater, where we found a large rock with the word 'Etna,' the name of a Dutch warship, cut on one of its sides; and our Captain spent some time carving 'Telegraph,' the name of our yacht, beneath it. Great quantities of sulphur were seen here, more, the Governor said, than he had seen on any mountain in Java; for the great abundance of sulphur they yield is one of the chief characteristics of the volcanoes in this archipelago.

It was now time to descend. We called our guide, but he did not know where we ought to go, everything appeared so different when we looked down, from what it did when we looked upward. I chose a place where the vegetation was nearest the top, and asked him if I could go down there, to which of course he answered Yes, as most people do when they do not know what to say, and must give some reply. I had brought up with me a long stick or kind of alpen-stock, curved at one end, and with this I reached down and broke places for my heels in the crust that covered the sand and small stones. For hundreds of feet beneath me the descent seemed perpendicular, but I slowly worked my way downward for more than a hundred feet, and had begun to congratulate myself on the good progress I was making—soon, I thought, I shall be down *there*, where I can lay hold of that bush and feel that the worst is past—when suddenly I was startled by a shout from my companions who were a short distance on my left. "Stop! Don't go a step further, but climb up just as you went down." I now looked round for the first time, and found to my surprise and alarm that I was on a tongue of land between two deep long holes or fissures, where great land-slides had recently occurred. I had kept my attention so fixed on the bush before me that I had never thought of looking to the right or left, generally a good rule in such perilous places.

To go on was simply impossible, so I turned round, climbed up again and passed round the head of one of these frightful holes. If at any time the crust had been weak and had broken beneath my heels, no earthly power could have saved me from instant death. As I broke place after place for my feet with the staff, I thought of Professor Tyndall's dangerous ascent and descent of Monte Rosa.

At last I joined my companions, who had found the way we had come up; and, after some slips and sprains and considerable bruising, we all reached the bottom and were glad to be off the volcano, and reaching Banda Neira, feel ourselves on *terra firma* once more.

For a few days I could scarcely walk or use my arms; but that lameness soon passed away—not so with the impressions made on my mind by the perils I had so narrowly escaped, and even now, when suddenly aroused from sleep, for a moment the past becomes the present, and I am once more on the tongue of land with a deep gulf on either hand, or I am saving myself again by grasping *that fern*.

The first European who reached the summit, so far as I am aware, was Professor Reinwardt in 1821; the second was M. S. Müller in 1828, and from that time till the 13th of September, 1865, when we ascended it, only one party had attempted this difficult undertaking, and that party was from the steamer *Etna*, whose name we had found on a large rock in the old crater.

The height of this volcano we found to be 707·5 mètres, 2321 feet. Its spreading base occupies less space, 2 miles square. In size, therefore, it is insignificant compared to the gigantic mountains on Lombok, Java, and Sumatra; but when we consider the great amount of suffering, and the immense destruction of property that have been caused by its repeated eruptions, it becomes one of the most important volcanos in the archipelago.

From Valentyn and later writers we learn that eruptions have occurred in the following years:—1586, 1598, 1609, 1615, 1632, 1690, 1696, 1712, 1765, 1775, 1778, 1820, and 1824.

That of 1615 occurred in March, just as the Governor-General, Gerard Reynst, arrived from Java with a large fleet to complete the war of extermination that the Dutch had been waging with the aborigines for nearly twenty years. For some time previous to 1820, many people lived on the lower flanks of Gunong Api, and had succeeded in forming large groves, or, as the Dutch prefer to name them, "parks" of nutmeg-trees. On the 11th of June of that year, just before 12 o'clock, in an instant without the slightest warning, an eruption began which was so violent that all the people at once fled to the shore and crossed in boats to Banda Neira. Out of the summit rose perpendicularly up a great mass of ashes, sand, and stones, heated until they gave out light like living coals. The latter hailed down on every side, and as the accounts say, " set fire to the woods and soon changed the whole mountain into one great cone of flame." This happened unfortunately during the western monsoon, and so great a quantity of sand and ashes were brought over to Banda Neira, that the branches of the nutmeg-trees were loaded down until they broke beneath its weight, and all the parks on the island were totally destroyed. Even the water became undrinkable from the light ashes that filled the air and settled in every crevice. This eruption continued incessantly for *thirteen* days, and did not wholly cease at the end of six weeks.

During this convulsion the mountain was apparently split through in a N.N.W. and S.S.E. direction. The large, active crater, which we saw beneath us on the north-west side of the mountain, from the spot where we lunched, was formed at that time, and another was reported higher up between the new crater and the older one on the top of the mountain. A stream of lava poured down the western side into a small bay and built up a tongue of land 180 feet long. This fluid rock heated the sea within a radius of more than half a mile, and nearer the shore eggs were cooked in it. This lava stream is the more remarkable, because it is a great characteristic of the volcanos throughout the archipelago, that, instead of pouring out fluid rock, they only eject hot stones, sand, and ashes, or mud—that is, water mingled with sand and ashes,—such materials as are thrown up in those volcanos where the eruptive force is known to have attained its maximum and to be becoming weaker and weaker.

On the 22nd of April, 1824, while Governor-General Van der Capellen was entering the roads an eruption commenced, just as had happened 209 years before, on the arrival of Governor-General Reynst. A great quantity of ashes again rose upward from its summit, accompanied by clouds of " black smoke," in which lightnings darted, while such a heavy thundering rolled forth that it completely drowned the salute from the forts on Neira, in celebration of the Governor's arrival. This was followed by a second eruption, succeeded by a rest of fourteen days, when the volcano again seemed to have regained its strength, and once more ashes and glowing stones were hurled into the air, and fell in showers on all sides.

But the people of Banda have suffered quite as much from earthquakes as from eruptions, though the latter are usually attended by slight shocks. Heavy earthquakes, without eruptions, have occurred in 1629, 1683, 1710, 1767, 1816, and 1852.

Almost the first objects that attract one's attention on landing at the village are the ruins of those houses that were destroyed by the last of these fearful phenomena. Many houses had their walls levelled to the ground, but others, that were built with especial care, suffered little injury. These walls are made of coral-rock or bricks. They are two or three feet thick, and covered with layers of plaster. At short distances along their outer side, sloping buttresses are placed against them, so that most of the houses in Banda look more like fortifications than private residences. The first warning that any one had of the coming destruction was that the water suddenly began to stream out of the enclosed bay, and this continued until the war brig *Haai*, which was at anchor in 8 or 9 fathoms touched the *bottom*. Then came in a great wave from the ocean that rose at least to a height of 25 or 30 feet over the low western part of the village, which is separated from Gunong Api by the narrow Sun Strait. Praus lying near this shore were swept up against Fort Nassau, which was so completely engulfed, that it was stated to me that one of these native boats was carried over the walls of the fort, and remained inside when the sea had receded to its usual level. The part of the village over which the flood swept contained many small houses, and nearly every one of them was carried away.

This rapid outpouring of the water from this enclosed bay, or old crater, was probably caused either by the elevation of the bottom at that spot, or else by a sinking of the floor of the sea outside, so that this water was drained off into some depression that had suddenly been found. We have no reason to suppose that there was any great commotion in the sea outside, and certainly there was no high wave or bore, or it would also have risen on the shores of the neighbouring islands. There are three entrances or straits which lead from these roads out to the open sea. Two of these are wide, and one is narrow. When the whole top of the volcano, that is Neira, Gunong Api, Lontar, and the area they enclose, was raised for a moment, the water streamed out through these straits, causing very strong currents, but as the land again instantly sank to its former level, the water poured in, and the streams of the two wider straits meeting and uniting, rolled on towards the inner end of the narrow passage. Here they all met, and piling up spread out over the adjoining low village, causing great destruction of life. At the Resident's house, a few hundred yards east of Fort Nassau, the water only rose some ten or fifteen feet above high-water level, and farther east still less. The cause assigned above, therefore, though the principal one, may not have been sufficient in itself to have made the sea rise so high over the south-western part of Neira and the opposite part of Gunong Api, and I suspect that an additional cause was that the land there sank for a moment below its proper level.

Valentyn thus describes another less destructive earthquake wave :—" In the year 1629, there was a great earthquake, and half an hour afterward a flood, which was very great, and came in calm weather. The sea between Neira and Selan (on the western end of Lontar) rose up like a high mountain, and struck on the right side of Fort Nassau, where the water rose nine feet higher than in common spring-floods. Several houses near the sea were broken into pieces and washed away, and the ship *Brill* lying near by, was whirled round three times." In this case, the facts that the water did not pour out of the roads into the sea, and that the " flood " did not come until half an hour after the shock had occurred, indicated that this wave had its origin elsewhere, and there is no need of supposing, as in the case of 1852, that any part of the group was elevated or depressed. However, all these events are but as yesterday, when we look back into the past history of this ancient volcano, for if we can judge by analogy, taking the great crater this day existing among the Zeugger Mountains as our guide, we see in our mind's eye an immense volcanic mountain before us. From its high crater, during the lapse of time, poured out successive overflows of lava, which solidified into the trachyte of Lontar. Then came a period when stones and sand were thrown up, which has not wholly ceased at the present day. During one of its mighty throes, its western half disappeared beneath the sea, if the process of subsidence had gone on so far at that time.

Slowly it sinks, until it is at least 400 feet lower than at the present time, for we found a bank of coral rock on the western end of Lontar at that height. The outer islands are now wholly submerged. This period of subsidence is then followed by one of upheaval, but not till the slow-building coral-polyps have made great reefs, which now become white chalky cliffs, and after many years attain their present elevation above the sea. A tropical vegetation meanwhile by degrees spreads downwards, closely pursuing the retreating sea, and the islands are exactly what we see them to be at the present day.

In 1846, Mr. Jukes announced, as the result of his observations in the southern part of this archipelago, that the whole line of islands eastward from the Strait of Sunda, to and including Timur, had been elevated within a recent period. On the latter island my observations, I now find, are quite identical with his. From Kolff we learn that elevated reefs are found among the islands eastward from the northern end of Timur, and here they occur again in the Bandas. Eastward of this point, and south-east from Goram, are the Matabello Islands, which, according to Mr. Wallace, are only coral reefs raised 300 or 400 feet.

North-west from the Bandas we come to Amboina. The most recent coral rock which I observed on that island was about 500 feet above the present sea-level. At that elevation many valves of the gigantic *Tridacna gigas* were found considerably decomposed, but always in pairs, as if they had once been partially surrounded with soft coral rock, which, wasting away, had allowed the valves to fall apart. Governor Arriens, who had carefully studied these recent coral reefs, gave me the important fact that he had followed them upward to a height of 800 feet, but not higher, and that at that elevation they seemed to suddenly disappear. At Wahai, on the north coast of Ceram, I found many recent corals, about 50 feet above high-water level, and also at Kayéli Bay, on the north side of Burn, at an elevation of 100 feet. The natives here assured me that the same kind of "white stone," coral rocks, was found among the hills ; and I have no doubt that it will be found in the mountainous parts of all the other Moluccas, as high up as Governor Arriens has already observed it at Amboina. A member of the Commission sent by the Dutch Government to examine the coasts of New Guinea, informed me that at the back of Dorey, on the north coast, at the mouth of Geelondk Bay, there are hills of very late formations, and that he found there a recent shell at a considerable elevation, 100 or 200 feet. From this point westward, as far at least as the northern end of Celebes, all the islands are probably rising.

Thus we find over all this wide area a repetition of the subsidence followed by an upheaval already noticed on Banda. Indeed, there is every indication that all the eastern part, if not the whole, of the archipelago is now rising, and thus we have before us the grand spectacle of a great continent forming itself at the present time.

III: Vortrag von Pastor Cornelis J. Böhm über Rumphius in Bahasa Indonesia (Seite 1)

"RUMPHIUS"

Biolog ternama di pulau Ambon (1627 – 1702)

Nama "Rumphius" harum di kalangan orang biolog / botanis dan di kalangan ilmuwan di Indonesia.

Georg Eberhard Rumpf (alias Georg Everhardus Rumphius) adalah seorang berbangsa Jerman, yang lahir pada tahun 1627 di desa Wölfersheim, wilayah Hessen, negeri Jerman. Ayahnya, August Rumpf, adalah seorang insinyur dan kontraktor, sedangkan ibunya, Elisabeth Keller, adalah seorang keturunan Belanda (ibunya orang Belanda). Hal itu barangkali menyebabkan bahwa kemudian hari ternyata Rumphius berbahasa Belanda dengan lancar dan juga menulis karya-karyanya dengan memakai bahasa Belanda.

Sejak kecil ia menekuni pendidikan formal yang memadai dengan mengikuti sekolah *gymnasium*. Agamanya protestan-kalvinis; agama itu dihayatinya dengan sangat serius.

Dalam tahun 1645, *waktu berumur 18 tahun, ia menjadi korban "human trafficking": orang membujuk dia menjadi tentara untuk mengusir orang Turki dari P. Kreta. Ternyata ia ditipu. Melarikan diri ke* "West-Indische Compagnie" (sebuah perusahaan Belanda yang sejenis dengan VOC, tetapi berfokus pada Amerika, yang

1

AMBOYNA, one of the Moluccas or Spice Islands, be-
longing to the Dutch, lying south-west of Ceram, in 3°
41' S. lat. and 128° 10' E. long. It is 32 miles in length,
with an area of about 280 square miles, and is of very
irregular figure, being almost divided into two. The south
eastern and smaller portion (called Leitimor) is united t(
the northern (known as Hitoe) by a neck of land about
a mile broad. The island is mountainous, but is for the
most part fertile and well-watered. Large tracts are
covered with rich tropical forests, which embrace a great
variety of trees, although ordinary building timber is
scarce. The climate is comparatively pleasant and healthy;
the average temperature is 80° Fahr., rarely sinking below
72°. The rainfall, however, after the eastern monsoons,
is very heavy, and the island is liable to violent hurricanes
and earthquakes. Amboyna produces most of the common
tropical fruits and vegetables, including the sago-palm,
bread-fruit, cocoa-nut, sugar-cane, maize, coffee, pepper,
and cotton. Cloves, however, form its chief product,
and the only one that is of any real commercial importance. The Dutch have done much to foster the cultiva-
tion of this article in the island, and at one time prohibited
the rearing of the clove-tree in all the other islands subject
to their rule, in order to secure the monopoly to Amboyna.
Each tree yields annually from 2 to 5 ℔ of cloves, and
sometimes even more; while the total annual quantity
produced probably averages about 500,000 ℔. The animal
kingdom is poorly represented. Indigenous mammals are
feeble in species as well as few in number; birds are more
abundant, but of no greater variety. The entomology of the
island is, however, very rich, particularly among the *Lepi-
doptera*. The aborigines of Amboyna are a race called
Horaforas, but Malays constitute the main body of the
population; there are also Chinese, Dutch, and a few Portuguese. The Malays in most points resemble those of
Java. They are naturally lazy and effeminate, but when
properly trained make good soldiers. The inhabitants
are mostly Christians or Mahometans. Amboyna is the
chief island of the Dutch residence of the Moluccas, which
comprises, in addition, the islands of Boeroe, Amblauw,
Ceram, Manipa, Kilang, Bonoe, Haroekoe, Honimoa or
Saparoa, Noesa-laut, and Hila. The Portuguese were the
first European nation to visit Amboyna (1512). They esta-

blished a factory there in 1521, but did not obtain peaceable possession of it till 1580, and were dispossessed by the Dutch in 1605 About the year 1615 the British formed a settlement in the island, at Cambello, which they retained until 1623, when it was destroyed by the Dutch, and frightful tortures inflicted on the unfortunate persons connected with it. In 1654, after many fruitless negotiations, Cromwell compelled the United Provinces to give the sum of £300,000, together with a small island, as compensation to the descendants of those who suffered in the "Amboyna massacre." In 1796 the British, under Admiral Rainier, captured Amboyna, but restored it to the Dutch at the peace of Amiens in 1802. It was recaptured by the British in 1810, but once more restored to the Dutch in 1814. Population, about 50,000. See MOLUCCAS.

Amboïnen Inselgruppe im Ind. Ozean, den mittleren Teil der Molukken bildend. Die Insel **Amboina** umfaßt 530 qkm, 58 000 Ew., meist Christen. Gesundes Klima, reichl. Bewässerung, üppige Vegetation (große Wälder), Heimat der Gewürznelken u. des Amboinaholzes. Die gleichnam. Hauptstadt (16 000 Ew.) ist Sitz der niederländ. Residentschaft der Molukken (der Resident wohnt in Batu-Gadjah), hat einen treffl. Hafen (seit 1854 Freihafen). Ceram (Sirang), größte Insel der Gruppe, 18 060 qkm, ist schwach bevölkert. In ihrem wenig erforschten, gebirgigen Innern hausen die wilden Alfuren, die als die Urbewohner der Molukken gelten. Buru hat einen großen See im Innern. Außer diesen verschiedene kleinere Inseln. Die A. wurden 1564 von den Portugiesen besetzt, die sie 1607 an die Holländer verloren. Gleichzeitig suchte die Engl.-ostind. Kompanie sich dort festzusetzen, was zu langwierigen Kämpfen Anlaß gab. 1796 kam A. in brit. Besitz, im Frieden v. Amiens 1801 an die Holländer; 1810—1814 waren abermals die Engländer Herren der Insel; durch den Pariser Vertrag von 1814 wieder die Holländer.

26. Verwendete Literatur

Alwi, Des, *Friends and Exiles. A Memoir of the Nutmeg Islands and the Indonesian National Movement*, 2008

Bokemeyer, Heinrich, *Die Molukken: Geschichte und quellenmäßige Darstellung der Eroberung und Verwaltung der ostindischen Gewürzinseln durch die Niederländer*, Leipzig 1888

Buijze, W., *Georg Everhard Rumphius*, Hidupnya dan Tugu, Ambon

Burnet, Ian, *Spice Islands*, 2011

Burnet, Ian, *East Indies, The 200 Year Struggle Between the Portuguese Crown, the Dutch East India Company and the English East India Company for Supremacy in the Eastern Seas*, 2013

Crab, Petrus van der, *De Moluksche Eilanden*, 1861

Dash, Mike, *Batavia's Graveyard*, 2002

Day, Clive, *The Dutch in Java*, 1904

Deventer, M.L. van, *Geschiedenis der Nederlandsers op Java*, 1886

Drake-Brockman, Henrietta, *The Reports of Francisco Pelsaert*, 1956

Drake-Brockman, Henrietta, *The Wicked and the Fair*, 1957

Drake-Brockman, Henrietta, *Voyage to Disaster*, 1963

Drake-Brockmann, Henrietta, *The Report of Fransisco Pelsaert, Early Days: Journal and Proceedings*, WA Historical Society, Perth, 1956

Edwards, Hugh, *Islands of Angry Ghosts*, 1996

Elsner, Dr. Fritz, *Die Praxis des Chemikers*, 1895

Ennen, Leonard, *Geschichte der Stadt Köln*, 1863

Forrest, John, *Report on a Visit to the Abrolhos Islands*, Western Australian State Archives, 1879

Frik, Christoff, *Ost-Indianische Reisebeschreibung, Java, Ceylon, Bali*, 1692

Geerken, Horst H., *Der Ruf des Geckos*, 2009

Geerken, Horst H., *Hitlers Griff nach Asien*, Band 1, 2015

Geerken, Horst H., *Hitlers Griff nach Asien*, Band 2, 2015

Gelder, Roelof van, *Het Oost-Indisch Aventuur. Duitsers in dienst van de VOC (1600-1800)*, 1997

Gordon, Maurice Bear, *Naval and Maritime Medicine during the American Revolution*, 1978

Gründer, Horst, *Geschichte der deutschen Kolonien*, 2004

Haeckel, Ernst, *Aus Insulinde – Malayische Reisebriefe*, 1901

Hake, Claire, *Mein geteiltes Herz*, 2011

Hanna, Dr. Willard A., *Banda. A Journey through Indonesia's fabled Islands of Fire and Spice,* 1997

Hanna, Dr. Willard A., *Indonesia Banda: Colonialism and its after-math in the Nutmeg Islands,* Philadelphia: Institute for the Study of Human Issues, 1978

Hantzsch, Viktor, *Wurffbain, Johann Siegmund,* Allgemeine Deutsche Biographie 44, 1898

Heuken SJ, Adolf, *… dahin, wo der Pfeffer wächst. Vierhundert Jahre Deutsche auf den Inseln Indonesiens,* 2010

Kirsch, Peter, *Die Reise nach Batavia,* 1994

L'Honoré, S.P., *Reisebeschreibungen von deutschen Beamten und Kriegsleuten im Dienst der Niederländischen West- und Ost-Indischen Kompanien 1602-1797,* 1930

Loth, Vincent C., *Pioneers and perkeniers: The Banda Islands in the 17th century,* 1995

Merwin, W.S., *The blind Seer of Ambon,* 2005

Milton, Giles, *Muskatnuß und Musketen,* 2002

Milton, Giles, *Nathaniel's Nutmeg,* 1999

Olivier, Johannes, *Reizen in dem Molukkschen Archipel naar Makassar in 1824,* 1827, 1834

Otheniel, Hermes, *Simeon Seth,* Englisch, 2013

Oxley, Thomas, *Banda Nutmeg Plantations,* Journal: Indonesian Archipel, 1856

Oxley, Thomas, *Statistic of Nutmeg,* 1856

Oxley, Thomas, *The Banda Nutmeg Plantations,* 1856

Reid, Anthony, *Introduction: Slavery and bondage in Southeast Asian history in slavery, bondage and dependency in Southeast Asia,* Univerity of Queensland Press, 1983

Richthofen, Ferdinand von, *Über den Seeverkehr nach und von China im Altertum und Mittelalter,* 1876

Rose, H.-D., *Die Arbeit deutscher Ärzte im Dienste der Niederländisch-Ostindischen Kompagnie (1602–1797), dargestellt am Beispiel des Ulmer Wundarztes Christoph Frick,* 1982

Rumphius, Georg Eberhard, *Herbar amboinense,* 1741

Rumphius, Georgius Everhardus, *De Ambonse Histoire,* 2 Bände, 1910

Seemann. Dr. Heinrich, *Von Goethe bis Emil Nolde,* 1996

Siebert, Rüdiger, *Tod auf Mactan,* 1982

Siebert, Rüdiger, *Deutsche Spuren in Indonesien,* 2002

Sjahrir, Sutan, *Out of Exile,* 1949

Somerset Maughan, W., *Der schmale Winkel,* 1982, 2007

Tantri, K'tut, *Aufruhr im Paradies*, 1961

The Jakarta Post, 13. November 2010, *Des Alwi, the boy from Banda*

Toussaint-Samat, Maguelonne, *A History of Food*, 2009

Turner, Jack, *Spice*, 2001

Valentijn, Francois, *Beschrijv. van Boomen, Planten etc. en Zaaken van Amboina in Oud en Nieuw Ost-Ind.*, 1726

Vincent, William, *Commerce and navigation of the Ancients in the Indian Ocean*, 1805

Vogel, Johann Wilhelm, *Beschreibung von Java und Sumatra 1678-1687*, 1704

Warburg, Dr. O., *Die Muskatnuss: Ihre Geschichte, Botanik, Kultur, Handel und Verwertung, sowie ihre Verfälschungen und Surrogate. Zugleich ein Beitrag zur Kulturgeschichte der Banda Inseln*, Leipzig 1897

Weil, Andrew T., *The use of nutmeg as a psychotropic agent*. UNOCD Unites Nations Office of Drugs and Crime Bulletin, 1.1.1966

Weiss, E. A., *Spice Crops*, 2002

Winn, Phillip, *Slavery and cultural creativity in the Banda Islands*, Journal of Southeast Asian Studies, 42(3), © The National University of Singapore, 2010 (Online-Version: http://www.academia.edu/368084/Slavery_and_cultural_creativity_in_the_Banda_Islands)

Wurffbain, Johann Sigmund, *14jährige Reisebeschreibung, Oostindian Kriegs- und Oberkaufmanndienst*, 1646 (Online Version: https://www.deutsche-biographie.de/pnd124881947.html#adbcontent)

27. Besuchte Archive

ANRI, Arsip Nasional Republik Indonesia, Jakarta (National Archives of Indonesia)

Artis Bibliothek, Amsterdam

British Library, London (Nationalbibliothek des Vereinigten Königreichs)

Deutsches Historisches Museum, Berlin

Deutsches Marinemuseum, Wilhelmshafen

Koninklijke Bibliotheek, Den Haag

Nationaal Archif, Den Haag

National Museum of the Royal Navy, Portsmouth

PNRI, Perpustakaan National Republik Indonesia (National Library), Jakarta

The National Archives, Kew, Richmond, Surrey

Tropenmuseum, Amsterdam

28. Namensregister

Abba, *siehe* Bahalwan, Rizal Abba

Abdul Rahman, Tengku 213

Abreu, Antonio de 57

Acosta, Christobal 25

Albius, Edmond 157

Albuquerque, Alfonso de 55, 57

Alexander VI. 46

Alfons V. 26

Ali, aus der Familie Baadilla 210

Alwi, Des 5, 198, 206, 209-216, 262f., 269, 273, 281-284, 349, 414

Alwi, Lili 209f.

Alwi, Mira 282

Alwi, Ramon 282

Alwi, Tanya 282

Apostel Paulus 32

Arnold, Christoph 128, 132f.

Aron 23

Assagaff, Said 143

Ayu, Ibu 265

Azevedo, Miranda de 59, 75

Baadilla, Familie 18, 206, 209f., 282

Baadilla, Said 206, 282

Bahalwan, Rizal Abba 2, 7, 10, 13, 240-242, 246f., 249-256, 265, 281, 298, 332, 388

Ball, George 89

Barewitz, Ernst Christoph 225

Barros, de 34

Bastiansz, Gysbert 176, 190

Bastianz, Judith 176, 187

Beekman, E. M. 370

Beresford, Bruce 197

Bergel, Hendrik van 84

Berveling, M. L. 343

Bickmore, Albert S. 5, 227f., 398

Boeckholtz, Francois van 303

Böhm, Cornelius J., MSC 7, 350, 359f., 373f., 409

Both, Pieter 126, 161

Brandes, Dr. 108

Brasavola, Antonius Musa 34

Brito, de, Kapitän 59

Broecke, Pieter van den 18, 242f., 252, 273, 281

Broecke, Pongky van den 273

Brouwere, Henderik 171

Bräker, Annette 19, 236f.

Buchheim, Martin von 50

Buijze, W. 360, 369, 372f.

Burckhardt, Christian 115, 133

Burmannus, Joannes 370

Bush, George W. 189, 339

Cabral, Pedro Alvares 54

Camphuys, Johannes 369

Camões, Luis Vaz de 64

Capellen, Godert van der 170, 233, 371

Chancellor, Richard 67

Claes, Wybrecht 187

Cocks, Richard 96

Coen, Jan Pieterszoon 5, 84, 91, 93-108, 110, 114, 116-118, 163, 176, 186, 190, 303, 309, 335f.

Cole, Christopher 166-170, 206, 297

Colthurst, Kapitän 81f.

Columbus, Christopher 4, 9, 46, 59f., 71

Conrad, Joseph 202

Cook, James 53, 183
Cornelisz, Jeronimus 179, 182, 184, 186-189, 196
Cosimo de Medici III. 374
Couper, Jacob 111
Courthope, Nathaniel 86-92, 393
Cousteau, Jacques-Yves 284, 314
Crab, van der 109, 116
D'Acque, Hendrik Dr. 370
Dale, Sir Thomas 91
Davis, John 73, 75, 89
Decmaars, Familie 18
Diana, Prinzessin von Wales 283f.
Dias, Bartolomeu 9, 46, 50f.
Dilla, Ehefrau von Abba, *siehe* Thalib, Dilla
Donovan, Joseph R. 143
Drake, Francis 68
Dryden, John 342
Dutton, John 138
Duyvel, Bertram 127
Elcano, Juan Sebastián 63f.
Elisabeth I., Königin von England 68, 75f., 80, 151
Fairchild, David 379
Faust, Johann Georg 146
Fenton, Edward 68
Ferguson, Sarah 284
Fernando von Aragon 46
Fleck, Konrad 224
Fra Mauro 26
Franquemont, Familie 124
Frederics, Trynt 176, 187
Frederics, Zussie 176, 187
Frick, Christoff, *siehe* Frik
Frik, Christoff 115, 133
Fugger 27, 57-60
Gama, Paulo da 51f.
Gama, Vasco da 9, 46, 51-54
Garcia, Kapitän 59

Germanus, Henricus Martellus 50
Gisels, Artus 127f.
Gist, Janneken 176
Goethe, Johann Wolfgang von 146
Graeff, Cornelis Dirk de 371
Gray, George 189
Greenbury, Richard 342
Gunner, Anneken 176, 187
Haeckel, Ernst Heinrich Philipp August 384
Hagen, van der, Admiral 81f.
Hake, Claire 163
Halberstadt, Albrecht von 145
Hals, Frans 21, 189, 243
Hardens, Anneken 176, 187
Harmansz, Familie 176
Harrison, John 181
Hartog, Dirk 171-173
Hatshepsut 29
Hatta, Mohammad 39, 89, 98, 128, 168, 204-211, 273, 281f., 297
Haug, Gunter 4f., 10, 291, 298, 300, 395, 429
Haug, Karin 4, 10, 291, 298, 300
Hayes, Robert 92, 186, 188, 190f., 193f.
Heemskerk, Jakob van 77f.
Heinrich der Seefahrer 47, 49
Heinrich von Portugal, *siehe* Heinrich der Seefahrer
Hendrix, Zwaantie 179
Hermanszoon, Admiral 81f.
Hildegard von Bingen 21
Hoeksema, H. J. 343
Hoen, Simon Janszoon 84
Houtman, Cornelis de 69f., 72-74, 173f.
Hudson, Henry 134
Hulsius, Levius 73
Hunter, John 138

Huyghen van Linschoten, Jan 69
Huyssen, Coenraat van 187
Ibn Sina 25
Ibrahim, Bootsführer 306, 308, 311, 313f., 322
Isabella von Kastilien 46
Iskandar, Ahmet 220
Iskandar, Saudara 286
Iversen, Volquard 133
Jacobsz, Adrian 179, 182-184, 186, 190
Jagger, Mick 284
Jakob I., König von England 80, 87, 136
Jakob, Duke of York 139
Jans, Lucretia, *siehe* Mylen 176
Jansz, Pieter 176
Johann I. 47
Johann VI. 54
John, Lobsterfischer 172, 174, 192f.
Jong, Lou de 342
Jourdain, John 91
Junker, Kapitän 111f.
Karl I., König von England 136
Karl V. 60, 64
Keche, Schiffsmeister 79
Keeling, William 82f.
Keller, Elisabeth 360
Koesoemasoemantri, Iwa 204f.
Kok, Familie 18
Kublai Khan 32
Lancaster, James 73, 75-77, 79f., 322
Langhanß, Christoph 133
Leber, Alfred Theodor Dr. 202
Lind, James 53
Looes, Wouter 189f.
Louys, Margaret 176, 187
Lüdde-Neurath, Kurt 215
Luther, Martin 145

Maetsuycker, Joan 366
Magellan, Ferdinand 9, 46, 57, 60-62, 68
Mambu, Anna Marie 282
Mangoenkoesoemo, Tjipto 204, 205, 297
Mangunkusumo, Cipto, *siehe* Mangoenkoesoemo
Mannhardt, Johann Wilhelm 18, 286
Manuel I. von Portugal 54f.
Marco Polo 25f., 30
Mareike, Marinebiologin 282
Maugham, Somerset 122, 202f., 241, 274
Meister, Georg 133
Melo, de, Kapitän 59
Mercator, Gerhard 69
Merklein, Johann Jacob 133
Meutia, Tjut 13
Middleton, David 85f.
Middleton, Henry 80f., 85-87
Mimi, Cousine von Des Alwi 209f.
Minssen, Hans 201, 223-225, 374
Mosch, Thomas 129
Müller, M. S. 227, 232
Muller, *siehe* Müller, M. S.
Murah, Fahrer 234
Mylen, Lucretia van der 176, 179, 187, 190
Nahkoda, Ishmael 57
Neck, Jacob van 77
Ngurah Rai, I Gusti 392
Nolde, Ada 202
Nolde, Emil 198, 202, 224
Nur, Ibu Hadji 235
Nyello, Tauchmeister 120, 289
Obama, Barak 189
Ovid 145
Oxley, Thomas 109

Patoys, Claudine 176
Pattimura 370, 372
Pelgrom, Jan 189f.
Pelsaert, Francisco 179, 182-184, 186, 188-190, 192, 194
Pires, Tomé 35
Plancius, Petrus 69f.
Poivre, Pierre 5, 144, 153f.
Ptolemäus 23
Raffles, Sir Thomas Stamford 167f., 241
Rainier, Admiral 344
Randall, Faktor auf Banda Besar 97
Ras, Isabella 364, *siehe auch* Rumpf, Isabella
Razak, Tun 213
Reinwardt, Kaspar Georg Karl 108, 227, 232
Reynst, Gerard 232f.
Richthofen, Ferdinand von 29
Rijali 362
Rumpf, *siehe* Rumphius
Rumpf, August 360
Rumpf, Isabella 364, 368
Rumpf, Paul August 364, 367, 374
Rumpf, Suzanna 364
Rumph, *siehe* Rumphius
Rumphius 5, 7, 22, 34, 78, 110, 147, 149f., 225, 284, 311, 324, 332, 350, 358-384, 393, 409, 412f.
Saar, Johann Jacob 53, 133f.
Sandick, van, Gouverneur von Ambon 371
Sandwich, Lord 140
Schouten, Justus 129
Schreyer, Johann 133
Schweitzer, Christoph 133
Seth, Simoneon 23
Sjahrir, Sutan 168, 204-206, 208-211, 213, 219, 274, 281

Smissen, Anna van der 19
Smissen, Familie van der 19, 286
Soers, Mayken 176
Sol, Andreas 372
Specx, Generalgouverneur der VOC 190
Speelman, Cornelis 161
Speult, Herman van 336-338, 342
Spies, Walter 332
Stuyvesant, Peter 136
Suharto 215f., 265, 281, 354
Sukarno 28, 203-205, 210f., 213-215, 281, 291, 348
Sukarnoputri, Megawati 28, 354
Surabaya Sue 212
Sutowo, Ibnu 124
Syahrir, Sutan, *siehe* Sjahrir
Tantri, K'tut, *siehe* Surabaya Sue
Tappe, David 112, 133
Thalib, Dilla 246f., 252, 255
Tini, Köchin 244
Tjut Meutia 13
Towerson, Leiter der englischen Faktorei auf Ambon 337, 339
Trump, Donald 143
Tura, Tauchmeister 282
Tyndall, Professor 231
Uhland, Ludwig 145
Ulfa, Köchin 244
Umar, Pak 235-237, 240f., 257, 284, 350, 353f., 391
Valentijn, Francois 147, 368f., 372, 414
Valentini, Arzt 151
Verhoeff, Pieter Willemsz 125
Verhoeven, Pieterszoon 83f., 93f., 159
Verken, Johann 86, 125f.
Vespucci, Amerigo 50, 60
Vita, Köchin 116, 244, 248

Vlamingh, Willem de 128, 193, 365

Vogel, Johann Wilhelm 22, 114, 133, 149

Wagner, Hans Ernst von 346

Waldi, B. 146

Waldseemüller, Martin 50

Walker, Muriel Stuart 212, *siehe auch* Surabaya Sue

Warburg, Otto Dr. 57, 98f., 103, 107f., 110-113, 149, 151, 154-157, 167, 226, 319

Wilhelm III., König der Niederlande und Großherzog von Luxemburg 261

Willoghby, Hugh 67

Winckelman, Offizier 124

Wintergerst, Martin 133

Wolfram von Eschenbach 144

Wolzogen, Offizier 124

Wood, Benjamin 75

Württemberg, Carl Eugen von 112, 124

Württemberg, Ludwig von 385

Württemberg, Ulrich von 385

Wurffbain, Johann Sigmund 111f., 126-131, 133, 149, 222, 319

Wurffbain, Leonhard 126, 131

Yudhoyono, Susilo Bambang 353, 354

Zamorin, König von Kalikut 52, 55

Zijl, van, Gouverneur der Banda Inseln 222

29. Sachregister

(Schiffsnamen sind kursiv geschrieben)

Aborigines 189f., 193
Abrolhos 5, 108, 171-174, 184, 189-191, 193f.
  - Karte 184
Academia Naturae Curiosorum, Leopoldina 367
Achin 76f.
Ai 5, 18, 35, 38, 106, 113, 128, 221, 223, 243, 278, 284, 306-309, 311, 374
  - Engländer auf ~ 79-82, 85, 87f., 90-92, 95, 140, 160f.,
Ajanta 29
Albatros 393
Alcáçova, Vertrag von 46
Alexandria 28, 32
Ambon 332-384
  - Erdbeben 334, 364, 368
  - Flora und Fauna 369f., 374-383, *siehe auch* Rumphius
  - Karte 363
  - Massaker von ~ 136-137, 139, 337-344
  - Verschwörung von ~ 103
Amboyna 324, 340, 342, *siehe auch* Ambon
Amsterdam 18, 69f., 72f., 78, 83, 110, 114, 122f., 172, 366, 383
Amsterdam 70, 72
Antillen 49
Antiochia 23, 27, 32
Aphrodisiakum, *siehe* Muskatnuss
Arabien 22f., 35, 52, 58, 71, 78, 93, 110, 171, 274
Artania 393

Aru Inseln 39
Arzneimittel, *siehe* Muskatnuss
Ascension 75, 77, 80f., 138
Atlantik 33, 46, 49, 61, 64, 68, 179
Augsburg 27, 57f., 60
Australien 138, 171f., 182f., 189f., 190, 193, 197, 214
Aviastar Airline 297
Azoren 33, 46, 52
Bagdad 32
Bahasa Indonesia, *siehe* Sprachen
Bali 57, 72, 151, 234f., 245, 290f., 332, 353f., 391f.
Banda Aceh 76f.
Banda Besar 77-98, 106-109, 299-305
Banda Inseln
  - Bevölkerung 35, 38, 118-121, 258, 263f.
  - Engländer auf den ~ 79-82, 85, 87f., 90-92, 95, 103, 110, 116, 136-142, 159-170
  - Erdbeben 109, 113, 161, 217, 219, 222f., 233, 303
  - erste Landungen von Europäern 57-59, 77-81
  - Handel, *siehe* Muskatnuss
  - Hauptinseln 38f.
  - Holländer auf den ~ 77-143, 159-170, 198, 203f., 209-212
  - indonesische Unabhängigkeitsbewegung auf den ~ 203-213
  - japanische Besetzung 210f.
  - Karte 36f.
  - Lage 35f.
  - Lexikonartikel 42-45, 410f.

- Massaker 5, 14, 93, 98-105, 245, *siehe auch* Genozid
- Plantagenwirtschaft 106-110, 116f., 122, 149, *siehe auch* Muskatnuss, Perken
- Sklaven 11, 98, 106, 109-118, 121, 128, 137, 170, 268, 274, 303, 309
- vor Ankunft der Europäer 39-41
- Vulkan, *siehe* Gunung Api
- *siehe auch* Banda Neira, Muskatnuss
Banda Malaiisch, *siehe* Sprachen
Banda Neira 14-17, 81-90, 96-99, 122, 126-128, 143, 258
- Flugverbindungen 235f., 284-287
- Karte 296
- Ort Banda Neira 121f., 142, 159-170, 203, 205-210, 242-272, 278-284, 292-295
- Schiffsverbindungen 198-202, 236-240, 311, 324-332, 393
- *siehe auch* Banda Inseln, Muskatnuss
Banda Neira Foundation 7, 241
Banda Sea e.V. 282
Banda-Elat 98, 245
Banda-Eli 98, 245
Banda-Fisch 379, 381
Bandalontar 89
Banda-Massaker 5, 93, *siehe auch* Banda Inseln
bandanesische Sprache, *siehe* Sprachen
Bandanese Treachery, The 84
Bandasee 34f., 59, 200, 211, 217, 223f., 282

Bantam 71f., 74, 77, 79f., 85-87, 89-91, 125, 136, 137
Batavia 104, 110f., 114, 127-130, 138, 153, 176, 183f., 186-191, 201, 210, 227, 335, 360f. 366, 368f., 370, *siehe auch* Jakarta
Batavia 108, 171, 174, 176-197
Batavia's Graveyard 174, 184, *siehe auch* Beacon Island
Batavische Republik 20
Beacon Island 174, 183, 185-188, 191, 194, *siehe auch* *Batavia's* Graveyard
Belgien 10, 366
Benteng 159, *siehe* Fort
Birma, *siehe* Myanmar
Bismarck-Archipel 21, 198
Bluemotion Dive Center, *siehe* Tauchen
Bogor 215, 227
Bona Esperanza 67
Borneo 28, 63, 87, 110, 201, 213f.
Borobudur 28
Bounty 183
Boven Digul 204-206
Brasilien 49f., 54, 60, 171f., 360
Breda, Frieden von ~, Vertrag von ~ 117, 140-143, 159
Britische Ostindien Kompanie, *siehe* British East India Company
British East India Company 67, 73, 137f., *siehe auch* English East India Company
Brunei 213f
Bull 95
Burma, *siehe* Myanmar
Calypso 315
Celebes 124, 200, 234
Ceram 21, 57, 85, 89, 103, 110, 127, 198, 348, 352, 365

Ceylon 55, 115, 167, 412, *siehe auch* Sri Lanka
China 4, 9, 22f., 29-31, 33, 35, 39, 52, 58, 71, 78, 81, 93, 110f., 134, 413
Christen, *siehe* Religionen
Christentum, *siehe* Religionen
CIA 213, 215, 339, 427
Cilacap 68
Cilu Bintang Estate 9-12, 239-242, 249-257, 291f.
Cimanggis 215
Cochinchina 153
Companie des Indes 153
Conceptión 62f.
Confidentia 67
Darling 86f.
De Swarte Raef 360
Defence 87-89
Deutsch-Neuguinea 198, 223
Deutsches Reich 198, 223
Dragon 75f., 80f. 99
Drittes Reich 104, 264
Duyfken 70
Edward Bonaventure 67
Eendracht of Amsterdam 172
Elba 68
Endeavour 183
England 50, 64, 68, 75, 79f., 95, 97, 136-143
  - Engländer auf Ambon 136-137, 139, 337-344
  - Engländer auf den Banda Inseln 79-82, 85, 87f., 90-92, 95, 103, 110, 116, 136-142, 159-170
  - Expeditionen 67f., 75-77, 79-81
Englische Ostindien Kompanie, *siehe* English East India Company
English East India Company 67, 73, 75, 86, 92, 96, 136f., 336, 342, 412, *siehe auch* British East India Company
Erster Weltkrieg 200, 203f.
Etna 227, 231f.
Expedition 85f.
Faktorei 85, 87, 89, 96f., 336f., 339
Faktoren 75, 86, 336
Fallettis, Hotel 241
Feuerring, pazifischer 217
Flores 57
Fort Amsterdam 134f., 139, 324, 332, 350, 353, 359, 365, 367, 380
Fort Belgica 5, 10, 13, 15f., 84, 159-168, 223, 253f., 292-295, 297
Fort George 139
Fort Jamestown 138
Fort Lonthoir 303
Fort Nassau 9, 83-86, 89, 95, 99, 126, 128f., 134, 159-161, 163, 166f., 222, 233, 242, 253, 292f., 297
Fort Nossa Senhora da Anunciada, 362, *siehe auch* Fort Victoria
Fort Revenge 90, 161f., 309f.
Fort Rotterdam 124f.
Fort Swan 88, 321
Fort São Jorge da Mina 49f.
Fort Victoria 324, 332-337, 344-346, 350, 361-364
Fremantle 194
Friedrich-Wilhelmshafen 198, 200
Garuda 22
Garut 227
Gelderland 77f.
Genozid 13, 99, 105, 113, 118, 144, *siehe auch* Massaker
Geraldton 172, 192, 194
Geredja Immanuel, Kirche in Ambon 350-352
Geuineerde Provincien 125

Gewürzinseln 22f., 27-33
 - Entdeckung durch Europäer
   46-65
 - Handel 66-81
 - Karte 37
 - Kauf durch Portugal 64
Gewürznelke 19, 21, 23, 46, 59,
   144, 145, 385
Gewürzrouten 30, 32
 - Karte 24
Globalisierung 23
Goa 55, 57, 64
Goldküste 49
Goram 103
Grenada 154, 157
Großbritannien 20, *siehe* England
Guantanamo 339
Gunung Agung 291
Gunung Api 217-233
 - Ausbruch 161, 217, 219-222,
   227, 232f., 308
Gunung Guntur 227
Gunung Krakatau 373
Haai 233
Hadramaut 29, 110, 242
Halve Maen 134
Hector 75, 80, 82
Hila 332, 350, 353, 359, 363, 365,
   367, 380
Hirado 96
Hitu 336, 362, 368
HMS Barracouta 166
HMS Caroline 166
HMS Mandarin 166
HMS Piedmontaise 166
Hollandia 70, 97, 303f.
Holländisch-Guyana 140
Holländisch-Ostindische Kompanie
   82, *siehe auch* VOC

Holland 16-18f., 69, 95, 104f., 106,
   108, 121f., 136, 140, 143, 168,
   197, 204, 342, 347
 - Expeditionen 69-74, 77-79
 - Holländer auf Ambon 333-341,
   348
 - Holländer auf den Banda Inseln
   77-143, 159-170, 198, 203f.,
   209-212
 - Kolonialkrieg 105, 205, 211f.,
   281, 392
 - *siehe auch* Niederländisch-Indien,
   VOC
Homosexualität 129
Hongizug 103, 111, 127, 170
Hoorn 94, 104
Hopewell 85
Hotel Baba Lagoon 282
Hotel Maulana 327
Hunzatal 30f., 426f.
 - Route durch das Hunzatal 24
Ikan Banda, *siehe* Banda-Fisch
Indien 23, 29, 35, 50f., 54f., 58-60,
   64, 71, 91, 93, 137, 157, 349, 393
Indischer Ozean 22, 27, 30, 32,
   50f., 54f., 61, 64, 67, 171
Indonesien 203-216
 - Guerilla-Krieg mit Malaysia 214f.
 - Karte 36
 - Kolonialkrieg 105, 205, 211f.,
   281, 392
 - Pancasila 354
 - PERMESTA-Rebellion 213
 - Unabhängigkeit ~s 14, 54, 204,
   211, 242f., 264, 273, 281, 344,
   348, 392
Indonesische Nationalbibliothek 372
Indonesischer Archipel 7, 9, 18f.,
   21, 27, 32, 52, 64, 66, 72, 74, 80,

90, 92, 116, 121, 141, 173, 177, 198, 217, 227, 347, 384
International Telecommunication Union 213
Irland 20, 80
Islam, *siehe* Religionen
Island of Weibbe Hayes 186, *siehe auch* West Wallabi Island, Weibbe Hayes Island
Jakarta 10, 95, 124, 210, 214-216, 242, 284, 321, 354, 360, 414f., 427, 429, *siehe auch* Batavia
Jamur Pala, *siehe* Muskatpilz
Japan 93, 96, 132, 163, 211
Java 23, 71f., 77-81, 87, 90f., 136, 168, 189, 245
 - Handel 28f., 35, 39, 58, 71, 78-81, 98, 108-112, 114-116, 121, 158, 171, 242, 250, 280
 - ~ im Zweiten Weltkrieg 210
 - religiöse Spannungen 269, 349
 - Sklaven, Sklavenhandel 98, 110-112, 140, 274
Jazirah Lei-Hitu 362, 365
Jazirah Lei-Timur 362, 364
Jemen 32, 110, 129, 242
Kaiser-Wilhelms-Land 198
Kalbarri 189
Kalikut 51f., 54, *siehe auch* Kozhikode
Kalimantan 28, 63, 87, 213
Kanaren, Kanarische Inseln 33, 46, 60, 180
Kanton, China 9
Kap der Guten Hoffnung 50f., 54, 68, 70, 75, 171, 182
Kap Leeuwin 171
Kapal 39, 219
Kapverden, Kapverdische Inseln 46f., 54, 60, 63, 171, 180, 268

Karakorum Highway 30f.
Karolineninseln 198
Kartographie 69, 50, 174
 - Mercator-Projektion 69
Kashgar 24, 30
Kozhikode 51, *siehe auch* Kalikut
Kei Besar 98, 245
Kei Inseln 98, 236, 245
Kelang 103
Kenarinuss 38, 151f., 158, 245-248, 298f., 302f., 311, 158
KM Dobonsolo 237
KM Leuser 236f., 239f., 327f.
KM Pangrango 324, 326
KNIL, Königlich Niederländisch Indische Armee 204, 348
Kolonialkrieg, *siehe* Indonesien
Kompanie-Töchter 114, 116
Konfrontasi, Konfrontation mit Malaysia 213f., 216
Konstantinopel 24f., 27, 30, 32, 58
Kontraktarbeiter 109, 121
Kora Kora 288f.
KOTI 215
KPM, holländische Schifffahrtsgesellschaft 198, 200, 343, 373
Kuala Lumpur 157, 214, 281
Köln 25, 151, 384, 412
La Colombe 153
La Réunion 157
Labetacke 126
Laha 333, 364
Lake Palace 241
Lantaka, *siehe* Labetacke
Larike (auch Larica, Larika) 363, 365
Laskar Jihad 349
Le Vigilant 153
Lewetaka, *siehe* Labetacke
Lion Air 234

Lissabon 49, 51-55, 58, 59, 69

Lombok 57, 232

London 22, 75, 77, 86, 90, 136-138, 140, 157, 168, 213, 340, 342

Lonthoir 38, 77, 291, 303, *siehe auch* Banda Besar

Lontor 38, 128, 230 *siehe auch* Banda Besar

Luxemburg 10, 261

L'Etoile du Matin 153

Maan 79

Macao 64

Macis *siehe* Muskatnuss

Mactan 62, 413

Madagaskar 27f., 35, 70, 76, 154

Madeira 33, 46, 49

Madura 57, 72

Makassar 87f., 112, 117, 121, 124f., 200f., 222, 234, 274, 391, 413

Makian 35, 37

Malabarküste 32, 51, 64, 71, 110, 112

Malaiisch, *siehe* Sprachen

Malaiischer Archipel 18f., 27, 52, 64, 72, 74, 80, 90, 177, 347, 384

Malakka 32, 35, 55-58, 70f., 78, 112

Malaya 23, 167, 214

Malaysia 157, 213-215

Malindi 51

Malole 297

Maluku 348, 354

Mangko Batu 286

Manhattan 5, 13, 39, 134-135, 140, 142f., 159, 343, 393

Manila 153, 201f., 213, 223-225

Manila 153, 201f., 213, 223-225, 374

Mare album, 225, *siehe* weiße See

Marianen 61, 198

Massaker 72, 98-106, 136-139, 176, 186-188, 190, 245, 273, 303, 337-344, *siehe auch* Ambon, Banda Inseln

Massaker von Ambon, *siehe* Ambon

Massaker von Amboyna, *siehe* Ambon

Maulana Hotel 282-284, 297

Mauritius 70, 153f.

Medan 215, 265

Mercator-Projektion, *siehe* Kartographie

Merchant Adventurers 67f., 75, 86

Meuterei 61, 72, 178, 182f., 186, 188, 190

Meyer-Werft 237f.

Middelburg 126

Missionierung, *siehe* Religionen

Mittelmeer 25, 29, 58, 274

Molukken 35-37, 74f., 103, 128, 147, 153, 213, 217, 227, 234, 269, 324, 347-351, 362, 372f., 379
 - Karte 36

Monopol 18, 22, 25, 27, 64, 69, 74f., 81f., 83, 85f., 93, 98, 125, 127, 140, 144, 153, 157, 161, 170, *siehe auch* Muskatnuss

Monte Rosa 231

Morgensterre 79, 89

Moskau 67

Moslems, *siehe* Religionen

Muijden 360

Mujahadeen 349

Muscovy Company 134

Museum Boerhaave, Leiden 383

Museum Siwalima, Museum in Ambon 357, 359, 379

Muskatnuss 144-158
 - Anbau 106f., 113, 147-155, 299-303, 311, *siehe auch* Perken

- Anbau außerhalb der Banda
  Inseln 153f., 157
- Aphrodisiakum 19, 21
- Arzneimittel 21f., 69, 146f.,
  149, 151
- Dichtung 144-146
- Handel 27, 39, 46, 57-59, 67-
  69, 78f., 93, 103, 116f., 123, 155,
  160, 170, *siehe auch* Monopol,
  VOC
- Macis 21, 35, 37, 39, 58, 78, 86,
  117, 144, 147-152, 170, 210, 305,
  385f., 389
- Monopol 18, 22, 81-83, 85f.,
  93-95, 98, 118, 125, 127, 140,
  144, 153f., 161, 170, 243, *siehe*
  auch VOC
- Parfümherstellung 151
- Rezepte 248f., 385-390
- toxische Eigenschaften 149
- Verarbeitung 149-151
- Wert 9, 13, 22, 58f., 78, 110,
  144

Muskatblüte, *siehe* Muskatnuss -
  Macis
Muskatpilz 149
Muskatvogel 149
Mutiara Guesthouse 242, 251, 273,
  281, 297
Myanmar 241
Nailakka 39, 88f., 97, 103, 316,
  320f., 323
- Karte 89
Navigation 28, 47f., 69, 314, *siehe*
  auch Kartographie
- Schule für ~ 47
Nelke *siehe* Gewürznelke
Neu Amsterdam, 134-136, 139f.,
  siehe auch Nieuw Amsterdam
Neu Holland 136, 140

Neuguinea 38f., 99, 110f., 133, 157,
  198, 201, 204, 206, 223, 237,
  240, 274
New York 134, 136, 139f., 142f.,
  155, 157, 227
NHM, Nederlandsche Handel-
  Maatschappij 157
Niederländisch-Indien 14, 18, 20,
  53, 93f., 104f., 112-114, 123,
  129, 131, 161-163, 171, 176, 179,
  210, 227, 242, 286
Niederlande *siehe* Holland
Nieuw Amsterdam 134
Nieuw Holland 134
Nikobaren 76
Nord-Ost-Passage 67, 134
Norddeutscher Lloyd 198f., 202
NTT, Nusa Tenggara Timur 290
Nussfresser, *siehe* Muskatvogel 149
Nyai 113, 116
Oman 29, 86, 112
Opium 98, 393
- Opiumkriege 393
orang campur 118
Orang Kaya 39-41, 59, 78f., 81,
  83f., 86, 88f., 95, 97, 99, 125, 160
orang kontrakt 121, *siehe* Kontrakt-
  arbeiter
Ostafrika 27-29, 32, 50, 52, 110,
  274
Ostasien 22, 26, 29, 73-75, 129,
  153, 179, 200
Otilie 198
Palau Inseln 198
Papua 38, 204, 240
Pazifik 60f., 68, 288
PELNI 234, 236f., 297, 324f., 349
Pemuda Republik Indonesia, Ju-
  gendmiliz 21
Peperwerft 176

Peppercorn 86f.

Perken 106-110, 116f., 122, 149
 - Perkenier 5, 86, 106, 108-110,
   113-115, 117f., 121f., 168, 170,
   190, 203, 243, 252, 274, 311
 - *siehe auch* Muskatnuss

PERMESTA-Rebellion 213

Persien 23

Perth 193f., 196

Pest 22, 140

Pfeffer 46, 51, 78, 154, 245, 248f.,
   365, 374, 385f., 389, 413

Pfefferküste 51

Philippinen 62, 153, 213, 214

PNI, Partai Naxional Indonesia
   203f.

Portcullis-Geld 75

Portugal 33, 46f., 50, 53-55, 62, 64,
   69, 360, 362, 373

Prinz Waldemar 198

Pulau Ai, *siehe* Ai

Pulau Hatta 39, 89, 98, 128

Pulau Kapal 39

Pulau Karaka 39

Pulau Lonthoir 89, *siehe auch* Banda Besar

Pulau Lonthor 106, *siehe auch* Banda Besar

Pulau Manuk 39

Pulau Nailakka, *siehe* Nailakka

Pulau Rozengain 39

Pulau Run, *siehe* Run

Pulau Syahrir 39

Pulo Laut 201

Puloroon 80, *siehe* Run

Puloway, 80, *siehe* Ai

Rabaul 223

Radio Pemberontakan, Radio der
   Rebellion 212

Red Dragon 75, 76, 80, 81

Regiment Württemberg 124

Religionen
 - Christen 340, 347-350, 354,
   362
 - Christentum 62, 114, 268-270,
   273, 348
 - Hindus 55
 - Islam 76, 82, 250, 268, 269,
   273
 - Missionierung 62, 347f.
 - Moslems 10, 55, 78, 209, 250,
   268-270, 273, 347-350, 354, 362
 - Spannungen zwischen Moslems
   und Christen 269-273, 347-350

Republik Maluku Selatan, Republik
   der Südmolukken 348

Rottnest Island 193

Royal Air Force 214

Royal Navy 166, 168, 191, 214

Rozengain 39, 89, 98, 128

RRI, staatlicher indonesischer Rundfunk 215, 216

Rumah Budaya Banda Neira, Museum in Banda Neira 262, 297

Run 5, 13, 35, 39, 79-83, 85-92, 95,
   98, 102f., 111f., 116f., 119, 128,
   134, 136-138, 140, 142f., 159-
   161, 211, 221, 223, 274, 278,
   284, 306, 311, 314-317, 319-323,
   343, 393, 163,
 - Karte 89
 - *siehe auch* Puloroon, Pulau Run

Saragossa, Vertrag von 64

Samudra Raksa 28

Sarawak 213

Sardam 186-190, 194

Seal's Island 186f., 189, 191

Seidenstraße 22, 27, 29, 33
 - Karte 24
 - Neue Seidenstraße 31, 33

Sepoy-Aufstand 393
Seychellen 28, 154
Shark Bay 172
Sidney 197
Sidon 274
Singapur 108, 167f., 198, 201, 214, 224, 241, 384
Sklaven 13, 49f., 95, 98, 106, 109-118, 121, 128, 137, 140, 157, 170, 182, 268, 274, 303, 305, 309
 - Sklavenhandel 49, 68, 167
 - Sklaverei 50, 113, 121, 383
Skorbut 52, 53, 54, 63, 70, 77, 182
Solomon 90
Spanien 33, 46f., 55, 60-64
Speedwell 90
Sprachen
 - Bahasa Indonesia 13, 29, 121, 206, 245, 263, 359, 393, 427, 429
 - Banda Malaiisch, bandanesische Sprache 98, 118, 121, 244f.
 - Deutsch 264f.
 - Javanisch 140, 142
 - Küstenmalaiisch, Küchenmalaiisch 29
 - Malaiisch 29, 118, 121, 140, 149, 244
 - Portugiesisch 245
Sri Lanka 55, 149, 157, *siehe auch* Ceylon
SS Rumphius 373
St. Helena 138
Star Flyer 180
Strand-Hotel 241
Straße von Malakka 32, 56f., 70
 - Karte 56
Sukabumi 210
Sulawesi 200, 211, 213, 228, 234, 349, *siehe auch* Celebes

Suli 269
Sumatra 29, 32, 76, 114f., 153, 217, 228, 232, 265, 414
Sumba 290
Sumbawa 57
Sun 91
Sundastraße 71
Surabaya 72, 210, 212, 242
 - Schlacht um ~ 212
Surinam 49, 140, 166, 360
Susan 75, 80
Susi Air 235f.
Swan 87, 89
Syrien 23, 32
Söldner 53, 95f., 99, 112, 123-125, 163
Tampaksiring 291
Tasmanien 138
Tauchen 281, 393
 - Taucher 186, 189, 191, 223, 315
 - Bluemotion Dive Center 282, 289, 297
Telegraph 231
Ternate 19, 23, 35, 37, 39, 58f., 63, 68, 74, 206, 374
Texel 125, 176, 179
The Hope 81
Tidore 19, 23, 35, 37, 39, 58f., 63f., 374
Timor 63, 112, 117, 153, 236, 274
Timur 63, *siehe* Timor
Tordesillas 46
 - Vertrag von ~ 47f., 54, 59f., 64
Trade Increase 86, 87
Traitor's Island 183f., 186f.
Trinidad 60, 62f.
Tristan da Cunha 138
Tropenmuseum Amsterdam 336, 371, 373, 383, 415
Tsunami 161, 219, 222, 228

Tuban 72
Tyrus 274
Türkei 27
Ubud 13
Unabhängigkeit Indonesiens, *siehe* Indonesien
UNESCO 163
UNO 213
Utrecht 81
Van Imhoff 343, 430
Vanille 46, 157f.
Venedig 24-27, 32, 55, 58
Vereenigde Oostindische Compagnie 62, 82, *siehe* VOC
Victoria 62-64, 127
VOC 82f., 94-96, 103-134, 176-179, 181-184
 - Gründung 82
 - in Japan 96
 - Konkurs 104, 157
 - Zeichen der ~ 104, 272, 392
Voice of Indonesia 213, 215
Vulkan, *siehe* Gunung Api
Wadan El, *siehe* Banda-Eli 98, 245
Wadan Elat, *siehe* Banda Elat 245
Wales 20, 283
Weibbe Hayes' Island 193, *siehe auch* West Wallabi Island, Island of Weibbe Hayes
weiße See, *siehe* weißes Wasser
weißes Wasser 223-226, 374
Weltfriedensgong 353f.
Westminster, Vertrag von 137f.
West Wallabi Island 186-188, 191-194
West-Indische Companie 360
Wokan 198
Wölfersheim 359f., 384
Xian 29f.
Yaman 242

Yogyakarta 28, 212
Zeeland 77f., 81
Zimt 21f., 29, 34, 55, 63, 145, 152, 158, 250f., 258, 266, 299, 303, 387, 388f.
Zimtroute 28, 32
 - Karte 24
Zweiter Weltkrieg 14, 18, 105, 163, 209-212, 334, 342, 344, 347, 354, 368, 372, 379, 385
Zweiter Englisch-Niederländischer Seekrieg 139f.

Weitere Bücher des Autors in Deutsch

Horst H. Geerken
Der Ruf des Geckos. 18 erlebnisreiche Jahre in Indonesien
436 Seiten, Paperback, Norderstedt 2009, € 24,90

Horst H. Geerken
Missbrauchte Kindheit. Geboren im Jahr von Hitlers Machtergreifung
240 Seiten, Seiten, Norderstedt 2011, € 16,90

Horst H. Geerken
Hitlers Griff nach Asien, Band 1
380 Seiten, Paperback, Norderstedt 2015, € 27,95

Horst H. Geerken
Hitlers Griff nach Asien, Band 2
432 Seiten, Paperback, Norderstedt 2015, € 27,95

Horst H. Geerken
Erinnerung an Annette. Der letzte Weg einer außergewöhnlichen und tapferen Frau
148 Seiten, Paperback, Norderstedt 2015, € 14,99

Horst H. Geerken
Annettes letzte Reise. Die ungewöhnliche Reise einer außergewöhnlichen Frau
80 Seiten, Paperback, Norderstedt 2016, € 9,95

Annette Bräker, Horst H. Geerken
Indonesien Gestern und Heute. Reiseberichte der anderen Art
316 Seiten, Paperback, Norderstedt 2016, € 19,95

Annette Bräker, Horst H. Geerken
Der Karakorum-Highway und das Hunzatal, 1998: Geschichte, Kultur und Erlebnisse
244 Seiten, Paperback, Norderstedt 2016, € 19,95

Horst H. Geerken
Die Ahnen. Eine Familiengeschichte in Wort und Bild. Geerken/Gerken – Thiel – Mannhardt – Schenk
516 Seiten, Hardcover, Norderstedt 2018, € 98,99

Horst H. Geerken
Eine Balinesin in Deutschland und ein Deutscher auf Bali
183 Seiten, Paperback, Norderstedt 2019, € 17,99

Piet Jonasson (Hrsg. Horst H. Geerken)
Die Tote am Blutturm. Schatten über dem Schützenfest
192 Seiten, Paperback, Norderstedt 2010, € 11,90

Piet Jonasson (Hrsg. Horst H. Geerken)
Glaube? Sitte? Heimat? Pecunia non olet!
256 Seiten, Paperback, Norderstedt 2013, € 14,95

Weitere Bücher des Autors in Englisch

Horst H. Geerken
A Gecko for Luck. 18 years in Indonesia
392 Seiten, Paperback, Norderstedt 2010, € 24,95

Horst H. Geerken
A Magic Gecko. CIA's Role Behind the Fall of Soekarno
360 Seiten, Paperback, Jakarta 2011, IRP 150.000,00

Horst H. Geerken
Hitler's Asian Adventure
572 Seiten, Paperback, Norderstedt 2015, € 27,95

Annette Bräker, Horst H Geerken
The Karakoram Highway and the Hunza Valley, 1998: History, Culture, Experiences
232 Seiten, Paperback, Norderstedt 2017, € 19,95

Horst H. Geerken, Annette Bräker
Indonesia Then and Now. A Different Kind of Travel Book
300 Seiten, Paperback, Norderstedt 2018, € 19,95

Horst H. Geerken
My Ancestors. A Family Historyy in Words and Pictures. Geerken/Gerken - Thiel - Mannhardt - Schenk
508 Seiten, Paperback, Norderstedt 2020, € 92,99

Weitere Bücher des Autors in Bahasa Indonesia

Horst H. Geerken
A Magic Gecko. Peran CIA di Balik Jatuhnya Soekarno
498 Seiten, Paperback, Jakarta 2011, ISBN 978-979-709-555-0, IRP 85 000,00

Horst H. Geerken
Jejak Hitler di Indonesia
402 Seiten, Paperback, Jakarta 2017, ISBN 978-602-412-175-4, IRP 119 000,00

Horst H. Geerken
Indonesia Then and Now. A Different Kind of Travel Book
300 Seiten, Paperback, Norderstedt 2018, € 19,95

Alle deutsch- und englischsprachigen Bücher können portofrei beim Verlag unter dem folgenden Link bestellt werden:
https://www.bod.de/buchshop/catalogsearch/result/?q=horst+h.+geerken

Alle deutsch- und englischsprachigen Titel sind auch im Buchhandel erhältlich. Auch in über 1000 Online-Shops können meine deutschsprachigen Bücher z.B. bei www.amazon.de oder www.hugendubel.de/Bücher oder www.thalia.de bestellt werden.

Die englischsprachigen Bücher können über www.amazon.com und viele weitere Online-Shops bezogen werden.

Sämtliche Bücher sind auch als E-Book/Kindle Edition erhältlich.

In Indonesien verlegte Bücher erhält man nur dort in allen GRAMEDIA Buchhandlungen oder beim Verlag über www.buku.kompas.com oder www.gramedia.com

A BukitCinta Book

Deksel van doofpot met Dodenschip
(Verschleierung des Totenschiffs)
Bericht über die dreiteilige TV-Dokumentation ‚De Ondergang van de Van
Imhoff‘, die mit meiner Beteiligung und der Verwendung der Kapitel 5 und
16 meines Buches ‚Hitlers Griff nach Asien‘, Band 1, aufgenommen wurde.
  De Telegraaf, Amsterdam, vom 2. Dezember 2017

Die Dokumentation wurde im niederländischen Fernsehen Channel NPO 2
am 10., 17. und 24. Dezember 2017 gezeigt; jede Sendung wurde von jeweils
etwa 500 000 Zuschauern gesehen.
  Bei www.youtube.com gibt es verschiedenen Einträge und Ausschnitte
der Dokumentation.